Marxen/Werle

Die strafrechtliche Aufarbeitung von DDR-Unrecht

Eine Bilanz

Walter de Gruyter · Berlin · New York
1749 250 1999

Klaus Marxen und Gerhard Werle

Die strafrechtliche Aufarbeitung von DDR-Unrecht

Eine Bilanz

Unter Mitarbeit von
Frank Böhm, Willi Fahnenschmidt, Ute Hohoff,
Jan Müller, Toralf Rummler, Petra Schäfter,
Roland Schissau und Ivo Thiemrodt

Walter de Gruyter · Berlin · New York 1999

Prof. Dr. *Klaus Marxen*
Prof. Dr. *Gerhard Werle*
Humboldt-Universität zu Berlin
Juristische Fakultät
Institut für Kriminalwissenschaften

Umschlagfoto: Ullstein Bilderdienst
Der erschossene Peter Fechter an der Berliner Mauer 17.8.1962

Die Deutsche Bibliothek - CIP-Einheitsaufnahme

Marxen, Klaus:
Die strafrechtliche Aufarbeitung von DDR-Unrecht: eine Bilanz /
Klaus Marxen und Gerhard Werle. Unter Mitarb. von Frank Böhm
... - Berlin ; New York : de Gruyter, 1999
ISBN 3-11-016291-1

Printed in Germany

Umschlaggestaltung: Christopher Schneider, D-12157 Berlin
Druck und Bindung: WB-Druck GmbH & Co., D-87669 Rieden

Vorwort

Die vorliegende Untersuchung ist im Arbeitszusammenhang des Forschungsprojekts „Strafjustiz und DDR-Vergangenheit" entstanden. Das von der Volkswagen-Stiftung geförderte Projekt wird an der Humboldt-Universität zu Berlin durchgeführt. Es analysiert unter Leitung der Autoren seit 1996 den strafrechtlichen Umgang mit der DDR-Vergangenheit in juristischer, zeitgeschichtlicher und rechtsvergleichender Perspektive. Die vorliegende Veröffentlichung präsentiert wesentliche Ergebnisse der ersten Projektphase. Hierbei konnte teilweise auf Erkenntnisse aus einem Gutachten zurückgegriffen werden, das die Autoren 1997 für die Enquete-Kommission des Deutschen Bundestages „Überwindung der Folgen der SED-Diktatur im Prozeß der deutschen Einheit" erstattet haben.

Die Autoren sind einer Vielzahl von Institutionen und Personen zu Dank verpflichtet. Die Konferenz der Justizministerinnen und Justizminister der neuen Bundesländer hat 1996 auf Initiative der Berliner Justizverwaltung die Unterstützung des Projekts beschlossen. Die Ministerien und die zuständigen Staatsanwaltschaften der Länder Berlin, Brandenburg, Mecklenburg-Vorpommern, Sachsen, Sachsen-Anhalt und Thüringen sowie die Bundesanwaltschaft haben durch die Herausgabe von Materialien und zahlreiche Auskünfte entscheidend zum Gelingen des Vorhabens beigetragen. Zu besonderem Dank sind wir der Berliner Justizverwaltung und der Staatsanwaltschaft II bei dem Landgericht Berlin verpflichtet. Die früheren Berliner Justizsenatorinnen Frau Prof. Dr. Jutta Limbach und Frau Dr. Lore Maria Peschel-Gutzeit, Herr Justizsenator Dr. Körting, der Leiter der Abteilung Strafrecht in der Berliner Senatsverwaltung für Justiz Herr Diwell sowie Herr Generalstaatsanwalt Schaefgen haben das Projekt in jeder Phase unterstützt. Hervorzuheben ist ferner die gute Zusammenarbeit mit der Behörde des Bundesbeauftragten für die Unterlagen des Staatssicherheitsdienstes der ehemaligen DDR.

Wichtige Anregungen verdanken wir den Mitgliedern des Projektbeirats, zu dem neben den bereits genannten Herren Diwell und Schaefgen der ehemalige Richter am Bundesgerichtshof Prof. Dr. Horstkotte und der Strafverteidiger Priv. Doz. Dr. Dr. Ignor gehören.

Am Zustandekommen dieses Buches haben alle Projektbeteiligten ihren Anteil. Hervorzuheben sind die Beiträge der Doktorandinnen und Doktoranden Toralf Rummler (Gewalttaten an der deutsch-deutschen Grenze), Jan Müller (Wahlfälschung), Ute Hohoff (Rechtsbeugung), Roland Schissau (MfS-Straftaten), Frank Böhm (Mißhandlungen in Haftanstalten), Willi Fahnenschmidt (Amtsmißbrauch und Korruption) und Ivo Thiemrodt (Spionage). Margarete Koppers hat zu den Abschnitten über den Deliktsbereich Denunziationen und über die Verfahrenspraxis wertvolle Unterstützung geleistet. Petra Schäfter, Willi Fahnenschmidt und Jan Müller haben darüber hinaus wesentlich zur Erstellung des gesamten Manuskripts beigetragen. Die Register haben Ute Hohoff, Holger Karitzky und Petra Schäfter angefertigt. Für Unterstützung haben wir ferner den Mitarbeiterinnen und Mitarbeitern sowie den studentischen Hilfskräften unserer Lehrstühle und des Projekts zu danken.

Ein besonderer Dank gilt der Volkswagen-Stiftung und unserem dortigen Ansprechpartner Herrn Dr. Hof. Ohne die großzügige Förderung des Projekts „Strafjustiz und DDR-Vergangenheit" durch die Stiftung hätte diese Bilanz der strafrechtlichen Aufarbeitung nicht vorgelegt werden können.

Berlin, April 1999

Klaus Marxen Gerhard Werle

Inhalt

Abkürzungsverzeichnis

aaO	am angegebenen Ort
Abs.	Absatz
Abschn.	Abschnitt
a.F.	alte Fassung
AfNS	Amt für Nationale Sicherheit
AG	Amtsgericht
AGGVG	Ausführungsgesetz zum Gerichtsverfassungsgesetz
Anl.	Anlage
Anm.	Anmerkung
AR	Allgemeines Register
Art.	Artikel
AT	Allgemeiner Teil
Aufl.	Auflage
Az.	Aktenzeichen
AZKW	Amt für Zoll und Kontrolle des Warenverkehrs
BA	Beschlußausfertigung
BArch	Bundesarchiv
BayObLG	Bayerisches Oberstes Landesgericht
BerlVerfGH	Berliner Verfassungsgerichtshof
Bew.	Bewährung
BezG	Bezirksgericht
BGBl.	Bundesgesetzblatt (zit. nach Jahr und Seite)
BGH	Bundesgerichtshof
BGHSt	Amtliche Entscheidungssammlung des Bundesgerichtshofs in Strafsachen (zit. nach Band und Seite)
BT	Besonderer Teil
BT-Drucksache	Bundestagsdrucksache
BVerfG	Bundesverfassungsgericht
BVerfGE	Amtliche Entscheidugssammlung des Bundesverfassungsgerichts (zit. nach Band und Seite)
bzw.	beziehungsweise
ca.	circa
CDU	Christlich Demokratische Union
COCOM	Coordinating Commitee for East-West Trade Policy
CSU	Christlich-Soziale Union
d.h.	das heißt
dass.	dasselbe
DDR	Deutsche Demokratische Republik
DDR-GBl.	Gesetzblatt der DDR (zit. nach Jahr und Seite)
DDR-StÄG	Strafrechtsänderungsgesetz der DDR
DDR-StGB	Strafgesetzbuch der DDR
DDR-StPO	Strafprozeßordnung der DDR
ders.	derselbe
dies.	dieselbe(n)
DRiZ	Deutsche Richterzeitung (zit. nach Jahr und Seite)
dt.	deutsch
DtZ	Deutsch-Deutsche Rechts-Zeitschrift (zit. nach Jahr und Seite)
DuR	Demokratie und Recht (zit. nach Jahr und Seite)
DVBl.	Deutsches Verwaltungsblatt
EGGVG	Einführungsgesetz zum Gerichtsverfassungsgesetz

EGStGB	Einführungsgesetz zum Strafgesetzbuch
Erledig.	Erledigungen
EuGRZ	Europäische Grundrechtszeitschrift (zit. nach Jahr und Seite)
EV	Einigungsvertrag
f.	und die folgende
FDP	Freie Demokratische Patrei
ff.	und die folgenden
Fn.	Fußnote
GA	Goltdammer's Archiv für Strafrecht (zit. nach Jahr und Seite)
GBA	Generalbundesanwalt
GBl.	Gesetzblatt
gem.	gemäß
GG	Grundgesetz
GmbH	Gesellschaft mit beschränkter Haftung
GMS	Gesellschaftlicher Mitarbeiter für Sicherheit
GStA	Generalstaatsanwalt
GVG	Gerichtsverfassungsgesetz
ha	Hektar
Hervorh.	Hervorhebung
HIM	Hauptamtlicher Inoffzieller Mitarbeiter (des Ministeriums für Staatssicherheit)
HLKO	Haager Landkriegsordnung
Hrsg.	Herausgeber
HVA	Hauptverwaltung A (des Ministeriums für Staatssicherheit)
i.S.d.	im Sinne des
i.V.m.	in Verbindung mit
IM	Informeller Mitarbeiter (des Ministeriums für Staatssicherheit)
insbes.	Insbesondere
IPBPR	Internationaler Pakt über bürgerliche und politische Rechte
IWF	Institut für Wirtschaftswissenschaftliche Forschung
J.	Jahr
JMBl.	Justizministerblatt (zit. nach Jahr und Seite)
JR	Juristische Rundschau (zit. nach Jahr und Seite)
JuS	Juristische Schulung (zit. nach Jahr und Seite)
JZ	Juristenzeitung (zit. nach Jahr und Seite)
Kap.	Kapitel
Kfz	Kraftfahrzeug
KG	Kammergericht
KGB	Komitee für Staatssicherheit der früheren Sowjetunion
KK	Karlsruher Kommentar
KoKo	Bereich Kommerzielle Koordinierung (im Ministerium für Außenhandel)
KRD	Kontrollratsdirektive
KreisG	Kreisgericht
KreisG	Kreisgericht
KritV	Kritische Vierteljahreszeitschrift für die Gesetzgebung und Rechtswissenschaft (zit. nach Jahr und Seite)
LG	Landgericht
LKW	Lastkraftwagen
M.	Monat
mwN	mit weiteren Nachweisen
MDR	Monatsschrift für deutsches Recht (zit. nach Jahr und Seite)
Mecklenbg.-Vorp.	Mecklenburg-Vorpommern
MfS	Ministerium für Staatssicherheit
MRG	Militärregierungsgesetz

NATO	North Atlantic Treaty Organization
NJ	Neue Justiz (zit. nach Jahr und Seite)
NJW	Neue Juristische Wochenschrift (zit. nach Jahr und Seite)
NK	Nomos-Kommentar
Nr.	Nummer
NS	Nationalsozialismus/nationalsozialistisch
NStZ	Neue Zeitschrift für Strafrecht (zit. nach Jahr und Seite)
NStZ-RR	Rechtsprechungsreport der NStZ
NSW	nichtsozialistisches Wirtschaftsgebiet
NVA	Nationale Volksarmee
o.A.	ohne Angaben
OG	Oberstes Gericht
OibE	Offizier im besonderen Einsatz
OLG	Oberlandesgericht
PDS	Partei des demokratischen Sozialismus
RAF	Rote Armee Fraktion
RGSt	Entscheidungssammlung des Reichsgerichtes in Strafsachen (zit. nach Band und Seite)
Rn.	Randnummer
ROW	Recht in Ost und West (zit. nach Jahr und Seite)
RStGB	Reichsstrafgesetzbuch
RuP	Recht und Politik, Vierteljahreszeitschrift für Rechts- und Verwaltungspolitik (zit. nach Jahr und Seite)
S.	Seite/Satz
s.	siehe
s.o.	siehe oben
SächsAbl.	Amtsblatt des Freistaates Sachsen (zit. nach Jahr und Seite)
SBZ	Sowjetische Besatzungszone
SC	Sportclub
Sch/Sch	Schönke/Schröder
SED	Sozialistische Einheitspartei Deutschlands
SenJust	Senatorin/Senator für Justiz in Berlin
SfS	Staatssekretariat für Staatssicherheit
SJZ	Süddeutsche Juristenzeitung (zit. nach Jahr und Seite)
SK	Systematischer Kommentar
SMAD	Sowjetische Militäradministration in Deutschland
sog.	sogenannte(r)
StA	Staatsanwaltschaft
StÄG	Strafrechtsänderungsgesetz
StEG	Strafrechtsergänzungsgesetz
StGB	Strafgesetzbuch
StPO	Strafprozeßordnung
Strafauss.	Strafaussetzung
StrRehaG	Strafrechtliches Rehabilitierungsgesetz vom 29.10.1992
StV	Strafverteidiger (zit. nach Jahr und Seite)
StVG	Strafvollzugsgesetz
TSC	Turn- und Sportclub
u.a.	unter anderem
UA	Urteilsausfertigung
ua.	und andere
U-Haft	Untersuchungshaft
US	United States
v.	vom

Verf.	Verfassung/Verfasser/Verfahren
VerfGH	Verfassungsgerichtshof
Vgl.	vergleiche
VM	Valutamark
VOBl.	Verordnungsblatt
VVDStRL	Veröffentlichungen der Vereinigung deutscher Staatsrechtslehrer
wistra	Zeitschrift für Wirtschaft, Steuer und Strafrecht (zit. nach Jahr und Seite)
WStG	Wehrstrafgesetz
z.B.	zum Beispiel
z.Zt.	Zur Zeit
ZAP-Ost	Zeitschrift für anwaltliche Praxis – Ost (zit. nach Jahr und Seite)
ZERV	Zentrale polizeiliche Ermittlungsstelle für die Verfolgung der Regierungs- und Vereinigungskriminalität
Ziff.	Ziffer
zit.	zitiert
ZKG	Zentrale Koordinierungsgruppe
ZRP	Zeitschrift für Rechtspolitik (zit. nach Jahr und Seite)
ZStW	Zeitschrift für die gesamte Strafrechtswissenschaft (zit. nach Jahr und Seite)
ZV-Fond	Fond zur Gewährleistung der ständigen Einsatz- und Führungstätigkeit des Rates des Kreises

Einführung

Zu einer revolutionären Abrechnung mit dem Unrecht des DDR-Regimes ist es 1989 nicht gekommen. Eine friedliche Revolution hat die strafende Aufarbeitung von DDR-Unrecht von vornherein in die Bahnen des Strafprozesses gelenkt. Erste und wichtige Anfänge strafrechtlicher Aufarbeitung wurden noch von der gewendeten DDR-Justiz gemacht. Nach der Vereinigung hat die bundesdeutsche Justiz diese Ansätze übernommen und auf andere Erscheinungsformen von DDR-Unrecht ausgedehnt. Zehn Jahre nach der Wende in der DDR ist die Zeit reif, eine Bilanz des strafrechtlichen Aufarbeitungsprozesses vorzulegen.

Bisher haben zeitliche Nähe, thematische Begrenzungen und sektorale Bewertungen die Auseinandersetzung mit dem strafrechtlichen Aufarbeitungsprozeß geprägt. Nunmehr ist ein Perspektivenwechsel angezeigt. Denn der strafrechtliche Aufarbeitungsprozeß ist in seine abschließende Phase getreten. Der Blick ist auf den Gesamtvorgang zu richten. Seine Stärken und Schwächen sind nüchtern zu bilanzieren. Das kann nur gelingen, wenn Analyse und Bewertung sich auf die Grundlinien des Aufarbeitungsprozesses konzentrieren. Distanz gilt es zu wahren sowohl zu den Turbulenzen der Anfangsphase als auch zu der Vielzahl juristischer Detailprobleme. Daher ist die hier vorgelegte Bilanz um eine Gesamtschau der Erscheinungsformen des DDR-Unrechts sowie der Verfahrenspraxis bemüht.

Die Untersuchung bietet eine umfassende Darstellung, Analyse und Bewertung der strafrechtlichen Aufarbeitung von DDR-Unrecht durch die deutsche Justiz. Die Strafjustiz soll an ihren Produkten gemessen werden: den einschlägigen Strafverfahren. Grundlage dieses Unternehmens ist deshalb die Auswertung aller bisherigen veröffentlichten und unveröffentlichten Urteile und verfahrensbeendenden Entscheidungen der Gerichte. Weitere wichtige Verfahrensmaterialien, insbesondere Anklageschriften, sind einbezogen. Dieser umfassende Zugriff läßt erstmals ein vollständiges Bild des strafrechtlichen Aufarbeitungsprozesses entstehen und stellt damit die Bewertung des Gesamtvorgangs auf eine verläßliche Basis.

Der *Erste Teil* der Studie informiert über das gesamte Spektrum der Strafverfolgungsmaßnahmen. Der Gegenstandsbereich wird nach Deliktsgruppen unterteilt, um die jeweiligen tatsächlichen und rechtlichen Besonderheiten erfassen zu können. Die Themen der einzelnen Kapitel lauten: Gewalttaten an der deutsch-deutschen Grenze, Wahlfälschung, Rechtsbeugung, Denunziationen, MfS-Straftaten, Mißhandlungen in Haftanstalten, Doping, Amtsmißbrauch und Korruption, Wirtschaftsstraftaten und Spionage. Die Untersuchung beschränkt sich dabei nicht auf eine Analyse der Rechtsfragen und der gerichtlichen Antworten. Vielmehr werden auch die zeitgeschichtlich bedeutsamen Feststellungen der Justiz herausgearbeitet. Denn die Aufklärung und Anerkennung von Unrechtsvergangenheit ist eine wichtige Leistung der Strafverfahren, die in eine Bewertung des Aufarbeitungsprozesses einzubeziehen ist.

Der *Zweite Teil* der Untersuchung gilt der Verfahrenspraxis. Die verwendeten Daten konnten einmal durch Auskünfte der zuständigen Justizbehörden gewonnen werden. Zum zweiten wird auf eigene Erhebungen zurückgegriffen, die weitergehende, insbesondere auch länderübergreifende Auswertungen ermöglichen. Die Strafverfolgung in der Endphase der DDR wird dabei gesondert betrachtet. Trotz mancher methodischer Schwierigkeiten lassen sich die Erkenntnisse zu einem Gesamtbild zusammenführen, welches die empirischen Dimensionen der Verfolgungsaktivitäten gesichert aufzeigt.

Der *Dritte Teil* der Studie zieht das Fazit. Die beiden ersten Abschnitte präsentieren zusammenfassend die wesentlichen Erkenntnisse zu den Erscheinungsformen des DDR-Unrechts und zur Verfahrenspraxis. Anschließend werden die Grundlinien der strafrechtlichen Verfolgung herausgearbeitet. Auf diesen Grundlagen erfolgt die abschließende Bewertung, die sich, wie schon erläutert, durch die Wahl ihrer Perspektive von bisherigen Bewertungsversuchen grundsätzlich unterscheidet. Überlegungen zum weiteren Weg der strafrechtlichen Aufarbeitung schließen die Untersuchung ab.

Erster Teil: Erscheinungsformen des DDR-Unrechts

Die strafrechtlich relevanten Hinterlassenschaften des „SED-Unrechts-Regimes“[1] erstrecken sich auf unterschiedlichste Lebensbereiche. Die folgende Darstellung vermittelt einen systematischen Überblick. Sie ordnet die einzelnen Strafverfahren zehn verschiedenen Deliktsgruppen zu.

Grundlage der Analyse ist die Auswertung des im Projekt „Strafjustiz und DDR-Vergangenheit“ verfügbaren Justizmaterials. Zur Verfügung standen verschiedene Dokumente aus über 700 Strafverfahren. So stützt sich die folgende Darstellung nicht nur auf Urteile, sondern auch auf zahlreiche weitere gerichtliche Entscheidungen, wie beispielsweise Nichteröffnungs- oder Einstellungsbeschlüsse, sowie auf Anklageschriften und Revisionsbegründungen.[2] Auf der Basis dieses Materials werden innerhalb der Deliktsgruppen die Tathandlungen dargestellt und soweit möglich nach Fallgruppen geordnet. Der einführende Teil stellt jeweils die zeitgeschichtlich relevanten Sachverhaltsfeststellungen heraus, die von der Strafjustiz getroffen wurden. Weiterer Bestandteil einer Typologie des DDR-Unrechts ist die strafrechtliche Einordnung der Lebenssachverhalte. Sie orientiert sich primär an der Rechtsprechungspraxis; ergänzend wird auf abweichende Ansichten in der rechtswissenschaftlichen Literatur hingewiesen. Rechtsfragen, die alle Bereiche des DDR-Unrechts betreffen, werden in dem vorangestellten Abschnitt (A.) zusammenfassend angesprochen.

A. Allgemeine Rechtsfragen

Rechtsfragen von allgemeiner Bedeutung für die strafrechtliche Aufarbeitung des DDR-Unrechts ergeben sich im Bereich des Strafanwendungsrechts sowie der Verjährungsregelungen.

I. Strafanwendungsrecht

Bei allen vor Inkrafttreten des Einigungsvertrags[3] in der DDR begangenen Delikten handelt es sich um sogenannte „Alttaten“. Für sie stellte sich den Gerichten zunächst die Frage nach dem anzuwendenden Strafrecht. Während zur Tatzeit das DDR-Strafrecht[4] Geltung beanspruchte, wurde mit dem 3. Oktober 1990 gemäß Artikel 8 Einigungsvertrag grundsätzlich das Strafrecht der Alt-Bundesrepublik gesamtdeutsch verbindlich.[5]

1 Art. 17 S. 2 EV.

2 Näher zur Materialbasis des Forschungsprojekts siehe S. 196 f.

3 BGBl. II 1990, S. 885 ff.

4 Das Strafgesetzbuch der DDR wird im folgenden als DDR-StGB bezeichnet.

5 Die gemäß Art. 9 Abs. 2 EV in Verbindung mit dessen Anlage II fortgeltenden Bestimmungen des DDR-Strafrechts sind im Zusammenhang mit den hier behandelten Deliktsgruppen ausschließlich für die Verfahren wegen Amtsmißbrauch und Korruption relevant (dazu eingehend S. 121 ff.). Die Sonderbestimmungen der Anlage I zum Einigungsvertrag sind für die genannten Deliktsbereiche grundsätzlich nicht von Bedeutung.

Das Recht der DDR konnte also „an sich“ nicht mehr angewendet werden. Zugleich wäre die ausschließliche Beurteilung nach dem bundesdeutschen Strafrecht mit dem grundgesetzlichen Rückwirkungsverbot[6] kaum vereinbar gewesen. Artikel 315 Absatz 1 EGStGB[7] ordnete deshalb folgendes an:

„Auf vor dem Wirksamwerden des Beitritts in der Deutschen Demokratischen Republik begangene Taten findet § 2 des Strafgesetzbuches ... Anwendung.“

Der genannte § 2 StGB wiederum regelt den zeitlichen Geltungsbereich der Strafgesetze, das sogenannte intertemporale Strafrecht. In Übereinstimmung mit Artikel 103 Absatz 2 GG erklärt § 2 Absatz 1 StGB grundsätzlich das zur Tatzeit geltende Recht für anwendbar. Im weiterhin einschlägigen Absatz 3 heißt es:

„Wird das Gesetz, das bei Beendigung der Tat gilt, vor der Entscheidung geändert, so ist das mildeste Gesetz anzuwenden.“

Mit dieser Regelung hat der Gesetzgeber die weitgehende Ersetzung des DDR-Strafrechts durch das Strafrecht der Bundesrepublik einer nationalen Gesetzesänderung zwischen Tatbeendigung und Aburteilung gleichgestellt. Die Ahndung des DDR-Unrechts ist damit dem Meistbegünstigungsprinzip des sogenannten intertemporalen Strafrechts unterworfen. Für die Gerichte ergibt sich daraus eine differenzierte Prüfungsfolge.[8]

In einem ersten Schritt ist die Strafbarkeit nach dem Recht der DDR zu prüfen. Im Falle ihrer Verneinung bleibt es bei der Straflosigkeit als „mildester“ Variante. In einem zweiten Schritt ist sodann das einschlägige Verhalten unter bundesdeutsches Strafrecht zu subsumieren. Ist auch hiernach die Strafbarkeit zu bejahen, stellt sich drittens die Frage nach der sogenannten Unrechtskontinuität zwischen alter und neuer Norm. Es muß sichergestellt sein, daß die lex posterior, also der entsprechende StGB-Tatbestand, trotz „formaler“ Subsumierbarkeit des einschlägigen Verhaltens auch materiell an das zur Tatzeit im DDR-Strafrecht vertypte Unrecht anknüpft. Nur so lassen sich Kollisionen mit dem Verbot rückwirkender Bestrafung ausschließen.[9] Bei Individualrechtsgütern wie dem Recht auf Leben oder dem Recht auf körperliche Integrität ist dieser Prüfungsschritt unproblematisch. Er bereitet aber für Delikte mit Bezug auf staatlich-politische Einrichtungen und Institutionen erhebliche Schwierigkeiten.[10] Wird eine

6 Art. 103 Abs. 2 GG.

7 Vgl. BGBl. II 1990, S. 889, 954.

8 Zum maßgeblichen Verständnis der Regelungstechnik des Art. 315 EGStGB grundlegend *BGH*, Urteil v. 3.11.1992 – Az. 5 StR 370/92, BGHSt 39, 1, 6 ff.; zu abweichenden Auffassungen im Schrifttum, die freilich mit Wortlaut und Systematik des Gesetzes kaum vereinbar sind, siehe den Überblick bei *Tröndle*, StGB, vor § 3 Rn. 46.

9 Zum Erfordernis der Unrechtskontinuität grundlegend *BGH* GS, Beschluß v. 10.7.1975 – Az. GSSt 1/75, BGHSt 26, 167, 172 f.; im Kontext der Aufarbeitung von DDR-Unrecht *BGH*, Urteil v. 26.11.1992 – Az. 3 StR 319/92, BGHSt 39, 54, 67 ff.

10 Hierzu sowie zu sonstigen Problemen des Strafanwendungsrechts jeweils im einzelnen unten bei den einzelnen Deliktsgruppen (S. 7 ff.). Aufbautechnisch verfährt der *BGH* nicht einheitlich. Während er bei der Wahlfälschung (S. 34) in der geschilderten Reihenfolge vorgeht, erfolgt die Prüfung der Unrechtskontinuität der Rechtsbeugungs-Tatbestände (S. 56) abstrakt vor dem Eintritt in tatbestandliche Erwägungen.

Kontinuität des Unrechtstyps bejaht, bestimmt das Gericht abschließend die insgesamt mildere Strafdrohung.

Ausnahmen von diesem Vorgehen ergeben sich gemäß Artikel 315 Absatz 4 EGStGB für den – seltenen – Fall, daß das Strafrecht der Bundesrepublik bereits vor Wirksamwerden des Beitritts auch für in der DDR begangene Taten gegolten hat.

II. Verjährung

Die Voraussetzungen der Verjährung des DDR-Unrechts sind in Rechtsprechung und Schrifttum immer noch nicht vollständig geklärt. Wichtige Grundsätze ergeben sich aus der durch den Einigungsvertrag eingefügten Regelung des Artikels 315a EGStGB, der seine gegenwärtige Ausgestaltung durch das erste, zweite und dritte Verjährungsgesetz erhalten hat. In seiner Ursprungsfassung im Einigungsvertrag erklärte Artikel 315a EGStGB:[11]

„Soweit die Verjährung der Verfolgung oder der Vollstreckung nach dem Recht der Deutschen Demokratischen Republik bis zum Wirksamwerden des Beitritts nicht eingetreten war, bleibt es dabei. Die Verfolgungsverjährung gilt als am Tag des Wirksamwerdens des Beitritts unterbrochen …“

Durch die Verjährungsunterbrechung zum 3. Oktober 1990 sollte insbesondere sichergestellt werden, daß der Aufbau einer funktionsfähigen rechtsstaatlichen Strafjustiz im Gebiet der neuen Bundesländer nicht die Verfolgbarkeit von Teilen des DDR-Unrechts hindert.[12] Für den Anwendungsbereich der Vorschrift hatte die nicht geklärte Vorfrage entscheidende Bedeutung, welche DDR-Taten zum Zeitpunkt des Beitritts bereits verjährt waren. Gemäß § 83 Nr. 2 DDR-StGB ruhte die Verjährung, solange Strafverfahren aus einem „gesetzlichen Grunde“ nicht eingeleitet oder fortgeführt werden konnten. Sämtliche Delikte aus dem Bereich des DDR-Unrechts wurden nun aber gerade entgegen geschriebenem Recht aufgrund des politischen Willens der Staats- und Parteiführung nicht verfolgt. Ferner ließ die Regelung offen, inwieweit eine Verjährungsunterbrechung bei solchen Delikten eintreten sollte, die bereits zu DDR-Zeiten (auch) dem Strafrecht der Bundesrepublik unterfielen.[13] Zu beiden Fragen nahm der Gesetzgeber im ersten Verjährungsgesetz vom 26. März 1993[14] Stellung. In Bezug auf die Nichtverfolgung während der SED-Herrschaft regelt dessen Artikel 1:

„Bei der Berechnung der Verjährungsfrist für die Verfolgung von Taten, die während der Herrschaft des SED-Unrechtsregimes begangen wurden, aber entsprechend dem ausdrücklichen oder mutmaßlichen Willen der Staats- und Parteiführung … nicht geahndet worden sind, bleibt die Zeit vom 11. Oktober 1949 bis 2. Oktober 1990 außer Ansatz. In dieser Zeit hat die Verjährung geruht.“

Die faktische Nichtverfolgung wird damit in Bezug auf die Verjährung einem gesetzlichen Verfolgungshindernis gleichgestellt. Zum Geltungsbereich bestimmt die durch

11 BGBl. II 1990, S. 889, 954.
12 Vgl. *Kinkel* JZ 1992, 485, 488.
13 Vgl. Art. 315 Abs. 4 EGStGB.
14 BGBl. I 1993, S. 392.

das erste Verjährungsgesetz eingefügte Norm,[15] daß auch Straftaten im Sinne von Artikel 315 Absatz 4 EGStGB (Strafbarkeit auch unmittelbar nach bundesdeutschem Recht) von Artikel 315a Absatz 1 Satz 1 EGStGB erfaßt werden. Dies ermöglicht einen Rückgriff auf den – bis zum 3. Oktober 1990 in der Verjährung gehemmten – DDR-Strafanspruch, wenn der bundesdeutsche Strafanspruch wegen Unerreichbarkeit der DDR-Täter bereits verjährt war. In der rechtswissenschaftlichen Literatur wird die Zulässigkeit beider Regelungen teilweise angezweifelt.[16] Die Gleichsetzung von faktischem und rechtlichem Verfolgungshindernis sei im Hinblick auf den Wortlaut des § 83 Nr. 2 DDR-StGB nicht vertretbar. Der Rückgriff auf DDR-Strafansprüche im Falle einer Doppelstrafbarkeit bedeute einen Widerspruch zu den eigenen Verjährungsregeln. Insgesamt laufe das erste Verjährungsgesetz auf eine nach Artikel 103 Absatz 2 GG unzulässige rückwirkende Verjährungsverlängerung hinaus. Der Bundesgerichtshof sieht demgegenüber lediglich die Übertragbarkeit seiner Rechtsprechung zur Verjährungsunterbrechung während der nationalsozialistischen Gewaltherrschaft auf den Bereich des DDR-Unrechts deklaratorisch bestätigt.[17] Freilich hat er offengelassen, ob trotz des ersten Verjährungsgesetzes Fälle namentlich „minderer Kriminalität“ denkbar sind, in denen im Interesse des Rechtsfriedens kein Ruhen der Verjährung anzunehmen ist.[18] Dies wurde in einer Revisionsentscheidung des Oberlandesgerichts Jena für den 1986 begangenen Geheimnisverrat eines ärztlichen Krankenhausdirektors gegenüber dem Ministerium für Staatssicherheit (MfS) bejaht. Das Gericht sah hier durch eine analoge Anwendung des § 83 Nr. 2 DDR-StGB bei relativ geringem Unrechtsgehalt der Tat den Rechtsfrieden derart bedroht, daß es ein Ruhen der Verjährung ausschloß.[19] Der konkrete Anwendungsbereich der Ruhensregelung bedarf somit noch einer teilweisen Präzisierung.

Das zweite Verjährungsgesetz vom 27. September 1993[20] ergänzte Artikel 315a EGStGB um seine jetzigen Absätze 2 und 3. In der Sache enthält es insbesondere eine Verlängerung der Verjährungsfristen für Fälle kleiner und mittlerer Kriminalität, die wegen der unzureichenden Besetzung der Strafverfolgungsbehörden in den neuen Bundesländern und wegen der Verzögerungen beim Zugang zu den Stasi-Unterlagen zu verjähren drohten (Absatz 2). Darüber hinaus wurde die Unverjährbarkeit des Mordes auch für DDR-Alttaten festgeschrieben (Absatz 3):

„(2) Die Verfolgung von Taten, die vor Ablauf des 31. Dezember 1992 in dem in Artikel 3 des Einigungsvertrages genannten Gebiet begangen worden sind und die im Höchstmaß mit Freiheitsstrafe von mehr als einem Jahr bis zu fünf Jahren bedroht sind, verjährt frühestens mit Ablauf des 31. Dezember 1997, die Verfolgung der in diesem Gebiet vor Ablauf des 2. Oktober 1990 begangenen und im Höchstmaß mit Freiheitsstrafe bis zu einem Jahr oder mit Geldstrafe bedrohten Taten frühestens mit Ablauf des 31. Dezember 1995.

15 Der jetzige Art. 315a Abs. 1 S. 2 EGStGB.

16 Vgl. den Gesamtüberblick bei *Tröndle/Fischer*, StGB, vor § 78 Rn. 11; detailliert zum Streitstand *Zimmermann*, Vergangenheitsaufarbeitung, S. 98 ff.

17 *BGH*, Urteil v. 19.4.1994 – Az. 5 StR 204/93, BGHSt 40, 113, 115; vgl. auch Urteil v. 26.4.1995 – Az. 3 StR 93/95, NJW 1995, 2861.

18 *BGH*, Urteil v. 19.4.1994 – Az. 5 StR 204/93, BGHSt 40, 113, 119.

19 *OLG Jena*, Urteil v. 16.1.1997 – Az. 1 Ss 295/95, NJ 1997, 267, 268.

20 BGBl. I 1993, S. 1657.

(3) Verbrechen, die den Tatbestand des Mordes ... erfüllen, für welche sich die Strafe jedoch nach dem Recht der Deutschen Demokratischen Republik bestimmt, verjähren nicht."

Auch diese Regelung ist im Schrifttum auf Kritik gestoßen, da die Begründung mit Aufbauschwierigkeiten in den neuen Ländern bereits verbraucht sei[21] und ferner die absolute Verjährungsfrist des § 78c StGB vielfach deutlich überschritten werde.[22]

Schließlich wurde mit dem dritten Verjährungsgesetz vom 22. Dezember 1997[23] Artikel 315a EGStGB erneut geändert. Durch Streichung der zeitlichen Anwendungsgrenze für Taten, die im Höchstmaß mit Freiheitsstrafe von einem bis zu fünf Jahren bedroht sind, in Absatz 2 alte Fassung („vor Ablauf des 31. Dezember 1992") sollen insbesondere auch Fälle vereinigungsbedingter Wirtschaftskriminalität erfaßt werden. Denn vereinigungsbedingte Straftaten hätten, so die Begründung, auch noch nach dem 31. Dezember 1992 begangen werden können.[24] Ferner wird der bislang auf den 31. Dezember 1997 terminierte Eintritt der Verfolgungsverjährung für die genannten Taten nun bis zum 2. Oktober 2000 hinausgeschoben.[25]

Zusammengefaßt ergeben sich aus den Verjährungsregeln zur Ahndung des DDR-Unrechts folgende Grundsätze.[26] Mordtaten bleiben als schwerstes Unrecht, auch wenn sie nach dem Recht der DDR zu beurteilen sind, unverjährbar. Totschlag und versuchter Totschlag können längstens bis zum Eintritt der absoluten Verjährung am 2. Oktober 2030 verfolgt werden. Die Fälle mittelschweren DDR-Unrechts, die das Spektrum der Taten dominieren, verjähren nicht vor dem 2. Oktober 2000. Zu diesem Zeitpunkt tritt in der Regel auch die absolute Verjährung ein.[27]

B. Deliktsgruppen: Sachverhalte und Rechtsfragen

Im folgenden werden empirisches Tatgeschehen und strafrechtliche Einordnung der einzelnen Deliktsgruppen dargestellt. Jeweils einführend werden gerichtliche Sachverhaltsfeststellungen von allgemeinem zeitgeschichtlichen Wert in der Form einer knappen Skizze wiedergegeben. Behandelt werden die Deliktsbereiche Gewalttaten an der deutsch-deutschen Grenze (I.), Wahlfälschung (II.), Rechtsbeugung (III.), Denunziationen (IV.), innerstaatliche Aktivitäten des MfS (V.), Mißhandlungen in Haftanstalten (VI.), Doping (VII.), Amtsmißbrauch und Korruption (VIII.), sonstige Wirtschaftsstraftaten (IX.) sowie schließlich die Spionage (X.).

21 Vgl. *Heuer/Lilie* DtZ 1993, 354, 357.

22 Vgl. *Otto* Jura 1994, 611, 614; detailliert zum Streitstand *Zimmermann*, Vergangenheitsaufarbeitung, S. 189 ff.

23 BGBl. I 1997, S. 3223.

24 Vgl. die Begründung zum Gesetzentwurf der *Koalitionsfraktionen*, BT-Drucksache 13/8962 v. 11.11.1997, S. 3.

25 Kritisch dazu *Braum* NJ 1998, 75 f.

26 Vgl. im übrigen die detaillierten Ausführungen zu den einzelnen Deliktsgruppen.

27 Vgl. §§ 78c Abs. 3 S. 2, 78 Abs. 3 Nr. 4 StGB.

I. Gewalttaten an der deutsch-deutschen Grenze[28]

1. Einführung

An der deutsch-deutschen Grenze kamen zahlreiche Menschen durch den Gebrauch von Schußwaffen, Minen und Selbstschußanlagen ums Leben oder wurden verletzt. Den Ermittlungsbehörden sind mindestens 264 Todesfälle[29] bekannt. Nicht nur den unmittelbar handelnden Grenzsoldaten wird wegen dieser Vorfälle der Prozeß gemacht. Die Angehörigen der staatlichen und militärischen Führung der DDR müssen sich wegen der Veranlassung der zu diesen Taten führenden Befehlslage sowie für den Aufbau und die Aufrechterhaltung des Grenzregimes verantworten. Den Vorgesetzten der Grenzsoldaten wird die Übermittlung der Befehle vorgeworfen.

a) Rechtsgrundlagen des Schußwaffengebrauchs

Die Rechtslage an der Grenze war in der DDR seit der Sperrung der Demarkationslinie zwischen beiden Teilen Deutschlands durch Vorschriften bestimmt, die die Ausreise der Bürger bis hin zu einer Versagung des Ausreiserechts beschränkten. Ab 1954 bestimmte § 8 des Paßgesetzes die Strafbarkeit der nicht genehmigten Ausreise. 1968 wurde diese Norm durch § 213 DDR-StGB abgelöst. Das Verfassungsrecht wurde an diese Situation angepaßt. Die DDR-Verfassung von 1949 gewährte in Artikel 8 „das Recht, sich an einem beliebigen Ort niederzulassen“ und garantierte in Artikel 10 Absatz 3 das Recht auf Auswanderung. Dagegen wurde die Freizügigkeit in Artikel 32 der Verfassung der DDR von 1968 und in der Fassung vom 7. Oktober 1974 ausdrücklich nur noch innerhalb der DDR eingeräumt. Die Ausreisepraxis der DDR war äußerst restriktiv. Die Ausreise wurde regelmäßig und ohne Begründung verwehrt.[30]

Die Ausreisebeschränkungen wurden an der Grenze mit Waffengewalt durchgesetzt. Die Vorschriften über den Schußwaffengebrauch waren bis zum Jahre 1982 undurchsichtig. Ein Geflecht inoffizieller Anweisungen aus Dienstverordnungen und Befehlen regelte den Schußwaffengebrauch gegenüber den sog. Grenzverletzern. Im Jahre 1982 wurde das Grenzgesetz[31] erlassen, das in § 27[32] den Schußwaffengebrauch vorsah, der sich insbesondere gegen Flüchtende aus der DDR richtete. Neben dem Grenzgesetz bestanden weiterhin inoffizielle Anweisungen zur Anwendung der Schußwaffe.

28 Zum Gesamtkomplex vgl. die Dissertation von *Rummler*, Gewalttaten.

29 Andere Schätzungen liegen höher. So spricht die *„Arbeitsgemeinschaft 13. August“* von insgesamt 938 Todesopfern (vgl. *Tagesspiegel* v. 12.8.1998, S. 13: „938 Todesopfer des Grenzregimes“).

30 *BGH*, Urteil v. 3.11.1992 – Az. 5 StR 370/92, BGHSt 39, 1, 19, 21; *BGH*, Urteil v. 26.7.1994 – Az. 5 StR 98/94, BGHSt 40, 218, 226.

31 DDR-GBl. I 1982, S. 197.

32 Absatz 2 lautete: „Die Anwendung der Schußwaffe ist gerechtfertigt, um die unmittelbar bevorstehende Ausführung oder die Fortsetzung einer Straftat zu verhindern, die sich den Umständen nach als ein Verbrechen darstellt. Sie ist auch gerechtfertigt zur Ergreifung von Personen, die eines Verbrechens dringend verdächtig sind.“

b) Aufbau der Grenzanlagen

Die Grenzanlagen waren im Grundsatz wie folgt aufgebaut. Aus Richtung der DDR waren an der Berliner Grenze eine Hinterlandmauer und an der Grenze zur Bundesrepublik eine etwa fünf Kilometer tiefe Sperrzone der Grenze vorgelagert. Es folgten üblicherweise Signalzaun, Beobachtungstürme, Kolonnenweg, Kontrollstreifen, Kfz-Sperrgraben und als letztes Hindernis die Grenzmauer beziehungsweise der Grenzzaun. Zusätzlich war die Grenze zur Bundesrepublik über weite Strecken vermint und mit Selbstschußanlagen ausgestattet.[33]

c) Die Befehlskette

Die maßgeblichen Beschlüsse faßte der Nationale Verteidigungsrat auf Grundlage der Vorgaben des Politbüros. Diese Beschlüsse waren notwendige Voraussetzung für die Jahresbefehle des Ministers für Nationale Verteidigung gegenüber dem Chef der Grenztruppen. Dessen Anordnungen wiederum richteten sich an die Kommandeure der drei Grenzkommandos,[34] die ihrerseits den Kommandeuren der Grenzregimenter Befehle erteilten. In den Grenzregimentern wurden diese Vorgaben umgesetzt. Letztlich beruhten sämtliche Handlungen der Grenztruppen auf dieser Befehlskette.[35]

d) Instruktion der ausführenden Grenzposten

Die Erörterung der gesetzlichen Bestimmungen zum Schußwaffengebrauch, insbesondere der §§ 26 und 27 des Grenzgesetzes, erfolgte nach den Feststellungen der Gerichte bei der Ausbildung der Soldaten nur allgemein und bewußt unzureichend. Statt dessen wurde die Verhinderung der Flucht um jeden Preis angeordnet, notfalls auch durch die bewußte Tötung von Flüchtenden. Dementsprechend enthielt die vor jedem Ausrücken zum Grenzdienst vorgenommene „Vergatterung" im Kern die Aussage: „Grenzdurchbrüche sind auf keinen Fall zuzulassen. Grenzverletzer sind zu stellen oder zu vernichten." Als Faustregel wurde vermittelt: „Besser der Flüchtling ist tot, als daß die Flucht gelingt." Auch wurde von den Vorgesetzten das Motto ausgegeben: „Keiner darf durchkommen, lieber schießen, wir schützen Euch schon." Den Soldaten wurde zwar in den letzten Jahren nicht mehr ausdrücklich gesagt, daß Grenzverletzer zu vernichten seien. Es sollte nur fluchtunfähig und auf die Füße geschossen werden. Andererseits wurde aber bei der Vergatterung generell suggeriert, kein Flüchtender dürfe durchkommen, und ein Grenzdurchbruch sei auf jeden Fall zu verhindern. Gleichzeitig wurde den Soldaten seitens der Vorgesetzten unterschwellig vermittelt, daß auch die Tötung hingenommen werde. Bei den Soldaten entstand nach den gerichtlichen Feststellungen daher der Eindruck, ein toter Flüchtling sei allemal besser als ein entkommener Flüchtling. Die Rechtsprechung wertete diese Art der Beeinflussung als „perfide Doppelstrategie".

33 *LG Berlin*, Urteil v. 16.9.1993 – Az. (527) 2 Js 26/90 Ks (10/92), NJ 1994, 210 f.

34 Vor 1971 richteten sie sich an die Kommandeure der Grenzbrigaden.

35 *LG Berlin*, aaO, 210; *LG Berlin*, Urteil v. 10.9.1996 – Az. (536) 2 Js 15/92 Ks (2/95), UA S. 30; *LG Berlin*, Urteil v. 30.7.1997 – Az. (536) 25 Js 112/95 Ks (1/97), UA S. 10 f.

Den Soldaten wurde zur Verhinderung einer Flucht folgendes Handlungsschema vorgegeben, bei dem jeweils zur nächsten Stufe übergegangen werden sollte, wenn die vorherige keinen Erfolg zeigte oder von vornherein nicht erfolgversprechend war: Anrufen des Flüchtenden – Versuch des Postens, den Flüchtenden zu Fuß zu erreichen – Warnschuß – gezieltes Einzelfeuer, falls erforderlich mehrmals, auf die Beine – „Weiterschießen, egal wie, notfalls auch erschießen, bis die Flucht verhindert ist." In vielen Fällen hielten sich die Soldaten – zumindest im Grundsatz – an dieses Handlungsschema und gaben Warnrufe oder Warnschüsse ab. Oftmals unterblieb jedoch auch ohne die unmittelbare Gefahr, daß bei Einzelschüssen die Flucht gelingen würde, eine Abgabe von Einzelfeuer, so daß sofort mit Dauerfeuer geschossen wurden. Lediglich bei politisch wichtigen Anlässen wie Staatsbesuchen oder an bestimmten Feiertagen wurde der Schießbefehl auf Fälle der Notwehr, der Verwendung „schwerer Technik" und der Fahnenflucht beschränkt. Dabei wurde zum Ausgleich die Postendichte erhöht.[36]

e) Indoktrination und Beeinflussung der Grenzsoldaten

Die Rechtsprechung stellte fest, daß die in der Hierarchie ganz unten stehenden Grenzsoldaten in gewisser Weise auch selbst als Opfer anzusehen seien. Ihr Vorstellungsbild war überdurchschnittlich von der herrschenden Ideologie und der in der Ausbildung besonders intensiv ausgeübten Indoktrination bestimmt. Die Grenzsoldaten wuchsen auf „im Geiste des Sozialismus mit entsprechenden Feindbildern von der Bundesrepublik Deutschland und von Personen, die unter Überwindung der Sperranlagen die DDR verlassen wollen". Im Politunterricht wurden sie in dem Sinne indoktriniert, daß

> „Personen, die die DDR ohne Genehmigung verlassen wollten, Verbrecher, Kriminelle und Verräter seien, deren Grenzüberschreitung verhindert werden müsse; normale DDR-Bürger hätten ja die Möglichkeit, einen Ausreiseantrag zu stellen".

Auch würden westliche Provokateure, zum Teil im Zusammenwirken mit aus der DDR stammenden Grenzverletzern, bewaffnete Angriffe auf Grenzposten und Grenzanlagen unternehmen.[37]

36 *BGH*, Urteil v. 3.11.1992 – Az. 5 StR 370/92, BGHSt 39, 1 ff.; *BGH*, Urteil v. 25.3.1993 – Az. 5 StR 418/92, BGHSt 39, 168, 169 ff.; *KG Berlin*, Beschluß v. 6.3.1991 – Az. 4 Ws 288/90, NJW 1991, 2653, 2654.

37 *BGH*, Urteil v. 3.11.1992 – Az. 5 StR 370/92, BGHSt 39, 1, 33, 36; *BGH*, Urteil v. 25.3.1993 – Az. 5 StR 418/92, BGHSt 39, 168, 169, 193; *BGH*, Urteil v. 8.6.1993 – Az. 5 StR 88/93, NStZ 1993, 488.

f) Folgen der Tötung oder einer gelungenen Flucht für die Grenzsoldaten

Die Erschießung eines Flüchtenden hatte nach den Feststellungen der Gerichte keine negativen Konsequenzen für den Schützen. Zu einem Verfahren gegen die Täter oder zu einer Untersuchung kam es nie. Der Schußwaffeneinsatz wurde letztlich immer als rechtmäßig angesehen. Ein Soldat, der eine Flucht, wie auch immer, verhindert hatte, wurde ausgezeichnet und belohnt, erhielt Orden und eine Geldprämie. Auch erfolgten Beförderungen. Für eine Befehlsverweigerung oder mangelhafte Befehlsausführung, zum Beispiel durch auffälliges Danebenschießen, wurden hingegen disziplinarische oder strafrechtliche Folgen angedroht. Die Soldaten befürchteten, wegen Beihilfe zum ungesetzlichen Grenzübertritt oder wegen Nichtausführung eines militärischen Befehls[38] mit einer hohen Freiheitsstrafe bestraft und in die berüchtigte Militärstrafanstalt in Schwedt eingeliefert zu werden.[39]

g) Geheimhaltung der Grenztötungen und Umgang mit verletzten Fluchtwilligen

Zur Verhinderung des Bekanntwerdens eines Grenzvorfalls wurden nach den gerichtlichen Feststellungen vielfältige Maßnahmen zur Geheimhaltung getroffen. Sie hatten selbst bei schweren Verletzungen Vorrang vor dem Schutz des Lebens. So kam es vor, daß der Verletzte vor der ärztlichen Behandlung an eine aus westlicher Richtung nicht einsehbare Stelle gebracht wurde. Die Erteilung ärztlicher Hilfe verzögerte sich beispielsweise dadurch, daß der angeschossene Flüchtling nicht mit einem gewöhnlichen Krankenwagen in das nächstgelegene Krankenhaus abtransportiert wurde, sondern mit einem Sanitätswagen des Regiments, dessen Anfahrt in der Regel zusätzliche Zeit in Anspruch nahm, in ein entfernteres Krankenhaus der Volkspolizei eingeliefert wurde. Im Sanitätswagen befand sich kein Arzt, denn bei der Anforderung des Wagens durfte nicht mitgeteilt werden, daß jemand schwer verletzt war. Diese Maßnahmen hatten zur Folge, daß verletzte Opfer verstarben, obwohl sie bei sofortiger ärztlicher Versorgung hätten gerettet werden können. Der Zugführer mußte bescheinigen, daß der Dienst ohne besondere Vorkommnisse verlaufen sei. Der Name des Opfers wurde im Eingangsbuch des Krankenhauses und auf dem Totenschein nicht genannt. Weiterhin wurden Aufzeichnungen des Krankenhauses über die ärztliche Versorgung des Getöteten unkenntlich gemacht und alle schriftlichen Unterlagen des Grenzregimentes vernichtet, die Rückschlüsse auf die Tat zuließen. Nach einem Schußwaffengebrauch herrschten Nachrichtensperre und Schweigegebot. Angehörige eines Getöteten wurden oftmals erst einige Zeit nach der Tat von der Tötung unterrichtet und über die Umstände des Ablebens getäuscht.[40]

38 §§ 213, 257 DDR-StGB.

39 *BGH*, Urteil v. 3.11.1992 – Az. 5 StR 370/92, BGHSt 39, 1, 11; *BGH*, Urteil v. 25.3.1993 – Az. 5 StR 418/92, BGHSt 39, 168, 169, 173, 182 f., 188 f.; *BGH*, Urteil v. 19.4.1993 – Az. 5 StR 602/92, BGHSt 39, 199, 201; *BGH*, Urteil v. 20.10.1993 – Az. 5 StR 473/93, BGHSt 39, 353, 355.

40 *BGH*, Urteil v. 3.11.1992 – Az. 5 StR 370/92, BGHSt 39, 1, 12 f.; *BGH*, Urteil v. 25.3.1993 – Az. 5 StR 418/92, BGHSt 39, 168, 173; *BGH*, Urteil v. 26.7.1994 – Az. 5 StR 167/94, UA S. 5 (insoweit nicht veröffentlicht).

h) Allgemeine Einstellung der Bevölkerung und der Grenzsoldaten zum Grenzregime

Nach den Feststellungen der Justiz war es allgemeinkundig, daß die große Mehrheit der DDR-Bevölkerung den Schußwaffengebrauch an der Grenze mißbilligte. Auch die Grenzsoldaten waren danach bestrebt, den Grenzdienst mit „weißen Handschuhen" zu beenden, also ohne auf Menschen geschossen zu haben.[41]

2. Sachverhaltsfeststellungen

Innerhalb der gerichtlichen Tatsachenfeststellungen zu den Gewalttaten an der deutsch-deutschen Grenze kann sachverhaltsbezogen sowie nach Tätergruppen differenziert werden.

a) Sachverhaltsbezogene Einteilung

Ausgehend von den rechtlichen Besonderheiten einzelner Fallgestaltungen läßt sich aus der Vielzahl der Vorfälle exemplarisch folgende sachverhaltsbezogene Einteilung treffen. Die im folgenden genannten typischen Sachverhaltsgestaltungen können sich im Einzelfall überschneiden oder kombiniert auftreten.

„Standardfall"

Die erste Fallgruppe beinhaltet einen Geschehensablauf, der als „Standardfall" bezeichnet werden kann und der den meisten Verfahren in dieser oder ähnlicher Form zugrunde lag. Hierbei handelt es sich um die Tötung flüchtender DDR-Bürger. Einen solchen Standardfall hatte der Bundesgerichtshof in seinem ersten Urteil vom 3. November 1992[42] zu entscheiden.

Ein DDR-Bürger überwindet vorgelagerte Grenzsicherungsanlagen. Während er auf die Grenzmauer zurennt, die das letzte Hindernis zur Flucht nach Westberlin bildet, versuchen ihn die Grenzsoldaten mit Warnrufen und Warnschüssen zum Stehenbleiben zu bewegen. Der Flüchtende reagiert nicht und setzt dazu an, mit Hilfe einer Leiter die Mauer zu überwinden. Während er die Sprossen emporsteigt, wird mit Dauerfeuer auf ihn geschossen. Ein Schuß trifft ihn in den Rücken. Erst über zwei Stunden später wird das Opfer in ein Krankenhaus eingeliefert, wo es verstirbt. Bei unverzüglicher ärztlicher Hilfe hätte der Flüchtende gerettet werden können.

41 *BGH*, Urteil v. 3.11.1992 – Az. 5 StR 370/92, BGHSt 39, 1, 34; *BGH*, Urteil v. 25.3.1993 – Az. 5 StR 418/92, BGHSt 39, 168, 189.

42 *BGH*, Urteil v. 3.11.1992 – Az. 5 StR 370/92, BGHSt 39, 1.

Tötung Fahnenflüchtiger

Die zweite Fallgruppe betrifft die Tötung von Fahnenflüchtigen. Als Beispiel eignet sich der folgende Sachverhalt. Ein Angehöriger der Nationalen Volksarmee, der als Wachposten an grenznahen Hallen mit kampftechnischem Gerät eingesetzt ist, ergreift bewaffnet und in Uniform die Flucht. Er löst bei der Überwindung des Grenzsignalzauns Alarm aus. Als er durch Warnschüsse nicht von der Flucht abzubringen ist, wird er von vier Grenzsoldaten mit Dauerfeuer beschossen und von einem der Schützen getötet.[43]

Tötungen von Bürgern der Bundesrepublik oder Ausländern bei Grenzübertritten von West nach Ost

Eine dritte Fallgruppe wird durch die Tötung von Bürgern der Bundesrepublik oder Ausländern gebildet, die die Grenze aus der Bundesrepublik kommend überquerten. Der Bundesgerichtshof befaßte sich mit folgenden Fällen.

Bei einem Bootsausflug wird eine Person getötet und eine weitere verletzt, als nach der versehentlichen Überquerung der Grenzlinie um wenige Meter auf die Bootsinsassen geschossen wird.[44]

Eine weitere Tötung geschieht, als ein erheblich angetrunkener Mann die Berliner Mauer aus Westberlin kommend überwindet. Der Mann läuft von der Mauer weg in Richtung DDR. Der Grenzsoldat hält das Anrufen des Mannes aufgrund der Entfernung für zwecklos und schießt sofort mit Dauerfeuer ungezielt in Richtung des Opfers. Der Mann erleidet einen Bauchdurchschuß und stirbt an inneren Blutungen.[45]

Ein italienischer LKW-Fahrer wird als vermeintlicher Grenzverletzer (allerdings fahrlässig) erschossen, als er – zuvor aus der DDR ausgereist – zu Fuß zum DDR-Kontrollpunkt zurückkehrt, um seine bei der Kontrolle vergessenen Papiere abzuholen.[46]

„Exzeßfälle"

Eine vierte Fallgruppe stellen die sogenannten „Exzeßfälle" dar. Das eindrucksvollste Beispiel bildet die Tötung eines DDR-Bürgers nach Beendigung seiner Flucht. Zwei DDR-Bürger versuchen, nach Westberlin zu flüchten. Sie werden von einem Postenpaar entdeckt und geben die Flucht nach Sperrfeuer und Anruf durch die Soldaten auf. Sie begeben sich nach einer entsprechenden Aufforderung durch die Posten in den Sperrgraben und werden dort in Schach gehalten. Zur Einschüchterung wird Dauerfeuer in den Graben abgegeben, das einen Flüchtenden schwer verletzt. Der zwischenzeitlich alarmierte Gruppenführer begibt sich zum Ereignisort, übernimmt das Kommando und befiehlt den Flüchtenden, aus dem Graben herauszukommen. Der unverletzte Flüchtende erhebt sich, um ihm entgegenzugehen. Der Gruppenführer tötet nun den Mann, indem er aus höchstens 20 bis 25 Metern Entfernung in drei Feuerstößen mindestens 15 Schuß Dauerfeuer auf ihn abgibt. Er schießt dabei so lange, bis das Opfer umfällt und er

43 *BGH*, Urteil v. 17.12.1996 – Az. 5 StR 137/96, BGHSt 42, 356.
44 *BGH*, Urteil v. 20.3.1995 – Az. 5 StR 378/94, NJW 1995, 2732.
45 *BGH*, Urteil v. 19.4.1994 – Az. 5 StR 204/93, BGHSt 40, 113.
46 *BGH*, Urteil v. 15.2.1995 – Az. 2 StR 513/94, NStZ 1995, 286.

glaubt, sein Magazin sei leer. Im Rahmen dieses Geschehens schreit der Schütze sinngemäß: „Ich habe mir geschworen, hier kommt keiner mehr lebend raus.“[47]

Dieser Fallgruppe zuzuordnen ist auch das folgende Geschehen. Ein DDR-Bürger versucht, die Grenzanlagen nach Westberlin zu überwinden. Er wird von Grenzsoldaten entdeckt, die Leuchtmunition abgeben und mehrere Feuerstöße Sperrfeuer in den Boden vor den Flüchtenden schießen. Bei dem Versuch, eine Sperre aus Stacheldraht zu überwinden, verfängt er sich in einer dieser Sperren und bleibt auf dem Bauch liegen. Nun treffen mehrere auf den Fluchtversuch aufmerksam gewordene Angehörige der Grenztruppen ein, so daß sich insgesamt acht von ihnen am Ereignisort befinden. Unter ihnen ist auch der Kommandeur des Grenzregiments. Der Flüchtende, der im Stacheldraht derart festhängt, daß er erkennbar nicht mehr zur weiteren Flucht in der Lage ist, macht eine Bewegung in Richtung Westberlin. Der Kommandeur zieht daraufhin seine Pistole und schießt gezielt, bis das Magazin leer ist. Die Schüsse verfehlen das Opfer. Dann gibt er mit einer Maschinenpistole aus 15 bis 20 Metern mehrere gezielte Schüsse auf den Mann ab. Neben dem Kommandeur schießen mindestens zwei, möglicherweise aber auch mehr als vier andere Grenzsoldaten auf den Flüchtenden. Insgesamt werden rund 70 Schüsse abgegeben, von denen drei unmittelbar tödlich wirken.[48]

Den Exzeßtaten läßt sich auch der Fall zuordnen, in dem ein Wehrpflichtiger Reparaturarbeiten an den Grenzsicherungsanlagen zu einem Fluchtversuch nutzt. Es gelingt ihm, bundesdeutsches Gebiet zu erreichen, was die Sicherungsposten wohl dazu veranlaßt, das Feuer einzustellen. Erst nachdem der Flüchtende sich etwa zehn Meter hinter der Grenze ins Gras wirft und sich robbend vorwärts bewegt, fordert ihn der vorgesetzte Hauptmann zur Rückkehr auf und gibt Warnschüsse ab. Der Flüchtende bleibt jedoch liegen. Von einem völkerrechtswidrig auf das Gebiet der Bundesrepublik abgegebenen Schuß des Hauptmanns wird er an der Schläfe getroffen und dann vom Schützen und einem weiteren Soldaten auf das Gebiet der DDR zurückgebracht. Er verstirbt noch am selben Tag.[49]

Tötung Flüchtender durch Minen und Selbstschußanlagen

Die fünfte Fallgruppe betrifft Fälle der Tötung durch Minen und Selbstschußanlagen.

Ein Flüchtender tritt bei dem Versuch, das Minenfeld an der innerdeutschen Grenze zu überqueren, auf eine Erdmine. Diese reißt ihm den linken Fuß ab. Es gelingt dem Flüchtenden zwar, das Gebiet der Bundesrepublik zu erreichen, doch verstirbt er dort nach mehreren Operationen an den Folgen der Verletzungen.

Ein anderer Flüchtender löst bei seiner Flucht drei Splitterminen SM-70 der Selbstschußanlage aus und wird durch zahlreiche Splitter schwer verletzt. Von Grenzsoldaten wird er ins Hinterland geschleift und auf einen LKW verladen. Etwa zwei Stunden nach dem Vorfall erfolgt die Einlieferung in ein Krankenhaus, wo das Opfer seinen Verletzungen erliegt.[50]

47 *BGH*, Urteil v. 20.10.1993 – Az. 5 StR 473/93, BGHSt 39, 353.
48 *BGH*, Urteil v. 4.3.1996 – Az. 5 StR 494/95, BGHSt 42,65.
49 *BGH*, Urteil v. 18.1.1994 – Az. 1 StR 740/93, BGHSt 40, 48.
50 *BGH*, Urteil v. 26.7.1994 – Az. 5 StR 98/94, BGHSt 40, 218, 227.

Tötungen mit Erfolgsort Bundesrepublik

Die sechste Fallgruppe beinhaltet Fälle der Tötung auf dem Gebiet der Bundesrepublik einschließlich Westberlins. Erfaßt ist einmal der Fall, daß der Grenzsoldat die Schüsse, die den Flüchtenden auf bundesdeutschem Territorium tödlich treffen, vom Gebiet der DDR aus abgibt. Der oben schon beschriebene Beispielsfall der Erschießung des Fahnenflüchtigen, der die Grenzlinie schon überschritten hatte, ist hier einzuordnen. Einschlägig ist auch der Fall, daß der von der DDR aus beschossene Flüchtende auf dem Gebiet der DDR verletzt wird, dennoch in die Bundesrepublik gelangt, wo er schließlich den Folgen der Verletzung erliegt.

Körperverletzungsdelikte

Die siebente sachverhaltsbezogene Fallgruppe wird durch Körperverletzungsdelikte gebildet. Als typisch kann folgender Beispielsfall gelten. Ein flüchtender DDR-Bürger wird von Grenzsoldaten bemerkt. Ihm wird zugerufen, er solle stehenbleiben, doch er läuft im Zickzack weiter auf die Mauer zu. Nun schießen drei Grenzsoldaten mit Dauerfeuer auf den Flüchtenden, zielen aber absichtlich so, daß sie ihn nicht treffen. Ein weiterer Grenzsoldat schießt sodann aus etwa 60 Meter Entfernung mit Dauerfeuer in kurzen Feuerstößen, wobei er auf die Beine zielt. Zwei Schüsse treffen das rechte Bein des Flüchtenden, der etwa 30 Meter vor der Mauer liegen bleibt.[51]

Versuchstaten

In die achte Fallgruppe lassen sich Versuchstaten einordnen. Der Bundesgerichtshof sprach 1995 beispielsweise Angeklagte wegen Rücktritts vom Tötungsversuch frei. Ein 15jähriger Flüchtender bewegt sich kriechend auf die durch einen Stacheldrahtzaun gesicherte Demarkationslinie zu und wird dabei vom Fahrer eines Kompaniechefs entdeckt. Er kriecht trotz eines Anrufs und dreier Warnschüsse weiter. Der Fahrer schießt im Laufen mit Einzelfeuer mindestens zwei Mal ungezielt in Richtung des Flüchtenden. Mit einer möglichen Tötung des Jugendlichen findet er sich ab. Der Flüchtende wird an beiden Beinen getroffen und bricht blutend zusammen. Weder der Fahrer noch der hinzugekommene Kompaniechef bemerken die Verletzung. Sie tragen den Flüchtenden, der unter Hinweis auf eine Beinverletzung nicht aufsteht, zum Fahrzeug und bringen ihn zu einem 200 Meter entfernten Krankenwagen, der von ihnen angefordert wurde.[52]

b) Tätergruppen

Bei der Differenzierung nach Tätergruppen können drei verschiedene Ebenen ausgemacht werden.

Die erste Tätergruppe wird durch die Zugehörigkeit zur politisch-administrativen Führungsebene bestimmt. Ihr gehören die Machthaber an, die maßgeblichen Einfluß auf die Ausgestaltung der Grenzsicherung hatten. Dazu zählen beispielsweise folgende schon

51 *BGH*, Urteil v. 8.6.1993 – Az. 5 StR 88/93, NStZ 1993, 488.
52 *BGH*, Beschluß v. 7.2.1995 – Az. 5 StR 650/94, BGHSt 41, 10.

verurteilte Personen: Egon Krenz und weitere Mitglieder des Politbüros, Mitglieder des Nationalen Verteidigungsrates, des Kollegiums des Ministeriums für Nationale Verteidigung, der Chef der Grenztruppen und Angehörige des Kommandos der Grenztruppen.[53] Auch Erich Honecker, gegen den das Verfahren aus Gründen der Achtung der Menschenwürde eines todkranken Angeklagten eingestellt wurde,[54] ist dieser Gruppe zuzuordnen.

Bei der zweiten Tätergruppe handelt es sich um Personen, die keinen maßgeblichen Einfluß auf die Ausgestaltung des Grenzregimes hatten, sondern vielmehr in die Befehlskette eingebunden waren. Sie waren aber als Vorgesetzte den unmittelbaren Schützen übergeordnet und veranlaßten deren Taten durch die Erteilung von Befehlen und die Vornahme von Vergatterungen.

Die dritte und zahlenmäßig größte Tätergruppe besteht aus den unmittelbar handelnden Grenzsoldaten. Zu diesen Personen sind alle Angehörigen der Grenztruppen zu zählen, soweit sie selbst Schüsse auf Grenzverletzer abgegeben, Minen verlegt und Selbstschußanlagen installiert sowie diese instandgehalten haben.

3. Strafrechtliche Einordnung

a) Strafanwendungsrecht

Im Bereich des Strafanwendungsrechts folgt die Rechtsprechung dem Günstigkeitsprinzip des Artikels 315 Absatz 1 EGStGB in Verbindung mit § 2 Absatz 3 StGB. Als das für den Täter mildeste Recht wurde bei den Tötungsdelikten im Falle des Mordes § 112 DDR-StGB und im Falle des Totschlages §§ 212, 213 StGB angesehen.[55] Eine Besonderheit ergibt sich für Taten, bei denen das Opfer in der Bundesrepublik erschossen oder aber in der DDR angeschossen wurde, jedoch erst in der Bundesrepublik seinen Verletzungen erlag. Wegen des bundesdeutschen Tatorts gemäß §§ 3, 9 StGB kommt nach Artikel 315 Absatz 4 EGStGB allein das Recht der Bundesrepublik zur Anwendung.[56] Dies gilt gemäß § 7 Absatz 1 StGB auch für das oben genannte erste und zweite Beispiel der dritten Fallgruppe, da es sich dort bei den Opfern jeweils um Bürger der Bundesrepublik handelte.[57]

53 Siehe zum Beispiel *BGH*, Urteil v. 26.7.1994 – Az. 5 StR 98/94, BGHSt 40, 218; *LG Berlin*, Urteil v. 10.9.1996 – Az. (536) 2 Js 15/92 Ks (2/95).

54 Zu den Gründen siehe *BerlVerfGH*, Beschluß v. 12.1.1993 – Az. VerfGH 55/92, NJW 1993, 515. Zum Meinungsbild im Schrifttum siehe *Bartlsperger* DVBl 1993, 333; *Meurer* JR 1993, 89; *Paeffgen* NJ 1993, 152; *Schoreit* NJW 1993, 881; *Starck* JZ 1993, 231; *Wesel*, Honecker-Prozeß; *Wilke* NJW 1993, 887. Das Ermittlungsverfahren gegen *Erich Honecker* wegen der Tötungen an der innerdeutschen Grenze wurde bereits im Sommer 1990 eingeleitet, so daß sich insoweit eine formelle Kontinuität der Strafverfolgung ergibt.

55 *BGH*, Urteil v. 3.11.1992 – Az. 5 StR 370/92, BGHSt 39, 1, 30; *BGH*, Urteil v. 20.10.1993 – Az. 5 StR 473/93, BGHSt 39, 353, 370.

56 *BGH*, Urteil v. 26.7.1994 – Az. 5 StR 167/94, BGHSt 40, 241, 242 ff.

57 *BGH*, Urteil v. 19.4.1994 – Az. 5 StR 204/93, BGHSt 40, 113, 114 f.

b) Vorsatz

Probleme ergeben sich für die Strafjustiz im Rahmen des Vorsatzes. Nicht selten hängt der Vorsatznachweis vom Einlassungsgeschick der Täter ab. Regelmäßig kommt die Rechtsprechung zur Annahme eines bedingten Tötungsvorsatzes. Hierbei schließt sie oftmals vom äußeren Geschehensablauf auf die innere Tatseite. Beispielsweise werden die besondere Gefährdung des Opfers durch die Abgabe von Dauerfeuer, die hohe Treffsicherheit der Waffe bei Einzelfeuer, die guten Sichtverhältnisse oder die Tatsache, daß der Täter ein guter Schütze war oder der Befehlslage entsprechen wollte, zu Indizien für den Tötungsvorsatz.[58] Insbesondere bei versuchten Tötungen ist jedoch der Nachweis des Vorsatzes angesichts der strengen Beweisanforderungen schwierig, da hier der Eintritt des tatbestandlichen Erfolges fehlt, der als Indiz für den Willen zur Tötung herangezogen werden könnte. Dementsprechend wurde in aller Regel nur dann Vorsatz angenommen, wenn das Opfer getötet wurde. In diesen Fällen blieb dann aber auch die Verneinung des Vorsatzes die Ausnahme.

c) Rechtswidrigkeit von Tötungen

Den Schwerpunkt der Rechtsprobleme bildet die Frage der Rechtswidrigkeit. Hier folgt die Rechtsprechung seit der Grundsatzentscheidung des Bundesgerichtshofs vom 3. November 1992[59] einer einheitlichen Linie.

aa) Rechtsprechung

Eindeutig ist, daß eine Rechtfertigung der Taten nach bundesdeutschem Recht ausscheidet. Die Rechtswidrigkeit der Taten nach DDR-Recht ist dagegen zweifelhaft. Die Rechtsprechung verfolgt zwei grundlegende Ansätze, die zumeist in einem Stufenverhältnis geprüft werden.

Ein erster Ansatz unterzieht das DDR-Recht einer immanenten Betrachtung, bei der die Rechtswidrigkeit anhand der Maßstäbe der DDR-Rechtspraxis untersucht wird. Der Bundesgerichtshof kommt hier zu dem Ergebnis, daß die Schüsse in den „Normalfällen" von § 27 Absatz 2 Grenzgesetz gedeckt waren.[60] Hierher gehören vor allem Schüsse auf einen fliehenden DDR-Bürger mit (bedingtem) Tötungsvorsatz und Einzelfeuer oder bei unmittelbar bevorstehendem Fluchterfolg auch mit sofortigem Dauerfeuer. Die Rechtsprechung zieht hierbei nicht nur § 27 Grenzgesetz, sondern auch die vom Norminhalt abweichende Staatspraxis und die Befehlslage zur Ermittlung des DDR-Rechts heran. Nach dieser Praxis wurde kein Fall des Schußwaffengebrauchs disziplinarisch oder strafrechtlich verfolgt. Daher geht die Justiz von der Rechtfertigung der Taten nach DDR-Recht auch für die Zeit vor der Geltung von § 27 Grenzgesetz aus. Diese Rechtfertigung findet jedoch bei von den „Normalfällen" extrem abweichenden Tatabläufen

58 *BGH*, Urteil v. 3.11.1992 – Az. 5 StR 370/92, BGHSt 39, 1, 30; *BGH*, Urteil v. 25.3.1993 – Az. 5 StR 418/92, BGHSt 39, 168, 180.

59 *BGH*, Urteil v. 3.11.1992 – Az. 5 StR 370/92, BGHSt 39, 1.

60 *BGH*, aaO, 10 ff.

eine Grenze. Hierbei handelt es sich um die Exzesse der oben genannten Sachverhaltsvarianten der vierten Fallgruppe. Nicht ganz auf einer Linie liegen jedoch unterinstanzliche und höchstrichterliche Rechtsprechung bei der Beantwortung der Frage, ab wann die Grenze zum Vorliegen eines Exzesses überschritten ist.

Ein zweiter Ansatz der Rechtsprechung legt Maßstäbe an, die der DDR-Rechtspraxis fremd waren. Leitend ist einmal eine naturrechtliche Argumentation unter Verwendung der sogenannten Radbruchschen Formel. Danach hat das positive Recht im Konflikt zwischen der Gerechtigkeit und der Rechtssicherheit grundsätzlich auch für den Fall seiner inhaltlichen Ungerechtigkeit den Vorrang, es sei denn, der Widerspruch des positiven Gesetzes zur Gerechtigkeit erreicht ein so unerträgliches Maß, daß das Gesetz als „unrichtiges Recht" der Gerechtigkeit zu weichen hat.[61] Dabei konkretisiert die Rechtsprechung den Bereich, in dem gesetztes Recht der Gerechtigkeit zu weichen habe, anhand der völkerrechtlich anerkannten Menschenrechte. Genannt wird einmal der Internationale Pakt über bürgerliche und politische Rechte (IPBPR).[62] Die generelle Versagung einer Ausreise in der DDR habe dessen Gewährung aus Artikel 12 Absatz 2 (Recht auf Ausreise) widersprochen. Die Tötung Flüchtender zur Abschreckung anderer Fluchtwilliger habe gegen Artikel 6 Absatz 1 Satz 1 und 3 IPBPR (Recht auf Leben) verstoßen.[63] Herangezogen wird ferner die Allgemeine Erklärung der Menschenrechte, die schon vor Inkrafttreten des IPBPR einen verbindlichen Maßstab für die Geltung von Menschenrechten dargestellt habe. Sie habe in Artikel 3 und 13 Nr. 2 die Rechte auf Leben und Ausreise in ähnlicher Weise wie der IPBPR gewährt.[64] Diese Argumentation wurde auch auf die Fälle des Eindringens in die DDR (dritte Fallgruppe) übertragen.[65]

Ein Verstoß gegen das Rückwirkungsverbot des Artikels 103 Absatz 2 GG liegt nach Auffassung der Rechtsprechung bei der Anwendung der Radbruchschen Formel nicht vor. Dies folge aus der Erwägung, daß eine Freistellung von Strafbarkeit, die derart gegen die Menschenrechte verstoße, von vornherein unwirksam, also überhaupt nicht Recht geworden sei.[66]

Der Bundesgerichtshof beläßt es jedoch innerhalb des zweiten Ansatzes nicht bei der Anwendung der Radbruchschen Formel. Er untersucht unabhängig von diesem Vorgehen die Möglichkeit einer menschenrechtsfreundlichen Auslegung des DDR-Rechts. Er kommt zu dem Ergebnis, daß § 27 Grenzgesetz und die vorher geltenden inoffiziellen Vorschriften in der DDR einer an den Menschenrechten orientierten Interpretation zugänglich gewesen seien. Verwiesen wird auf die Menschenrechte aus den Artikeln 6 und 12 IPBPR sowie auf die Allgemeine Erklärung der Menschenrechte. Artikel 30 der DDR-Verfassung habe das Recht auf Leben und körperliche Unversehrtheit beinhaltet. Eine an den Artikeln 6 und 12 IPBPR orientierte Auslegung habe den sich aus Artikel 30 Absatz 2 Satz 2 der DDR-Verfassung ergebenden Grundsatz der Verhältnis-

61 *Radbruch* SJZ 1946, 105, 107.
62 Vom 19.12.1966, BGBl. II 1973, S. 1534.
63 *BGH*, Urteil v. 3.11.1992 – Az. 5 StR 370/92, BGHSt 39, 1, 14 ff.
64 *BGH*, Urteil v. 26.7.1994 – Az. 5 StR 167/94, BGHSt 40, 241, 245 ff.
65 *BGH*, Urteil v. 20.3.1995 – Az. 5 StR 378/94, NJW 1995, 2732, 2733.
66 *BGH*, Urteil v. 20.3.1995 – Az. 5 StR 111/94, BGHSt 41, 101, 105, 112.

mäßigkeit zu beachten, der seinen Niederschlag auch im Grenzgesetz[67] gefunden habe. Dieser Grundsatz sei in der DDR verletzt worden, wenn die einfache Republikflucht als Verbrechen im Sinne des § 27 Grenzgesetz angesehen worden sei. Überdies sei im Rahmen des § 27 Grenzgesetz eine Auslegung möglich gewesen, die dem Verhältnismäßigkeitsgrundsatz und dem Erfordernis der Schonung des Lebens aus § 27 Absatz 5 Satz 1 Grenzgesetz gerecht geworden wäre. Nach dieser Interpretation habe ein Grenzsoldat in einer für ihn gefahrlosen Situation nicht mit Tötungsvorsatz auf einen Flüchtenden schießen dürfen. Die entgegenstehende Staatspraxis in der DDR, nach der die tödlichen Schüsse an der deutsch-deutschen Grenze nicht geahndet worden seien, widerspreche diesem Ergebnis nicht, denn sie habe kein Recht zu schaffen vermocht.[68] Ähnlich wurde mit der Allgemeinen Erklärung der Menschenrechte bei Taten argumentiert, die vor der Geltung des IPBPR begangen wurden.[69] Diese Auffassung verstoße nicht gegen das Rückwirkungsverbot, so meint der Bundesgerichtshof, denn sie nutze nur die im Recht der DDR angelegten Möglichkeiten zu einer menschenrechtsfreundlichen Auslegung. Die Tat sei schon bei ihrer Begehung nach dem richtig ausgelegten Recht der DDR strafbar gewesen. Eine bloße Änderung der Auslegung einer Norm tangiere nicht das Rückwirkungsverbot.[70]

Das Bundesverfassungsgericht hat diese Rechtsprechung mit seinem Beschluß vom 24. Oktober 1996 als verfassungskonform bestätigt. Darin kommt es zu dem Ergebnis, daß das Rückwirkungsverbot unter bestimmten Voraussetzungen nur eingeschränkt gilt. Artikel 103 Absatz 2 GG sei auf Taten zugeschnitten, die innerhalb der Bundesrepublik begangen würden. Hier biete das unter demokratischen Zuständen zustandegekommene Gesetz genügend Gewähr für ein Strafrecht, das prinzipiell den Erfordernissen der materiellen Gerechtigkeit genüge. Nur diese besondere Vertrauensgrundlage rechtfertige die Einhaltung des strikten Rückwirkungsverbotes. Diese Grundlage entfalle, wenn ein Staat unter schwerwiegender Mißachtung allgemein anerkannter Menschenrechte schwerstes kriminelles Unrecht durch die Schaffung von Rechtfertigungsgründen begünstige. In einer solchen Situation müsse das Rückwirkungsverbot zugunsten des Gebots der materiellen Gerechtigkeit zurücktreten, da die Strafrechtspflege der Bundesrepublik sonst zu ihren eigenen Prämissen in Widerspruch gerate.[71]

67 § 26 Abs. 2 S. 2 und 3 sowie § 27 Abs. 1 S. 1.

68 *BGH*, Urteil v. 3.11.1992 – Az. 5 StR 370/92, BGHSt 39, 1, 23 ff.; *BGH*, Urteil v. 20.3.1995 – Az. 5 StR 111/94, BGHSt 41, 101, 106.

69 *BGH*, Urteil v. 26.7.1994 – Az. 5 StR 167/94, BGHSt 40, 241, 249 f.; *BGH*, Urteil v. 20.3.1995 – Az. 5 StR 111/94, BGHSt 41, 101, 105 f.

70 *BGH*, Urteil v. 3.11.1992 – Az. 5 StR 370/92, BGHSt 39, 1, 29 f.; *BGH*, Urteil v. 19.4.1994 – Az. 5 StR 204/93, BGHSt 40, 113, 116; *BGH*, Urteil v. 20.3.1995 – Az. 5 StR 111/94, BGHSt 41, 101, 111 f. mwN.

71 *BVerfG*, Beschluß v. 24.10.1996 – Az. 2 BvR 1851/94, 1853/94, 1875/94 und 1852/94, *BVerfG*E 95, 96, 131 ff.; *BVerfG*, Beschluß v. 21.7.1997 – Az. 2 BvR 1084/97, 1120/97, 1121/97 und 1122/97, EuGRZ 1997, 413, 416.

bb) Schrifttum

Im Schrifttum findet die Linie der Rechtsprechung vielfach Zustimmung.[72] Es gibt jedoch auch starke Kritik an ihrem Vorgehen. Diese Kritik behauptet vor allem eine Verletzung des Rückwirkungsverbotes.[73] Auch wird eingewendet, daß die Begründung von Strafbarkeit mit Hilfe des Naturrechts dem Gesetzlichkeitsprinzip widerspreche.[74] Teilweise wird grundsätzlich bezweifelt, daß das Naturrecht einen zulässigen und praktikablen Maßstab für die Ermittlung rechtlich verbindlicher Aussagen abgeben könne.[75] Gegen die Konkretisierung der Radbruchschen Formel mittels des Völkerrechts wird vorgebracht, daß der Bundesgerichtshof völkerrechtliche Pakte unzulässigerweise zum Maßstab gegenüber den Bürgern der ehemaligen DDR gemacht habe, weil sie in der DDR keine innerstaatliche Geltung gehabt hätten.[76] Im übrigen sei fraglich, ob die angeführten völkerrechtlichen Bestimmungen überhaupt dem „Kernbereich des Rechts" angehörten und sich zu einer Konkretisierung der Formel eigneten.[77] Teilweise wird auch ein Verstoß gegen die herangezogenen Völkerrechtspakte bestritten.[78]

Die Kritik gelangt vielfach zu dem Ergebnis, daß lediglich Taten, die sich schon nach dem in der DDR praktizierten Recht als Exzesse dargestellt hätten, verfolgbar seien. Die Zulässigkeit von Bestrafungen erfordere die Schaffung eines offen rückwirkenden Gesetzes beziehungsweise die förmliche Änderung des Artikels 103 Absatz 2 GG.[79]

d) Rechtswidrigkeit der Erschießung Fahnenflüchtiger und Rechtswidrigkeit von Körperverletzungen

Zur Rechtswidrigkeit der Erschießung Fahnenflüchtiger sowie zur Rechtswidrigkeit von Körperverletzungen durch den Schußwaffengebrauch an der innerdeutschen Grenze (siebente Fallgruppe) hat sich die höchstrichterliche Rechtsprechung noch nicht geäußert. Die zu diesem Komplex ergangenen Urteile lassen die Frage vielmehr offen und verneinen die Tatschuld.[80] Exzesse sind natürlich auch in diesem Bereich auf jeden Fall als rechtswidrig anzusehen.

72 Zu dem kaum noch übersehbaren Schrifttum vgl. die Nachweise bei *Lackner,* StGB 22. Aufl., § 2 Rn. 16, 16a.

73 *Isensee*, Rechtsstaat, S. 105 ff.

74 *Grünwald* StV 1991, 31, 36; *Jakobs* GA 1994, 1, 11 f.; *Dencker* KritV 1990, 299, 305.

75 *Pawlik* GA 1994, 472, 479 f., 483; *Kuhlen*, Normverletzungen, S. 63, 92 ff.

76 *Gropp* NJ 1996, 393, 395 f.; *Ott* NJ 1993, 337, 340 f.; *Roggemann* DtZ 1993, 10, 17 f.; *Amelung* NStZ 1995, 29, 30.

77 *Grünwald* StV 1991, 31, 37; *Rittstieg* DuR 1991, 404, 417; *Roggemann* aaO, 18.

78 *Alexy*, Mauerschützen, S. 17 ff.; *Rittstieg* aaO, 416 ff.

79 *Dencker* aaO, 306 f.; *Isensee*, aaO, S. 107; *Joerden* GA 1997, 201 ff.

80 *BGH*, Urteil v. 25.3.1993 – Az. 5 StR 418/92, BGHSt 39, 168, 194 f.; *BGH*, Urteil v. 8.6.1993 – Az. 5 StR 88/93, NStZ 1993, 488; *BGH*, Urteil v. 17.12.1996 – Az. 5 StR 137/96, BGHSt 42, 356, 361.

e) Rechtswidrigkeit der Tötung durch Minen und Selbstschußanlagen

Die Rechtswidrigkeit der Tötung sogenannter Grenzverletzer durch Minen und Selbstschußanlagen ergibt sich nach der Rechtsprechung schon aus dem Fehlen einer entsprechenden Ermächtigungsgrundlage im Recht der DDR. Insbesondere könnten weder § 8 Absatz 2 noch §§ 26, 27 Grenzgesetz als Rechtsgrundlage angesehen werden.[81]

f) Schuld

Im Rahmen der Schuld werden insbesondere zwei Probleme relevant. Einerseits hatte die Rechtsprechung zu prüfen, ob die Schuld wegen Handelns auf Befehl entfällt. Entscheidend ist nach den dafür maßgeblichen gesetzlichen Grundlagen,[82] ob die Täter die Rechtswidrigkeit ihrer Taten erkannt haben, was verneint wird, oder ob diese Rechtswidrigkeit offensichtlich war. Die Rechtsprechung geht von der Offensichtlichkeit der Rechtswidrigkeit aus, da die Taten ein derart schreckliches und jeder vernünftigen Rechtfertigung entzogenes Tun gewesen seien, daß der Verstoß gegen das elementare Tötungsverbot auch für einen indoktrinierten Menschen ohne weiteres einsichtig sei. Andererseits war zu klären, ob sich die Täter in einem Verbotsirrtum nach § 17 StGB befanden. Dies nahmen die Gerichte in der Regel an. Der Irrtum sei aber aus den Gründen vermeidbar gewesen, welche die Offensichtlichkeit der Rechtswidrigkeit des Handelns auf Befehl begründeten.[83]

In der Literatur wird gegen diese Auffassung nicht unerheblicher Widerspruch erhoben.[84] Von der Offensichtlichkeit der Rechtswidrigkeit beim Handeln auf Befehl könne angesichts der Indoktrination der Soldaten, ihrer sozialistischen Erziehung seit dem Kindesalter und der Befürwortung des Schußwaffengebrauchs in der Propaganda der DDR nicht die Rede sein. Der Vermeidbarkeit des Verbotsirrtums[85] stünden diese Umstände ebenfalls entgegen. Im übrigen genüge es für die Vermeidbarkeit nicht, daß der Täter imstande sei, bei gehöriger Anspannung seiner geistigen Kräfte zu erkennen, daß sein Tun unmoralisch, unmenschlich oder ungerecht sei; ihm müsse auch die Erkenntnis möglich sein, gegen das Recht verstoßen zu haben. Dies sei aber für die Grenzsoldaten zu verneinen.

81 *BVerfG*, Beschluß v. 24.10.1996 – Az. 2 BvR 1851/94, 1853/94, 1875/94 und 1852/94, *BVerfG*E 95, 96, 124 f.; *LG Berlin*, Urteil v. 16.9.1993 – Az. (527) 2 Js 26/90 Ks 10 (92), NJ 1994, 210, 213.

82 Vgl. § 258 Abs. 1 DDR-StGB: „Eine Militärperson ist für eine Handlung, die sie in Ausführung des Befehls eines Vorgesetzten begeht, strafrechtlich nicht verantwortlich, es sei denn, die Ausführung des Befehls verstößt offensichtlich gegen die anerkannten Normen des Völkerrechts oder gegen Strafgesetze." und § 5 Abs. 1 WStG: „Begeht ein Untergebener eine rechtswidrige Tat, die den Tatbestand eines Strafgesetzes verwirklicht, auf Befehl, so trifft ihn eine Schuld nur, wenn er erkennt, daß es sich um eine rechtswidrige Tat handelt oder dies nach den ihm bekannten Umständen offensichtlich ist."

83 *BGH*, Urteil v. 3.11.1992 – Az. 5 StR 370/92, BGHSt 39, 1, 34; *BGH*, Urteil v. 25.3.1993 – Az. 5 StR 418/92, BGHSt 39, 168, 191 f.

84 *Adomeit* NJW 1993, 2914, 2915; *Amelung* NStZ 1995, 29, 30; *Hohoff* DtZ 1997, 308 ff.; *Miehe*, Rechtfertigung, S. 663 ff.

85 Vgl. § 17 StGB.

Bei Körperverletzungen (siebente Fallgruppe) nimmt der Bundesgerichtshof Fehlen der Schuld an. Im Hinblick auf die Vorschriften zum Handeln auf Befehl fehle es an der Offensichtlichkeit des Strafrechtsverstoßes. Bei Schüssen ohne Tötungsvorsatz habe keine Verletzung des elementaren Tötungsverbots vorgelegen. Zwar sei den Flüchtenden die Möglichkeit der Auswanderung genommen worden, doch ergebe sich daraus keine Offensichtlichkeit.[86] Mit denselben Argumenten begründet die Rechtsprechung ihre Auffassung, daß sich die Täter in diesen Fällen in einem unvermeidbaren Verbotsirrtum befunden hätten.[87]

Auch bei der Erschießung bewaffneter Fahnenflüchtiger kann nach höchstrichterlicher Rechtsprechung nicht mehr von einer offensichtlichen Rechtswidrigkeit ausgegangen werden. Im Vergleich zu den üblicherweise vorliegenden Fällen, in denen die Annahme der Schuld schon nicht unproblematisch sei, würden gewichtige, für die Möglichkeit der Rechtmäßigkeit des Befehls sprechende Besonderheiten hinzukommen.[88]

g) Beteiligungsformen

Auch mit Problemen aus dem Bereich von Täterschaft und Teilnahme hatte sich die Rechtsprechung intensiv zu befassen. Im Hinblick auf die Organisatoren des Grenzregimes (erste Tätergruppe) beschäftigte sich die Justiz zunächst mit Erich Honecker. Im Haftbefehl gegen ihn ging das Amtsgericht Tiergarten von mittelbarer Täterschaft aus.[89] In der Beschwerdeentscheidung des Landgerichts Berlin wurde jedoch der Haftbefehl insoweit geändert, daß ein Tatverdacht lediglich bezüglich Anstiftung vorliege.[90] Diese Entscheidung wurde vom Kammergericht bestätigt.[91]

Im Gegensatz hierzu hat der Bundesgerichtshof festgestellt, daß die Mitglieder des Nationalen Verteidigungsrates mittelbare Täter seien.[92] Zwar seien die unmittelbaren Schützen auch als Täter anzusehen, was grundsätzlich das Vorliegen der mittelbaren Täterschaft ausschließe. Jedoch liege hier der Ausnahmefall des „Täters hinter dem Täter" vor. Der Beitrag der Mitglieder des Nationalen Verteidigungsrates habe durch die Ausnutzung der Befehlskette nahezu automatisch zu der erstrebten Tatbestandsverwirklichung durch die Grenzsoldaten geführt. Der zur Verfügung stehende organisatorische Machtapparat habe regelhafte Abläufe garantiert. Dies hätten sich die Täter zunutze gemacht, indem sie die unbedingte Bereitschaft der unmittelbar Handelnden zur Tatausführung ausgenutzt hätten.

86 *BGH*, Urteil v. 8.6.1993 – Az. 5 StR 88/93, NStZ 1993, 488, 489.

87 *BGH*, Urteil v. 25.3.1993 – Az. 5 StR 418/92, BGHSt 39, 168, 194 f.; *BGH*, Beschluß v. 7.2.1995 – Az. 5 StR 650/94, BGHSt 41, 10, 15.

88 *BGH*, Urteil v. 17.12.1996 – Az. 5 StR 137/96, BGHSt 42, 356, 362; siehe auch *BGH*, Beschluß v. 7.2.1995 – Az. 5 StR 650/94, BGHSt 41, 10, 15 für die zweite Tätergruppe.

89 *AG Tiergarten*, Haftbefehl v. 30.11.1990 – Az. 351 Gs 4784/90, StV 1991, 584.

90 *LG Berlin*, Beschluß v. 14.12.1990 –Az. unbekannt, StV 1991, 585.

91 *KG Berlin*, Beschluß v. 6.3.1991 – Az. 2 Js 26/90 – 4 Ws 288/90, NJW 1991, 2653, 2654 f.

92 *BGH*, Urteil v. 26.7.1994 – Az. 5 StR 98/94, BGHSt 40, 218, 230 ff.

Im Verfahren gegen den Chef der Grenztruppen und fünf seiner Stellvertreter (erste Tätergruppe) hat das Landgericht Berlin das Handeln der Stellvertreter als Beihilfe gewertet. Für den Chef der Grenztruppen wurde mittelbare Täterschaft angenommen.[93]

In Verfahren gegen Angehörige der zweiten Tätergruppe wurde für die Erteilung eines Tötungsbefehls in einem konkreten Einzelfall von Anstiftung ausgegangen,[94] während die Frage nach der Beteiligungsform für die Abgabe eines generellen Befehls – insbesondere im Zusammenhang mit der Vergatterung – uneinheitlich beantwortet wird. Hier wird überwiegend Beihilfe, teilweise aber auch (versuchte) Anstiftung angenommen.[95]

Der Bundesgerichtshof verurteilte die Schützen im Gegensatz zu seiner Rechtsprechung bei den NS-Verbrechen, in der er die unmittelbar Handelnden als Gehilfen ansah, als Täter (dritte Tätergruppe). Für das Verhältnis der Posten zueinander vertritt der Bundesgerichtshof die Auffassung, daß selbst bei fehlender Kommunikation unter den unmittelbar Beteiligten im Regelfall Mittäterschaft vorliege, da sie unter dem Einfluß des gleichen Befehls und mit gleicher Zielrichtung gehandelt hätten.[96]

Die Annahme der mittelbaren Täterschaft bei den sogenannten „Schreibtischtätern“ stößt im Schrifttum auf Zustimmung[97] und Widerspruch. Teilweise wird angenommen, es liege Anstiftung[98], Mittäterschaft[99] oder Nebentäterschaft[100] vor.

h) Verjährung

Für die Körperverletzungsdelikte wird die Frage der Verjährung nur in sehr geringem Umfang relevant, da die Rechtsprechung hier – abgesehen von seltenen Exzeßtaten – ohnehin zur Straflosigkeit kommt und daher kaum noch mit weiteren Verfahren zu rechnen ist. Bezüglich der Taten, die sich als Mord darstellen, liegt Unverjährbarkeit vor (§ 78 Absatz 2 StGB, Artikel 315a Absatz 3 EGStGB). Für die (versuchten) Totschlagsdelikte tritt wegen des Ruhens der Verjährung in der vor dem Beitritt verstrichenen Zeit die absolute Verjährungerst mit Ablauf des 2. Oktobers 2030 ein.[101]

93 *LG Berlin*, Urteil v. 10.9.1996 – Az. (536) 2 Js 15/92 Ks (2/95), UA S. 111 f. Der *BGH* verwarf die Revision des Chefs der Grenztruppen und seiner Stellvertreter nach § 349 Abs. 2 StPO als unbegründet, *BGH*, Beschluß v. 30.04.1997 – 5 StR 42/97.

94 *BGH*, Urteil v. 24.4.1996 – Az. 5 StR 322/95, NStZ-RR 1996, 323, 324.

95 *LG Berlin*, Urteil v. 10.6.1994 – Az. 2 Js 596/92, NJ 1994, 588 f.; *LG Berlin*, Urteil v. 14.08.1995 – (527) 2 Js 192/90 Ks (18/94), UA S. 16, 18.

96 *BGH*, Urteil v. 3.11.1992 – Az. 5 StR 370/92, BGHSt 39, 1, 31 f.; *BGH*, Urteil v. 26.7.1994 – Az. 5 StR 167/94, NJW 1994, 2708.

97 *Roxin* JZ 1995, 49 ff.; *Schroeder* JR 1995, 177 ff.; *Gropp* JuS 1996, 13, 15 ff.

98 *Bottke*, Verfolgung, S. 224 f.; *Jescheck/Weigend*, Strafrecht, S. 669.

99 *Jakobs*, Strafrecht AT, S. 649.

100 *Bockelmann/Volk*, Strafrecht, S. 191 f.

101 Vgl. § 78c Abs. 3 S. 2 i.V.m. § 78 Abs. 3 Nr. 2 StGB.

i) Strafzumessung

Für die Erwägungen der Rechtsprechung zur Strafzumessung ist zweierlei kennzeichnend. Zum einen wird deutlich nach Tätergruppen differenziert. Gegen einfache Grenzsoldaten wird regelmäßig eine milde Freiheitsstrafe im Bereich bis zu zwei Jahren verhängt, deren Vollstreckung zur Bewährung ausgesetzt wird. Mitglieder der politischen und militärischen Führung – sowie Exzeßtäter – werden dagegen zumeist zu längeren Freiheitsstrafen verurteilt, für die schon von Gesetzes wegen eine Aussetzung nicht in Betracht kommt. Zum anderen kehren Zweifel und Bedenken, die im Rahmen der Prüfung von Rechtswidrigkeit und Schuld noch zurückgewiesen wurden, als Begründungen für eine Strafmilderung wieder. So wird den Grenzsoldaten zugute gehalten, daß sie auf der untersten Stufe der militärischen Hierarchie standen und von der politischen und militärischen Führung zur Durchsetzung ihrer Zwecke mißbraucht wurden. Ihnen wird bescheinigt, daß sie mangels hinreichender Ausbildung mit der Bewältigung von Fluchtsituationen überfordert waren und durch Indoktrination und Einschüchterung zur Abgabe von Schüssen angehalten wurden. Dieses Vorgehen läßt als wesentliches Anliegen erkennen, insgesamt das tödliche Geschehen an der Grenze klar als strafbare Menschenrechtsverletzung auszuweisen, zugleich aber durch eine nahezu polarisierende Strafzumessung einen deutlichen Unterschied im Ausmaß der Verantwortlichkeit kenntlich zu machen. Der schwere Schuldvorwurf, den die Tötung Wehrloser begründet, trifft die politische und militärische Führung, während die Ausführenden durch eine Vielzahl von Gründen entlastet werden. Diese entlastenden Gesichtspunkte haben wiederum ein so starkes Gewicht, daß Zweifel bleiben, ob sie durch Absenken des Strafmaßes und Gewähren einer Strafaussetzung ausreichend zur Geltung kommen. Ganz offensichtlich werden die Taten dieser Beschuldigten so eingestuft, daß sie im Grenzbereich von Strafbarkeit und Straflosigkeit liegen.

II. Wahlfälschung[102]

1. Einführung

In dem erstinstanzlichen Wahlfälschungsurteil des Landgerichts Dresden gegen Hans Modrow und andere heißt es, daß mit Sicherheit von einer Manipulation sämtlicher seit 1950 in der DDR veröffentlichter Wahlresultate ausgegangen werden könne.[103] Damit korrespondiert die lakonische Feststellung eines im Prozeß hinzugezogenen Sachverständigen, die Geschichte der Wahlen in der DDR sei zugleich die Geschichte ihrer Fälschungen.[104] Dennoch beschränkt sich die Strafverfolgung auf die letzten Wahlen unter der Ägide des SED-Parteiapparates, die Kommunalwahlen vom 7. Mai 1989. Allein hier war es aufgrund der zeitlichen Nähe zum Zusammenbruch des realsozialistischen Systems möglich, eine strafrechtlichen Anforderungen genügende Sachverhaltsaufklärung durchzuführen. Die Judikate enthalten die zur Klärung individueller strafrechtlicher Verant-

102 Zum Gesamtkomplex vgl. die Dissertation von *J. Müller*, Symbol 89.

103 *LG Dresden*, Urteil v. 27.5.1993 – Az. 3 (c) KLs 51 Js 4048/91, UA S. 37 (insoweit nicht veröffentlicht).

104 Nachzulesen bei *Hannover* NJ 1993, 496, 497.

wortlichkeit erforderlichen Ermittlungsergebnisse (dazu unten 2.). Sie treffen darüber hinaus aber auch zahlreiche Feststellungen von allgemeinem zeitgeschichtlichen Wert, die sich auf das Umfeld der Tathandlungen beziehen.

a) Bedeutung und Funktionsweise des DDR-Wahlsystems

Im Gegensatz zu Wahlen in parlamentarischen Demokratien westlicher Prägung war das Wahlsystem der DDR nicht auf Machtverteilung an frei konkurrierende politische Kräfte ausgerichtet.[105] Vielmehr ging es primär um eine plebiszitäre Bestätigung der verfassungsmäßig festgeschriebenen Führungsrolle der SED und der mit ihr über die Einheitslisten verbundenen politischen Organisationen. Im Wahlakt sollte die Loyalität des Staatsvolks gegenüber dem „Demokratischen Block" und die Identifikation mit seiner jeweils aktuellen Politik bekundet werden. Dies entsprach der durch die marxistisch-leninistische Staatslehre proklamierten Einheit von staatlichen und individuellen Interessen. Über einen sogenannten Verteilerschlüssel wurden die zu vergebenden Mandate von vornherein anteilig den zusammengefaßten Parteien und Massenorganisationen zugewiesen. Die Höhe der Wahlbeteiligung und die abgegebenen Gegenstimmen (Streichung des gesamten Wahlvorschlages) hatten somit keinen Einfluß auf die Mandatsverteilung. Theoretisch erreichbar waren lediglich personale Veränderungen bei einzelnen Kandidaten, wenn diese von mindestens 50% der Wähler von der Liste gestrichen wurden. Dies war bei den Kommunalwahlen von 1989 mit insgesamt 273.462 Kandidaten gerade zweimal der Fall.

Allerdings bestanden im Vorfeld der Stimmabgabe Möglichkeiten, auf die personelle Besetzung der Volksvertretungen Einfluß zu nehmen. Entsprechend der selbstgesetzten Aufgabe, durch die Wahlen „in der DDR weiter die entwickelte sozialistische Gesellschaft zu gestalten und so grundlegende Voraussetzungen für den allmählichen Übergang zum Kommunismus zu schaffen" (Präambel des DDR-Wahlgesetzes), wurden die Wahlen selbst stets durch eine „Wahlbewegung" vorbereitet. Neben öffentlichen Erörterungen der SED-Politik mußten sich alle Kandidaten vor der Nominierung in ihren Wahlkreisen vorstellen und sich anschließend persönlichen Beurteilungen durch die Orts- beziehungsweise Wohnbezirksausschüsse der Nationalen Front unterziehen. Dieses gesetzlich nicht näher ausgestaltete Verfahren einer Vorauswahl, das gleichsam Rudimente direkter Demokratie verkörpern sollte, führte bei den Kommunalwahlen 1989 zum Austausch von 1,3% der Kandidaten (insgesamt über 3.500 Personen).[106]

105 Feststellungen des *LG Erfurt*, Urteil v. 3.11.1994 – Az. Js 6/94-2 KLs, UA S. 9 ff.; *LG Dresden*, Urteil v. 27.5.1993 – Az. 3 (c) KLs 51 Js 4048/91, UA S. 27 ff.; vgl. ferner *StA II bei dem LG Berlin*, Anklageschrift gegen *Krenz und andere* v. 1.6.1995 – Az. 28/2 Js 185/91, S. 76 ff.

106 Freilich ist – worauf die Sachverhaltsfeststellungen nicht hinweisen – zu beachten, daß die Wählerbeteiligung bei der Kandidatenaufstellung und -prüfung engen Grenzen unterlagen. Abgeordnetenmandate wurden häufig lange vorher im Wege der allgemeinen „Kaderarbeit" verplant und standen daher nicht mehr zur Disposition (dazu ausführlich *Brandt*, Kandidatenaufstellung, S. 71 ff.). Auch die am häufigsten vorgebrachten, unpolitischen Ablehnungsgründe wie „unzureichende Arbeitsmoral" oder „gesellschaftliche Inaktivität" (vgl. *Neues Deutschland* v. 11./12.3.1989, S. 1) sprechen für eine gelenkte Auswahl.

Darüber hinaus gab die Wahlbewegung zahlreichen Bürgern Anlaß, die schnellere und bevorzugte Lösung individueller Anliegen einzufordern, insbesondere bei Wohnungs- und Versorgungsproblemen. So wurde unter Bezugnahme auf unerledigte Eingaben und Anträge mit Wahlenthaltung gedroht. Amtsträger reagierten hierauf mit dem Versprechen, bestimmten besonders schweren Mängeln beschleunigt abzuhelfen. Diese offenbar durchaus selbstbewußt und handfest betriebene „Klientel-Politik" führte nach unwidersprochenen Aussagen mehrerer Funktionsträger des Bezirks Dresden dazu, daß man sich zeitweise „regelrecht erpreßt" fühlte, die Forderungen der Wähler zu erfüllen.

Für die Kommunalwahlen 1989 ist schließlich deren besondere politische Bedeutung im Kontext der internationalen Entwicklung zu beachten. In der Sowjetunion unter Gorbatschow wie auch in Polen, Ungarn und der Tschechoslowakei bedrohten Reformbewegungen die Stabilität des realsozialistischen Machtblocks insgesamt. Auch in der DDR wurde verstärkt Unzufriedenheit artikuliert, die über eine Kritik von Versorgungsmängeln weit hinausging. Dies geschah in scharfem Kontrast zur offiziellen Selbstdarstellung der DDR anläßlich des 40jährigen Staatsjubiläums, für das besonders eindrucksvolle Loyalitätsbekundungen vorgesehen waren. Auch gegenüber den schwankenden „Bruderländern" wollte man mit dem Wahlergebnis ein Zeichen setzen und den Anschein innerer Stärke und Geschlossenheit demonstrieren.

b) „Legale" Manipulationsmöglichkeiten[107]

Bereits die allgemein übliche tatsächliche Ausgestaltung des Wahlvorgangs bot die Möglichkeit, das gesetzlich garantierte Recht auf freie und geheime Wahlen[108] manipulativ zu unterlaufen. Durch den Einsatz zahlreicher als „Agitatoren" bezeichneter Wahlhelfer wurden Wahlberechtigte am Wahltag persönlich aufgesucht und zur Stimmabgabe aufgefordert. Teilweise erfolgte auch die Verwendung sogenannter „fliegender Wahlurnen", die eine Stimmabgabe an Ort und Stelle außerhalb des Wahllokals ermöglichten. Potentiell Wahlunwillige konnten sich so dem faktischen Druck noch schwerer entziehen. Nach den zur Kommunalwahl 1989 ausgegebenen Wahldirektiven war diese Möglichkeit der Stimmabgabe dagegen ausschließlich für gebrechliche Wähler vorgesehen. In den Wahllokalen selbst wurde der Gebrauch bereitstehender Wahlkabinen[109] gezielt diskriminiert. Wer sich zur geheimen Stimmabgabe entschloß, hatte den „Auftrag" der Wahlbewegung „nicht verstanden". Die Kabinen waren der permanenten und offenkundigen Beobachtung durch MfS-Mitarbeiter ausgesetzt. Nutzer wurden registriert und hatten so persönliche Nachteile zu befürchten.

Auch die Praxis der Stimmenauszählung beinhaltete manipulative Elemente. Wie schon bei vorangegangenen Wahlen wurden die Grundsätze zur Wertung der Stimmzettel bei Streichungen und ähnlichem erst kurz vor der Wahl in einem als „Vertrauliche Verschlußsache" gekennzeichneten Schreiben aus Berlin übermittelt. Dieses war vor Ort

107 Feststellungen des *KreisG Potsdam-Stadt*, Urteil v. 13.9.1991 – Az. 32 S 26/90 221-7/90, UA S. 10-12; *LG Erfurt*, Urteil v. 3.11.1994 – Az. Js 6/94-2 KLs, UA S. 12 ff.; vgl. ferner *StA II bei dem LG Berlin*, Anklageschrift gegen *Krenz und andere* v. 1.6.1995 – Az. 28/2 Js 185/91, S. 113 ff.

108 § 2 DDR-Wahlgesetz.

109 § 35 Abs. 4 DDR-Wahlgesetz.

den Wahlvorständen jedoch nur mündlich zur Kenntnis zu geben und anschließend sofort zu vernichten. Am Wahltag selbst wurde dann in den durch die unklare Weisungslage bewußt herbeigeführten Zweifelsfällen stets zu Gunsten der Einheitsliste gewertet. Darüber hinaus blieben die Auszählungsgrundsätze den Wahlberechtigten vorenthalten. Wer gegen den Wahlvorschlag oder gegen die Kandidaten der Einheitsliste stimmen wollte, mußte sich unter dem Risiko weiterer Stigmatisierung zur Nachfrage an den Wahlvorstand wenden oder aber mit der Nichtberücksichtigung seines Votums rechnen.

Die Ermittlung der Wahlbeteiligung erfolgte über ein als „Zweitnumerierung" bezeichnetes Verfahren. Von den zunächst für alle Wahlkreise aufgestellten allgemeinen Wählerlisten wurden unter Ausschluß bestimmter Personenkreise aktuelle Zweitversionen gefertigt. Unberücksichtigt blieben hier neben Verstorbenen auch Personen mit dem Vermerk „z.Zt. im Ausland". Dieser Vermerk wurde entgegen seiner eigentlichen Bestimmung kurzerhand auch bei Wahlberechtigten angebracht, die aufgrund vergangenen Wahlverhaltens oder gestellter Ausreiseanträge als hartnäckige Nichtwähler galten. Gingen letztere doch zur Wahl, ließ man sie aufgrund des allgemeinen Wählerverzeichnisses wählen und stellte im nachhinein einen Wahlschein aus. Zur Feststellung der Wahlbeteiligung wurde dann aber gleichwohl nur die Zahl der Zweitnumerierungen berücksichtigt. Durch diese doppelte Verzerrung der Relation Wähler/Wahlberechtigte wurden von vornherein günstigere, scheinbar den „Erfolg" der Wahlbewegung dokumentierende Beteiligungsquoten erreicht.

c) Wahlbeobachtungen, MfS-Aktivitäten und Justiz der DDR[110]

Daß eine Strafverfolgung der Wahlfälschungen vom Mai 1989 überhaupt möglich wurde, ist den durch widerständige Bürger organisierten Wahlbeobachtungen zu verdanken. Bereits bei den Volkskammerwahlen von 1986 hatten Bürgerrechtler versucht, die gemäß § 37 DDR-Wahlgesetz öffentlichen Auszählungsvorgänge zu überwachen. Mangels Bekanntgabe der Resultate einzelner Wahllokale und in Anbetracht einer noch schwachen Organisationsstruktur gab es jedoch keine Möglichkeit, eine Fälschung des offiziell verkündeten republikweiten Gesamtergebnisses zu belegen. Mit logistischer und beratender Unterstützung von kirchlicher Seite gelang bei den Kommunalwahlen 1989 die Organisation einer umfassenden Präsenz in den Wahllokalen. So konnten in zahllosen Fällen Diskrepanzen zwischen den realen Werten für Wahlbeteiligung, Zustimmung sowie Ablehnung des Wahlvorschlags und den offiziell verkündeten Resultaten zumindest annäherungsweise belegt werden.

Da die oppositionellen Gruppen ihre umfassende Wahlbeobachtung bewußt als bloße Wahrnehmung von gesetzlich gewährten Rechten gestalteten, hatten sie auch keinen Anlaß, ihr Vorhaben vor offiziellen Stellen zu verbergen. So erhielt die Staatsführung relativ früh Kenntnis von dem beabsichtigten Vorgehen. Zur Erschwerung entschloß man sich dazu, eine öffentliche Bekanntgabe der genauen Standorte sämtlicher Wahl-

110 Feststellungen des *LG Dresden*, Urteil v. 27.5.1993 – Az. 3 (c) KLs 51 Js 4048/91, UA S. 37 ff.; *BezG Dresden*, Urteil v. 7.2.1992 – Az. 3 KLs 51 Js 530/91, UA S. 41 f.; vgl. ferner *StA II bei dem LG Berlin*, Anklageschrift gegen *Krenz und andere* v. 1.6.1995 – Az. 28/2 Js 185/91, S. 115-125.

lokale zu vermeiden. Diese wurden nur über die Wahlbenachrichtigungskarten den jeweils örtlich Wahlberechtigten mitgeteilt. Darüber hinaus entfaltete das MfS umfangreiche Aktivitäten. In internen Berichten wurden die geplanten Wahlbeobachtungen als „provokatorisch-demonstrative Aktivitäten“ von „feindlich-negativen Kräften“ eingestuft. Dem politischen Selbstverständnis der Wahlbeobachter entsprach es dagegen eher, im Gegensatz zu einer „fundamentaloppositionellen“ Haltung Veränderungen und Fortschritte innerhalb des bestehenden Systems zu erreichen.

Unter dem bezeichnenden Decknamen „Symbol 89“ ordnete der zentrale MfS-Befehl Nr. 6/89 vom 6. März 1989 Maßnahmen zur „politisch-operativen Sicherung der Vorbereitung und Durchführung der Wahlen“ an. Dies bedeutete insbesondere die verstärkte Observierung einzelner führender Bürgerrechtler und massive MfS-Präsenz in den Wahllokalen. Eingeschlossen waren aber auch Beobachtungen im Umfeld einzelner Staats- und Parteifunktionäre, die in die Fälschungsabläufe eingebunden waren.

Gleichwohl konnten die MfS-Aktivitäten den Erfolg der Wahlbeobachtungen kaum beeinträchtigen. Die festgestellten Abweichungen, die nur durch massive Fälschungen auf einer den Wahllokalen übergeordneten Ebene erklärbar waren, führten zu zahlreichen Eingaben und Strafanzeigen wegen Wahlfälschung. Von staatlicher Seite reagierte man mit konsequentem Verleugnen. In einem Fernschreiben des ehemaligen stellvertretenden DDR-Generalstaatsanwalts Borchert vom 19. Mai 1989 an die Staatsanwälte der Bezirke, das auf einem gleichlautenden, wiederum durch die unmittelbare Staatsführung veranlaßten MfS-Befehl Mielkes beruhte, wurde unter anderem folgende Anweisung erteilt:

> „Anzeigen, die nach § 211 Strafgesetzbuch [Wahlfälschung] erstattet werden, sind ohne Kommentar entgegenzunehmen. Nach Ablauf der vorgesehenen Fristen für die Anzeigenbearbeitung ist von den jeweils zuständigen Organen zu antworten, daß keine Anhaltspunkte für den Verdacht einer Straftat vorliegen. Außerdem ist auf die offizielle Verlautbarung über die ordnungsgemäße Durchführung der Wahlen zu verweisen. Beschwerden über die getroffene Entscheidung sind gemäß § 91 StPO zu bearbeiten und abschlägig zu entscheiden.“

Erst nach der politischen Wende vom Herbst 1989 begann die DDR-Justiz mit der Verfolgung der Wahlfälschungen. Beim DDR-Generalstaatsanwalt wurde nunmehr zu diesem Zweck eine gesonderte Ermittlungsgruppe eingerichtet. Einige Verfahren wurden noch vor Inkrafttreten des Einigungsvertrags am 3. Oktober 1990 rechtskräftig abgeschlossen. Die meisten Verfahren sind hingegen auf die Justiz des vereinigten Deutschlands übergegangen. Die Wahlfälschungsverfahren gaben als erster Gegenstand justitieller Aktivitäten im Bereich des DDR-Unrechts auch den Anstoß zur Befassung mit einer weiteren Deliktsgruppe. Ausgehend von der unterlassenen staatsanwaltschaftlichen Untersuchung der Vorfälle wurden die ersten Strafverfahren wegen Rechtsbeugung eingeleitet.

2. Sachverhaltsfeststellungen

Eine Fallgruppenbildung im engeren Sinne ist für die allein auf das Ergebnis der Kommunalwahlen 1989 bezogenen Verfahren nicht möglich. Jedoch ist zwischen dem Umfang der Wahlfälschungen, ihren Begehungsformen und dem Organisationszusammenhang der Ergebnismanipulationen zu unterscheiden.

a) Umfang der Wahlfälschungen

Das einheitliche Unrecht der Fälschungshandlungen liegt in der systematischen Unterdrückung von Enthaltungen und ungültigen Stimmen sowie insbesondere von Ablehnungen des gesamten Wahlvorschlags („Gegenstimmen"), deren realer Anteil mit regionalen Unterschieden im Durchschnitt auf etwa zehn Prozentpunkte über den veröffentlichten Werten (stets um 99% Zustimmung) geschätzt wird. So lag beispielsweise für die Stadt Dresden der (für DDR-Verhältnisse hohe) offizielle Wert bei 2,5%, während ein tatsächlicher Anteil von etwa 10 bis 12%, angenommen wird.[111] Zwar kam dieser Differenz keine Bedeutung für die personelle Zusammensetzung der Volksvertretungen zu, doch wurde so eine ohnehin abgeschwächte Möglichkeit politischer Willensäußerung weiter beschnitten. Im Schrifttum wird hier der plastische Vergleich zu einem Hungernden gezogen, dem auch noch der letzte Brotkanten entwendet werde.[112]

Die DDR-Kommunalwahlen bezogen sich auf die Zusammensetzung der Volksvertretungen auf Kreis- und Gemeindeebene, das heißt der Kreistage und Gemeindevertretungen. Hinzu kommen in den Städten und Stadtkreisen die Stadtverordnetenversammlungen sowie die Stadtbezirksversammlungen. In Berlin (Ost), das einem DDR-Bezirk gleichgestellt war, wurden dementsprechend nur die Stadtbezirksversammlungen gewählt. Zum Großteil unveröffentlichte Wahlfälschungsurteile liegen bislang – soweit ersichtlich – hinsichtlich einzelner Ergebnisse auf Landkreisebene, städtischer sowie bezirklicher Ebene vor.[113] Eine Gesamtüberprüfung des Wahlergebnisses war aufgrund der umfangreichen Vernichtung von Wahlunterlagen nicht mehr möglich. Die insgesamt weitgehend übereinstimmenden Ergebnisse sprechen jedoch deutlich für die Annahme flächendeckender Fälschungsaktivitäten.[114]

Die Fälschungen bezogen sich sowohl auf die in den regulären Wahllokalen erzielten Ergebnisse wie auch auf Resultate der sogenannten Sonderwahllokale. Letztere waren als Äquivalent zur Briefwahl für zum Wahltag verhinderte Wähler vorgesehen und wurden vom 15. April bis zum 6. Mai 1989 offengehalten. Sie dienten aufgrund reger Nutzung[115] als wichtiger Gradmesser für das abschließende Wahlergebnis und für die „Notwendigkeit" einer weiteren Verfälschung. Die Inanspruchnahme von Sonderwahllokalen wurde entgegen ihrer gesetzlichen Ausnahmefunktion von offizieller Seite zunehmend

111 Vgl. *LG Dresden*, Urteil v. 27.5.1993 – Az. 3 (c) KLs 51 Js 4048/91, UA S. 37 und 71 f.; *Reuter* NJ 1991, 198.

112 *Schroeder* NStZ 1993, 216, 218.

113 Vgl. auch *Weber* JR 1995, 403, 404.

114 Vgl. *Reuter* aaO.

115 Für 1989 fehlen genaue Zahlen. Bei der Kommunalwahl 1984 ergab sich ein Anteil von mehr als 16% der Stimmabgaben; *LG Dresden*, aaO, UA S. 42.

propagiert, um „ergänzend" zu den eigentlichen Fälschungshandlungen über das Verfahren der Zweitnumerierung auch hier bereits die Beteiligungsquoten zu manipulieren. Denn auch die „Sonderwähler" blieben nach Abholung ihres Wahlscheins für die Zweitversion der Wählerliste unberücksichtigt. Die in den Sonderwahllokalen abgegebenen Stimmen wurden am Ende des Wahltags ohne besondere Kennzeichnung mit den Ergebnissen bestimmter Wahlbezirke verrechnet. Wer trotz Abholung des Wahlscheins der Wahl fernblieb, konnte die Zahl der Wahlenthaltungen nicht mehr beeinflussen.[116]

b) Begehungsformen

Allgemeines Kennzeichen der strafrechtlich verfolgten Wahlfälschungen ist die Verfälschung der aus den einzelnen Wahllokalen von den Wahlvorständen übermittelten Ergebnisse durch Mitglieder der jeweils zuständigen Wahlkommission. Dort wurden falsche Ergebnisse in die anzufertigenden Protokolle eingetragen und an übergeordnete Wahlkommissionen weitergegeben. Die Auszählung in den Wahllokalen selbst erfolgte – wohl im Gegensatz zu vorangegangenen Wahlen – weitgehend korrekt. Nur so war auch den oppositionellen Wahlbeobachtern eine Rekonstruktion realer Ergebnisse möglich.

Teilweise wird auch von bestimmten Einzelinterventionen berichtet, die neben den Ergebnismanipulationen und sonstigen manipulativen Vorgehensweisen (Verfahren der Zweitnumerierung, überzogene und geheimgehaltene Anforderungen an Nein-Stimmen) zur Verfälschung der Wahlergebnisse beigetragen haben sollen.[117] In einem rechtskräftig abgeurteilten Fall vollzogen übereifrige Funktionäre eine Art Doppelwahl, indem sie Stimmzettel für Wähler einwarfen, die bereits in einem auswärtigen Sonderwahllokal gewählt hatten.[118] In einem weiteren Fall wurden für zwei örtlich bekannte „Nichtwähler" Stimmzettel eingeworfen.[119]

Im Hinblick auf die zentralen Ergebnisverfälschungen kann der Täterkreis weiter differenziert werden. Gemäß § 211 Absatz 1 DDR-StGB kommt für eine täterschaftliche Begehung nur in Betracht, wer „als Mitglied einer Wahlkommission oder als ein in ihrem Auftrag Handelnder" tätig wurde. Dies bedeutet, daß insbesondere für leitende Parteifunktionäre, die kraft ihrer politischen Stellung die Fälschungen veranlaßten, (mittelbare) Täterschaft grundsätzlich ausscheidet. Im Regelfall kommt hier nur Anstiftung oder aber sogenannte psychische Beihilfe durch Bekräftigung eines bereits vorhandenen Fälschungsentschlusses in Betracht. Als Täter werden vor allem Bürgermeister beziehungsweise Vorsitzende der Räte der Kreise erfaßt, die stets zugleich der jeweiligen Wahlkommission vorstanden und das „Endergebnis" abzuzeichnen hatten. Dies gilt ebenso für oft nachrangige Angehörige der Wahlkommissionen beziehungsweise Beauftragte in den Rechenbüros, die die zahlenmäßige „Umsetzung" der vorgegebenen Werte ausführten.

116 *LG Dresden*, Urteil v. 27.5.1993 – Az. 3 (c) KLs 51 Js 4048/91, UA S. 43; vgl. ferner *KreisG Potsdam-Stadt*, Urteil v. 13.9.1991 – Az. 32 S 26/90 221-7/90, UA S. 11.

117 Bei *Reuter* NJ 1991, 198, 199.

118 *KreisG Gera-Stadt*, Urteil v. 25.2.1992 – Az. 11 Ls 1 Js 1825/91; bezüglich des Tatvorwurfs im einzelnen wird dort auf die Anklageschrift verwiesen: *StA Gera*, Anklageschrift v. 6.11.1991 – Az. 1 Js 1825/91, S. 1.

119 *KreisG Stadtroda*, Strafbefehl v. 14.10.1993 – Az. 4 Js 17912/91, S. 1.

c) Organisationszusammenhang der Ergebnismanipulationen

Anhand der gerichtlichen Sachverhaltsfeststellungen zum Wahlfälschungsgeschehen im Bezirk Dresden läßt sich die zentrale, über die verschiedenen Hierarchieebenen in Partei und Staat umgesetzte Organisation der Wahlfälschungen verdeutlichen. Die für alle DDR-Bezirke im Zusammenhang mit den Manipulationen erteilte Vorgabe, nicht hinter die Ergebnisse der Kommunalwahlen von 1984 und der Volkskammerwahlen von 1986 zurückzufallen, erfolgte in der Terminologie der Zeugen und Angeklagten „von oben" beziehungsweise „aus Berlin". Ein konkreter, für die Initiierung der Fälschungen verantwortlicher Personenkreis der zentralen Führungsebene konnte jedoch in den Prozessen nicht benannt werden.[120] Allerdings hatte der für Wahlen zuständige Sekretär des Zentralkomitees Dohlus in zwei Reden vor den 2. Sekretären der SED-Bezirksleitungen zu den anstehenden Kommunalwahlen Stellung genommen. Er hatte hier zunächst eindringlich die innen- wie außenpolitische Bedeutung der Kommunalwahlen im 40. Jahr der DDR hervorgehoben. Als „Kampfauftrag der Bezirksleitungen" gab Dohlus die Formeln aus, „die bisher erzielten eindrucksvollen Wahlergebnisse erneut zu erreichen und zu bestätigen" und „das bestmögliche Ergebnis zu erreichen". Dafür habe man „alle Trümpfe in der Hand". Das Landgericht Dresden wertete dies rückschauend als andeutungsweise Ergebnisvorgabe, die notfalls durch Fälschungen umzusetzen sei.[121]

Am 2. Mai 1989, also verhältnismäßig kurz vor dem Wahltag, wies der 1. Sekretär der Dresdner SED-Bezirksleitung Modrow in einer von ihm geleiteten Sekretariatssitzung in Anwesenheit des Dresdner Bürgermeisters Berghofer die versammelten Funktionäre auf die Äußerungen von Dohlus hin. Er ordnete außerdem an, daß am Wahltag durch die örtlichen Wahlkommissionen nur Zahlen herausgegeben werden dürften, die zuvor von den 1. Sekretären der SED-Kreis- und Stadtbezirksleitungen kontrolliert worden seien. Auf insbesondere durch Berghofer erhobenen Widerspruch hin kündigte Modrow an, in Berlin eine letzte Intervention zur Verhinderung von Manipulationen zu unternehmen. Nachdem dies jedoch gescheitert war, gingen die Beteiligten von einer Unvermeidbarkeit der Wahlfälschungen aus. Innerlich lehnten sie freilich die Abrechnung manipulierter Zahlen nach wie vor ab.

Im folgenden „erarbeiteten" Berghofer und der 1. Sekretär der Dresdner SED-Stadtleitung Moke verschiedene Ergebnisvarianten, die bis auf die abschließende Version jeweils „von oben" als zu negativ verworfen wurden. Diese Zahlen wurden wiederum den protestierenden Stadtbezirksbürgermeistern übermittelt, die sich schließlich widerwillig zur „Umsetzung" bereit erklärten. Am Wahltag selbst setzten Berghofer und Moke die vorgegebenen Gesamtergebnisse auf die einzelnen Stadtbezirke um und übermittelten die jeweiligen Anteile wiederum deren Bürgermeistern sowie den 1. Sekretä-

120 Das Verfahren gegen die wegen Wahlfälschung angeklagten Politbüro-Mitglieder *Krenz*, *Dohlus* und *Schabowski* (Anklageschrift der *StA II bei dem LG Berlin* v. 1.6.1995 – Az. 28/2 Js 185/91) wurde nunmehr eingestellt. Den Einstellungsgrund bildeten die in erster Instanz vorliegenden Schuldsprüche gegen *Krenz* und *Schabowski* wegen ihrer Verantwortlichkeit für die Grenztötungen, denen gegenüber eine Verurteilung wegen Anstiftung zur Wahlfälschung nicht mehr selbständig ins Gewicht fiele. *Dohlus* war bereits aus dem Mauerschützen-Verfahren wegen schlechter Gesundheit ausgeschieden.

121 *LG Dresden*, Urteil v. 27.5.1993 – Az. 3 (c) KLs 51 Js 4048/91, UA S. 45.

ren der SED-Stadtbezirksleitungen. Diese errechneten aus den Prozentwerten absolute Stimmenzahlen, die sie selbst oder über beauftragte Wahlhelfer den bezirklichen Rechenbüros zukommen ließen. Dort wurde nun die Rechenoperation gleichsam wieder zurückvollzogen, um die so „ermittelten" Prozentwerte als abschließende Wahlergebnisse auszugeben.

Zuvor hatten Berghofer und Moke am 6. Mai 1989 nach einem Gespräch mit Modrow die Manipulation der in Teilen gerade bekanntgewordenen Sonderwahllokal-Ergebnisse angeordnet. Modrow selbst entsandte am Wahltag ihm unterstellte Angehörige der SED-Bezirksleitung zu den Wahlkommissionen der Kreise, um sicherzustellen, daß auch dort Fälschungen im festgelegten Umfang vorgenommen würden. Die Beauftragten setzten dies auf Kreisebene zum Teil unter massiver Drohung mit dem Verlust von Ämtern gegenüber den örtlichen Funktionsträgern der SED-Kreisleitungen oder direkt gegenüber den Leitern der staatlichen Kreiswahlkommissionen durch.

Die Vorgehensweise im Bezirk Dresden offenbart somit insgesamt Mechanismen, die den bekanntgewordenen Sachverhalten in anderen Regionen entsprechen. Dies sind zum einen die zentrale Initiierung durch bewußt verschleierte Vorgaben aus Berlin sowie die Beeinflussung staatlicher Funktionsträger über die örtlich und hierarchisch parallel strukturierte SED-Parteiebene. Ebenso charakteristisch ist das gehäufte Auftreten von Widerständen vorrangig durch mittlere und untere staatliche Amtsträger, teilweise aber auch bei den Bezirksspitzen in Staat und Partei. Das damit verbundene ständige Wechselspiel zwischen Weigerung und Rückfrage auf höherer Ebene führte teilweise zu einem grotesken Feilschen um die bekanntzugebenden Zahlen. Nicht selten trugen Bürgermeister hier „Siege" davon, indem ihnen etwa einige hundert Nein-Stimmen mehr zugestanden wurden. Die „Umsetzung" der Vorgaben erfolgte schließlich einheitlich unter Heranziehung eines möglichst klein gehaltenen Kreises eher untergeordneter Mitarbeiter aus der örtlichen Verwaltung.

3. Strafrechtliche Einordnung

a) Strafanwendungsrecht

Als mildestes Gesetz im Sinne von § 2 Absatz 3 StGB hat der Bundesgerichtshof für die Wahlfälschungen § 107a StGB angesehen, da diese Vorschrift im Gegensatz zur parallelen DDR-Norm eine Strafaussetzung zur Bewährung gestatte.[122] Das für alle Delikte gegen sogenannte Gemeinschaftsgüter sich ergebende Problem einer räumlichen Begrenzung der in Beziehung zu setzenden Tatbestände auf jeweils „inländische" Belange[123] erklärt das Gericht auf der Ebene des Strafanwendungsrechts für unbeachtlich. Der einigungsvertraglichen Verweisung in Artikel 315 Absatz 1 EGStGB könne entnommen werden, daß die Tatsache unterschiedlicher räumlicher Geltungsbereiche bei der Anwendung von § 2 Absatz 3 StGB durch die Gleichsetzung von (zeitlicher)

122 *BGH*, Urteil v. 26.11.1992 – Az. 3 StR 319/92, BGHSt 39, 54, 59; *BGH*, Urteil v. 3.11.1994 – Az. 3 StR 62/94, BGHSt 40, 307, 313.

123 Vgl. für §§ 107a, 108d StGB etwa Sch/Sch/*Eser* vor § 105 Rn. 2; SK-StGB/*Rudolphi* vor § 105 Rn. 3.

Gesetzesänderung und (räumlicher) Geltungserstreckung gerade außer acht zu lassen sei.[124]

Im Schrifttum wird diese Auslegung zum Teil heftig kritisiert, da sie im Ergebnis auf eine mit Artikel 103 Absatz 2 GG unvereinbare „tatbestandsmodifizierende Wirkung" bezüglich des bundesdeutschen Strafgesetzes hinauslaufe.[125] Um eine unproblematische Erfassung aller Alttaten gegen Gemeinschaftsgüter zu erreichen, wird vereinzelt vorgeschlagen, § 2 Absatz 3 StGB nur analog zur Begrenzung des Strafrahmens heranzuziehen, strafbegründend aber ausschließlich DDR-Recht als Tatzeitrecht im Sinne von § 2 Absatz 1 StGB anzuwenden.[126] Auch wird erwogen, das DDR-Strafgesetzbuch als gleichsam bis zur deutschen Einheit befristetes Zeitgesetz anzusehen, so daß es für Alttaten gemäß § 2 Absatz 4 StGB weiter anzuwenden wäre.[127] Diese Vorschläge konnten sich jedoch nicht durchsetzen.

b) Tatbestandsmäßigkeit der DDR-Wahlfälschungen nach bundesdeutschem Recht[128]

Gleichsam als Fortsetzung der soeben (a) erörterten Kontroverse erweist sich die Frage nach der Tatbestandsmäßigkeit der DDR-Wahlfälschungen gemäß dem milderen § 107a StGB. § 108d StGB regelt für alle Delikte gegen Wahlen und Abstimmung einheitlich deren „Geltungsbereich". Danach sind auch „Wahlen zu den Volksvertretungen ... in den Gemeinden" vom Schutz des Wahlstrafrechts erfaßt. Nach Auffassung des Bundesgerichtshofs handelt es sich trotz aller Unterschiede der im DDR-Wahlgesetz geregelten rechtstechnischen Ausgestaltung des Kommunalwahlvorgangs „formal" gleichwohl noch um Wahlen im Sinne des § 107a StGB.[129] Zwar möge beim Fehlen jeglicher formaler Auswahlfunktion bereits begrifflich nur eine der Wahl entgegengesetzte reine „Akklamation" vorliegen, doch bewege sich das Wahlgeschehen in der DDR noch nicht unterhalb dieser Grenze.

Dieser Auffassung wird in der Literatur entgegengehalten, selbst bei einer territorialen Erweiterung der in § 107a StGB geschützten Gemeinschaftsinteressen durch den Beitritt der DDR sei eine Subsumtion der DDR-Kommunalwahlen unter „Wahlen in den Gemeinden" mit dem Wortlaut des § 108d StGB als äußerster Auslegungsgrenze nicht mehr in Einklang zu bringen.[130] Aber auch vom Wortsinn her lasse sich der Wahlbegriff

124 *BGH*, Urteil v. 26.11.1992 – Az. 3 StR 319/92, BGHSt 39, 54, 65 f.

125 *Vormbaum* NJ 1993, 212, 213; *Dannecker*, Strafrecht, S. 520; *Hübner*, Beurteilung, S. 111 ff. sowie 169 ff.; dagegen wiederum *Lorenz* NStZ 1992, 422, 424 ff.

126 *Luther* DtZ 1991, 433, 434 sowie *ders.* NJ 1991, 395, 397.

127 *Günther* ZStW 103 (1991), 851, 858.

128 Zur weitgehend unproblematischen Tatbestandsmäßigkeit nach § 211 DDR-StGB *BGH*, Urteil v. 26.11.1992 – Az. 3 StR 319/92, BGHSt 39, 54, 61; *Arnold/Kühl* NJ 1992, 476, 479 f. Auch aus den im Zuge des Demokratisierungsprozesses vorgenommenen Wahlrechtsänderungen sowie der Neufassung von § 211 DDR-StGB durch das 6. Strafrechtsänderungsgesetz vom 29.6.1990 ergibt sich nach BGHSt 39, 54, 62 ff. kein Fortfall der Strafbarkeit; mit jeweils unterschiedlicher Begründung im Ergebnis zustimmend *Schroeder* NStZ 1993, 216, 217 f. sowie *Hübner*, aaO, S. 87 ff.

129 *BGH*, aaO, 67.

130 *Samson* StV 1992, 141, 142; im Anschluß daran *Lüderssen*, Staat, S. 75; *Vormbaum* NJ 1993, 212, 213; dagegen *Höchst* JR 1992, 360, 364 f.

der §§ 107a, 108d StGB nicht „formalisieren". Aufgrund seiner Wahlrechtsakzessorietät nehme er allein auf solche Wahlen Bezug, die den Vorgaben des freiheitlich-demokratischen Grundgesetzes genügten.[131]

c) Unrechtskontinuität zwischen altem und neuem Wahlfälschungstatbestand

Bejaht man mit der Rechtsprechung die „formale" Tatbestandsmäßigkeit von DDR-Wahlfälschungen nach bundesdeutschem Recht, so ergibt sich auf der Ebene der Unrechtskontinuität das Problem der unterschiedlichen politischen Ausrichtung von bundesdeutschen Wahlen und DDR-Wahlsystem. Nach Auffassung der Rechtsprechung ist die Unrechtskontinuität zwischen den jeweiligen Wahlfälschungstatbeständen trotz der jeweils unterschiedlichen staatlich-politischen Systeme zu bejahen. In der Begründung ergibt sich eine Differenz zwischen instanzgerichtlicher Rechtsprechung und Bundesgerichtshof. Der Bundesgerichtshof konstatiert zunächst die unterschiedlichen Schutzrichtungen der Normen, die in der Sicherung der Gesetzlichkeit freiheitlich-demokratischer Wahlen (§ 107a StGB) einerseits und sozialistischer Wahlen (§ 211 DDR-StGB) andererseits gesehen werden. Das Gericht weist dann jedoch darauf hin, daß § 211 DDR-StGB im Gegensatz zu reinen Staatsschutzdelikten nicht auf die Erhaltungsfunktion für den sozialistischen Staat beschränkt war. Vielmehr seien über die Möglichkeit der Ablehnung des gesamten Wahlvorschlags auch Rudimente parlamentarisch-demokratischer Wahlen mitgeschützt worden, mit denen die Ablehnung der „Zwangsherrschaft der SED" habe bekundet werden können.[132] Demgegenüber hatte das Bezirksgericht Dresden den Bereich kongruenten Unrechts weiter gefaßt. Es stellte unabhängig von der bloßen Möglichkeit der „Systemablehnung" auf die Freiheit und Achtung der Willensbildung und Willensäußerung der Wähler ab, die unabhängig vom Ausmaß des wahlrechtlich eröffneten Spielraums grundsätzlich durch beide Tatbestände geschützt seien.[133]

Teile des Schrifttums lehnen diese Rechtsprechung ab. Sie betonen stärker die Verschiedenheit zwischen bundesdeutschem und DDR-Wahlsystem, welche sich auch in den strafrechtlich geschützten Rechtsgütern niederschlage. So werde die Bejahung von „Rudimenten freier parlamentarisch-demokratischer Wahlen" in der DDR einem systemimmanenten Verständnis der Rolle von Wahlen im realsozialistischen Staat kaum gerecht.[134] Aufgrund der engen Verknüpfung des Wahlstrafrechts mit dem jeweiligen politischen System entfalle mithin auch eine Vergleichbarkeit der entsprechenden Tatbestände.[135] Die Behauptung von (Unrechts-)Kontinuität suggeriere hingegen, daß das DDR-Strafrecht im Kern „schon immer bundesrepublikanisch" gewesen sei; dies verfälsche aber den rechtsgeschichtlichen Befund.[136]

131 Vgl. *Hübner*, Beurteilung, S. 124 ff.

132 *BGH*, Urteil v. 26.11.1992 – Az. 3 StR 319/92, BGHSt 39, 54, 70.

133 *BezG Dresden*, Urteil v. 7.2.1992 – Az. 3 KLs 51 Js 530/91, NJ 1992, 363, 367.

134 *J. Müller* NStZ 1998, 195.

135 *Liebig* NStZ 1991, 372, 375.

136 *Schlink* NJ 1994, 433, 435; für Unrechtskontinuität dezidiert *Schroeder* NStZ 1993, 216, 218.

d) Nichtverfolgung der Wahlfälschungen zur Tatzeit

Die DDR-Wahlfälschungen wurden zur Tatzeit wie andere Delikte politischer Funktionsträger nicht strafrechtlich verfolgt. Für die obergerichtliche Rechtsprechung bereitete dies jedoch keine Schwierigkeiten, da sie gleichwohl von der positiv-rechtlichen Geltung des § 211 DDR-StGB ausging.[137] Das Bezirksgericht Dresden sah gerade im evidenten Unrechtsbewußtsein der Angeklagten ein wichtiges Indiz für die Geltung des Wahlfälschungstatbestands.[138] Auch der Bundesgerichtshof betonte im Rahmen – abstrakter – Strafzumessungserwägungen, daß die Wahlfälschungen unter SED-Parteifunktionären nicht allgemein als durch den Parteibefehl „gerechtfertigt" akzeptiert worden seien. Dies verdeutliche bereits der oftmals geleistete Widerstand.[139]

In den erstinstanzlichen Judikaten findet sich hingegen eine Auseinandersetzung mit Versuchen der Verteidigung, die Tatsache der Nichtverfolgung auf „unrechtsdogmatischer" Ebene zur Geltung zu bringen. So wurde das Vorbringen zurückgewiesen, wegen eines „Irrtums über das Vorliegen von Strafverfolgungsvoraussetzungen" müsse analog § 16 Absatz 1 Satz 1 StGB der Tatvorsatz entfallen. Hierbei handele es sich um reine Opportunitätsaspekte, die auf die rechtliche Bewertung des Tatvorsatzes ohne Einfluß seien.[140] Auch die Behauptung, analog der Verjährungsregelung in Artikel 315b EGStGB sei der staatliche Strafanspruch durch die faktische Nichtverfolgung noch zu DDR-Zeiten „verwirkt" worden, wies das Amtsgericht Dresden zurück. Durch politisch motivierte Verstöße gegen zur Tatzeit geltendes Recht könne kein Strafanspruch verwirkt werden; der Einigungsvertrag bezwecke nicht die „Überleitung von Unrecht".[141]

In der Literatur hat die Tatsache der Nichtverfolgung beziehungsweise staatlich sanktionierter Begehung eine umfängliche, die Grenzen juristischer Dogmatik sprengende Diskussion ausgelöst.[142] Die Gegner einer strafrechtlichen Verfolgung werfen der Rechtsprechung insbesondere eine künstliche Trennung von lex scripta und tatsächlicher Rechtspraxis vor. Die lex scripta gehöre nur dann zur „real geltenden normativen Struktur" einer Gesellschaft, wenn der Staat zu ihrer Durchsetzung bereit sei. Sei dies, wie bei den Wahlfälschungen, nicht der Fall, fehle die gemäß Artikel 315 Absatz 1 EGStGB, 103 Absatz 2 GG erforderliche Tatortstrafbarkeit.[143]

137 In Zusammenhang mit der Mauerschützenproblematik hatte der *BGH* wiederholt ausgeführt, daß Art. 103 Abs. 2 GG nur das Vertrauen in geschriebenes Recht, nicht aber in eine normwidrige, rein faktische Staatspraxis schütze. Letztere könne daher nicht die Bestimmtheit der Strafbarkeit zur Tatzeit entfallen lassen; *BGH*, Urteil v. 3.11.1992 – Az. 5 StR 370/92, BGHSt 39, 1, 29; *BGH*, Urteil v. 20.3.1995 – Az. 5 StR 111/94, BGHSt 40, 101, 111 f.

138 *BezG Dresden*, Urteil v. 7.2.1992 – Az. 3 KLs 51 Js 530/91, UA S. 66.

139 *BGH*, Urteil v. 3.11.1994 – Az. 3 StR 62/94, BGHSt 40, 307, 324.

140 *AG Dresden*, Urteil v. 3.3.1993 – Az. 34 Ls 62 Js 25374/92, UA S. 10.

141 *AG Dresden*, aaO, UA S. 9.

142 Vgl. zusammenfassend und mit weiteren Nachweisen die Darstellungen bei *Buchner*, Rechtswidrigkeit, S. 85 ff.; *Lüderssen*, Staat, S. 33 ff.

143 *Jakobs* GA 1994, 1, 5 ff.; ähnlich *Dencker* KritV 1990, 299, 303; *Schlink* NJ 1994, 433, 435; *Pawlik* GA 1994, 472, 475 ff.

e) Strafzumessungsprobleme

Hauptproblem der Strafzumessungserwägungen war die im Einzelfall äußerst komplexe Frage, wie die Einbindung der Täter in ein System fortgesetzter staatlich-politischer Beeinflussung und Disziplinierung durch übergeordnete Stellen juristisch adäquat zu erfassen sei.

Für die noch vor dem 3. Oktober 1990 abgeschlossenen Verfahren bestand insoweit die besondere Schwierigkeit, daß der allein maßgebliche § 211 DDR-StGB eine Strafaussetzung zur Bewährung nicht vorsah. Die Verhängung vollziehbarer Freiheitsstrafen bei den durchweg nicht vorbestraften Angeklagten erschien jedoch in Anbetracht des ohnehin höchst fragwürdigen Charakters der DDR-„Wahlen" sowie der sich entwikkelnden Wende hin zu demokratisch-rechtsstaatlichen Strukturen weder rechtspolitisch vertretbar noch schuldangemessen. Im Ergebnis wurde deshalb regelmäßig der dogmatische Ausweg über die außergewöhnliche Strafmilderung in § 62 Absatz 2 in Verbindung mit § 25 DDR-StGB gewählt. Diese in ihrer Offenheit generalklauselartige Regelung erlaubte das Ausweichen auf mildere Strafarten als im konkreten Tatbestand vorgesehen. Grundlegende Voraussetzung war, daß bereits „eine mildere Strafe den Strafzweck erfüllt".[144]

Vergleichbare Schwierigkeiten bestanden für die bundesdeutsche Justiz nicht mehr, da im Falle des insoweit milderen § 107a StGB eine Strafaussetzung zur Bewährung (vgl. § 56 StGB) oder die Verhängung von Geldstrafe unproblematisch möglich ist. Jedoch war hier der zeitliche Abstand zu den Taten, die in engem Zusammenhang mit einem mittlerweile endgültig untergegangenen politischen System verübt worden waren, noch größer. Der Systemwechsel stellte den Sinn, Verletzungen eines undemokratischen „sozialistischen Wahlrechts" weiter zu ahnden, zumindest in Frage. Nicht zuletzt aus diesem Grund sah sich das Landgericht Dresden im Verfahren gegen den ehemaligen DDR-Ministerpräsidenten Modrow veranlaßt, lediglich eine Verwarnung mit Strafvorbehalt (§ 59 Absatz 1 Nr. 2 StGB) auszusprechen. Denn es könne mit der „tiefgreifenden, epochalen Veränderung der Verhältnisse in der ehemaligen DDR" nach menschlichem Ermessen „nie wieder zu einer Situation kommen, in der eine Wiederholung der … begangenen strafbaren Handlungen vorstellbar wäre." Auch seien die Folgen der Wahlmanipulationen von „der geschichtlichen Entwicklung im vereinten Deutschland" längst überholt.[145] Der Bundesgerichtshof folgte dieser Rechtsauffassung jedoch im Ergebnis nicht. Der Tatsache des politischen Systemwechsels sah er bereits dadurch genüge getan, daß der Einigungsvertrag die generelle Strafbarkeit der DDR-Alttaten vom Vorliegen der Unrechtskontinuität abhängig mache.[146]

144 Vgl. zur Anwendung der Strafmilderung nur *BezG Gera*, Urteil v. 31.5.1990 – Az. BSB 33/90, UA S. 7 ff.; *BezG Leipzig*, Urteil v. 27.9.1990 – Az. BSB 134/90, UA S. 4 f.

145 *LG Dresden*, Urteil v. 27.5.1993 – Az. 3 (c) KLs 51 Js 4048/91, UA S. 130.

146 *BGH*, Urteil v. 3.11.1994 – Az. 3 StR 62/94, BGHSt 40, 307, 321.

f) Verjährung

Die Fälschungen der Wahlen vom 7. Mai 1989 verjährten nach dem Recht der DDR in acht Jahren.[147] Somit war eine Verjährung zum 3. Oktober 1990 unabhängig von der Kontroverse um das Ruhen der Verfolgungsverjährung[148] nicht gegeben. Mit dem 3. Oktober 1990 begann die Verjährungsfrist erneut zu laufen.[149] Sie beträgt nach bundesdeutschem Recht fünf Jahre.[150] Durch Artikel 315a Absatz 2 EGStGB in der Fassung des dritten Verjährungsgesetzes ist diese Frist bis zum 2. Oktober 2000 verlängert worden. Die absolute Verjährung wird gleichfalls mit Ablauf des 2. Oktober 2000 eintreten.[151] Da die Wahlfälschungsverfahren bereits jetzt abgeschlossen sind oder doch zumindest die Verjährung durch Handlungen im Sinne des § 78c Absatz 1 StGB unterbrochen ist, kommt der erneuten Verjährungsverlängerung für diese Fallgruppe kaum praktische Bedeutung zu.

III. Rechtsbeugung

1. Einführung

Grundlage für die nachfolgende Darstellung der Strafverfahren gegen Richter und Staatsanwälte der DDR ist die Auswertung von 225 Verfahren, in denen Anklage wegen Rechtsbeugung erhoben worden ist.[152] In erster Linie werden Strafverfahren gegen die an den damaligen Entscheidungen unmittelbar beteiligten Richter und Staatsanwälte geführt. Tatvorwurf ist insoweit in der Regel täterschaftlich begangene Rechtsbeugung gegebenenfalls in Tateinheit mit Freiheitsberaubung oder Totschlag. Daneben werden aber auch Angehörige des Justizministeriums und des MfS sowie Richter des Obersten Gerichts und Staatsanwälte beim Generalstaatsanwalt der DDR wegen Teilnahme an diesen Delikten strafrechtlich verfolgt.[153] Die tatsächliche Grundlage für den strafrecht-

147 Vgl. § 82 Abs. 1 Nr. 3 DDR-StGB.

148 Vgl. S. 5 ff.

149 Vgl. Art. 315a Abs. 1 S. 3 EGStGB i.V.m. § 78c Abs. 3 S. 1 StGB.

150 Vgl. § 78 Abs. 3 Nr. 4 StGB.

151 Vgl. § 78c Abs. 3 S. 2 i.V.m. § 78 Abs. 3 Nr. 4 StGB.

152 In dieser Auswertung enthalten ist auch das Strafverfahren gegen den damaligen Minister für Staatssicherheit *Erich Mielke*. Die Anklage umfaßt neben dem Vorwurf der Rechtsbeugung weitere Tatvorwürfe. Das Verfahren wurde für die Gesamtstatistik (vgl. S. 199) dem Bereich „Amtsmißbrauch und Korruption“ zugeordnet.

153 Neun Anklagen betreffen nicht unmittelbar an den damaligen Entscheidungen beteiligte Personen. Das Verfahren der *StA II bei dem LG Berlin* – Az. 2 Js 88/92 – richtet sich gegen ehemalige Angehörige des Justizministeriums. *Erich Mielke* ist in dem Verfahren der *StA bei dem KG Berlin* – Az. 2 Js 245/90 – angeklagt. Die Anklage der *StA II bei dem LG Berlin* v. 26.6.1996 – Az. 28 Js 33/94 – betrifft den ehemaligen Leiter der Hauptabteilung IX des MfS (Untersuchungsabteilung). Dessen ehemaliger 1. Stellvertreter ist neben einer Richterin und einem Staatsanwalt in dem Verfahren der *StA II bei dem LG Berlin* – Az. 30 Js 3325/93 – angeklagt. Ein weiteres Verfahren der *StA II bei dem LG Berlin* – Az. 28/2 Js 48/93 – richtet sich neben einem Militärstaatsanwalt gegen einen ehemaligen Mitarbeiter der Hauptabteilung IX des MfS. Ein Verfahren der *StA Dresden* – Az. 833 Js 52324/96 – betrifft neben anderen den ehemaligen Leiter der Abteilung IX der Bezirksverwaltung Dresden des MfS. Sechs Richter am Obersten Gericht und Staatsanwälte beim Generalstaatsanwalt

lichen Vorwurf wegen Anstiftungs- oder Beihilfetaten bilden dabei Einflußnahmen auf Richter und Staatsanwälte durch Weisungen, Orientierungen oder Richtlinien. Anklagen gegen Schöffen, die an strafrechtlichen Urteilen mitgewirkt haben, sind bislang nicht erhoben worden.

2. Sachverhaltsfeststellungen

Die von den Gerichten festgestellten Sachverhalte betreffen einerseits die damaligen Verfahren, die den Anknüpfungspunkt für den Rechtsbeugungsvorwurf bilden, und andererseits das Justizsystem der DDR, in das die damaligen Prozesse eingebettet waren und das für die strafrechtliche Beurteilung des Geschehens ebenfalls von Relevanz ist.

Den gerichtlichen und staatsanwaltschaftlichen Entscheidungen der DDR-Zeit liegen die unterschiedlichsten Lebenssachverhalte zugrunde. Der nachfolgende systematische Überblick erfaßt nur diejenigen Bereiche der DDR-Justiz, die zum Gegenstand bundesdeutscher Strafverfolgung geworden sind. Ein Abbild der Tätigkeiten der DDR-Justiz ist nicht bezweckt. Die statistischen Angaben über den Umfang der Anklagen in der jeweiligen Fallgruppe ermöglichen die Feststellung, wo der Schwerpunkt der heutigen Strafverfolgung wegen Rechtsbeugung liegt.[154] Eine erste Untergliederung läßt sich nach Rechtsgebieten treffen. Danach sind Rechtsbeugungen in Strafverfahren sowie in Arbeits- und Zivilrechtsstreitigkeiten zu unterscheiden.

a) Strafrecht

Die Verfolgung wegen Rechtsbeugung erfaßt hauptsächlich Strafverfahren in der DDR. So beziehen sich 213 der insgesamt 225 Anklagen auf den Bereich des Strafrechts; das entspricht 94,7%. Im Bereich der DDR-Strafjustiz sind zwei Anknüpfungspunkte für einen Rechtsbeugungsvorwurf möglich: Fälle, in denen Strafverfolgung stattgefunden hat, und Fälle systembedingter Nichtverfolgung. Der nachfolgende Text behandelt zunächst die Fälle strafrechtlicher Verfolgung und wendet sich dann der systembedingten Nichtverfolgung zu.

der DDR sind in zwei Verfahren der *StA II bei dem LG Berlin* – Az. 28 Js 9/94 und 28 Js 10/94 – angeklagt. Einen Sonderfall stellt ein Verfahren der *StA II bei dem LG Berlin* – Az. 30 Js 69/92 – dar, in dem ein Denunziant zusammen mit einem Richter und Staatsanwalt angeklagt ist.

154 Die Anklagen betreffen nicht selten mehrere Angeklagte und haben häufig mehrere Fälle im Sinne von damaligen gerichtlichen oder staatsanwaltschaftlichen Entscheidungen zum Gegenstand. Zur Illustrierung sei ein Beispiel genannt. Der Anklageschrift der *StA Dresden* v. 21.8.1992 – Az. 82 Js 13837/92 – gegen einen ehemaligen Oberrichter am Bezirksgericht liegen 28 strafrechtliche Verurteilungen zugrunde. Die Anzahl der heutigen Anklagen wegen Rechtsbeugung gibt also keinen Aufschluß über die Zahl der DDR-Verfahren, die Gegenstand der Strafverfolgung geworden sind.

aa) Strafrechtliche Verfolgung

Die Anklagen wegen Rechtsbeugung beziehen sich auf die Waldheimer Verfahren sowie auf Strafverfahren, denen politische Straftaten und Militärstraftaten zugrunde liegen. Ausgenommen bleiben damit Entscheidungen der DDR-Justiz, die „normale" Kriminalität betreffen.[155] Der Tatvorwurf wegen Rechtsbeugung durch Strafverfolgungsmaßnahmen erfaßt in erster Linie strafrechtliche Urteile aller Instanzen, aber auch Entscheidungen in Ermittlungsverfahren, wie zum Beispiel den Antrag auf Erlaß eines Haftbefehls oder das Verfassen einer Anklageschrift. Neben diesen üblichen richterlichen oder staatsanwaltschaftlichen Entscheidungen wird als Grundlage für einen Rechtsbeugungsvorwurf aber auch das Abfassen eines Berichts über ein Ermittlungsverfahren an den Generalstaatsanwalt der DDR oder dessen Stellvertreter angesehen.[156]

Waldheimer Prozesse

Acht Anklagen haben die von April bis Juli 1950 durchgeführten Waldheimer Prozesse zum Gegenstand, die der Aburteilung von (angeblichen) NS-Verbrechern dienten. Zu diesem Zweck waren beim Landgericht Chemnitz besondere Strafkammern eingerichtet worden, die in Waldheim tätig wurden. Die Verfahren fanden unter Mißachtung strafprozessualer Rechte der Angeklagten und unter massivem Einfluß der SED statt. Materiellrechtliche Grundlage der Urteile bildeten das Kontrollratsgesetz Nr. 10 vom 20. Dezember 1945[157] und die Kontrollratsdirektive Nr. 38 vom 12. Oktober 1946[158]. Die Waldheimer Prozesse führten im Ergebnis zur Verurteilung von 3324 Häftlingen; 32 davon wurden zum Tode verurteilt.[159] Bislang liegen drei rechtskräftige Verurteilungen von ehemaligen Richtern in den Waldheimer Prozessen zu Freiheitsstrafen von jeweils zwei Jahren mit Bewährung vor.[160]

155 Eine Ausnahme bildet insoweit ein Strafverfahren der *StA Erfurt* – Az. 580 Js 10514/93, dem die strafrechtliche Verfolgung eines US-Amerikaners wegen der Herbeiführung eines schweren Verkehrsunfalls in Tateinheit mit fahrlässiger Körperverletzung (§§ 196 Abs. 1 und 2, 118 Abs.1, 63 Abs. 2 DDR-StGB) zugrunde liegt.

156 *StA II bei dem LG Berlin*, Anklage v. 22.12.1993 – Az. 30/76 Js 1494/93 und Anklage v. 4.5.1994 – Az. 76 Js 121/90.

157 Amtsblatt des Kontrollrats in Deutschland Nr. 3 (1946), S. 50 ff.

158 Amtsblatt des Kontrollrats in Deutschland Nr. 11 (1946), S. 184 ff.

159 Zu den Waldheimer Prozessen vgl. *Eisert*, Waldheim; *Fricke*, Politik, S. 205 ff., sowie die Feststellungen des *LG Leipzig*, Urteil v. 1.9.1993 – Az. 1 Ks 04 Js 1807/91, NJ 1994, 111, und des *BezG Dresden*, Beschluß v. 28.10.1991 – Az. BSK (1) 231/91, NStZ 1992, 137.

160 *LG Leipzig*, aaO, bestätigt durch *BGH*, Beschluß v. 10.8.1994 – Az. 3 StR 252/94, mitgeteilt in NJ 1994, 456; *LG Leipzig*, Urteil v. 7.11.1994 – Az. 9 Ks 20 Js 17/92; *LG Leipzig*, Urteil v. 18.7.1996 – Az. 1 Ks 20 Js 5115/93, bestätigt durch *BGH*, Urteil v. 13.8.1997 – Az. 3 StR 158/97.

Politisches Strafrecht

Den Hauptgegenstand der Verfahren wegen Rechtsbeugung bilden Entscheidungen im Bereich des politischen Strafrechts. Der Begriff des politischen Strafrechts zählt zu den umstrittensten auf dem Gebiet des Rechts überhaupt, und eine allseits anerkannte Definition ist bis heute nicht erreicht.[161] Die Begriffsbestimmung ist abhängig vom jeweiligen Kontext, in dem der Begriff „politisches Strafrecht" gebraucht wird.[162] Im folgenden soll der Begriff die Strafvorschriften kennzeichnen, die dem Aufbau und der Sicherung des politischen Systems in der Sowjetischen Besatzungszone und der DDR dienten.[163] Erfaßt wird daher sowohl das Staatsschutzrecht im engeren Sinne als auch der Schutz ideologischer Wert- und Ordnungsvorstellungen der politisch herrschenden Gruppen in der DDR gegen jegliche Art der Opposition. Ausgeklammert bleiben Strafverfahren, die sich auf Taten vor der Errichtung der Sowjetischen Besatzungszone (SBZ) beziehen, also Verbrechen in der Zeit des Nationalsozialismus. Das politische Strafrecht in der DDR läßt sich nach den zur Anwendung gelangten Rechtsvorschriften gliedern, die hier in der zeitlichen Abfolge ihrer Geltung dargestellt werden sollen, soweit sie Gegenstand von Anklagen wegen Rechtsbeugung geworden sind.[164]

In der Sowjetischen Besatzungszone und der frühen DDR existierte zunächst kein eigentliches politisches Strafrecht.[165] Stattdessen kamen Besatzungsstrafrecht und eine Norm aus der DDR-Verfassung vom 7. Oktober 1949 zur Anwendung.[166]

Sabotage

Der Erlaß eines Haftbefehls und eine nachfolgende Verurteilung auf der Grundlage des *Befehls Nr. 160 der Sowjetischen Militäradministration in Deutschland vom 3. Dezember 1945 (SMAD-Befehl Nr. 160)* sind Gegenstand von zwei Anklagen der Staatsanwaltschaft Dresden.[167] Die damaligen Verfahren richteten sich gegen den ehemaligen ersten Staatsanwalt beim Generalstaatsanwalt im Lande Sachsen Erhard F., der mit der Verfol-

161 *Eisenberg/Sander* JZ 1987, 111.

162 *Roggemann* NJ 1997, 226, 231.

163 Der Definition liegt der Ansatz *Kirchheimers* zugrunde, nach dem politisches Strafrecht durch eine mehr oder weniger starke staatspolitische Zweckgebundenheit und Zweckgerichtetheit gekennzeichnet ist. Politisches Strafrecht in diesem Sinne schützt nicht nur Rechtswerte, sondern auch politische Machtlagen, vgl. *Kirchheimer*, Justiz, S. 606.

164 Nicht bezweckt ist eine detaillierte Darstellung des politischen Strafrechts der DDR. Das Augenmerk der Untersuchung liegt auf den Aktivitäten der bundesdeutschen Justiz. Zum politischen Strafrecht der DDR, vgl. *Fricke*, Politik; *Schuller*, Geschichte; *Werkentin*, Politische Strafjustiz, sowie *Roggemann* ROW 1968, 50 ff. Die Zuordnung zu Fallgruppen erfolgt nach Schwerpunkten, bei der strafrechtliche Nebengesetze grundsätzlich außer Betracht geblieben sind.

165 Die politischen Straftatbestände des auch in der DDR zunächst weitergeltenden Reichsstrafgesetzbuchs sind durch die Konrollratsgesetze Nr. 1 v. 20.9.1945 (Amtsblatt des Kontrollrats in Deutschland Nr. 1 [1945], S. 6 ff.) und Nr. 11 v. 30.1.1946 (Amtsblatt des Kontrollrats in Deutschland Nr. 3 [1946], S. 55 ff.) aufgehoben worden.

166 *Schuller*, aaO, S. 330.

167 *StA Dresden*, Anklage v. 9.3.1995 – Az. 800 Js 10975/95 sowie *StA Dresden*, Anklage v. 16.12.1996 – Az. 834 Js 10973/95. Für den SMAD-Befehl Nr. 160, der in russischer Sprache erlassen worden war, existierten mehrere deutsche Übersetzungen, vgl. *Schuller*, aaO, S. 8 ff. Der Wortlaut der Fas-

gung von Wirtschaftsstraftaten betraut war. Die jetzt erhobenen Anklagen gehen von folgendem Sachverhalt aus. Bei seiner amtlichen Tätigkeit handelte F. wiederholt den Anforderungen der Zentralen Kommission für Staatliche Kontrolle zuwider, die

„der verlängerte Arm der Regierung der DDR war und deren Aufgabe darin bestand, der Regierung wachend und helfend zur Seite zu stehen, daß die Gesetze und Verordnungen der DDR und ihre Verfassungsbestimmungen so eingehalten und durchgeführt werden, wie sie zum Wohle der Gesamtheit gemeint sind.“[168]

So teilte F. in einem Wirtschaftsstrafverfahren der Kommission einen Hauptverhandlungstermin nicht mit und beantragte eine verhältnismäßig niedrige Strafe. In einer weiteren Wirtschaftsstrafsache erhob F. keine Anklage, obwohl ihm von der Kommission die Bedeutung und Eilbedürftigkeit der Aburteilung des „Saboteurs“ vor Augen geführt worden war. Zudem meldete sich F. einen Tag vor Prozeßbeginn in einem anderen Wirtschaftsstrafverfahren, in dem er die Anklage vertreten sollte, unberechtigterweise krank. In einer Strafsache gegen den früheren sächsischen Finanzminister schaffte F. ein Beweismittel beiseite. Außerhalb seiner dienstlichen Tätigkeit unterstützte er die Wareneinfuhr aus dem „Westsektor Berlins“ und half Freunden, indem er für diese juristisch tätig wurde. In einem anderen Fall stellte er ein Strafverfahren gegen einen befreundeten Arzt wegen Schwangerschaftsabbruchs ein. Weiter hatte F. Kontakt zu einem Agenten aus dem Westen aufgenommen und geplant, Informationen weiterzugeben, um seine Ausreise in den Westen vorzubereiten. F. wurde am 22. März 1951 aufgrund eines Haftbefehls des Amtsgerichts Dresden in Untersuchungshaft genommen und am 1. September 1951 wegen Sabotage aufgrund des SMAD-Befehls Nr. 160 vom Landgericht Bautzen zu einer Zuchthausstrafe von 15 Jahren verurteilt. Das Verfahren wegen Rechtsbeugung gegen den heute über 80jährigen beisitzenden Richter der Strafkammer beim Landgericht Bautzen wurde gemäß § 205 StPO wegen Verhandlungsunfähigkeit vorläufig eingestellt.[169] Auch über die Anklage gegen den Richter, der den Haftbefehl gegen F. erlassen hat, ist letztlich nicht entschieden worden. Der Angeklagte ist verstorben, das Landgericht Dresden hat das Verfahren wegen Rechtsbeugung eingestellt.[170] Weitere Anklagen, die auf einer strafrechtlichen Verfolgung auf der Grundlage des SMAD-Befehls Nr. 160 beruhen, liegen nicht vor.

sung, die dem Haftbefehl und der Verurteilung zugrunde liegen, die Gegenstand der Strafverfahren in Dresden sind, lautet: „Um die verbrecherische Tätigkeit einzelner Personen, die die Durchkreuzung des wirtschaftlichen Aufbaus zum Ziele hat, der von den deutschen Selbstverwaltungsorganen durchgeführt wird, zu unterbinden, befehle ich: 1. Personen, die bei Übergriffen festgestellt wurden, die eine Durchkreuzung der wirtschaftlichen Maßnahmen der deutschen Selbstverwaltungsorgane und der deutschen Verwaltung bezwecken, werden zu Freiheitsstrafen bis zu 15 Jahren Zuchthaus und in besonders schweren Fällen zur Todesstrafe verurteilt. 2. Zu denselben Strafen werden die Personen verurteilt, die Sabotageakte zwecks Lähmung der Tätigkeit der Unternehmen, zwecks ihrer Beschädigung oder Vernichtung verüben.“

168 *LG Bautzen*, Urteil v. 1.9.1951 – Az. $\frac{11}{99}$ I/2 – 593/51 – zitiert nach *StA Dresden*, Anklage v. 9.3.1995 – Az. 800 Js 10975/95, S. 20 f.

169 *LG Bautzen*, Beschluß v. 17.3.1997 – Az. 1 KLs 800 Js 10975/95.

170 *LG Dresden*, Beschluß v. 29.6.1998 – Az. 4 Kls 834 Js 10973/95.

Aktion Rose (Wirtschaftsstrafverordnung)

Eine weitere Anklage betrifft die Strafverfahren im Rahmen der sogenannten Aktion Rose.[171] Mit der Aktion Rose wurden im Jahre 1953 Eigentümer von Hotels, Pensionen und ähnlichen Wirtschaftsbetrieben im Küstenbereich der Ostsee strafrechtlich verfolgt und enteignet.[172] Die Rechtsgrundlage für diese Maßnahmen bildete die *Wirtschaftsstrafverordnung vom 20. Oktober 1948*[173]. Die Tatvorwürfe bestanden im wesentlichen darin, daß die Eigentümer von Hotels und Pensionen im Küstenbereich bezugsbeschränkte Waren ohne Bezugsschein angekauft und verarbeitet hätten, ihnen für Gäste zugewiesene Lebensmittel für den eigenen Gebrauch einbehalten, Steuern hinterzogen sowie Kontakt mit „Agentenzentralen des amerikanischen Imperialismus" in Westberlin und Westdeutschland gehabt hätten. Im Rahmen der Aktion wurden damals 711 Betriebe durchsucht, 527 Ermittlungsverfahren eingeleitet und 442 Personen in Untersuchungshaft genommen. Letztlich wurden 408 Personen verurteilt und nur fünf freigesprochen, 440 Hotels und Pensionen sowie 181 Gaststätten, Wohnhäuser und andere Wirtschaftsbetriebe beschlagnahmt.[174] Die Gerichtsverfahren fanden vor eigens für die Verfahren gebildeten Strafkammern des Kreisgerichts Bützow statt. Die Anklage der Staatsanwaltschaft Schwerin, die sich gegen einen an der Aktion beteiligten Staatsanwalt richtet, betrifft neun Fälle mit 15 ehemaligen Angeklagten, die in einem Fall zu einer Geldstrafe, in vier Fällen zu Gefängnisstrafen von vier bis zehn Monaten sowie in neun Fällen zu Zuchthausstrafen von fünf Monaten bis fünf Jahren verurteilt wurden. In den meisten Fällen wurde das gesamte Vermögen der Angeklagten eingezogen, zum Teil beschränkte sich die Einziehung auf einzelne Betriebe. Dem nunmehr wegen Rechtsbeugung angeklagten Staatsanwalt wird vorgeworfen, in den Verfahren die Anklageschriften verfaßt und beantragt zu haben, die Haftbefehle aufrechtzuerhalten. Das Landgericht Rostock hat den damaligen Staatsanwalt wegen Rechtsbeugung und teilweise tateinheitlich dazu wegen Freiheitsberaubung zu einer Freiheitsstrafe von einem Jahr und drei Monaten verurteilt und die Vollstreckung der Strafe zur Bewährung ausgesetzt.[175] Der Bundesgerichtshof hat demgegenüber lediglich Beihilfe zur Rechtsbeugung angenommen und den Schuldspruch entsprechend geändert sowie den Strafausspruch aufgehoben.[176]

171 *StA Schwerin*, Anklage ohne Datum – Az. 191 Js 21263/93.

172 Zur Aktion Rose vgl. *Bundesministerium der Justiz*, Im Namen des Volkes?, S. 85 ff.; *K. Müller*, Lenkung, S. 17 ff.; *Werkentin*, Politische Strafjustiz, S. 59 ff.

173 Regierungsblatt für Mecklenburg 1948, Nr. 25, S. 165 ff.

174 *StA Schwerin*, aaO, S. 12 ff.

175 *LG Rostock*, Urteil v. 23.6.1997 – Az. III KLs 4/95.

176 *BGH*, Urteil v. 9.7.1998 – Az. 4 StR 599/97.

Boykotthetze und friedensgefährdende Propaganda

Die Strafverfahren wegen Rechtsbeugung haben zudem Verurteilungen in den 50er Jahren auf der Grundlage von Artikel 6 Absatz 2 der DDR-Verfassung vom 7. Oktober 1949[177] und Artikel III A III des Abschnitts II der Direktive Nr. 38 des Alliierten Kontrollrates vom 12. Oktober 1946[178] (KRD Nr. 38) zum Gegenstand. Insoweit sind 24 Anklagen zu verzeichnen. Dabei sind die strafrechtlichen Urteile teilweise allein auf Artikel 6 Absatz 2 DDR-Verfassung oder nur auf die Kontrollratsdirektive Nr. 38 gestützt worden, teilweise kamen beide Vorschriften auch nebeneinander zur Anwendung.[179] Artikel 6 Absatz 2 DDR-Verfassung ermöglichte die Verurteilung zu Zuchthausstrafen von mindestens einem Jahr und zu Todesstrafen.[180]

Ein Verfahren der Staatsanwaltschaft II bei dem LG Berlin hat – neben anderen – eine Verurteilung nach Artikel 6 Absatz 2 DDR-Verfassung zum Gegenstand.[181] Das Strafverfahren richtet sich gegen einen ehemaligen Richter am Obersten Gericht der DDR, der von 1954 bis 1956 als beisitzender Richter mit der Verfolgung von Straftaten, die gegen die DDR gerichtet waren, befaßt war. Der damaligen Verurteilung liegt nach den Feststellungen des Landgerichts Berlin folgender Sachverhalt zugrunde. Ein 40jähriger Ingenieur war von Herbst 1953 bis Sommer 1955 für den britischen Geheimdienst tätig. Er sammelte im Rahmen dieser Tätigkeit Informationen über sowjetische Objekte und Militäreinheiten, leitete diese weiter und führte Kurierfahrten in die DDR durch. Nachdem der Ingenieur im Juni 1955 sein Einverständnis erklärt hatte, in die kasernierte Volkspolizei einzutreten, wurde er nicht weiter mit Kurierfahrten betraut, sondern sollte seine Informationen über eine Deckadresse an den britischen Geheimdienst weiterleiten. Zu dieser Nachrichtenübermittlung ist es allerdings nicht mehr gekommen. Das Bezirksgericht hat den 40jährigen Ingenieur zum Tode verurteilt. Die gegen das Urteil eingelegte Berufung wurde vom Obersten Gericht der DDR unter Mitwirkung des Angeklagten zurückgewiesen. Der Angeklagte hatte als Berichterstatter für

177 DDR-GBl. 1949, S. 5 ff. Art. 6 Abs. 2 DDR-Verf. hat folgenden Wortlaut: „Boykotthetze gegen demokratische Einrichtungen und Organisationen, Mordhetze gegen demokratische Politiker, Bekundung von Glaubens-, Rassen-, Völkerhaß, militaristische Propaganda sowie Kriegshetze und alle sonstigen Handlungen, die sich gegen die Gleichberechtigung richten, sind Verbrechen im Sinne des Strafgesetzbuches. Ausübung demokratischer Rechte im Sinne der Verfassung ist keine Boykotthetze."

178 Vgl. Fn. 158 auf S. 39. Der Hauptteil der Direktive Nr. 38, die Richtlinien für die Entnazifizierung enthält, bezieht sich auf Sachverhalte, die vor der bedingungslosen Kapitulation der Deutschen Wehrmacht vom 8.5.1945 lagen. Art. III A III des Abschnitts II KRD Nr. 38 bezieht sich jedoch auf Handlungen, die nach diesem Datum eingetreten sind: „Aktivist ist auch, wer nach dem 8. Mai 1945 durch Propaganda für den Nationalsozialismus oder Militarismus oder durch Erfindung und Verbreitung tendenziöser Gerüchte den Frieden des deutschen Volkes oder den Frieden der Welt gefährdet hat oder möglicherweise noch gefährdet."

179 Die gleichzeitige Anwendung von Art. 6 Abs. 2 DDR-Verf. und KRD Nr. 38 findet nach Ansicht *Schullers* ihren Grund darin, daß KRD Nr. 38 zusätzliche als „Sühnemaßnahmen" bezeichnete Sanktionen (insbes. die Vermögenseinziehung) enthielt, vgl. *Schuller*, Geschichte, S. 73.

180 *Schuller*, aaO, S. 36 f., 84. – Drei der Verfahren, die auf Verurteilungen nach Art. 6 Abs. 2 DDR-Verf. und KRD Nr. 38 beruhen, haben Todesurteile zum Gegenstand: *StA Neuruppin* – Az. 63 Js 987/93 sowie *StA II bei dem LG Berlin* – Az. 29/2 Js 283/92 und 29/2 Js 25/92.

181 *StA II bei dem LG Berlin* – Az. 29/2 Js 283/92.

die Todesstrafe gestimmt. Dabei wurde Artikel 6 Absatz 2 DDR-Verfassung als Strafgesetz angesehen; Spionagehandlungen wurden unter den Begriff der „Kriegshetze“ subsumiert. Der Bundesgerichtshof hat das Verhalten des Angeklagten als Rechtsbeugung durch die Verhängung einer übermäßig harten und grausamen Strafe gewertet.[182] Er hat damit das erstinstanzliche Urteil bestätigt, mit dem der ehemalige Richter wegen Rechtsbeugung in Tateinheit mit Totschlag beziehungsweise versuchtem Totschlag in drei Fällen zu einer Freiheitsstrafe von drei Jahren und neun Monaten verurteilt worden ist.[183]

Als Beispiel für eine Verurteilung nach Artikel III A III des Abschnitts II Kontrollratsdirektive Nr. 38 sei ein Fall geschildert, der einem Verfahren der Staatsanwaltschaft II bei dem Landgericht Berlin zugrunde liegt.[184] Angeklagt sind eine beisitzende Richterin und eine Staatsanwältin, die an der Verurteilung von Gerda L. durch die Große Strafkammer 1 b des Landgerichts Berlin (Ost) am 18. August 1952 mitgewirkt haben. Das Landgericht Berlin geht von folgendem Sachverhalt aus. Gerda L. verteilte am 25. Juni 1952 gegen 1.45 Uhr auf dem Potsdamer Platz mehrere Exemplare einer Broschüre des „Kampfbundes Deutscher Jugend“. Aufgabe des „Kampfbundes“ war es, kommunistischen Bestrebungen im Westteil Deutschlands entgegenzutreten und zugleich propagandistisch in die DDR hineinzuwirken. Die Broschüre enthielt eine unkommentierte Wiedergabe der Debatte des Deutschen Bundestages über „Bemühungen zur Freilassung von in der sowjetischen Besatzungszone aus politischen Gründen inhaftierten Jugendlichen“ vom 24. April 1952. Die zum damaligen Zeitpunkt gerade 18jährige Gerda L. wurde vom LG Berlin (Ost) unter Mitwirkung der nunmehr wegen Rechtsbeugung angeklagten Richterin und der Staatsanwältin, die in der Hauptverhandlung als Sitzungsvertreterin der Staatsanwaltschaft tätig war, zu einer Gefängnisstrafe von drei Jahren und „Sühnemaßnahmen“ verurteilt. Nach Auffassung der Staatsanwaltschaft II bei dem Landgericht Berlin erfüllt das tatsächliche Verhalten der Gerda L. nicht den Tatbestand des Artikel III A III des Abschnitts II Kontrollratsdirektive Nr. 38, was den Angeklagten auch bewußt gewesen sei. Daher liege durch die Verurteilung eine Rechts-

182 *BGH*, Urteil v. 16.11.1995 – Az. 5 StR 747/94, BGHSt 41, 317, 332.

183 *LG Berlin*, Urteil v. 17.6.1994 – Az. (528) 29/2 Js 283/92 Ks (1/94). Die Verurteilung des Leipziger Studentenpfarrers *Georg-Siegfried Schmutzler* durch das *Bezirksgericht Leipzig* am 28.11.1957 zu einer Zuchthausstrafe von fünf Jahren erfolgte ebenfalls wegen Boykotthetze gemäß Art. 6 Abs. 2 DDR-Verf. Vgl. dazu *Bundesministerium der Justiz*, Im Namen des Volkes?, S. 77 ff.; *Schmutzler*, Gegen den Strom, S. 105 ff.; *Schuller*, Geschichte, S. 118 ff. Das Urteil ist Gegenstand von zwei Strafverfahren gegen die beteiligten Richter. Das *LG Leipzig* hat den damaligen Vorsitzenden Richter *W.* wegen Rechtsbeugung in Tateinheit mit Freiheitsberaubung zu einer Freiheitsstrafe von einem Jahr und zehn Monaten verurteilt und die Vollstreckung der Strafe zur Bewährung ausgesetzt, vgl. *LG Leipzig*, Urteil v. 6.11.1996 – Az. 6 Kls 835 Js 44297/93, UA S. 2. Dieses Urteil ist rechtskräftig. Der damalige beisitzende Richter *B.* ist wegen der Mitwirkung an dem Urteil gegen *Schmutzler* und an einem weiteren Verfahren wegen Rechtsbeugung in Tateinheit mit Freiheitsberaubung zu einer Gesamtfreiheitsstrafe von einem Jahr und neun Monaten verurteilt worden, vgl. *LG Leipzig*, Urteil v. 20.8.1996 – Az. 5 Kls 835 Js 3557/92. Die Vollstreckung der Strafe ist zur Bewährung ausgesetzt worden. Der *BGH* hat das Urteil bestätigt, vgl. *BGH*, Beschluß v. 15.10.1997 – Az. 3 StR 294/97.

184 *StA II bei dem LG Berlin*, Anklage v. 25.2.1997 – Az. 30 Js 510/95.

beugung vor.[185] Das Landgericht Berlin hat die Angeklagten jedoch freigesprochen, da ihnen ein Rechtsbeugungsvorsatz nicht nachzuweisen sei.[186] Das Urteil ist rechtskräftig.

Gegenstand einer Anklage der Staatsanwaltschaft Dresden ist die Verurteilung von 19 Werdauer Oberschülern durch das Landgericht Zwickau im Oktober 1951. Das Urteil beruhte auf Artikel 6 Absatz 2 DDR-Verfassung und Artikel III A III des Abschnitts II Kontrollratsdirektive Nr. 38. Angeklagt wegen Rechtsbeugung und Freiheitsberaubung sind der damalige Vorsitzende Richter und eine Beisitzerin.[187] Die Staatsanwaltschaft legt folgenden Sachverhalt zugrunde. Die größtenteils noch nicht 18jährigen Werdauer Oberschüler verteilten im Raum Werdau in Sachsen antikommunistische Flugblätter, die sie sich in Westberlin beschafft hatten. Weiter zertraten einzelne Schüler bei Veranstaltungen anläßlich der russischen Oktoberrevolution „Stinkbomben", schütteten Zucker in den Autotank eines SED-Funktionärs, nahmen an einer Feier aus Anlaß des Geburtstages von Adolf Hitler teil und beschädigten Bilder von Stalin, Pieck und Grotewohl in ihrer Schule. Das Landgericht Zwickau verurteilte in einem Schauprozeß die Werdauer Oberschüler unter Mitwirkung der nunmehr angeklagten Richter wegen „Boykotthetze gegen demokratische Einrichtungen, Verbreitung und Bekundung von tendenziösen Gerüchten, die den Frieden des deutschen Volkes und der Welt gefährden, Spionage und Völkerhaß" zu Zuchthausstrafen von zwei bis 15 Jahren. Die verhängten Strafen waren weitestgehend bereits vor der Hauptverhandlung festgelegt worden und es bestand keine wirkliche Verteidigungsmöglichkeit für die Schüler.[188]

Landfriedensbruch gemäß Reichsstrafgesetzbuch

Neben dem Besatzungsstrafrecht und der Verfassung der DDR kam auch das in der DDR bis zum Erlaß eines neuen Strafgesetzbuchs 1968 fortgeltende Reichsstrafgesetzbuch zur Anwendung. Insbesondere im Zusammenhang mit dem Aufstand am 17. Juni 1953 wurde auf das Reichsstrafgesetzbuch zurückgegriffen.[189] Insoweit ist eine Anklage zu verzeichnen. Diese Anklage der Staatsanwaltschaft II bei dem Landgericht Berlin gegen eine ehemalige Staatsanwältin beim Generalstaatsanwalt von Berlin (Ost) beinhaltet ein Strafverfahren wegen *Landfriedensbruchs gemäß § 125 Reichsstrafgesetzbuch*

185 *StA II bei dem LG Berlin,* Anklage v. 25.2.1997 – Az. 30 Js 510/95, S. 2 ff.

186 *LG Berlin,* Urteil v. 26.6.1998 – Az. (522) 30 Js 510/95 Kls (4/98).

187 *StA Dresden,* Anklage v. 17.12.1996 – Az. 831 Js 6504/93. Auch die Verurteilung der neun Mitglieder der Zeugen Jehovas am 4.10.1950 zu langjährigen, in zwei Fällen sogar lebenslänglichen, Zuchthausstrafen durch das *Oberste Gericht der DDR* unter dem Vorsitz von *Hilde Benjamin* beruht auf diesen Vorschriften (vgl. dazu *Fricke*, Politik, S. 241; *Schuller*, Geschichte, S. 36). Der wegen dieser Verurteilung angeklagte beisitzende Richter *T.*, der 1952 in den Westen floh, wurde letztlich vom *BGH* vom Vorwurf der Rechtsbeugung freigesprochen, da ihm ein Rechtsbeugungsvorsatz nicht nachzuweisen sei, vgl. *BGH*, Urteil v. 20.6.1996 – Az. 5 StR 54/96, NJ 1997, 35. Die späteren Urteile des *Bezirksgerichts Dresden* gegen weitere Anhänger der Zeugen Jehovas sind Gegenstand von acht Strafverfahren wegen Rechtsbeugung gegen die beteiligten Richter und Staatsanwälte, vgl. *StA Dresden* – Az. 833 Js 14523/91, Az. 834 Js 14160/92, Az. 833 Js 3052/96, Az. 833 Js 10629/97, Az. 833 Js 33337/97, Az. 833 Js 5725/97, Az. 833 Js 52908/97 sowie Az. 833 Js 54968/97.

188 *StA Dresden,* Anklage v. 17.12.1996 – Az. 831 Js 6504/93, S. 12.

189 *Schuller*, Geschichte, S. 134.

gegen einen zum Tatzeitpunkt 16jährigen Jugendlichen.[190] Der in Westberlin lebende F. beabsichtigte am Nachmittag des 17. Juni 1953, seine in Ostberlin lebende Mutter zu besuchen. Auf dem Weg zu seiner Mutter befuhr F. mit seinem Fahrrad die Friedrichstraße und die Straße Unter den Linden, wo zu dieser Zeit gewalttätige Protestaktionen stattfanden. F. traf gegen 17.30 Uhr bei seiner Mutter ein und verbrachte mit dieser und seiner Freundin den Abend. Er übernachtete bei seiner Mutter. Als er am Morgen des 18. Juni 1953 wieder die Sektorengrenze nach Westberlin überqueren wollte, wurde er von der Volkspolizei festgenommen. Ihm wurde nachfolgend die Beteiligung an „Gewalttätigkeiten gegen Angehörige der Volkspolizei und Einrichtungen des demokratischen Sektors" am 17. Juni 1953 vorgeworfen. Obwohl F. die Vorwürfe bestritt und keine anderen Beweismittel vorlagen, erhob die nunmehr angeklagte Staatsanwältin Anklage gegen F. wegen Landfriedensbruchs nach § 125 Reichsstrafgesetzbuch. Da F. kein strafbares Verhalten vorzuwerfen war, stellt die Anklageerhebung nach Ansicht der Staatsanwaltschaft II bei dem Landgericht Berlin eine Rechtsbeugung dar.[191] Das Landgericht Berlin hat die Angeklagte demgegenüber freigesprochen.[192]

Politisches Strafrecht ab 1957 (Strafrechtsergänzungsgesetz)

Das politische Strafrecht der DDR erhielt mit dem *Strafrechtsergänzungsgesetz vom 11. Dezember 1957*[193] eine neue Grundlage. Strafverfolgung nach dem Strafrechtsergänzungsgesetz nimmt bei den heutigen Verfahren wegen Rechtsbeugung einen größeren Raum ein. So betreffen 24 der Strafverfahren, die zur Anklage gekommen sind, Verurteilungen nach dem Strafrechtsergänzungsgesetz. Als Beispiel sei das Urteil gegen Bernhard G. geschildert, das – neben einem weiteren – einer Anklage der Staatsanwaltschaft II bei dem Landgericht Berlin gegen eine Richterin am Obersten Gericht der DDR zugrunde liegt.[194] Die Anklage beruht auf folgendem Sachverhalt. G., der in Ostberlin einen Betrieb für Radiotechnik führte, erfuhr im Sommer 1962, daß sein in Westberlin lebender Bruder einen unterirdischen Tunnel von West- nach Ostberlin bauen wollte, damit seine noch im Ostteil der Stadt lebende Familie durch diesen Tunnel fliehen könnte. G. faßte den Entschluß, sich dem Vorhaben anzuschließen und die DDR durch diesen Tunnel zu verlassen. In Absprache mit seinem Bruder mietete er im Sep-

190 *StA II bei dem LG Berlin*, Anklage v. 1.12.1995 – Az. 30 Js 48/95. § 125 RStGB hatte zum Tatzeitpunkt folgenden Wortlaut: „(1) Wenn sich eine Menschenmenge öffentlich zusammenrottet oder mit vereinten Kräften gegen Personen oder Sachen Gewalttätigkeiten begeht, so wird jeder, welcher an dieser Zusammenrottung teilnimmt, wegen Landfriedensbruchs mit Gefängnis nicht unter drei Monaten bestraft. (2) Die Rädelsführer sowie diejenigen, welche Gewalttätigkeiten gegen Personen begangen oder Sachen geplündert, vernichtet oder zerstört haben, werden mit Zuchthaus bis zu zehn Jahren bestraft; auch kann auf Zulässigkeit von Polizeiaufsicht erkannt werden. Sind mildernde Umstände vorhanden, so tritt Gefängnisstrafe nicht unter sechs Monaten ein."

191 *StA II bei dem LG Berlin*, aaO, S. 2.

192 *LG Berlin*, Urteil v. 17.12.1997 – Az. (504) 30 Js 48/95 KLs (5/96).

193 DDR-GBl. I 1957, S. 643 ff. Im Gegensatz zur traditionellen Aufgliederung im Staatsschutzrecht nach betroffenen Rechtsgütern (Hoch- und Landesverrat sowie Staatsgefährdung) unterscheidet das StEG nach Begehungsformen, vgl. *Roggemann* ROW 1968, 50, 59.

194 *StA II bei dem LG Berlin*, Anklage v. 9.9.1996 – Az. 28 Js 15/96.

tember 1962 einen unmittelbar an der Sektorengrenze in der Bernauer Straße befindlichen Laden an, in dessen Keller der Tunnel enden sollte, und tarnte diesen als Auslieferungslager für seine Firma. G. erhielt durch Informationen aus Westberlin Kenntnis vom Beginn des Tunnelbaus. Nachdem die Familie seines Bruders im Oktober auf andere Weise nach Westberlin gelangt war, fürchtete G., daß der Tunnel nicht fertiggestellt würde. Unter anderem aus diesem Grund nahm er von seinem Fluchtvorhaben Abstand. Dies teilte er seinem Bruder mit und gab den Laden in der Bernauer Straße auf. Am 4. Juli 1963 wurde G. – gemeinsam mit vier weiteren an dem Fluchtvorhaben beteiligten Personen – vom Stadtgericht von Groß-Berlin wegen staatsgefährdenden Gewaltakts gemäß § 17 Strafrechtsergänzungsgesetz[195] und Vorbereitung zum illegalen Verlassen der DDR sowie Beihilfe zum illegalen Verlassen der DDR nach § 5 der Paßverordnung vom 15. Dezember 1954[196] in der Fassung des § 1 der Paßänderungsverordnung vom 11. Dezember 1957[197] zu einer Zuchthausstrafe von drei Jahren verurteilt. Das Oberste Gericht der DDR verwarf die gegen das Urteil eingelegte Berufung unter Mitwirkung der jetzt angeklagten Richterin durch Beschluß vom 24. August 1963 als offensichtlich unbegründet. Die Staatsanwaltschaft II bei dem Landgericht Berlin sieht eine Rechtsbeugung darin begründet, daß das Verhalten des damaligen Angeklagten G. den Tatbestand des § 17 Strafrechtsergänzungsgesetz nicht erfüllt habe. Weder habe der Tunnelbau einen staatsgefährdenden Gewaltakt dargestellt, noch habe G. in der Absicht gehandelt, Unsicherheit zu verbreiten und das Vertrauen zur Arbeiter-und-Bauern-Macht zu erschüttern.[198]

195 Nach § 17 StEG wird mit Zuchthaus, in minderschweren Fällen mit Gefängnis nicht unter sechs Monaten, bestraft, wer es unternimmt, durch Gewaltakte oder durch Drohung mit Gewaltakten die Bevölkerung in Angst und Schrecken zu versetzen, um Unsicherheit zu verbreiten und das Vertrauen zur Arbeiter-und-Bauern-Macht zu erschüttern.

196 VOBl. für Groß-Berlin, Teil I S. 631 f.

197 VOBl. für Groß-Berlin, Teil I S. 633.

198 *StA II bei dem LG Berlin*, Anklage v. 9.9.1996 – Az. 28 Js 15/96, S. 3. Das Todesurteil gegen *Manfred Smolka* wegen Spionage im Jahr 1960 (vgl. *Werkentin*, Strafjustiz im politischen System der DDR, S. 112, 118 f.) basierte ebenfalls auf Vorschriften des StEG und war Gegenstand eines Strafverfahrens wegen Rechtsbeugung gegen den an der Entscheidung beteiligten Staatsanwalt. Das *LG Erfurt* verurteilte diesen wegen Beihilfe zur Rechtsbeugung in Tateinheit mit Beihilfe zum Totschlag zu einer Freiheitsstrafe von zehn Monaten, deren Vollstreckung zur Bewährung ausgesetzt wurde, vgl. *LG Erfurt*, Urteil v. 5.7.1994 – Az. 510 Js 463/90-1 Ks. Das Urteil ist rechtskräftig.

Verordnung über Aufenthaltsbeschränkung

Ein weiteres Verfahren betrifft ein Urteil des Kreisgerichts Eisenach, mit dem Ursula W. im Jahr 1962 der Aufenthalt in allen Grenzkreisen der DDR entlang der westlichen Staatsgrenze untersagt wurde.[199] Die Rechtsgrundlage für diese Maßnahme bildete § 3 Absatz 1 der *Verordnung über Aufenthaltsbeschränkung vom 24. August 1961*.[200] Die Aufenthaltsbeschränkung wurde damit begründet, daß Ursula W. einen Unsicherheitsfaktor darstelle, weil ihr Bruder 1952 und ihre Eltern 1961/62 republikflüchtig geworden seien, sie zwei nichteheliche Kinder habe, um die sie sich nicht ausreichend kümmere, und weil sie nicht am politischen und gesellschaftlichen Leben in ihrem Wohnort teilnehme. Die Staatsanwaltschaft Erfurt hat den damaligen Staatsanwalt, der die Aufenthaltsbeschränkung beantragt hatte, sowie den damaligen Richter am Kreisgericht wegen Rechtsbeugung und Nötigung angeklagt. Nachdem das Amtsgericht Eisenach die Angeklagten freigesprochen hatte, verurteilte das Landgericht Mühlhausen den damaligen Richter wegen Rechtsbeugung zu einer Freiheitsstrafe von sechs Monaten auf Bewährung und den damaligen Staatsanwalt wegen Beihilfe zur Rechtsbeugung zu einer Freiheitsstrafe von fünf Monaten auf Bewährung.[201] Auf die Revision der Angeklagten sprach das Thüringer Oberlandesgericht die Angeklagten frei.[202] Eine Rechtsbeugung liege nicht vor, weil die Angeklagten die Verordnung über Aufenthaltsbeschränkung ihrem Zweck, ein Ausbluten der DDR durch vermehrte Republikflucht zu verhindern, entsprechend angewendet hätten, auch wenn der Wortlaut der Vorschrift nicht erfüllt gewesen sei.[203]

Politisches Strafrecht ab 1968

Die Verfahren wegen Rechtsbeugung gegen Richter und Staatsanwälte der DDR haben hauptsächlich politische Strafverfahren auf der Grundlage des *Strafgesetzbuchs der DDR vom 12. Januar 1968*[204] zum Gegenstand. So betreffen 132 Anklagen (= 58,7%) diese Phase der politischen Strafverfolgung. Dieser Schwerpunkt der Verfolgung läßt sich damit erklären, daß die Verfahren auf der Grundlage des StGB von 1968, das mit Änderungen bis zum Beitritt der DDR zur Bundesrepublik fortgalt, noch nicht lange

199 *StA Erfurt*, Anklage v. 30.11.1994 – Az. 550 Js 11018/93.

200 § 3 Abs. 1 der Verordnung über Aufenthaltsbeschränkung vom 24.8.1961 (DDR-GBl. II 1961, S. 343 f.) bestimmt: „Auf Verlangen der örtlichen Organe der Staatsmacht kann, auch ohne daß die Verletzung eines bestimmten Strafgesetzes vorliegt, durch Urteil des Kreisgerichts einer Person die Beschränkung ihres Aufenthaltes auferlegt werden, wenn durch ihr Verhalten der Allgemeinheit oder dem einzelnen Gefahren entstehen oder die öffentliche Sicherheit und Ordnung bedroht ist. § 2 dieser Verordnung findet Anwendung."

201 *LG Mühlhausen*, Urteil v. 13.9.1996 – Az. 550 Js 11018/93-5 Ns.

202 *Thüringer OLG*, Beschluß v. 24.9.1997 – Az. 1 Ss 7 und 8/97.

203 *Thüringer OLG*, aaO, BA S. 13 f.

204 DDR-GBl. I 1968, S. 1 ff. Das politische Strafrecht ist in dem StGB von 1968 im 1. Kapitel (Verbrechen gegen die Souveränität der Deutsche Demokratische Republik, den Frieden, die Menschlichkeit und die Menschenrechte, §§ 85-95), 2. Kapitel (Verbrechen gegen die Deutsche Demokratische Republik, §§ 96-111) und im 8. Kapitel (Straftaten gegen die staatliche und öffentliche Ordnung, §§ 212-224) geregelt.

zurückliegen. Die an den damaligen Entscheidungen beteiligten Richter und Staatsanwälte leben größtenteils noch und sind zumeist auch verhandlungsfähig. Die Reform des politischen Strafrechts durch das StGB von 1968 bewirkte zwar eine genauere normative Aufgliederung des Staatsschutzstrafrechts; eine tatbestandsmäßige Restriktion und eine wesentliche Lockerung des machtpolitischen Kurses waren damit jedoch nicht verbunden.[205]

Als Beispiel für politische Strafverfolgung in der Zeit der Geltung des StGB von 1968 sei eine Verurteilung wegen Beeinträchtigung staatlicher oder gesellschaftlicher Tätigkeit nach § 214 Absatz 1 DDR-StGB geschildert.[206] Der damalige Angeklagte hatte nach seiner Ehescheidung zu seiner kranken Mutter nach Westberlin ausreisen wollen. Sein Ausreiseantrag war von den DDR-Behörden abgelehnt worden. Er hatte daraufhin am 28. Mai 1985 gegen 0.25 Uhr an der Grenzübergangsstelle Chausseestraße in Berlin seinen Personalausweis vorgelegt und die Ausreise in den Westen gefordert. Die Vorlage des Ausweises wurde in der damaligen Anklage als „provokatorisch" bezeichnet. Der Angeklagte wurde vom Stadtbezirksgericht Berlin-Pankow zu einer Freiheitsstrafe von einem Jahr und zwei Monaten verurteilt.[207] Der Bundesgerichtshof wertete diesen Fall – ebenso wie das Gericht erster Instanz[208] – als Rechtsbeugung.[209] Es liege nahe, eine Rechtsbeugung bereits durch Überdehnung des Straftatbestands des § 214 Absatz 1 DDR-StGB anzunehmen. Zu einer krassen Menschenrechtsverletzung werde die strafrechtliche Verfolgung jedenfalls durch die Verhängung der unverhältnismäßig hohen Freiheitsstrafe.[210]

Sonderkonstellationen – Der Fall Havemann

Neun Anklagen beziehen sich auf mehrere damalige Verurteilungen, die unterschiedliche Phasen des politischen Strafrechts der DDR berühren oder innerhalb eines Zeitabschnitts auf unterschiedlichen Rechtsgrundlagen basieren *(Überschneidungsfälle)*. Eine Zuordnung zu den oben entwickelten Fallgruppen, die nach Zeitabschnitten und Rechtsgrundlagen erfolgte, ist für diese Anklagen damit nicht möglich.[211]

205 *Roggemann* ROW 1968, 50, 61.

206 § 214 Abs. 1 DDR-StGB bestimmt, daß „mit Freiheitsstrafe bis zu drei Jahren oder mit Verurteilung auf Bewährung, Haftstrafe, Geldstrafe oder mit öffentlichem Tadel bestraft wird, wer die Tätigkeit staatlicher Organe durch Gewalt oder Drohungen beeinträchtigt oder in einer die öffentliche Ordnung gefährdenden Weise eine Mißachtung der Gesetze bekundet oder zur Mißachtung der Gesetze auffordert".

207 Die Verurteilung war – neben neun weiteren Fällen – Gegenstand eines Strafverfahrens wegen Rechtsbeugung gegen eine ehemalige Staatsanwältin in der Abteilung I a des Generalstaatsanwalts von Berlin, vgl. *StA II bei dem LG Berlin* – Az. 76 Js 1277/91.

208 *LG Berlin*, Urteil v. 18.5.1994 – Az. (510) 76 Js 1277/91 KLs (68/93), UA S. 102 ff.

209 *BGH*, Urteil v. 15.9.1995 – Az. 5 StR 713/94, BGHSt 41, 247, 274 f. Dieses Urteil des *BGH* stellt die zentrale Entscheidung für die Strafbarkeit von Richtern und Staatsanwälten der DDR wegen politischer Strafverfolgung auf der Grundlage des StGB von 1968 dar.

210 *BGH*, aaO, 275.

211 Die Zusammenfassung derartiger Überschneidungsfälle in einer Anklage wird aus verfahrensökonomischen Gründen erfolgt sein.

In diesem Zusammenhang ist das Rechtsbeugungsverfahren gegen sieben Richter und Staatsanwälte der DDR zu erwähnen, die an den Prozessen gegen Robert Havemann beteiligt waren.[212] Mit Urteil des Kreisgerichts Fürstenwalde vom 26. November 1976 wurde der Aufenthalt Havemanns nach §§ 2 und 3 Absatz 1 der Verordnung über Aufenthaltsbeschränkung vom 24. August 1961[213] auf sein Grundstück in Grünheide beschränkt. Die gegen dieses Urteil eingelegte Berufung Havemanns wurde vom Bezirksgericht Frankfurt/Oder mit Beschluß vom 4. Januar 1977 als offensichtlich unbegründet verworfen. In einem späteren Strafverfahren gegen Havemann erließ das Kreisgericht Fürstenwalde am 25. Mai 1979 einen Strafbefehl in Höhe von 10.000,- Mark wegen Devisenvergehen nach § 17 Absatz 1 Ziffer 1 und 2 des Devisengesetzes vom 19. Dezember 1973[214] im Zusammenhang mit Veröffentlichungen und einem Kontoguthaben im westlichen Ausland. Auf Einspruch Havemanns erging am 20. Juni 1979 ein dem Strafbefehl entsprechendes Urteil des Kreisgerichts Fürstenwalde. Die Berufung Havemanns wurde durch Beschluß des Bezirksgerichts Frankfurt/Oder vom 18. Juli 1979 als offensichtlich unbegründet verworfen. Die Anklage wegen Rechtsbeugung stützt sich im wesentlichen darauf, daß den Verfahren detaillierte Vorgaben des MfS zugrunde gelegen hätten, denen die Richter und Staatsanwälte gefolgt seien. Zum Teil seien die von den Richtern und Staatsanwälten später getroffenen Entscheidungen durch das MfS vorformuliert worden. Die Prozesse hätten ausschließlich der Ausschaltung Havemanns als Gegner des politischen Systems in der DDR gedient und seien nicht an der Verwirklichung von Gerechtigkeit orientiert gewesen.[215] Das Landgericht Frankfurt/Oder hat alle Angeklagten freigesprochen. Es stehe zur Überzeugung des Gerichts zwar fest, daß die Durchführung des Aufenthaltsbeschränkungs- sowie Devisenstrafverfahrens auf einer umfassenden Abstimmung zwischen zentralen DDR-Justizorganen (Oberstes Gericht, Generalstaatsanwaltschaft, Justizministerium) und dem MfS, in die teilweise der Staats- und Parteichef Erich Honecker einbezogen gewesen sei, beruht habe. Es sei jedoch nicht bewiesen, daß die damaligen Richter und Staatsanwälte die Rolle der Verfahren gegen Havemann im Gesamtkomplex seiner vom MfS gesteuerten Verfolgung erkannt hätten. Weiter habe sich nicht beweisen lassen, daß sie Weisungen justizfremder Stellen, insbesondere des MfS, befolgt hätten und daß sie mit ihren Entscheidungen nicht der Verwirklichung der Gerechtigkeit im Sinne von Artikel 86 DDR-Verfassung hätten dienen wollen. Soweit einige Entscheidungen den DDR-Gesetzen widersprochen hätten, sei eine Bestrafung wegen der von der Rechtsprechung entwickelten Grundsätze für die Strafbarkeit von Richtern und Staatsanwälten nicht möglich. Zudem fehle insoweit auch der Vorsatz einer falschen Rechtsanwendung.[216] Auf die Revision der Staatsanwalt-

212 *StA Neuruppin* – Az. 63 Js 1291/63.

213 Vgl. Fn. 200 auf S. 48.

214 DDR-GBl. I 1973, S. 574 ff. Nach § 17 Abs. 1 Ziff. 1 und 2 Devisengesetz wird mit Freiheitsstrafe bis zu zwei Jahren, Verurteilung auf Bewährung, Haftstrafe, Geldstrafe oder mit öffentlichem Tadel bestraft, wer vorsätzlich entgegen den devisenrechtlichen Vorschriften ohne Genehmigung oder Anmeldung oder entgegen den Bedingungen einer Genehmigung Devisenwerte im Deviseninland oder Devisenausland besitzt oder verwaltet (Ziff. 1) oder ohne Genehmigung oder entgegen den Bedingungen einer Genehmigung einen Devisenwertumlauf veranlaßt oder durchführt (Ziff. 2).

215 *StA Neuruppin,* Anklage v. 5.10.1994 – Az. 63 Js 1291/63, S. 3 ff.

216 *LG Frankfurt/Oder*, Urteil v. 30.9.1997 – Az. 23 Kls 36/94, UA S. 16 f.

schaft, die sich lediglich gegen den Freispruch von vier Angeklagten richtete, hat der Bundesgerichtshof das Urteil des Landgerichts Frankfurt/Oder aufgehoben und die Sache zurückverwiesen.[217] Als rechtsfehlerhaft wird besonders die Verneinung der subjektiven Voraussetzungen der Rechtsbeugung angesehen.[218]

Militärstraftaten

Zwei Anklagen der Staatsanwaltschaft II bei dem Landgericht Berlin haben Verurteilungen wegen Fahnenflucht zum Gegenstand. Eine Anklage betrifft die Verurteilung eines ehemaligen Oberleutnants des MfS im Jahr 1959 wegen versuchter Fahnenflucht und Widerstands gegen die Staatsgewalt nach §§ 33 Absatz 1 und 2 Strafrechtsergänzungsgesetz, 113 StGB a.F. zu einer Freiheitsstrafe von zwei Jahren.[219] Die zweite Anklage beinhaltet die Verurteilung einer ehemaligen Physiotherapeutin im medizinischen Dienst des MfS im Rang eines Leutnants, die Vorbereitungen getroffen haben soll, die DDR ohne Genehmigung über Ungarn zu verlassen.[220] Die Physiotherapeutin wurde im Jahr 1982 vom Militärgericht Berlin wegen Vorbereitung der Fahnenflucht im schweren Fall gemäß § 254 Absatz 1 und 2 Nr. 1, 3 DDR-StGB zu einer Freiheitsstrafe von fünf Jahren und sechs Monaten verurteilt.[221]

bb) Systembedingte Nichtverfolgung

Neben der strafrechtlichen Verfolgung haben die heutigen Rechtsbeugungsverfahren die systembedingte Nichtverfolgung von Straftaten zum Gegenstand. In diesen Fällen unterblieb die Strafverfolgung, weil sie Interessen der politischen Führung der DDR zuwiderlief. Acht Anklagen betreffen derartige Fälle systembedingter Nichtverfolgung. Die Anklagen richten sich in erster Linie gegen ehemalige Staatsanwälte der DDR, die für die Durchführung von Ermittlungsverfahren zuständig waren.[222] Ehemalige Richter sind von den Anklagen nicht betroffen.

Dieser Sachverhaltsgruppe zuzuordnen sind die Rechtsbeugungsverfahren wegen Nichtverfolgung der Anzeigen wegen Fälschung der Kommunalwahlen in der DDR vom 7. Mai 1989.[223] Ein Verfahren richtet sich dabei gegen den ehemaligen ersten Stellvertreter des Generalstaatsanwalts der DDR Borchert, den ehemaligen Generalstaatsanwalt von Berlin Simon sowie die ehemaligen Leiter der Abteilung I A des General-

217 *BGH*, Urteil v. 10.12.1998 – Az. 5 StR 322/98.

218 *BGH*, aaO, UA S. 31 ff.

219 *StA II bei dem LG Berlin*, Anklage v. 25.7.1996 – Az. 28 Js 51/94.

220 *StA II bei dem LG Berlin*, Anklage v. 21.6.1996 – Az. 28/2 Js 88/93.

221 Der Fall, der der letztgenannten Anklage zugrunde liegt, könnte auch dem politischen Strafrecht zugeordnet werden. In Fällen der Republikflucht liegt gemäß § 254 Abs. 2 S. 2 Nr. 1 DDR-StGB in der Regel ein schwerer Fall der Fahnenflucht vor.

222 In einem Verfahren ist ein Mitarbeiter der Hauptabteilung IX des MfS (Untersuchungsabteilung) wegen Beihilfe zur Rechtsbeugung angeklagt, vgl. *StA II bei dem LG Berlin* – Az. 28/2 Js 48/93. Eine weitere Anklage richtet sich gegen den damaligen Minister für Staatssicherheit *Erich Mielke*, vgl. *StA bei dem KG Berlin* – Az. 2 Js 245/90.

223 Zur Fälschung der Kommunalwahlen vgl. S. 24 ff. Sechs Anklagen haben die Nichtverfolgung der Anzeigen wegen Wahlfälschung zum Gegenstand.

staatsanwalts von Berlin und des Bezirksstaatsanwalts Cottbus.[224] Borchert wird vorgeworfen, eine strafrechtliche Prüfung des Verdachts der Wahlfälschung dadurch unterbunden zu haben, daß er mit Fernschreiben vom 19. Mai 1989 an alle Bezirksstaatsanwälte der DDR die Weisung erteilte, in bestimmter Weise die wegen Wahlfälschung eingehenden Anzeigen zu bearbeiten und keinesfalls ein Ermittlungsverfahren einzuleiten.[225] Die wegen Beihilfe zur Rechtsbeugung mitangeklagten ehemaligen Staatsanwälte sollen daran beteiligt gewesen sein, die Weisung innerhalb der Staatsanwaltschaft der DDR umzusetzen. Nachdem das Landgericht Berlin die Angeklagten vom Vorwurf der Rechtsbeugung freigesprochen hatte,[226] hat nunmehr der Bundesgerichtshof dieses Urteil aufgehoben und die Sache zurückverwiesen.[227] Die Nichtverfolgung der Anzeigen wegen Wahlfälschung stelle einen Willkürakt dar, so daß eine nachträgliche Bestrafung in Betracht komme.[228]

Die Einstellung eines Ermittlungsverfahrens trotz hinreichenden Tatverdachts war Gegenstand eines nunmehr rechtskräftig abgeschlossenen Strafverfahrens gegen zwei ehemalige Militärstaatsanwälte.[229] Sie haben unter Verfälschung des tatsächlichen Sachverhalts ein Ermittlungsverfahren gegen einen Angehörigen der Kreisdienststelle Güstrow des MfS zu Unrecht eingestellt. Ein wachhabender Unterleutnant im Dienstgebäude der Kreisdienststelle Güstrow des MfS hatte am 21. Dezember 1984 gegen 23.00 Uhr vor dem Dienstgebäude mit seiner Dienstpistole zwei unbewaffnete junge Männer erschossen und einen dritten schwer verletzt. Das Militärgericht in Berlin erließ am 23. Dezember 1984 gegen den Unterleutnant Haftbefehl wegen des Vorwurfs der fahrlässigen Tötung im schweren Fall,[230] der schweren Körperverletzung[231] in mehreren Fällen und der Verletzung von Vorschriften über den Wachdienst.[232] In dem Abschlußbericht, den ein Mitarbeiter des MfS am 7. Januar 1985 anfertigte, heißt es, daß der Unterleutnant aus Diensteifer und unter erheblichem Alkoholeinfluß mit Risikobereitschaft und geminderter Kritik- und Urteilsfähigkeit gehandelt habe; er habe gröblichst gegen bestehende Befehle und Weisungen verstoßen. Die Alkoholisierung war durch ein rechtsmedizinisches Gutachten belegt. In der Folgezeit wurde dieses Ermittlungsergebnis von den angeklagten Militärstaatsanwälten und anderen dahingehend verfälscht, daß die späteren Opfer unter Alkoholeinfluß eine Bedrohungssituation für den Unterleutnant, bei dem Alkohol keine Rolle gespielt habe, geschaffen hätten. Dieser habe somit in Notwehr gehandelt. Das Ermittlungsverfahren gegen den Unterleutnant des MfS wurde

224 *StA bei dem KG Berlin* – Az. 2 Js 66/91. Das Ermittlungverfahren wurde bereits vor dem 3.10.1990 noch von der StA der DDR eingeleitet und ist von der *StA bei dem KG Berlin* übernommen worden.

225 Die Weisung soll von dem damaligen Minister für Staatssicherheit *Erich Mielke* veranlaßt worden sein, den die *StA bei dem KG Berlin* insoweit wegen Anstiftung zur Rechtsbeugung angeklagt hat, vgl. *StA bei dem KG*, Anklage v. 16.4.1991 – Az. 2 Js 245/90. Das Verfahren ist wegen dauernder Verhandlungsunfähigkeit *Mielkes* eingestellt worden, vgl. *LG Berlin*, Beschluß v. 12.5.1995 – Az. (505) 2 Js 245/90 (10/93).

226 *LG Berlin*, Urteil v. 19.4.1996 – Az. (515) 2 Js 66/91 Kls (22/93).

227 *BGH*, Urteil v. 21.8.1997 – Az. 5 StR 652/96, BGHSt 43, 183.

228 *BGH*, aaO, 191 f.

229 *StA bei dem KG Berlin* – Az. 2 Js 225/90.

230 § 114 Abs. 2 DDR-StGB.

231 § 116 Abs. 1 DDR-StGB.

232 § 261 DDR-StGB.

mangels Tatverdachts eingestellt. Der Bundesgerichtshof wertete – ebenso wie das Landgericht Berlin[233] – die gesetzwidrige Einstellung des Ermittlungsverfahrens durch die Angeklagten als Rechtsbeugung.[234] Aus prozessualen Gründen hat der Bundesgerichtshof das Urteil jedoch aufgehoben und zurückverwiesen. Das Landgericht Berlin verurteilte daraufhin die ehemaligen Militärstaatsanwälte zu Freiheitsstrafen von neun Monaten beziehungsweise einem Jahr und sechs Monaten mit Bewährung.[235] Dieses Urteil ist rechtskräftig.

b) Arbeitsrecht

Entscheidungen im Arbeitsrecht sind nur in geringem Umfang Gegenstand heutiger Strafverfahren wegen Rechtsbeugung. So betreffen lediglich elf Anklagen (= 4,9%) arbeitsrechtliche Entscheidungen. Dabei gründen sich die Rechtsbeugungsvorwürfe in erster Linie auf die Behandlung von Kündigungsschutzklagen.[236] Als Beispiel sei die Abweisung einer Klage eines Fachbereichsleiters für Informationstechnik beim Bundesvorstand des Freien Deutschen Gewerkschaftsbunds genannt, der sich geweigert hatte, in die Betriebskampfgruppen einzutreten und daraufhin aus der SED ausgeschlossen wurde. In der Folgezeit wurde ihm gekündigt. Er erhob Kündigungsschutzklage, die das Stadtbezirksgericht Berlin-Mitte als offensichtlich unbegründet abwies.[237] Der Bundesgerichtshof sprach – ebenso wie das Landgericht Berlin[238] – die an der damaligen Entscheidung beteiligten Richter vom Vorwurf der Rechtsbeugung frei.[239] Mit Freispruch oder Nichteröffnung des Verfahrens endeten sechs weitere Strafverfahren gegen Richter der DDR, die arbeitsrechtliche Entscheidungen zum Gegenstand hatten; über drei Anklagen ist noch nicht rechtskräftig entschieden.

c) Zivilrecht

Nur ein Strafverfahren wegen Rechtsbeugung betrifft eine zivilrechtliche Entscheidung.[240] Durch Urteil des Kreisgerichts Staßfurt wurde im Jahre 1973 den in die Bundesrepublik abgeschobenen Eltern der Svetlana S., die in der DDR zurückgeblieben war, das elterliche Erziehungsrecht entzogen. Das Urteil ersetzte zugleich die elterliche Einwilligung in die Adoption. Das Urteil beruhe auf einer Festlegung des Ministerrates der DDR, Ministerium für Volksbildung, und sei unter Verstoß gegen mehrere Verfahrens-

233 *LG Berlin*, Urteil v. 27.11.1992 – Az. 524 KLs 63/92.

234 *BGH*, Urteil v. 9.5.1994 – Az. 5 StR 354/93, BGHSt 40, 169, 183 f.

235 *LG Berlin*, Urteil v. 30.10.1996 – Az. 525 KLs 24/94.

236 Lediglich ein Verfahren der *StA Dessau* hat die Abweisung einer Schadensersatzklage zum Inhalt, vgl. *StA Dessau* – Az. 122 Js 14224/92.

237 Dieser Fall war Gegenstand eines Strafverfahrens der *StA II bei dem LG Berlin*, vgl. *StA II bei dem LG Berlin* – Az. 76 Js 1589/91.

238 *LG Berlin*, Urteil v. 17.8.1992 – Az. 515 KLs 26/92.

239 *BGH*, Urteil v. 13.12.1993 – Az. 5 StR 76/93, BGHSt 40, 30, 43 f. Dieses Urteil beinhaltet die erste Entscheidung des *BGH* zur Strafbarkeit von Richtern und Staatsanwälten der DDR wegen Rechtsbeugung.

240 *StA Magdeburg*, Anklage v. 30.9.1991 – Az. 4 Js 5011/91.

vorschriften zustande gekommen.[241] Nachdem das Bezirksgericht Magdeburg die Eröffnung des Hauptverfahrens abgelehnt hatte,[242] bestätigte das Oberlandesgericht Naumburg diese Entscheidung, weil die Tat verjährt sei.[243] Grundsätzlich habe die Verjährung für SED-Unrecht in der Zeit des Bestehens der DDR zwar geruht; es könne jedoch nicht festgestellt werden, daß die dem damaligen Richter vorgeworfene Tat mit Bestimmtheit in der DDR nicht geahndet worden wäre.

d) Feststellungen zum Justizsystem der DDR

In vielen Judikaten finden sich zeitgeschichtlich bedeutsame Feststellungen zum Justizsystem der DDR. Gegenstand der nachfolgenden Erörterungen kann nicht eine detaillierte Beschreibung der Stellung der Justiz im Staats- und Gesellschaftssystem der DDR sein, wie sie in den verschiedenen Entscheidungen Ausdruck gefunden hat. Es erfolgt vielmehr eine Beschränkung auf allgemeine Strukturprinzipien, die der Bundesgerichtshof seinen Entscheidungen zugrunde gelegt hat.[244]

Der Bundesgerichtshof geht von folgendem Befund aus. In der DDR gab es keine Gewaltenteilung. Die Rechtsprechung hatte neben anderen staatlichen Organen die Funktion, die „staatliche Macht der Arbeiterklasse auszuüben“. Sie war dabei „fest in das einheitliche System der Machtausübung eingegliedert“. Nach § 3 des Gerichtsverfassungsgesetzes der DDR gehörte es zwar zu den Aufgaben der Justiz, „die gesetzlich garantierten Rechte und Interessen der Bürger zu schützen, zu wahren und durchzusetzen“. Die Rechte und Interessen des einzelnen wurden in der DDR jedoch nicht als Gegensatz zu staatlichen Belangen gesehen, vielmehr herrschte die Auffassung, daß alles, was der Entwicklung und Festigung der sozialistischen Gesellschaft diene, zugleich dem Interesse des einzelnen entspreche. Die in Artikel 19 DDR-Verfassung garantierte „sozialistische Gesetzlichkeit“ gewährleistete daher keinen umfassenden Schutz vor Rechtsbeeinträchtigungen durch den Staat. Durch den Zusatz „sozialistisch“ fand eine Orientierung der Gesetzesanwendung an dem Staatsziel des Artikels 1 Absatz 1 DDR-Verfassung, der Verwirklichung eines sozialistischen Staates, statt. Die DDR wurde in Artikel 1 Absatz 1 der Verfassung als die „politische Organisation der Werktätigen in Stadt und Land, die unter Führung der Arbeiterklasse und ihrer marxistisch-leninistischen Partei den Sozialismus verwirklicht“ bezeichnet. Die Führung durch die SED hatte damit Verfassungsrang und stand nach dem Text der Verfassung gleichgeordnet neben anderen staatlichen Funktionen, also auch der Justiz. Tatsächlich war die SED der Rechtsprechung insofern übergeordnet, als sie die Inhalte des Sozialismus und damit die sozialistische Komponente der Gesetzlichkeit definiert hatte.

241 *StA Magdeburg*, Anklage v. 30.9.1991 – Az. 4 Js 5011/91, S. 2.

242 *BezG Magdeburg*, Beschluß v. 16.4.1992 – Az. 5 KLs 17/91.

243 *OLG Naumburg*, Beschluß v. 11.5.1993 – Az. Ws 85/92, BA S. 10 ff.

244 Besondere Erwähnung verdient unter formellen Gesichtspunkten in diesem Zusammenhang das Urteil des *LG Frankfurt/Oder* im sog. Havemann-Verfahren. Anklagegegenstand war die Steuerung der Justiz durch das MfS, vgl. S. 49 f. Das *LG Frankfurt/Oder* hörte Sachverständige zur Stellung der Justiz in der Staats- und Gesellschaftsordnung der DDR an, vgl. *LG Frankfurt/Oder*, Urteil v. 30.9.1997 – Az. 23 Kls 36/94, UA S. 17-65. Zu der Beauftragung der Sachverständigen vgl. *Marxen/Werle*, Gutachten, S. 258 f.

Folglich entsprach es dem Staats- und Verfassungssystem der DDR, daß die Entscheidungen der Justiz mannigfachen Einflüssen unterlagen, die allesamt letztlich auf die SED zurückzuführen waren. Die Orientierung der Justiz an der inhaltlichen Bestimmung sozialistischer Grundsätze durch die SED wurde durch das Prinzip des demokratischen Zentralismus (Artikel 47 Absatz 2 DDR-Verfassung) verstärkt. Der Einheitlichkeit der Rechtsprechung kam daher in der DDR ein weit größerer Stellenwert zu als in der Bundesrepublik.

Vielfältige Formen der Einflußnahme auf die Tätigkeit der Richter, die zwar formell nach Artikel 96 Absatz 1 DDR-Verfassung bei ihrer Rechtsprechung unabhängig und nur an die Verfassung, die Gesetze und andere Rechtsvorschriften gebunden waren, dienten der Durchsetzung sozialistischer Prinzipien und einer weitestmöglichen Uniformität der Rechtsprechung. Das Oberste Gericht der DDR beispielsweise nahm zum einen durch rechtlich verbindliche Richtlinien und Beschlüsse Einfluß auf die Richter. Zum anderen trugen die Plenartagungen des Obersten Gerichts sowie sogenannte Standpunkte, die vom Obersten Gericht teilweise im Zusammenwirken mit der Generalstaatsanwaltschaft und den Ministerien formuliert wurden, zur Beeinflussung der Richter bei. Dabei wurden auch die Standpunkte als für die Rechtsanwender verbindlich angesehen, obwohl diese Bindungswirkung rechtlich nicht normiert war. Als justizfremde Stelle nahm zum Beispiel die zuständige Abteilung beim Zentralkomitee der SED besonders in den ersten beiden Jahrzehnten des Bestehens der DDR auf Verlautbarungen des Obersten Gerichts sowie auf die Entscheidung einzelner Strafsachen Einfluß. Neben dieser fehlenden sachlichen Unabhängigkeit war die persönliche Unabhängigkeit der Richter der DDR ebenfalls eingeschränkt.

Die Staatsanwaltschaft war streng hierarchisch und zentralistisch organisiert. Dem Prinzip des demokratischen Zentralismus kam in diesem Zusammenhang besondere Bedeutung zu. Dementsprechend war für die Tätigkeit der Staatsanwälte die Einflußnahme übergeordneter Instanzen sowie die Abstimmung von Entscheidungen mit anderen staatlichen Organen und der SED besonders ausgeprägt. Die Untersuchungsorgane des MfS waren formell gemäß § 88 Absatz 2 Nr. 2 DDR-StPO befugt, in Strafverfahren zu ermitteln. Obwohl sie dabei nach dem Gesetzeswortlaut der Aufsicht des Staatsanwaltes unterlagen, hatte das MfS bei der Ausübung der Staatsgewalt eine privilegierte Position inne, so daß in Wirklichkeit bei einer Abstimmung der Auffassungen der Staatsanwaltschaft und des MfS „zumindest nicht von einer Unterordnung des MfS" ausgegangen werden darf.[245]

245 Dazu insgesamt *BGH*, Urteil v. 13.12.1993 – Az. 5 StR 76/93, BGHSt 40, 30, 34 ff. sowie Urteil v. 9.5.1994 – Az. 5 StR 354/93, BGHSt 40, 169, 174 ff. Die späteren Entscheidungen des *BGH* legen diese Ausführungen zum Justizsystem der DDR zugrunde.

3. Strafrechtliche Einordnung

Die folgende Darstellung der vielfältigen rechtlichen Probleme stützt sich im wesentlichen auf die Rechtsprechung des Bundesgerichtshofs. Der Bundesgerichtshof hat in mehreren Grundsatzentscheidungen eine einheitliche Rechtsprechungslinie entwickelt, an der sich Staatsanwaltschaften und Gerichte orientieren.

a) Strafanwendungsrecht

Im Hinblick auf das Strafanwendungsrecht ist zu beachten, daß es sich auch bei der Rechtsbeugung um ein gegen Gemeinschaftsgüter (Rechtspflege) gerichtetes Delikt mit nationaler Tatbestandsbegrenzung handelt. Zu den daraus resultierenden Problemen kann auf die entsprechenden Ausführungen zur Wahlfälschung verwiesen werden.[246]

Zur Feststellung des milderen Strafgesetzes im Sinne von § 2 Absatz 3 StGB hat die Rechtsprechung in den Rechtsbeugungsentscheidungen zunächst einen abstrakten Vergleich der Tatbestände vorgenommen und § 244 DDR-StGB wegen des niedrigeren Strafrahmens und der engeren Tatbestandsvoraussetzungen im Bereich des Vorsatzes als milderes Gesetz angesehen.[247] Demgegenüber wird nunmehr auf den konkreten Einzelfall abgestellt. Es gilt derjenige Tatbestand als milder, nach dem unter Berücksichtigung einer Strafaussetzung zur Bewährung im Einzelfall eine geringere Strafe zu erwarten ist.[248]

b) Unrechtskontinuität

Die Rechtsprechung geht in ihren Entscheidungen davon aus, daß die durch § 244 DDR-StGB und § 339 StGB[249] geschützten Rechtsgüter im Unrechtskern übereinstimmen. Sie stützt sich dabei auf zwei Begründungen. Zum einen stellt sie maßgeblich auf den von beiden Tatbeständen bezweckten Schutz des überindividuellen Rechtsguts der Rechtspflege ab. § 339 StGB diene dem Schutz einer unabhängigen und unparteiischen Rechtspflege. Die kongruente Schutzrichtung des § 244 DDR-StGB begründet der Bundesgerichtshof wie folgt. Die Rechtspflege in der DDR sei zwar de facto nicht unabhängig gewesen.[250] Maßgeblich für den – abstrakten – Vergleich der geschützten Rechtsgüter sei jedoch, daß die Rechtspflege in der DDR dazu gedient habe, ein geordnetes Zusammenleben der Menschen zu regeln. Grundsätzlich sei es auch in der DDR Ziel der Rechtsprechung gewesen, streitentscheidend, befriedend und ahndend zu wirken. Die Rechtsprechung sei von dem Bemühen getragen gewesen, neutral und gerecht zu entscheiden.[251] Menschenrechtsverletzungen durch gerichtliche Entscheidungen seien als

246 Vgl. S. 32 f. Siehe zu dieser Problematik speziell für die Rechtsbeugung von Richtern und Staatsanwälten der DDR *Vormbaum* NJ 1993, 212, 213 f. sowie *Hohmann* DtZ 1996, 230, 233 f.

247 *BGH*, Urteil v. 9.5.1994 – Az. 5 StR 354/93, BGHSt 40, 169, 174.

248 *BGH*, Urteil v. 15.9.1995 – Az. 5 StR 713/94, BGHSt 41, 247, 277.

249 Infolge des Sechsten Gesetzes zur Reform des Strafrechts vom 26.1.1998 (BGBl. I S. 164 ff.) ist der Rechtsbeugungstatbestand nicht mehr in § 336 StGB, sondern in § 339 StGB enthalten.

250 Zur Beschreibung des Justizsystems der DDR durch den *BGH* vgl. S. 54.

251 *BGH*, Urteil v. 13.12.1993 – Az. 5 StR 76/93, BGHSt 40, 30, 39.

Mißbrauch richterlicher Entscheidungsmacht im Einzelfall zu werten.[252] Vor dem Hintergrund dieser in wesentlichen Teilen – ungeachtet vieler Pressionen – einigermaßen neutralen Rechtsprechung sei eine Vergleichbarkeit der durch die Rechtsbeugungstatbestände geschützten Rechtsgüter zu bejahen.[253] Zum anderen wird zur Begründung der Unrechtskontinuität an die individuellen Interessen der Bürger angeknüpft. § 244 DDR-StGB und § 339 StGB entfalteten eine Reflexwirkung zum Schutz des rechtsunterworfenen Bürgers dergestalt, daß dieser vor einer Rechtsanwendung geschützt werden solle, die der nationalen Rechtsordnung widerspreche.[254] Beide Tatbestände beschrieben in diesem Teilbereich art- und wertgleiches Unrecht.

Kritik in der Literatur wird hinsichtlich beider Argumentationslinien geäußert. Zunächst wird die Vergleichbarkeit der durch § 244 DDR-StGB und § 339 StGB jeweils geschützten innerstaatlichen Rechtspflege in Frage gestellt. Die Einbindung der Justiz der DDR in ein auf die SED ausgerichtetes politisches System und die fehlende Unabhängigkeit der Richter werden dabei gegenüber dem historischen Befund des Bundesgerichtshofs stärker betont.[255] Weiter wird der Begründung der Unrechtskontinuität über eine Reflexwirkung des jeweiligen Rechtsbeugungstatbestandes zum Schutz des normunterworfenen Bürgers entgegengetreten. Geschütztes Rechtsgut des § 339 StGB sei ausschließlich das kollektive Rechtsgut der Rechtspflege, so daß das Betroffensein etwaiger Individualinteressen für die Frage der Unrechtskontinuität irrelevant sei.[256] In tatsächlicher Hinsicht sei zudem die Stellung des einzelnen Bürgers im Gesellschaftssystem der Bundesrepublik völlig verschieden von der des Bürgers in der DDR: Hier dominiere die Betonung der Individualität des Einzelnen, dort die seiner Einbindung in die Gesellschaft.[257]

Dogmatisch unabhängig von der Unrechtskontinuität, aber inhaltlich damit zusammenhängend stellt sich die Frage, ob die Gerichte der DDR im Einzelfall die für eine Anwendung des Rechtsbeugungstatbestandes maßgeblichen Mindestanforderungen an Gerichte erfüllen.[258] Die Frage nach den minima iuris der richterlichen Tätigkeit ist bislang nur im Rahmen des § 339 StGB diskutiert worden. Grundsätzlich ist für die Anwendung des § 339 StGB nicht erforderlich, daß die Richter tatsächlich unabhängig und weisungsfrei sind, so daß auch Richter unter totalitären Regimen taugliche Täter einer Rechtsbeugung sein können.[259] Die Entscheidung eines Richters unterfällt jedoch dann nicht mehr dem Rechtsbeugungstatbestand, wenn „ein Tribunal nicht mehr als Gericht, seine Prozedur nicht mehr als Rechtsverfahren, seine Entscheidung nicht mehr

252 *BGH*, Urteil v. 13.12.1993 – Az. 5 StR 76/93, BGHSt 40, 30, 39.

253 *BGH*, aaO.

254 *BGH*, Urteil v. 6.10.1994 – Az. 4 StR 23/94, BGHSt 40, 272, 275. So auch *Roggemann* JZ 1994, 769, 773; *Bemmann* JZ 1995, 123, 124.

255 *Roggemann* aaO; zweifelnd bezüglich der Prämisse des *BGH* auch *Willnow* JR 1997, 265 Fn. 110.

256 *Vormbaum* NJ 1993, 212, 214.

257 *Hohmann* DtZ 1996, 230, 233.

258 Die Unrechtskontinuität hat lediglich einen abstrakten Vergleich der Rechtsgüter zum Gegenstand, den der *BGH* – wie dargestellt – auf der Grundlage einer generalisierenden Betrachtung des Justizsystems vornimmt.

259 LK/*Spendel* § 336 Rn. 15; *Lackner/Kühl*, StGB 23. Aufl., § 339 Rn. 2.

als Richterspruch qualifiziert werden kann".[260] In diesem Fall wird in Abgrenzung von nur fehlerhaften und nichtigen Urteilen von sogenannten Nichturteilen gesprochen, denen jede Rechtsqualität fehlt.[261] Als Beispiele dafür sind die „Rechtsprechungsakte" des Volksgerichtshofs nach Übernahme der Präsidentschaft durch Freisler im August 1942[262] sowie die Standgerichtsurteile der letzten Kriegstage des Zweiten Weltkriegs zu nennen.[263] Im Hinblick auf die Justiztätigkeit der DDR-Gerichte wird die Gerichtsqualität bezüglich der Waldheimer Prozesse diskutiert.[264] Das Landgericht Leipzig gelangt zu der Einschätzung, daß die Strafkammern in Waldheim den Mindestanforderungen an Gerichte entsprochen hätten, auch wenn die dort getroffenen Entscheidungen als Willkürakte zu qualifizieren seien.[265] Demgegenüber wird in der Literatur die Auffassung vertreten, daß es sich um Nichturteile handele und der Rechtsbeugungstatbestand mithin keine Anwendung finde.[266] Konsequenz dieser Ansicht ist jedoch nicht notwendig Straflosigkeit. Vielmehr kommt eine Strafbarkeit unabhängig von der Rechtsbeugung nach anderen Tatbeständen wie Freiheitsberaubung oder Totschlag in Betracht. Für das sogenannte Richterprivileg, die Sperrwirkung der Rechtsbeugung für andere Straftatbestände, ist dann kein Raum.[267]

c) Tatbestandseinschränkung – Grundsätze für die Strafbarkeit von Richtern und Staatsanwälten

Der Bundesgerichtshof beschränkt die Bestrafung von Richtern und Staatsanwälten wegen Rechtsbeugung

> „von Einzelexzessen abgesehen, auf Fälle, in denen die Rechtswidrigkeit der Entscheidung so offensichtlich war und in denen Rechte anderer, hauptsächlich ihre Menschenrechte, derart schwerwiegend verletzt worden sind, daß sich die Entscheidung als Willkürakt darstellt".[268]

Hinsichtlich der rechtlichen Bewertung unterscheidet der Bundesgerichtshof Fälle, in denen Strafverfolgung stattgefunden hat, von Fällen, in denen von der Verfolgung von Straftätern zur Erreichung politisch erwünschter Ziele abgesehen worden ist.[269]

260 LK/*Spendel*, § 336 Rn. 15, Rn. 131.

261 LK/*Spendel*, aaO, Rn. 132.

262 So die Anklage der *StA beim LG Berlin* gegen *Paul Reimers* v. 6.9.1984 – Az. 3 P (K) Js 6/97, S. 209; ebenso *Rüping* GA 1984, 297, 304 f.

263 LK/*Spendel* aaO Rn. 131.

264 Zu den Waldheimer Prozessen vgl. S. 39. Die Gerichtsqualität der DDR-Gerichte kann im Einzelfall auch dann zweifelhaft sein, wenn ein Gericht, sei es aufgrund justizfremder Einflüsse oder „autonomer" Entscheidung, bereits vor der Hauptverhandlung auf die Verurteilung und die genaue Strafe festgelegt war.

265 *LG Leipzig*, Urteil v. 1.9.1993 – Az. 1 Ks 04 Js 1807/91, NJ 1994, 111, 114; bestätigt durch Beschluß des *BGH* v. 10.8.1994 – Az. 3 StR 252/94, mitgeteilt in NJ 1994, 456.

266 *Wassermann* NJW 1992, 878, 879.

267 Eine eingehende Prüfung der damit zusammenhängenden Fragen unternimmt *Hohoff* in ihrer Dissertation zu den Strafverfahren wegen Rechtsbeugung.

268 *BGH*, Urteil v. 13.12.1993 – Az. 5 StR 76/93, BGHSt 40, 30, 41; Urteil v. 15.9.1995 – Az. 5 StR 713/94, BGHSt 41, 247, 253.

Für Strafverfolgungsmaßnahmen hat der Bundesgerichtshof drei Fallgruppen aufgezeigt, in denen eine Strafbarkeit von Richtern und Staatsanwälten der DDR entsprechend den genannten Grundsätzen in Betracht komme:

„Fälle, in denen Straftatbestände unter Überschreitung des Gesetzeswortlauts oder unter Ausnutzung ihrer Unbestimmtheit bei der Anwendung derart überdehnt worden sind, daß eine Bestrafung, zumal mit Freiheitsstrafe als offensichtliches Unrecht anzusehen ist; ferner Fälle, in denen die verhängte Strafe in einem unerträglichen Mißverhältnis zu der abgeurteilten Handlung gestanden hat, so daß die Strafe, auch im Widerspruch zu den Vorschriften des DDR-Strafrechts, als grob ungerecht und schwerer Verstoß gegen die Menschenrechte erscheinen muß; des weiteren schwere Menschenrechtsverletzungen durch die Art und Weise der Durchführung von Verfahren, namentlich Strafverfahren, in denen die Strafverfolgung und die Bestrafung überhaupt nicht der Verwirklichung von Gerechtigkeit, sondern der Ausschaltung des politischen Gegners oder einer bestimmten sozialen Gruppe gedient haben.“[270]

Für Fälle der systembedingten Nichtverfolgung, die naturgemäß nicht zu einer unmittelbaren Menschenrechtsverletzung führen könnten, sei maßgeblich, ob die Rechtswidrigkeit der Entscheidung derart offensichtlich sei, daß sie sich ohne weiteres als Willkürakt darstelle.[271] Dies könne angenommen werden, wenn dieser Akt seinem Gewicht nach einer Menschenrechtsverletzung entspreche. Jenseits davon komme es zur Hauptsache auf das Maß der in der Tat liegenden Pflichtwidrigkeit an.[272]

Als Begründung für die Einschränkung der Strafbarkeit auf Willkürakte verweist der Bundesgerichtshof zum einen auf die Struktur des Rechtsbeugungstatbestandes.[273] Mit dem Straftatbestand der Rechtsbeugung solle nur der elementare Verstoß gegen die Rechtspflege unter Strafe gestellt sein.[274] Bereits für § 339 StGB sei anerkannt, daß nur der Amtsträger Rechtsbeugung begehe, der sich bewußt in schwerwiegender Weise von Gesetz und Recht entferne.[275] Zum anderen folge die Tatbestandseinschränkung für Richter und Staatsanwälte der DDR daraus, daß es um die strafrechtliche Beurteilung von Handlungen gehe, die in einem anderen Rechtssystem begangen worden seien.[276] Eine weitergehende Bestrafung verstoße gegen Grundprinzipien des Schuldstrafrechts

269 Diese Differenzierung hat der *BGH* erst in einer neueren Entscheidung zur Nichtverfolgung der Anzeigen wegen Fälschung der Kommunalwahlen vom 7.5.1989 explizit herausgestellt, vgl. *BGH*, Urteil v. 21.8.1997 – Az. 5 StR 652/96, NJW 1998, 248, 249 f.

270 *BGH*, Urteil v. 13.12.1993 – Az. 5 StR 76/93, BGHSt 40, 30, 42 f.; Urteil v. 15.9.1995 – Az. 5 StR 713/94, BGHSt 41, 247, 254. Diese Fallgruppen sind nicht abschließend zu verstehen, vgl. *BGH*, Urteil v. 21.8.1997 – Az. 5 StR 652/96, NJW 1998, 248, 250.

271 *BGH*, Urteil v. 21.8.1997 – Az. 5 StR 652/96, NJW 1998, 248, 250 unter Berufung auf *BGH*, Urteil v. 9.5.1994 – Az. 5 StR 354/93, BGHSt 40, 169, 181.

272 *BGH*, Urteil v. 21.8.1997 – Az. 5 StR 652/96, NJW 1998, 248, 250.

273 *BGH*, Urteil v. 15.9.1995 – Az. 5 StR 713/94, BGHSt 41, 247, 253.

274 *BGH*, aaO, 251.

275 *BGH*, aaO; *BGH*, Urteil v. 13.12.1993 – Az. 5 StR 76/93, BGHSt 40, 30, 40; Urteil v. 6.10.1994 – Az. 4 StR 23/94, BGHSt 40, 272, 283. Diese Grundsätze hat der *BGH* bereits für § 339 StGB unabhängig von der Frage der Strafbarkeit von Richtern und Staatsanwälten der DDR entwickelt, vgl. *BGH*, Urteil v. 23.5.1984 – Az. 3 StR 102/84, BGHSt 32, 357, 363 f.; Urteil v. 29.7.1986 – Az. 1 StR 330/86, BGHSt 34, 146, 149; Urteil v. 29.10.1992 – Az. 4 StR 353/92, BGHSt 38, 381, 383.

276 *BGH*, Urteil v. 15.9.1995 – Az. 5 StR 713/94, BGHSt 41, 247, 253.

sowie Grundsätze des Vertrauensschutzes, die sich aus dem Rechtsstaatsprinzip, speziell aus Artikel 103 Absatz 2 GG, ergeben würden.[277]

In der Literatur wird die vom Bundesgerichtshof entwickelte Beschränkung der Strafbarkeit von Richtern und Staatsanwälten der DDR teilweise abgelehnt. Dabei setzt die Kritik zum Teil bereits am dogmatischen Ausgangspunkt des Bundesgerichtshofs an, bei der Tatbestandseinschränkung des § 339 StGB auf bewußte und schwerwiegende Rechtsverstöße.[278] Eine derartige Restriktion des Tatbestands sei mit dem Wortlaut des § 339 StGB schwerlich in Einklang zu bringen.[279] Darüber hinaus wird die weitergehende Einschränkung der Strafbarkeit für Richter und Staatsanwälte der DDR auf Willkürakte im Sinne offensichtlicher, schwerer Menschenrechtsverletzungen durch justitielle Entscheidungen kritisiert.[280] Weder der Tatbestand des § 244 DDR-StGB noch § 339 StGB setzten einen Nachteil von besonderer Schwere für den von der Entscheidung Betroffenen voraus.[281] Erforderlich sei entsprechend der Regelung im Einigungsvertrag vielmehr – neben der Erfüllung der anderen Tatbestandsmerkmale – lediglich eine gesetzwidrige Entscheidung im Sinne von § 244 DDR-StGB und eine Beugung des Rechts im Sinne von § 339 StGB.

d) Anwendung des DDR-Rechts

aa) Gesetzwidrigkeit im Sinne von § 244 DDR-StGB

Das zentrale Problem der Verfahren wegen in der DDR begangener Rechtsbeugungen besteht darin, wie der Begriff der gesetzwidrigen Entscheidung zu verstehen ist. Er beinhaltet die Frage nach dem Rechtsbegriff der DDR.

Der Bundesgerichtshof geht von einem positivistischen Grundansatz aus. Das geschriebene Recht der DDR wird bei der Prüfung der Gesetzwidrigkeit im Sinne von § 244 DDR-StGB grundsätzlich als wirksam angesehen.[282] An einer gesetzwidrigen Entscheidung soll es daher fehlen, wenn die Handlung des Richters oder Staatsanwalts vom Gesetzeswortlaut gedeckt ist. Bei der Auslegung von Gesetzen komme es auf die Auslegungsmethoden der DDR, nicht auf die der Bundesrepublik an.[283] In der DDR habe es keine Doktrin gegeben, wonach der bloße Wille der Inhaber der staatlichen Macht Recht schaffe.[284] Bestimmungen ohne Gesetzesqualität habe keine strafbarkeitsbegründende oder -einschränkende Wirkung zukommen können. Beschlüsse und Richtlinien des Obersten Gerichts mit rechtlicher Bindungswirkung, seien nur im Rahmen des Gesetzeswortlauts zu berücksichtigen gewesen.[285] Elementare Gebote der Gerechtigkeit und des völkerrechtlich geschützten Menschenrechtsschutzes hätten jedoch auch

277 *BGH*, Urteil v. 15.9.1995 – Az. 5 StR 713/94, BGHSt 41, 247, 253.
278 *Kraut*, Rechtsbeugung, S. 133 f.; *Seebode* JR 1994, 1, 3; *Schulz* StV 1995, 206, 209.
279 *Seebode*, aaO; *Schulz*, aaO.
280 *Hohmann* NJ 1995, 128, 131; *Hirsch*, Strafrecht, S. 24; *Kraut*, aaO; *Spendel* JZ 1995, 375, 378 f.
281 *Hohmann* aaO; *Kraut* aaO; *Spendel* aaO.
282 *BGH*, aaO, 256.
283 *BGH*, Urteil v. 13.12.1993 – Az. 5 StR 76/93, BGHSt 40, 30, 41.
284 *BGH*, Urteil v. 15.9.1995 – Az. 5 StR 713/94, BGHSt 41, 247, 256.
285 *BGH*, aaO, 261.

in der DDR gegolten.[286] Der Bundesgerichtshof hält es demzufolge grundsätzlich für möglich, die Gesetzwidrigkeit einer Entscheidung mit einem Verstoß gegen höherrangiges Recht zu begründen.[287] Fälle, in denen DDR-Gesetze wegen eines Verstoßes gegen den Kernbereich des Rechts unbeachtlich seien, müßten aber mit Rücksicht auf die Rechtssicherheit auf extreme Ausnahmen beschränkt bleiben.[288] Einen solchen Ausnahmefall hat die höchstrichterliche Rechtsprechung jedenfalls bislang für den Bereich der Rechtsbeugung noch nicht bejaht. So sieht der Bundesgerichtshof auch die Vorschriften des politischen Strafrechts der DDR nicht als unwirksam an. Die Unvereinbarkeit der Bestimmungen im politischen Strafrecht der DDR mit Menschenrechten, insbesondere die damit verbundene, rechtsstaatlichen Anforderungen zuwiderlaufende Einschränkung von Ausreise-, Meinungs-, Versammlungs- sowie Vereinigungsfreiheit, gehe nicht so weit, daß sie jenes Maß an Unerträglichkeit erreiche, das im Sinne von Radbruchs Konzept zur Annahme der Unverbindlichkeit gesetzten Rechts führe.[289] Im Einzelfall jedoch könne die Geltung der Menschenrechte auch in der DDR zu einer einschränkenden Anwendung gesetzlicher Straftatbestände verpflichtet haben.[290] Eine solche menschenrechtskonforme Auslegung des DDR-Rechts bildet in der Praxis die Ausnahme.

Der vom Bundesgerichtshof entwickelte Rechtsbegriff wird in der Literatur teilweise mit der Begründung kritisiert, daß er die Dimension des Geltens in der Wirklichkeit außer acht lasse.[291] Entscheidend sei die gelebte Rechtsordnung der DDR.[292] Diese habe

286 *BGH*, Urteil v. 15.9.1995 – Az. 5 StR 713/94, BGHSt 41, 247, 257; *BGH*, Urteil v. 15.11.1995 – Az. 3 StR 527/94, DtZ 1996, 92, 93.

287 *BGH*, Urteil v. 15.9.1995 – Az. 5 StR 713/94, BGHSt 41, 247, 256 ff.; *BGH*, Urteil v. 6.10.1994 – Az. 4 StR 23/94, BGHSt 40, 272, 276.

288 *BGH*, Urteil v. 15.9.1995 – Az. 5 StR 713/94, BGHSt 41, 247, 257; *BGH*, Urteil v. 15.11.1995 – Az. 3 StR 527/94, DtZ 1996, 92, 93.

289 *BGH*, Urteil v. 15.9.1995 – Az. 5 StR 713/94, BGHSt 41, 247, 257.

290 *BGH*, Urteil v. 15.11.1995 – Az. 3 StR 527/94, DtZ 1996, 92, 95; *BGH*, Urteil v. 30.11.1995 – Az. 4 StR 777/94, NStZ-RR 1996, 65, 68; *BGH*, Urteil v. 15.9.1995 – Az. 5 StR 642/94, UA S. 32 (insoweit nicht veröffentlicht). Der *BGH* hat bislang jedoch nur für §§ 99, 100 DDR-StGB (landesverräterische Nachrichtenübermittlung, landesverräterische Agententätigkeit) eine einschränkende Anwendung als notwendig angesehen. Er hat in den genannten Entscheidungen festgelegt, daß die in den Vorschriften enthaltenen unbestimmten Rechtsbegriffe des „Interessennachteils" und der „Interessenbeschädigung" nur zurückhaltend bejaht werden durften, um die Grenze zur willkürlichen, elementare Gerechtigkeitsgebote mißachtenden Anwendung der §§ 99, 100 DDR-StGB nicht zu überschreiten. Ohne Überdehnung der Bestimmung hätten nur Nachteile als tatbestandlich angesehen werden können, die ein gewisses, im Einzelfall festzustellendes, im Zusammenhang mit dem Informationszuwachs beim Nachrichtenempfänger stehendes Gewicht aufwiesen, *BGH*, Urteil v. 15.9.1995 – Az. 5 StR 642/94, UA S. 33 (insoweit nicht veröffentlicht); *BGH*, Urteil v. 15.11.1995 – Az. 3 StR 527/94, DtZ 1996, 92, 95. Die Anwendung des § 99 DDR-StGB auf die schlichte Mitteilung der Personalien und des Umstandes, daß ein Ausreiseantrag gestellt wurde, an amtliche Stellen der Bundesrepublik oder dort tätige Hilfsorganisationen wertet der *BGH* in der Regel – obwohl vom (sehr weiten) Wortlaut der Vorschrift gedeckt – als gesetzwidrig im Sinne von § 244 DDR-StGB, vgl. *BGH*, Urteil v. 15.9.1995 – Az. 5 StR 642/94, UA S. 30 ff. (insoweit nicht veröffentlicht); *BGH*, Urteil v. 15.11.1995 – Az. 3 StR 527/94, DtZ 1996, 92, 95 f.

291 *Dencker* KritV 1990, 299, 303; *Schlink* NJ 1994, 433, 435.

292 *Buchholz* ZAP-Ost 1996, 219, 226 f.; *Jakobs* GA 1994, 1, 8; *Pawlik* Rechtstheorie 25 (1994), 101, 113 ff.; *Schlink* NJ 1994, 433, 435, mit unterschiedlichen Begründungen. Dagegen dezidiert *Hirsch*,

gerade darin bestanden, daß die systembedingten Straftaten und damit auch die Entscheidungen der DDR-Justiz nicht verfolgt worden seien. Der Staat der DDR habe nicht nur das an sich richtige Recht in einem schlechten Geiste gehandhabt, sondern das Recht bereits so gestaltet.[293] Die nachträgliche Bestrafung von Richtern und Staatsanwälten der DDR verstößt nach dieser Auffassung gegen das Rückwirkungsverbot des Artikel 103 Absatz 2 GG.[294]

Eine extreme Gegenposition zu der gerade genannten Auffassung aber auch zu der Konzeption des Bundesgerichtshofs wird in der Literatur ebenfalls vertreten. Das anzuwendende DDR-Recht sei nach rechtsstaatlichen Maßstäben auszulegen.[295] Jede rechtsstaatswidrige Entscheidung sei daher auch gesetzwidrig im Sinne von § 244 DDR-StGB. Ein Verstoß gegen Artikel 103 Absatz 2 GG liege darin nicht, da die Änderung der Auslegung von Gesetzen nicht vom Schutzbereich des Rückwirkungsverbotes umfaßt sei.[296]

Die Konzeption des Bundesgerichtshofs, die gesetzlichen Bestimmungen der DDR als wirksam zu behandeln und bei der Norminterpretation den Besonderheiten der Rechtspflege der DDR Rechnung zu tragen, sowie die grundsätzliche Beschränkung der Strafbarkeit von Richtern und Staatsanwälten der DDR auf Willkürakte, schränken den Bereich des Strafbaren deutlich ein. Dies kommt in der Zahl der Einstellungen von Ermittlungsverfahren sowie der Freisprüche und Nichteröffnungsentscheidungen durch die Gerichte zum Ausdruck.[297] Die Rechtsprechung des Bundesgerichtshofs verpflichtet den Rechtsanwender zur Überprüfung jeder einzelnen DDR-Entscheidung anhand der vielfach unbestimmten Normen des DDR-Rechts, wobei die Grenzen, ab wann eine Entscheidung als Willkürakt zu qualifizieren ist, nicht leicht zu ziehen sind.[298] Der Fallgruppe der Unverhältnismäßigkeit von Tat und Strafe kommt besondere Bedeutung zu. Eine Strafbarkeit wegen Rechtsbeugung wird vielfach nur wegen der Verhängung einer unverhältnismäßig hohen Freiheitsstrafe oder einer Todesstrafe angenommen.[299] Derartige Strafen sind nach Auffassung des Bundesgerichtshofs immer zugleich als eine schwere Menschenrechtsverletzung anzusehen.

Das Bundesverfassungsgericht hat die Rechtsprechung des Bundesgerichtshofs zur Strafbarkeit von Richtern und Staatsanwälten der DDR bestätigt.[300] Es hat die Verfassungsbeschwerde einer DDR-Richterin gegen ihre rechtskräftige Verurteilung wegen

Strafrecht, S. 9 ff. und *Lüderssen* JZ 1997, 525, 527 f. mit dem Argument, daß die Annahme, die Staatspraxis sei mit Rechtsgeltung gleichzusetzen, dem Selbstverständnis der DDR nicht entsprochen habe. *Lüderssen* befürwortet dagegen einen sog. restriktiven Positivismus, nach dem das gesamte positive Recht der DDR – und nur das – entscheidend sein soll, vgl. *Lüderssen* ZStW 104 (1992), 735, 740 f. und JZ 1997, 525, 530; dem folgend *Kraut*, Rechtsbeugung, S. 139 und wohl auch *Hirsch*, aaO, S. 11 ff.

293 *Jakobs* GA 1994, 1, 9.

294 *Buchholz* ZAP-Ost 1996, 219, 226 f.; *Schlink* NJ 1994, 433, 435.

295 *Bemmann* JZ 1995, 123, 126; *Spendel* JZ 1995, 375, 378.

296 *Bemmann* aaO.

297 Vgl. S. 208 ff.

298 Vgl. insoweit die detaillierte Zusammenstellung der *BGH*-Rechtsprechung bei *Willnow* JR 1997, 265, 266 ff.

299 So auch die Analyse von *Willnow* aaO.

300 *BVerfG*, Beschluß v. 7.4.1998 – Az. 2 BvR 2560/95, NJW 1998, 2585.

Rechtsbeugung nicht zur Entscheidung angenommen. Das Bundesverfassungsgericht sieht in der Auslegung und Anwendung des § 244 DDR-StGB durch das erstinstanzliche Gericht und den Bundesgerichtshof keine Verletzung des Rückwirkungsverbotes gemäß Artikel 103 Absatz 2 GG. Daß die damaligen Entscheidungen der DDR-Richterin gegebenenfalls im Einklang mit der Staatspraxis der DDR erfolgt seien, sei für die Frage eines Verstoßes gegen Artikel 103 Absatz 2 GG unbeachtlich. Denn Artikel 103 Absatz 2 GG sei nicht anwendbar, wenn die der Rechtsanwendung zugrunde liegende Staatspraxis die in der Völkergemeinschaft allgemein anerkannten Menschenrechte in schwerwiegender Weise mißachte.[301] Zu den in der Völkergemeinschaft allgemein anerkannten Menschenrechten zählt das Bundesverfassungsgericht neben Leib und Leben auch das Recht auf persönliche Freiheit und den Schutz vor grausamer und unmenschlicher Bestrafung.[302] Bei den vom Bundesgerichtshof entwickelten Fallgruppen der Verurteilung unter Überdehnung von Straftatbeständen und der Verhängung einer grob ungerechten Strafe handele es sich um unerträgliche Menschenrechtsverletzungen, für die sich ein daran beteiligter Richter der DDR nicht auf den Schutz des Vertrauens durch Artikel 103 Absatz 2 GG berufen könne.[303]

bb) Subjektive Tatseite

Die Entscheidungen des Bundesgerichtshofs enthalten nur wenige Ausführungen zur subjektiven Tatseite des § 244 DDR-StGB. Eine Definition des nach § 244 DDR-StGB erforderlichen direkten Vorsatzes erfolgt nicht. Vielmehr scheint der Bundesgerichtshof den Vorsatzbegriff der bundesrepublikanischen Dogmatik, also Wissen und Wollen der Tatbestandsverwirklichung,[304] zugrunde zu legen. Im Rahmen der tatsächlichen Feststellung des Vorsatzes wird Wissentlichkeit des Täters dabei in der Regel mit dem Argument angenommen, daß der Gesetzesverstoß offensichtlich im Sinne einer krassen Menschenrechtsverletzung sei.[305] Die Frage, ob das Strafrecht der DDR einen Verbotsirrtum kannte und dieser gegebenenfalls zum Vorsatzausschluß führt, beantwortet der Bundesgerichtshof unterschiedlich. Der Ausgangspunkt der Rechtsprechung ist dabei einheitlich. Der Bundesgerichtshof hält es für möglich, daß ein Richter oder Staatsanwalt zwar die Gesetzwidrigkeit seiner Entscheidung erkannt hat, diese aber gleich-

301 *BVerfG*, Beschluß v. 7.4.1998 – Az. 2 BvR 2560/95, NJW 1998, 2585. – Das *BVerfG* nimmt in dieser Entscheidung nicht explizit Stellung zum Rechtsbegriff der DDR. Es scheint allerdings vom Rechtsbegriff des *BGH* (vgl. S. 60) auszugehen. Denn würde es dem in der Literatur vertretenen Rechtsbegriff folgen, der auf die gelebte Rechtsordnung und damit die Staatspraxis abstellt (vgl. S. 61), fehlt es für die Bestrafung der DDR-Juristen an einer Rechtsgrundlage. Nach dieser Ansicht liegt bei Entscheidungen, die der Staatspraxis der DDR entsprechen, nämlich gerade keine gesetzwidrige Entscheidung im Sinne von § 244 DDR-StGB vor.

302 *BVerfG*, aaO, BA S. 13 (insoweit nicht veröffentlicht).

303 *BVerfG*, aaO, BA S. 14.

304 Sch/Sch/*Cramer* § 15 Rn. 9 mwN.

305 *BGH*, Urteil v. 15.9.1995 – Az. 5 StR 713/94, BGHSt 41, 247, 276; *BGH*, Urteil v. 16.11.1995 – Az. 5 StR 747/94, BGHSt 41, 317, 337; *BGH*, Urteil v. 15.11.1995 – Az. 3 StR 527/94, DtZ 1996, 92, 94. Bestätigt durch *BVerfG*, Beschluß v. 7.4.1998 – Az. 2 BvR 2560/95, BA S. 18 f.

wohl infolge seiner Einordnung in ein Unrechtssystem für „rechtens" hielt.[306] In einem Urteil gelangt der Bundesgerichtshof zu dem Ergebnis, daß diese Bewertung nach DDR-Recht unbeachtlich sei.[307] In einer weiteren Entscheidung läßt es der Bundesgerichtshof, ohne auf das Recht der DDR einzugehen, dahinstehen, ob die Überzeugung, rechtmäßig zu handeln, als Verbotsirrtum anzusehen sei; in jedem Fall sei dieser Irrtum „weder unvermeidbar noch jemals zur Strafrahmenverschiebung geeignet".[308] An diesem Konzept wird kritisiert, daß das Strafrecht der DDR nicht ausreichend Berücksichtigung finde.[309] Nach der Strafrechtsdogmatik der DDR sei das – allerdings nur in der bundesdeutschen Dogmatik so bezeichnete – Unrechtsbewußtsein Bestandteil des Vorsatzes.[310] Sei das Unrechtsbewußtsein tatsächlich nicht feststellbar, scheide eine Bestrafung wegen eines vorsätzlichen Deliktes nach dem Strafrecht der DDR aus.

e) Beteiligungsformen

Die an den damaligen Entscheidungen beteiligten Richter werden durchweg als Täter einer Rechtsbeugung angesehen. Hinsichtlich der Staatsanwälte differiert die rechtliche Einordnung der Beteiligungsform in den Anklageschriften und den erstinstanzlichen Urteilen. Der Bundesgerichtshof nimmt eine täterschaftliche Rechtsbeugung durch Staatsanwälte nur im Ermittlungsverfahren an, etwa bei Haftbefehlsanträgen, Anklageerhebungen und Einstellungen.[311] Für den in der Hauptverhandlung als Sitzungsvertreter auftretenden Staatsanwalt komme im Hinblick auf den Übergang der Verfahrensherrschaft auf das Gericht lediglich eine Strafbarkeit wegen Beihilfe in Frage.[312]

f) Verjährung

In den Rechtsbeugungsverfahren sind keine speziellen Verjährungsprobleme aufgetreten. Die Verjährung beginnt für die in der DDR begangenen Rechtsbeugungen am 3. Oktober 1990. Da es sich um Taten handelt, die im Sinne des ersten Verjährungsgesetzes vom 26. März 1993 entsprechend dem ausdrücklichen oder mutmaßlichen Willen der Staats- und Parteiführung aus politischen oder sonst mit wesentlichen Grundsätzen einer freiheitlichen rechtsstaatlichen Ordnung unvereinbaren Gründen nicht geahndet worden sind, hat die Verjährung vom 11. Oktober 1949 bis zum 2. Oktober 1990 geruht. Grundsätzlich wäre gemäß § 78 Absatz 3 Nr. 4 StGB die Verjährung nach fünf Jahren mit Ablauf des 2. Oktober 1995 eingetreten. Durch Artikel 315a Absatz 2 EGStGB in der Fassung des dritten Verjährungsgesetzes ist diese Frist

306 *BGH*, Urteil v. 16.11.1995 – Az. 5 StR 747/94, BGHSt 41, 317, 339.
307 *BGH*, Urteil v. 15.9.1995 – Az. 5 StR 713/94, BGHSt 41, 247, 277.
308 *BGH*, Urteil v. 16.11.1995 – Az. 5 StR 747/94, BGHSt 41, 317, 340.
309 *Hohoff* DtZ 1997, 308, 313.
310 Ausführlich dazu *Hohoff* aaO, 312; ebenso *Amelung* JuS 1993, 637, 643 und *Gropp* NJ 1996, 393, 397.
311 *BGH*, Urteil v. 15.9.1995 – Az. 5 StR 713/94, BGHSt 41, 247, 249 f.
312 *BGH*, aaO, 250. Eine Anstiftung wird deshalb nicht in Betracht kommen, weil regelmäßig nicht ausgeschlossen werden kann, daß die verurteilenden Richter bereits vor dem Schlußantrag des Staatsanwalts tatentschlossen waren, vgl. *Willnow* JR 1997, 265 Fn. 114.

bis zum 2. Oktober 2000 verlängert worden. Die absolute Verjährung tritt für die Rechtsbeugung ebenfalls zu diesem Zeitpunkt ein.[313]

g) Strafzumessung

Für die Strafzumessung hat sich erst kürzlich eine einheitliche Linie in der Rechtsprechung herausgebildet. Nach dem Grundsatz der strikten Alternativität sei eine Strafe sowohl nach bundesdeutschem Recht als auch nach dem DDR-StGB zu ermitteln und sodann die Strafe nach dem milderen Gesetz zu bestimmen. Dabei müsse beachtet werden, daß in § 244 DDR-StGB eine Verurteilung auf Bewährung nicht vorgesehen sei und die Anwendung des § 56 StGB auf eine nach DDR-Recht gebildete Freiheitsstrafe nicht in Betracht komme.[314] Eine dem strengeren Strafrahmen des § 339 StGB entnommene Strafe sei als mildere Sanktion gemäß Artikel 315 Absatz 1 Satz 1 EGStGB, § 2 Absatz 3 StGB zu verhängen, wenn sie zur Bewährung ausgesetzt werden könne.[315] Sind Rechtsbeugungen in mehreren Verfahren begangen worden, ist für die Strafzumessung nach DDR-Recht gemäß § 64 DDR-StGB eine Hauptstrafe, für das bundesdeutsche Recht eine Gesamtstrafe nach §§ 53 ff. StGB zu bilden.

Der Systembezug der von den Richtern und Staatsanwälten der DDR begangenen Taten wird in den Judikaten bei der Strafzumessung unter zwei Gesichtspunkten berücksichtigt. Zum einen wirkt bei der Strafzumessung strafmildernd, daß die Täter in das politische System der DDR eingebunden waren und starken Einflußnahmen unterlagen.[316] Für die Angehörigen der DDR-Justiz sei es viel schwerer gewesen, das Recht zu wahren, als es den massiven äußeren Einflüssen folgend zu beugen.[317] Zum anderen wird die – in den meisten Fällen erfolgende – Aussetzung einer Freiheitsstrafe zur Bewährung nach § 56 StGB mit einer günstigen Sozialprognose begründet.[318] Rechtsbeugungsdelikte schieden als mögliche Wiederholungstaten bereits deshalb aus, weil die Richter und Staatsanwälte nicht mehr in der Justiz tätig seien. Die Begehung anderer

313 Vgl. §§ 78c Abs. 3 S. 2, 78 Abs. 3 Nr. 4 StGB.

314 Vgl. *BGH*, Beschluß v. 15.5.1997 – Az. 5 StR 580/96, NStZ-RR 1997, 301. Hier wird der Ausschluß der Bewährung für die nach DDR-Recht zu bildende Freiheitsstrafe jedenfalls für Fälle mehrfacher Rechtsbeugung angenommen.

315 *BGH*, Urteil v. 15.9.1995 – Az. 5 StR 713/94, BGHSt 41, 247, 277; *BGH*, Urteil v. 16.11.1995 – Az. 5 StR 747/94, UA S. 51 (insoweit nicht veröffentlicht).

316 Insoweit nur beispielhaft *BGH*, Urteil v. 16.11.1995 – Az. 5 StR 747/94, BGHSt 41, 317, 341 f.; *LG Berlin*, Urteil v. 21.4.1994 – Az. (520) 76 Js 681/92 KLs (68/92), UA S. 129 f.; *LG Dresden*, Urteil v. 28.2.1994 – Az. 5 Kls 82 Js 13837/92, UA S. 271 f.; *LG Erfurt*, Urteil v. 5.7.1994 – Az. 510 Js 463/90 – 1 Ks, UA S. 181 f.; *LG Magdeburg*, Urteil v. 15.2.1994 – Az. 23 KLs 11/91, UA S. 1060. Dies wirkt sich u.a. auch bei der Annahme eines minder schweren Falls eines – neben der Rechtsbeugung gegebenenfalls verwirklichten – Totschlags aus.

317 *BGH*, Urteil v. 16.11.1995 – Az. 5 StR 747/94, BGHSt 41, 317, 341.

318 *LG Berlin*, Urteil v. 21.4.1994 – Az. (520) 76 Js 681/92 KLs (68/92), UA S. 131 f.; *LG Dresden*, Urteil v. 28.2.1994 – Az. 5 Kls 82 Js 13837/92, UA S. 272 f.; *LG Frankfurt/Oder*, Urteil v. 4.9.1996 – Az. 25 Ks 7/95, UA S. 119 f.; *LG Erfurt*, Urteil v. 5.7.1994 – Az. 510 Js 463/90-1 Ks, UA S. 185 f.

Delikte sei ebenfalls nicht zu erwarten.[319] Die Nichtahndung der nationalsozialistischen Justizverbrechen durch die bundesdeutsche Justiz wird ebenfalls strafmildernd berücksichtigt. Eine harte Bestrafung müsse von den Angeklagten vor diesem Hintergrund als ungerecht empfunden werden, zumal die Rechtsprechung ihre Haltung zu § 339 StGB erst in allerjüngster Zeit geändert und damit eine Bestrafung der Richter und Staatsanwälte der DDR erst ermöglicht habe.[320]

IV. Denunziationen

1. Einführung

Die strafrechtliche Ahndung von Denunziationen umfaßt Verfahren gegen Beschuldigte, die offiziellen Stellen in der DDR Informationen über angebliche oder tatsächliche Regimegegner zwecks Einleitung von Strafverfahren zugeliefert haben. Diese Informationen sind den Beschuldigten in ihrer Eigenschaft als Inoffizielle Mitarbeiter des MfS, durch ihre berufliche Tätigkeit, etwa als Arzt oder Rechtsanwalt, oder aufgrund privater Kontakte bekannt geworden.[321] In den meisten Fällen waren diese Anzeigen staatlicherseits nicht nur erwünscht, sondern sogar vorgeschrieben. So statuierte § 225 DDR-StGB eine Anzeigepflicht. Diese galt unter anderem für Spionage, landesverräterische Nachrichtenübermittlung und Agententätigkeit, staatsfeindlichen Menschenhandel, staatsfeindliche Hetze, verfassungsfeindlichen Zusammenschluß und für schwere Fälle des ungesetzlichen Grenzübertritts.[322] Das Unterlassen der Anzeige war mit Freiheitsstrafe bis zu fünf Jahren bedroht.

Die Angezeigten sind in allen Fällen zunächst in Untersuchungshaft genommen und in der Regel zu Freiheitsstrafen verurteilt worden. Die Staatsanwaltschaft ermittelt in diesem Bereich daher zum einen gegen die Richter und Staatsanwälte der DDR, die in diesen Verfahren mitgewirkt haben, unter dem Gesichtspunkt der Rechtsbeugung. Zum anderen sind gegen die Anzeigenden Ermittlungsverfahren wegen Freiheitsberaubung und politischer Verdächtigung[323] eingeleitet worden.

319 *LG Dresden*, Urteil v. 28.2.1994 – Az. 5 Kls 82 Js 13837/92, UA S. 273; *LG Frankfurt/Oder*, Urteil v. 4.9.1996 – Az. 25 Ks 7/95, UA S. 120.

320 *BGH*, Urteil v. 16.11.1995 – Az. 5 StR 747/94, BGHSt 41, 317, 343; ebenso *LG Frankfurt/Oder*, Urteil v. 4.9.1996 – Az. 25 Ks 7/95, UA S. 118. Beide Entscheidungen haben Todesurteile zum Gegenstand.

321 Nicht erfaßt werden hingegen die Ermittlungsverfahren der Staatsanwaltschaft, die die Weitergabe von Informationen ohne konkret faßbare oder ohne strafrechtliche Konsequenzen für die Angezeigten betreffen.

322 Vgl. §§ 96 bis 105, 106 Abs. 2, 107 und 213 Abs. 3 DDR-StGB.

323 §§ 239, 241a StGB.

2. Sachverhaltsfeststellungen

Die Analyse der Verfahren bezieht sich auf insgesamt 13 Anklagen, von denen elf von der Staatsanwaltschaft II bei dem Landgericht Berlin, eine von der Staatsanwaltschaft Magdeburg und eine von der Staatsanwaltschaft Hildesheim erhoben wurden. Das den Beschuldigten vorgeworfene Anzeigeverhalten weist keine wesentlichen Unterschiede auf, wohl aber die Stellung der Beschuldigten im System der DDR: Die Anzeigen wurden sowohl von Inoffiziellen Mitarbeitern, wie auch von DDR-Bürgern erstattet, die in keiner Beziehung zum MfS standen. In einem Fall hat die Berliner Staatsanwaltschaft einen Rechtsanwalt angeklagt, der ihm anvertraute Informationen über seine Mandanten an das MfS weitergegeben haben soll.

Angezeigt wurden in der Regel die Fluchtvorhaben von DDR-Bürgern, wobei die Motivation für die Anzeigen durchaus unterschiedlich war. So richtet sich ein Strafverfahren gegen einen ehemaligen Berufssoldaten der Nationalen Volksarmee, der die Fluchtpläne seines Onkels Armin G. an das MfS weitergegeben und sich in dessen Auftrag zum Schein an den weiteren Fluchtvorbereitungen beteiligt hat. Das Verfahren ist wegen der herausgehobenen Stellung des Angezeigten in der Öffentlichkeit bekannt geworden.[324] Dieser war zunächst Mitarbeiter des Ministers der Justiz der DDR gewesen und wurde dann als Hochschullehrer für Gerichtsverfassungsrecht an die Akademie für Staats- und Rechtswissenschaft der DDR berufen.

Zwei Verfahren der Berliner Staatsanwaltschaft und das Verfahren der Staatsanwaltschaft Magdeburg betreffen Beschuldigte, die angebliche oder tatsächliche regimekritische Äußerungen Dritter an das MfS oder andere offizielle Stellen weitergegeben haben. Hervorzuheben ist hier das Strafverfahren gegen Rechtsanwalt Wolfgang Schnur,[325] der nach den gerichtlichen Feststellungen vertrauliche Informationen seiner Mandanten Stefan Krawczyk und Freya Klier an das MfS weitergegeben hat. Mit der Einleitung des Ermittlungsverfahrens und der Verhaftung der beiden Angezeigten sollte deren Ausreise aus der DDR erzwungen werden, da sie als Regimegegner unerwünscht waren. Die Taktik der DDR-Behörden war letztendlich – wesentlich beeinflußt durch die Tätigkeit von Rechtsanwalt Schnur – erfolgreich, da Krawczyk und Klier Anfang Februar 1988 die DDR verlassen haben.

In zwei der von der Berliner Staatsanwaltschaft angeklagten Fälle waren die Anzeigenden zur Tatzeit Bürger der Bundesrepublik Deutschland. Beide hatten sich als Inoffizielle Mitarbeiter für das MfS anwerben lassen und entsprechende Verpflichtungserklärungen unterschrieben. Auch hier war die Motivation unterschiedlich. Neben angestrebten Vorteilen in anhängigen Strafverfahren[326] spielten wirtschaftliche Gründe eine Rolle. Erwähnenswert erscheint insoweit das Verfahren gegen Ludwig S.,[327] der

324 Der Sachverhalt ergibt sich aus dem Urteil des *LG Berlin* v. 29.3.1995 – Az. (573) 30 Js 2313/92 (159/94). *G.* hat seinen Neffen nicht nur angezeigt, sondern auch zivilrechtlich auf Schadensersatz in Anspruch genommen, vgl. hierzu die Urteile des *OLG Dresden* v. 13.7.1993 – Az. 7 U 172/93, DtZ 1993, 345 ff. und des *BGH* v. 11.10.1994 – Az. VI ZR 234/93, BGHZ 127, 195.

325 Vgl. zum Sachverhalt das Urteil des *LG Berlin* v. 15.3.1996 – Az. (502) 65 Js 1285/91 KLs (22/95).

326 Vgl. zum Sachverhalt das Urteil des *AG Tiergarten* v. 23.11. 1995 – Az. (216) 30 Js 1695/93 Ls (76/95).

327 Vgl. zum Sachverhalt das Urteil des *LG Berlin* v. 17.10.1994 – Az. (504) 76 Js 1445/92 KLs (6/94).

sich mit einer Spedition in Hamburg selbständig gemacht hatte. Im Rahmen seiner Geschäfte, die er vorrangig nach Osteuropa und in die damalige DDR ausdehnen wollte, wurde er als sogenannter „Zeitüberschreiter" an der Grenzübergangsstelle Bahnhof-Friedrichstraße von den Behörden der DDR festgehalten und durch Mitarbeiter des MfS darauf angesprochen, ob er zu einer Zusammenarbeit bereit sei. Der Angeklagte sagte einige Zeit später zu, da er sich von der Zusammenarbeit unter anderem geschäftliche Vorteile versprach. Nachdem er zunächst Fluchthilfeorganisationen ausgekundschaftet hatte, wurde er schließlich auf den Weltrekordhalter im Diskuswerfen Wolfgang Schmidt angesetzt, dessen mehrfache Fluchtpläne er dem MfS verriet. Der sportlichen Karriere von Schmidt wurde damit zunächst ein Ende gesetzt. Er durfte auch nach seiner Haftentlassung nicht mehr als Leistungssportler starten, sondern lediglich seine Ausbildung als Diplomsportlehrer abschließen und als solcher arbeiten. Erst 1987 durfte er nach mehreren vergeblichen Anträgen die DDR verlassen, und zwar so spät, daß er aus sportrechtlichen Gründen an den Olympischen Spielen 1988 nicht teilnehmen konnte.

In allen Verfahren wurde gegen die Angezeigten in der DDR ein Strafverfahren eingeleitet, das – bis auf zwei Ausnahmen[328] – mit der Verurteilung der Betroffenen zu teilweise mehrjährigen Haftstrafen endete.

3. Strafrechtliche Einordnung

a) Strafanwendungsrecht

Die Staatsanwaltschaften haben zunächst Anklage wegen politischer Verdächtigung gemäß § 241a StGB und/oder Freiheitsberaubung gemäß § 239 StGB erhoben und sind der bis dahin ständigen Rechtsprechung des Bundesgerichtshofs[329] gefolgt. Danach wurden Fälle, in denen die Freiheitsberaubung durch eine politische Verdächtigung begangen worden war, bereits vor dem Beitritt der DDR vom Strafrecht der Bundesrepublik erfaßt.[330] Soweit die Verfolgung nach den Straftatbeständen des bundesdeutschen Strafrechts wegen Verjährung nicht mehr möglich war, hat die Staatsanwaltschaft Anklage wegen Anstiftung zur Freiheitsberaubung nach dem Recht der DDR[331] erhoben und damit auf den – subsidiären – Strafanspruch der DDR zurückgegriffen. Dieser Strafanspruch sei nicht verjährt, da die Verjährung von Taten, die während der Herrschaft des SED-Unrechtsregimes begangen worden seien, geruht habe.[332]

In seiner Entscheidung vom 29. April 1994[333] hat der 3. Strafsenat des Bundesgerichtshofs zunächst seine bisherige Rechtsprechung bestätigt und entschieden, daß für

328 Hierbei handelt es sich u.a. um das oben (S. 67) erwähnte DDR-Verfahren gegen *Krawczyk* und *Klier*.

329 Insbesondere der grundlegenden Entscheidung des *BGH* v. 26.11.1980 – Az. 3 StR 393/80, BGHSt 30, 1 ff., wie der Entscheidung v. 7.3.1984 – Az. 3 StR 550/83, BGHSt 32, 293 ff.

330 Vgl. die Vorschriften des § 241a i.V.m. §§ 3, 5 Nr. 6, 7 Abs. 1 StGB.

331 Vgl. §§ 131 Abs. 1, 22 Abs. 2 Nr. 1 DDR-StGB.

332 Vgl. Art. 1 des ersten Verjährungsgesetzes v. 26.3.1993, BGBl. I 1993, S. 392.

333 *BGH*, Urteil v. 29.4.1994 – Az. 3 StR 528/93, BGHSt 40, 125 ff.; der *5. Strafsenat* ist dem *3. Senat* in der Entscheidung v. 8.2.1995 – Az. 5 StR 157/95 gefolgt, NStZ 1995, 288; ebenso die Urteile v. 23.10.1996 – Az. 5 StR 695/95, NStZ-RR 1997, 100 und Az. 5 StR 183/95, NJW 1997, 951.

eine in der DDR zum Nachteil eines – dort ansässigen – DDR-Bürgers begangene politische Verdächtigung gemäß § 241a StGB zur Tatzeit das Strafrecht der Bundesrepublik gegolten habe.[334] Zur Begründung führt der Bundesgerichtshof aus, um § 241a StGB in diesen Fällen anwenden zu können, bedürfe es des Rückgriffs auf das Schutzprinzip des § 7 Absatz 1 StGB nicht. Denn die Anwendbarkeit des § 241a StGB auch auf DDR-Taten folge aus dem Universalitätsgrundsatz des § 5 Nr. 6 StGB. Weder der Wortlaut des § 5 Nr. 6 StGB noch rechtssystematische Gründe sprächen dagegen, in der DDR ansässige Bürger in den geschützten Personenkreis einzubeziehen. Ihre Einbeziehung hänge vielmehr allein davon ab, ob sie vom Normzweck des § 5 Nr. 6 StGB gedeckt sei. Dies sei nach der Entstehungsgeschichte des § 241a StGB unbezweifelbar.[335] Gemäß Artikel 315 Absatz 4 EGStGB bleibe demzufolge nach der Wiedervereinigung bundesdeutsches Recht maßgebend. Geändert hat der Bundesgerichtshof hingegen seine Rechtsprechung für eine andere Fallgruppe. In dieser geht es um die Frage, ob auf eine durch eine politische Verdächtigung begangene Freiheitsberaubung bundesdeutsches Recht auch dann anwendbar ist, wenn die Tat in der DDR von einem DDR-Bürger gegen einen anderen DDR-Bürger begangen wurde. Insoweit hat der 3. Strafsenat seine frühere Rechtsauffassung[336] aufgegeben und entschieden, es habe zur Tatzeit allein das Strafrecht der DDR gegolten.[337] Der Bundesgerichtshof bezieht sich dabei auf den Wortlaut des § 5 Nr. 6 StGB, der nur bei Verschleppungen (§ 234a StGB) und politischen Verdächtigungen (§ 241a StGB), nicht jedoch bei einer Freiheitsberaubung (§ 239 StGB) die Anwendung des bundesdeutschen Strafrechts ermögliche. Zudem müsse die Frage, ob bei einer Freiheitsberaubung das Strafrecht der Bundesrepublik oder das der DDR anzuwenden sei, einheitlich beantwortet werden.

334 Insoweit erfolgte eine Bestätigung der Rechtsprechung des *BGH* vor dem Beitritt, vgl. *BGH*, Urteil v. 26.11. 1980 – Az. 3 StR 393/80, BGHSt 30, 1. An dieser Entscheidung ist in der Literatur bereits frühzeitig Kritik geübt worden. Der Streit dreht sich im wesentlichen um die unterschiedliche Auslegung des Inlandsbegriffs in § 3 und § 5 Nr. 6 StGB. Der *BGH* interpretierte den Begriff unterschiedlich, indem er den Inlandsbegriff des § 5 Nr. 6 anders als den Inlandsbegriff des § 3 auf die DDR erstreckte. Das *OLG Düsseldorf*, Beschluß v. 21.8.1978 – Az. 5 Ws 76/78, NJW 1979, 59 ff., hat hingegen die Anwendbarkeit des § 241a StGB unter Anwendung der Neubürgerregelung des § 7 Abs. 2 Nr. 1 StGB davon abhängig gemacht, daß der Täter nach der Tat Bürger der Bundesrepublik geworden ist. In der Literatur folgten einige Autoren dieser Konzeption (so offenbar *Dreher/Tröndle*, StGB, § 5 Rn. 6.; *Lackner*, StGB 15. Aufl., § 5 Anm. 3). Andere teilten hingegen die Auffassung des *BGH* (vgl. *Jakobs*, Strafrecht AT, 1. Aufl., 5/16; *Schmidhäuser*, Strafrecht AT, 5/85; *Wessels*, Strafrecht AT, 14. Aufl., § 2 III 3). Vielfach wurde die Meinung vertreten, „Inland" i.S.d. § 5 Nr. 6 StGB sei nur das Gebiet der Bundesrepublik (so *Abendroth* StV 1981, 176 f.; SK-StGB/*Samson* § 5 Rn. 15; *Schroth* NJW 1981, 500 f.; *Wengler* JR 1981, 206, 208 f.). Konsequenz dieser Auffassung wäre, daß ein bundesdeutscher Strafanspruch nach § 241a StGB nicht existiert hat und demzufolge über Art. 315 Abs. 4 EGStGB auch nicht zur Anwendung kommen kann.

335 § 241a StGB ist – zusammen mit dem Tatbestand der Verschleppung, § 234a StGB – durch das Gesetz zum Schutze der persönlichen Freiheit v. 15.7.1951, BGBl. I 448, in das Strafgesetzbuch eingefügt worden. Anlaß für die Einführung der Strafbestimmungen waren Verschleppungen in den kommunistischen Machtbereich und Fälle von politischer Verdächtigung, die zu rechtsstaatswidrigen Verfolgungen in diesem Bereich geführt hatten, vgl. *Wagner* MDR 1967, 629 und die Resolution des *Bundestags* v. 14.9.1950, Protokoll der 85. Sitzung, S. 3187, 3193.

336 Vgl. die Entscheidung v. 7.3.1984 – Az. 3 StR 550/83, BGHSt 32, 293.

337 *BGH*, Urteil v. 29.4.1994 – Az. 3 StR 528/93, BGHSt 40, 125, 132 f.

„Es entständen Wertungswidersprüche, wenn das StGB nur auf solche Freiheitsberaubungen durch rechtsstaatswidrige Inhaftierungen in der DDR angewendet würde, die sich aus einer politischen Verdächtigung ergeben haben, nicht aber auf solche – unter Umständen viel schwerwiegendere – Freiheitsberaubungen, die sich aus von Amts wegen eingeleiteten Strafverfahren ergeben haben."[338]

b) Rechtsprobleme im Rahmen der §§ 131 DDR-StGB, 239 StGB

Die Grundsatzentscheidung des 3. Strafsenats des Bundesgerichtshofs vom 29. April 1994[339] betraf den Fall eines Anzeigenden, der zur Tatzeit Bürger der DDR war. Der Senat hatte daher nicht darüber zu entscheiden, wie die Rechtslage zu beurteilen ist, wenn es sich bei dem Anzeigenden um einen Bürger der Bundesrepublik gehandelt hat. Für diesen Fall hat der Bundesgerichtshof im Urteil des 5. Strafsenats vom 23. Oktober 1996[340] andere Beurteilungsmaßstäbe aufgestellt, so daß im folgenden entsprechend zu differenzieren ist.

aa) Beteiligungsformen

Die Staatsanwaltschaft ist zunächst in allen Fällen unter Bezugnahme auf die bis dahin maßgebliche Rechtsprechung des Bundesgerichtshofs[341] von der Anwendbarkeit bundesdeutschen Strafrechts ausgegangen und hat Anklage wegen Freiheitsberaubung in mittelbarer Täterschaft gemäß §§ 239, 25 Absatz 1 zweite Alternative StGB erhoben. Nach der geänderten Rechtsprechung des Bundesgerichtshofs gilt insoweit das Recht der DDR, wenn der Anzeigende zur Tatzeit Bürger der DDR war. § 22 Absatz 1 DDR-StGB stellt jedoch für die Annahme mittelbarer Täterschaft strenge Anforderungen und verlangt ausdrücklich, daß der Tatmittler für seine Tat nicht verantwortlich ist. Diese Voraussetzungen sind jedenfalls bei einer inhaltlich zutreffenden Anzeige für die unmittelbar ausführenden Amtsträger nicht erfüllt. Die Staatsanwaltschaft hat demzufolge in solchen Fällen auf der Basis der neueren Rechtsprechung Anklage nur noch wegen Anstiftung oder Beihilfe zur Freiheitsberaubung erhoben. Handelte es sich bei dem Anzeigenden jedoch um einen Bürger der Bundesrepublik Deutschland, bleibt es nach der Entscheidung des 5. Strafsenats vom 23. Oktober 1996[342] gemäß Artikel 315 Absatz 4 EGStGB bei der Anwendung bundesdeutschen Strafrechts: Der Täter ist zur Tatzeit Deutscher im Sinne von § 7 Absatz 2 Nr. 1 StGB und die Tat am Tatort mit Strafe bedroht gewesen (§ 131 DDR-StGB). Die Verurteilung eines Angeklagten wegen Freiheitsberaubung im schweren Fall nach §§ 239 Absatz 2, 25 Absatz 1 zweite Alternative StGB durch das Landgericht Berlin wurde damit bestätigt.

338 *BGH*, Urteil v. 29.4.1994 – Az. 3 StR 528/93, BGHSt 40, 125, 133.

339 *BGH*, aaO, 125 ff.

340 Az. 5 StR 183/95, NJW 1997, 951. Das Urteil betrifft den eingangs geschilderten Fall des *Ludwig S.*, der die Fluchtpläne des Leistungssportlers *Wolfgang Schmidt* an das MfS weitergegeben hat.

341 *BGH*, Urteil v. 7.3.1984 – Az. 3 StR 550/83, BGHSt 32, 293 ff.

342 Az. 5 StR 183/95, NJW 1997, 951, 952.

bb) „Schwere und offensichtliche Menschenrechtsverletzung"

Eine Einschränkung des DDR-Tatbestands der Freiheitsberaubung[343] nahm der Bundesgerichtshof unter Bezugnahme auf die Rechtsprechung zu den Rechtsbeugungsverfahren gegen Richter und Staatsanwälte der DDR vor, indem er auch hier das Erfordernis einer „schweren und offensichtlichen Menschenrechtsverletzung" aufstellte. Nur unter dieser Voraussetzung seien rechtsstaatswidrige Inhaftierungen tatbestandlich erfaßt.[344]

cc) Rechtswidrigkeit

Nach dem Gesetzestext des § 131 DDR-StGB ist die Rechtswidrigkeit Tatbestandsmerkmal („rechtswidrig der persönlichen Freiheit beraubt"). Prüfungsmaßstab für das Merkmal der Rechtswidrigkeit ist in diesem Rahmen das Recht der DDR. Der Bundesgerichtshof[345] hat den Tatbestand dahingehend eingeschränkt, daß solche Handlungen nicht erfaßt seien, die das Recht der DDR den ihm unterworfenen Bürgern zur Pflicht gemacht und deren Unterlassung § 225 Absatz 1 DDR-StGB sogar mit Strafe bedroht habe. Bei Unterlassen der Anzeige eines gemeinschaftlichen ungesetzlichen Grenzübertritts sah das DDR-StGB eine Freiheitsstrafe bis zu fünf Jahren vor, in besonders schweren Fällen bis zu zehn Jahren.[346] Daraus folge, daß ein DDR-Bürger sich jedenfalls dann nicht nach § 131 DDR-StGB strafbar gemacht habe, wenn er von einer sogenannten Republikflucht vor deren Beendigung glaubhaft Kenntnis erlangt und sich in Befolgung des Gebots des § 225 Absatz 1 und 4 DDR-StGB darauf beschränkt habe, dies bei einer Dienststelle der Sicherheitsorgane der DDR zur Anzeige zu bringen und in einem späteren DDR-Strafverfahren als Zeuge zu bekunden.

Im Urteil vom 23. Oktober 1996 hat der 5. Strafsenat entschieden, daß diese Rechtsprechung nur Geltung für DDR-Bürger im Rahmen des auf sie anzuwendenden § 131 DDR-StGB beanspruchen könne. Einem von vornherein unter der Strafdrohung des § 239 StGB stehenden Bürger der Bundesrepublik komme sie hingegen nicht zugute. Für ihn bleibe die Rechtsordnung verbindlich, in der er lebe.[347] Eine Verurteilung des Angezeigten wegen Republikflucht gemäß § 213 DDR-StGB stelle keine Rechtfertigung für die Inhaftierung dar, unabhängig davon, ob die Richter der DDR, die diese Entscheidung gefällt hätten, wegen Rechtsbeugung zur Verantwortung gezogen werden könnten. Die Strafvorschrift des § 213 DDR-StGB habe einen wesentlichen Teil des offensichtlich menschenrechtswidrigen, durch Mauer, Stacheldraht, Todesstreifen und Schießbefehl gekennzeichneten Grenzregimes der DDR gebildet.[348] Einer solchen Bestimmung, durch deren Anwendung bereits die bloße Inanspruchnahme der Ausreise-

343 § 131 DDR-StGB.

344 *BGH*, Urteil v. 29.4.1994 – Az. 3 StR 528/93, BGHSt 40, 125, 133 f. unter Bezugnahme auf *BGH*, Urteil v. 13.12.1993 – Az. 5 StR 76/93, BGHSt 40, 30, 42 f.; näher dazu oben zur Rechtsbeugung S. 58 ff.

345 *BGH*, Urteil v. 29.4.1994 – Az. 3 StR 528/93, BGHSt 40, 125, 134.

346 Vgl. § 225 Abs. 1 Nr. 5, Abs. 3 i.V.m. § 213 Abs. 3 Nr. 5 DDR-StGB.

347 *BGH* – Az. 5 StR 183/95, NJW 1997, 951, 952.

348 *BGH*, aaO, 953 unter Bezugnahme auf *BVerfG*, Urteil v. 31.7.1973 – Az. 2 BvF 1/73, *BVerfG*E 36, 1, 35 und *BGH*, Urteil v. 3.11.1992 – Az. 5 StR 370/92, BGHSt 39, 1, 20.

freiheit nach dem Recht des Tatorts zur Verhängung einer längeren Haftstrafe habe führen können, müsse die Anerkennung im Rahmen des § 7 Absatz 2 Nr. 1 StGB versagt werden. Auch die Anzeigepflicht nach § 225 DDR-StGB sei Ausfluß der insgesamt rechtsstaatswidrigen Ausreisegesetzgebung der DDR gewesen. Da dem Angeklagten alle in diesem Zusammenhang relevanten Tatsachen bekannt gewesen seien, sei für ihn ersichtlich weder ein rechtfertigender noch ein entschuldigender Notstand gegeben.[349]

c) Rechtsprobleme im Rahmen der Prüfung des § 241a StGB

aa) Tatbestandsmäßigkeit des Verhaltens

Taterfolg im Sinne von § 241a StGB ist die Gefahr, aus politischen Gründen verfolgt zu werden und hierbei im Widerspruch zu rechtsstaatlichen Grundsätzen durch Gewalt- oder Willkürmaßnahmen Schaden an Leib oder Leben zu erleiden, der Freiheit beraubt oder in der beruflichen oder wirtschaftlichen Stellung empfindlich beeinträchtigt zu werden. Nach der Rechtsprechung des Bundesgerichtshofs[350] ist das bundesdeutsche Recht der Maßstab für die Frage der Rechtsstaatlichkeit. In dem der Entscheidung vom 29. April 1995[351] zugrunde liegenden Fall hatte die Angeklagte durch eine Anzeige an das MfS die Angezeigten der Gefahr ausgesetzt, wegen vorbereiteten oder versuchten ungesetzlichen Grenzübertritts in schweren Fällen verfolgt und zu erheblichen Freiheitsstrafen verurteilt zu werden. Unter Bezugnahme auf das Strafrechtliche Rehabilitierungsgesetz beurteilt der Bundesgerichtshof auch hier solche Verurteilungen als in der Regel rechtsstaatswidrig.[352]

Im Gegensatz zu seiner früheren Rechtsprechung,[353] nach der das Tatbestandsmerkmal der Gewalt- oder Willkürmaßnahmen grundsätzlich erfüllt war, wenn die Tatbestandsvoraussetzungen „politische Verfolgung“ und „Rechtsstaatswidrigkeit“ vorlagen, hat der Bundesgerichtshof nunmehr in Anlehnung an seine Rechtsprechung zu den Rechtsbeugungsverfahren strengere Anforderungen aufgestellt. Gewalt- oder Willkürmaßnahmen liegen danach bei einer drohenden Verurteilung aufgrund eines in der DDR geltenden Strafgesetzes nur dann vor, wenn mit einer Bestrafung gerechnet werden mußte, die in einem unerträglichen Mißverhältnis zur Tat stand, so daß sie als grob ungerecht und als schwerer, offensichtlicher Verstoß gegen die Menschenrechte erschei-

349 *BGH*, Urteil v. 3.11.1992 – Az. 5 StR 370/92, BGHSt 39, 1, 20 unter Bezugnahme auf *BGH*, Urteil v. 29.4.1994 – Az. 3 StR 528/93, BGHSt 40, 125, 137.

350 *BGH*, Urteil v. 29.4.1994 – Az. 3 StR 528/93, BGHSt 40, 125, 136; Beschluß v. 8.2.1995 – Az. 5 StR 157/94, NStZ 1995, 288, 289.

351 *BGH*, Urteil v. 29.4.1994 – Az. 3 StR 528/93, BGHSt 40, 125 ff.

352 Vgl. § 1 Abs. 1 Nr. 1 lit. e StrRehaG und *BGH*, Urteil v. 29.4.1994 – Az. 3 StR 528/93, BGHSt 40, 125, 136.

353 *BGH*, Urteil v. 2.6.1954 – Az. 6 StR 47/54, BGHSt 6, 166; *BGH*, Urteil v. 2.2.1960 – Az. 3 StR 53/59, BGHSt 14, 104; *BGH*, Urteile v. 10.1.1963 – Az. 3 StR 57/62, v. 10.6.1963 – Az. 3 StR 22/63, v. 8.5.1964 – Az. 3 StR 6/64, bei *Wagner* GA 1966, 65, 77; *KG Berlin*, Urteil v. 1.11.1956 – Az. (2) 1 OJs 53/56 (229/56), NJW 1957, 684; *LG Dortmund*, Urteil v. 2.7.1953 – Az. 18 KLs 7/53, NJW 1954, 1539.

nen mußte, oder wenn in dem Ermittlungs- oder Strafverfahren sonst mit schweren Verstößen gegen die Menschenrechte zu rechnen war.[354]

Bereits aus dieser Auslegung folgt, daß nicht jede Anzeige, durch die ein DDR-Bürger der in § 225 DDR-StGB normierten Anzeigepflicht nachkam, den Tatbestand des § 241a StGB erfüllt. Tatbestandserheblich ist nach der Rechtsprechung vielmehr nur eine Anzeige, die den Angezeigten der Gefahr ausgesetzt hat, solche rechtsstaatswidrigen Gewalt- oder Willkürmaßnahmen zu erleiden, die wegen ihrer offensichtlichen und schweren Verletzung von Menschenrechten auch eine Strafbarkeit der dafür verantwortlichen DDR-Organe begründen kann.[355] Damit knüpft der Bundesgerichtshof ausdrücklich an seine Rechtsprechung zu in der NS-Zeit begangenen politischen Verdächtigungen an. In seiner Entscheidung vom 8. Juli 1952[356] hatte er den Grundsatz aufgestellt, daß die Frage, ob die durch den Vollzug eines Strafurteils herbeigeführte Folge rechtmäßig oder rechtswidrig sei, für alle Beteiligten – den Anzeigenden, den Polizeibeamten, den Staatsanwalt und den Richter – nur einheitlich entschieden werden könne, wenn der Anzeigende einen wahren Sachverhalt angezeigt und der wahre Sachverhalt in einem ordnungsgemäßen Verfahren zutreffend ermittelt worden sei.[357]

354 *BGH*, Urteil v. 29.4.1994 – Az. 3 StR 528/93, BGHSt 40, 125, 136; *BGH*, Urteil v. 23.10.1996 – Az. 5 StR 695/95, NStZ-RR 1997, 100, 101. Diese Einschränkung des Tatbestands ist in der Literatur heftig kritisiert worden, vgl. *Wassermann* NJW 1995, 931; *Reimer* NStZ 1995, 83. Der Tatbestand des § 241a StGB lasse für eine derartige Differenzierung keinen Raum. Erforderlich sei lediglich die Gefahr, daß Gewaltmaßnahmen ergriffen würden. Auf ein Mehr oder Weniger an Ungerechtigkeit und an Menschenrechtsverletzung komme es nach dem klaren Wortlaut des Gesetzes nicht an. Die in § 213 Abs. 3 DDR-StGB vorgesehene Strafandrohung für Menschen, die lediglich von dem Menschenrecht der Freizügigkeit hätten Gebrauch machen wollen, sei eindeutig unter den Begriff der „Gewaltmaßnahme" zu subsumieren. Das Ausreiseverbot sei Ausdruck einer Gewaltherrschaft, die dieses Recht außer Kraft gesetzt und die Einwohner der DDR zu Gefangenen im eigenen Lande gemacht habe.

355 *BGH*, Urteil v. 29.4.1994 – Az. 3 StR 528/93, BGHSt 40, 125, 136. Diese Verknüpfung wird in der Literatur ebenfalls angegriffen, vgl. *Wassermann* NJW 1995, 931; *Reimer* NStZ 1995, 83. Bereits die Übertragung des richterlichen Haftungsprivilegs aus dem bundesdeutschen Strafrecht als „mildestes Gesetz" nach Art. 315 Abs. 1 S. 1 EGStGB i.V.m. § 2 Abs. 3 StGB sei unzulässig. Die Annahme einer einheitlichen Rechtswidrigkeit für Amtsträger und Anzeigende sei zudem fragwürdig. Dagegen spreche der Schutzzweck des richterlichen Haftungsprivilegs. Bei der Beurteilung der Verfahren gegen „Denunzianten" komme die besondere Schwierigkeit hinzu, daß die Maßstäbe dafür, ob Anzeigender oder Richter rechtmäßig handelten, unterschiedlichen Rechtsordnungen entstammten. Der Richter sei für sein Verhalten mangels eines Geltungsanspruchs im Strafgesetzbuch (§§ 4 ff.) nur nach dem Recht der DDR zu bestrafen. Die Denunziation unterliege hingegen nach § 5 Nr. 6 StGB dem bundesdeutschen Strafrecht. Es widerspreche eindeutig dem Willen des historischen Gesetzgebers bei Einführung der §§ 234a, 241a StGB im Jahre 1951, das DDR-Recht selbst darüber entscheiden zu lassen, wann in der DDR eine staatliche „Gewalt- oder Willkürmaßnahme" vorgelegen habe.

356 *BGH*, Urteil v. 8.7.1952 – Az. 1 StR 123/51, BGHSt 3, 110 f.

357 Der *5. Senat des BGH* hat in seinem Urteil v. 23.10.1996 – Az. 5 StR 183/95, NJW 1997, 951 – offen gelassen, ob diese tatbestandlichen Einschränkungen nur für DDR-Bürger, nicht aber für Westbürger als Anzeigende gelten, da im zu entscheidenden Fall Teilverjährung bzgl. § 241a StGB eingetreten war (UA S. 12).

bb) Rechtswidrigkeit und Schuld

Anders als bei der Freiheitsberaubung (§ 131 DDR-StGB) ist bei der politischen Verdächtigung (§ 241a StGB) die Rechtswidrigkeit kein Merkmal des gesetzlichen Tatbestands. Bei der Anwendung von § 241a StGB führt der Bundesgerichtshof seine bisherige Rechtsprechung fort; eine Rechtfertigung dadurch, daß die Anzeige durch das DDR-Recht vorgeschrieben war, wird nicht anerkannt.[358] Zur Begründung beruft sich der Bundesgerichtshof auf die vom Bundesgesetzgeber gewollte Geltung des § 241a StGB auch und gerade für in der DDR begangene Taten. Hieraus folge zwingend, daß die tatbestandserheblichen Verdächtigungen und Bespitzelungen nicht schon deshalb als rechtmäßig im Sinne des StGB anzusehen seien, weil sie von der formalen Gesetzeslage der DDR gedeckt waren.[359] Eine konkrete Zwangslage im Einzelfall müsse im Rahmen des rechtfertigenden oder entschuldigenden Notstandes (§§ 34, 35 StGB) berücksichtigt werden.

d) Verjährung

Nach dem Recht der DDR kommt nur eine Verfolgung wegen Anstiftung oder Beihilfe zur Freiheitsberaubung gemäß § 131 DDR-StGB in Betracht. Die Verjährungsfrist für dieses Delikt beträgt nach § 82 Absatz 1 Nr. 2 DDR-StGB fünf Jahre. Ausgehend davon, daß sich der Lauf der Verjährungsfrist nach dem Zeitpunkt der Beendigung der Straftat richtet,[360] kommt es jeweils auf den Zeitpunkt der Haftentlassung der Angezeigten an.

Nach bundesdeutschem Recht ist eine Strafbarkeit der Anzeigenden wegen politischer Verdächtigung gemäß § 241a StGB gegeben, für die nach § 78 Absatz 3 Nr. 5 eine Verjährungsfrist von fünf Jahren gilt. Der – in diesen Fällen regelmäßig vorliegende – schwere Fall einer Freiheitsberaubung nach § 239 Absatz 3 StGB verjährt wegen des strengeren Strafrahmens erst nach zehn Jahren.[361] Der Lauf der Verjährungsfrist beginnt – ebenso wie im Recht der DDR – mit der Entlassung des Angezeigten aus der Haft.

Nach Artikel 1 des ersten Verjährungsgesetzes hat auch für die Denunziationen die Verjährung in der DDR bis zum 2. Oktober 1990 geruht. Der Wille der Staats- und Parteiführung der DDR ging eindeutig dahin, Anzeigen von Fluchtvorhaben nicht zu verfolgen. Weil auf diese Strafansprüche trotz eingetretener Verjährung nach bundesdeutschem Recht zurückgegriffen werden kann,[362] ist in keinem der ausgewerteten Verfahren Verfolgungsverjährung eingetreten.

358 *BGH*, Urteil v. 29.4.1994 – Az. 3 StR 528/93, BGHSt 40, 125, 137.
359 *BGH*, aaO, unter Bezugnahme auf *BGH*, Urteil v. 2.6.1960 – Az. 3 StR 53/59, BGHSt 14, 104, 106.
360 Vgl. § 82 Abs. 3 S. 1 DDR-StGB.
361 Vgl. § 78 Abs. 3 Nr. 3 StGB.
362 Vgl. Art. 315a Abs. 1 S. 2 EGStGB.

V. MfS-Straftaten

1. Einführung

Das Ministerium für Staatssicherheit der DDR wurde im Jahr 1950 durch Gesetz gegründet.[363] Als eigenständiges Ministerium löste es die bis dahin im Ministerium des Innern bestehende „Hauptverwaltung zum Schutze der Volkswirtschaft" ab. In der Folge der Ereignisse vom 17. Juni 1953 wurde das MfS herabgestuft zu einem dem Ministerium des Innern zugehörigen „Staatssekretariat für Staatssicherheit". Im November 1955 erstarkte dieses dann erneut zum Ministerium für Staatssicherheit. Ab 1957 unterstand das MfS Erich Mielke als Minister für Staatssicherheit.[364]

Neben der Anordnung zur Einrichtung des MfS enthielt das „Gesetz über die Bildung eines Ministeriums für Staatssicherheit" keinerlei Regelungen hinsichtlich Aufgaben und Zuständigkeiten. Auch zu späteren Zeitpunkten unterblieb eine grundlegende gesetzliche Regelung dieser Fragen. Lediglich in vereinzelten Bestimmungen fanden Befugnisse des MfS Erwähnung, ohne daß damit dessen Tätigkeit hinreichend geregelt war. Grundlage der Arbeit des MfS war eine Vielzahl von internen Regelungsinstrumenten verschiedener Art,[365] die vor der Bevölkerung geheim gehalten wurden. Auch die eigenen Mitarbeiter erfuhren nur das jeweils für ihre Tätigkeit Notwendige.

Dem MfS war die Gewährleistung der inneren und äußeren Sicherheitsinteressen der DDR mit geheimdienstlichen Mitteln und Methoden übertragen. Diese Tätigkeit beinhaltete Maßnahmen der Aufklärung und der Abwehr. Das Selbstverständnis des MfS sah eine parteiliche Erfüllung seiner Aufgaben mit „tschekistischer Disziplin"[366] und im Interesse der SED vor.[367]

Im wesentlichen war das MfS in drei Hierarchieebenen unterteilt. Auf oberster Ebene war das in Berlin ansässige Ministerium für die gesamte DDR zuständig. Unterhalb der

363 Gesetz über die Bildung eines Ministeriums für Staatssicherheit v. 8.2.1950; DDR-GBl. 1950, S. 95.

364 Gegen *Mielke* wurden wegen Handlungen im Dienste des MfS von der bundesdeutschen Justiz drei Anklagen erhoben. Die Anklage der *StA bei dem KG Berlin* v. 16.9.1992 – Az. 2 Js 15/91 – und die Anklage der *StA II bei dem LG Berlin* v. 16.2.1994 – Az. 29 Js 1241/92 – betreffen Vorgänge aus der Zeit, als *Mielke* Staatssekretär des MfS war. Dabei geht es um eine Gefangenenvernehmung aus dem Jahr 1950 und eine Entführung aus dem Jahr 1955. Die Anklage der *StA bei dem KG Berlin* v. 16.4.1991 – Az. 2 Js 245/90 behandelt neben der Kontrolle des Telefonverkehrs Vorwürfe der Untreue und der Rechtsbeugung und bezieht sich auf Zeiträume, während derer *Mielke* Minister für Staatssicherheit war. Wegen Verhandlungsunfähigkeit *Mielkes*, die zu Verfahrenseinstellungen führte, konnten die Tatvorwürfe in keinem dieser Verfahren gerichtlich geklärt werden. In einem weiteren Verfahren, das den Mord am Bülowplatz aus dem Jahr 1931 betrifft und daher ohne Bezug zu *Mielkes* Tätigkeit für das MfS ist, ist er im Oktober 1993 durch das *LG Berlin* zu einer Freiheitsstrafe von sechs Jahren verurteilt worden. Der *BGH* hat diese Verurteilung bestätigt, Urteil v. 10.3.1995 – Az. 5 StR 434/94, BGHSt 42, 71.

365 So gab es „Richtlinien", „Durchführungsbestimmungen", „Festlegungen", „Ordnungen", „Dienstanweisungen", „Befehle". Die Zahl solcher internen Regelungen wird mit etwa 600 angegeben; vgl. *Fricke*, MfS intern, S. 11.

366 Der Begriff geht zurück auf die „Tscheka", die politische Polizei, die nach der Oktoberrevolution 1917 in Rußland zur Abwehr „konterrevolutionärer Machenschaften gegen die Sowjetmacht" gebildet wurde; vgl. *Gill/Schröter*, Ministerium, S. 18.

367 *Ernst Wollweber*, Minister für Staatssicherheit von 1953 bis 1957, hatte in einer Rede 1954 gefordert, daß das MfS ein „scharfes Schwert" der Partei sein müsse.

ministeriellen Ebene fungierten 15 „Bezirksverwaltungen für Staatssicherheit“ als Mittelinstanzen.[368] Darunter waren rund 210 „Kreisdienststellen“ angesiedelt. Zusätzlich zu diesen Einheiten, deren Struktur sich an die Aufteilung der DDR in Bezirke und Kreise anlehnte, gab es vereinzelte „Objektdienststellen“, die für besonders wichtige Einrichtungen zuständig waren.[369] Die interne Organisation folgte im Ministerium und in den Bezirksverwaltungen für Staatssicherheit dem gleichen Muster. Die Einteilung in sogenannte „Hauptabteilungen“ und „Abteilungen“ stimmte überein. Gleiches gilt für die Untergliederung in einzelne Referate. Die Kreisdienststellen hatten dagegen eine andere Binnenstruktur. Sie waren nach sogenannten „Operativen Referaten“ gegliedert.

Das Ministerium war in insgesamt 39 Diensteinheiten untergliedert, die für die unterschiedlichsten Bereiche zuständig waren.[370] Von den zum Zeitpunkt der Auflösung rund 85.000 hauptamtlichen Mitarbeitern des MfS waren ca. 31.000 bei den Bezirksverwaltungen im Einsatz und ca. 11.000 bei den Kreis- und Objektdienststellen.

2. Sachverhaltsfeststellungen

Aus der Gesamttätigkeit des MfS sind – als Konsequenz seiner Omnipräsenz – sehr unterschiedliche Handlungsweisen strafrechtlich relevant.[371] Folgende Fallgruppen, die sich an Einteilungen der Justiz orientieren, lassen sich zur Darstellung der Strafverfolgungsaktivitäten bilden:

- Abhören von Telefonen (dazu a),
- Öffnen von Briefsendungen zur Kenntnisnahme von deren Inhalt (dazu b),
- Entnahme von Geld und Wertgegenständen aus Postsendungen (dazu c),
- Heimliches Betreten fremder Räumlichkeiten (dazu d),
- Preisgabe von Informationen aus beruflich begründeten Vertrauensverhältnissen (dazu e),
- Repressalien gegenüber Ausreiseantragstellern (dazu f),
- Entführungen (dazu g),
- Liquidierungen und Liquidierungsversuche (dazu h),
- Unterbringung von RAF-Terroristen in der DDR (dazu i).

368 Ursprünglich gab es sechs „Landesverwaltungen für Staatssicherheit“. Im Zuge der Einführung von Bezirken wurden diese 1952 umgebildet in 15 „Bezirksverwaltungen für Staatssicherheit“.

369 Objektdienststellen gab es zum Beispiel für das Kernkraftwerk Greifswald oder für die Chemischen Kombinate Bitterfeld. Es existierten zusammen 219 Kreis- und Objektdienststellen.

370 Neben solchen Einheiten, die für die Durchführung bestimmter Überwachungsmaßnahmen oder für die Ausforschung bestimmter Bevölkerungsgruppen zuständig waren, gab es andere, die mit Aufgaben wie der Sicherung von Gebäuden des MfS, der Verwaltung von Dokumenten, der Führung von Finanzen oder – wegen eines besonderen persönlichen Interesses des Ministers für Staatssicherheit *Mielke* – mit der Leitung des Sportvereins SC Dynamo beschäftigt waren.

371 Die folgenden Fallgruppen umfassen weder inhaltlich noch quantitativ alle dienstlichen Tätigkeiten des MfS; erwähnt ist nur derjenige Teil aus der Gesamtheit an Diensthandlungen, bei denen der Verdacht strafbarer Handlungen besteht.

In dieser Zusammenstellung sind solche Strafverfolgungsmaßnahmen nicht enthalten, die sich auf Tätigkeiten im Zusammenhang mit der Außenspionage der DDR beziehen. Diese war zwar organisatorisch in das MfS eingebunden. Spionagehandlungen richteten sich aber in erster Linie nicht gegen die Bevölkerung der DDR, sondern gegen Einrichtungen und Bürger anderer Staaten. Sie werden an anderer Stelle gesondert dargestellt.[372] Weiterhin sind Fälle nicht erfaßt, in denen es um Denunziationsvorwürfe geht, die Vorfälle außerhalb strafrechtlich gesondert geschützter beruflicher Beziehungen betreffen.[373]

a) Abhören von Telefonen

Es geht in diesem Bereich um die Strafverfolgung von Mitarbeitern des MfS im Zusammenhang mit der Anordnung und Durchführung des Abhörens von Telefonanschlüssen.[374] Das MfS unterhielt für das Abhören von Telefonen, das in die Zuständigkeit der sogenannten „Linie 26"[375] fiel, eigene technische Anlagen, auf welche die an sich für den Fernsprechverkehr zuständige Deutsche Post keinen Zugriff hatte.[376] Die Entscheidung darüber, bei wem Telefonate mitgehört oder aufgezeichnet wurden, lag nicht in der Hand der Verantwortlichen der Linie 26. Für diese Auswahl waren andere Einheiten zuständig. Für diejenige Einheit, welche das Vorgehen gegen die betreffende Person koordinierte, kam das Abhören des Telefons als eine von mehreren Maßnahmen der Überwachung in Betracht. Die Einheiten der Linie 26 erbrachten MfS-intern insofern eine Art technischer Dienstleistung. Die einzelne Abhörmaßnahme mußte auf einem Formblatt beantragt und vom Leiter der Bezirksverwaltung beziehungsweise von dessen Stellvertreter schriftlich bestätigt werden. Aus Kapazitätsgründen war die Maßnahme zeitlich beschränkt. Der Inhalt der überwachten Gespräche wurde aufgezeichnet oder durch die überwachenden Mitarbeiter des MfS protokolliert.

372 Vgl. S. 126 ff.

373 Vgl. dazu die Ausführungen auf S. 66 ff.

374 Derartige Vorgänge sind in jeweils zwei Anklagen der *Staatsanwaltschaften Berlin, Leipzig* und *Magdeburg* sowie einer Anklage der *StA Dresden* behandelt.

375 Der Begriff „Linie" wurde verwendet für diejenigen Abteilungen auf der Ebene des Ministeriums und der Bezirksverwaltungen, die jeweils gleich benannt waren und den gleichen Aufgabenbereich hatten. So gehörten zur „Linie 26" alle „Abteilung 26" benannten Einheiten. Die Linien waren geprägt durch ein straffes vertikales Weisungsverhältnis.

376 Dabei waren die Abteilungen 26 in den Bezirksverwaltungen für Staatssicherheit mit unterschiedlichen technischen und personellen Kapazitäten für die Überwachungstätigkeit ausgestattet. Im Bereich der Bezirksverwaltung für Staatssicherheit Potsdam bestand zum Beispiel die Möglichkeit, bis zu 100 Anrufe gleichzeitig abzuhören und aufzuzeichnen, in Frankfurt/Oder konnten 200, in Halle 210, in Leipzig 350, in Magdeburg 400 und in Erfurt 800 Überwachungen durchgeführt werden. In einer im Mai 1983 in Berlin-Johannisthal in Betrieb genommenen Dienststelle der Abteilung 26 war es möglich, 1.000 Gespräche gleichzeitig zu überwachen.

b) Öffnen von Briefsendungen zur Kenntnisnahme von deren Inhalt

Diese Fallgruppe hat Sachverhalte zum Gegenstand, in denen Mitarbeiter des MfS Briefe und Telegramme sowohl des deutsch-deutschen und des internationalen Postverkehrs als auch des Postverkehrs innerhalb der DDR öffneten, um von ihrem Inhalt Kenntnis zu nehmen.[377] Zuständig war die „Linie M" des MfS.[378] Zunächst wurde geprüft, ob eine Sendung für das MfS von Interesse war. Dies geschah anhand verschiedener äußerer Kriterien, vor allem der Adressaten- und Absenderanschrift. Für relevant erachtete Briefe wurden ausgesondert und von darauf spezialisierten Teileinheiten geöffnet. Wiederum andere Stellen werteten den Inhalt aus. Die Briefe wurden zu einem kleinen Teil nach Kenntnisnahme des Inhaltes vernichtet, ansonsten nach erneutem Verschluß weiterbefördert. Wie schon die Tätigkeit der Abteilung 26 war die Postkontrolle durch die Abteilung M eines von mehreren Überwachungsinstrumenten, die auf Anforderung anderer Diensteinheiten im MfS eingesetzt wurde.

c) Entnahme von Geld und Wertgegenständen aus Postsendungen

Die Strafverfahren hatten ferner die in den achtziger Jahren zunehmend ausgebaute Praxis des MfS zum Gegenstand, aus Postsendungen Geld und Wertgegenstände, wie zum Beispiel Schmuck, zu entnehmen.[379] Die Sendungen stammten zum großen Teil aus der damaligen Bundesrepublik. Bei Briefen, denen Bargeld entnommen wurde, handelte es sich vor allem um Sendungen zwischen Verwandten. Die betroffenen Pakete waren vielfach sogenannte „Irrläufer", die wegen gleichlautender Postleitzahlen in den beiden deutschen Staaten versehentlich in die DDR gelangt waren. Hinsichtlich des Briefverkehrs wurden auch diese Maßnahmen in der Zuständigkeit der „Linie M" durchgeführt. Für den Paketverkehr war die „Abteilung Postzollfahndung" verantwortlich.[380]

Auf diese Weise wurden allein im Zeitraum von 1984 bis 1989 Geldbeträge von insgesamt mehr als 32 Millionen DM und Wertgegenstände im Wert von über 10 Millionen DM[381] entnommen.[382] Das einbehaltene Geld wurde buchhalterisch erfaßt, anschließend MfS-intern weitergeleitet und durch das Ministerium in Berlin über ein

377 Der größte Teil (zwölf) der wegen dieser Tätigkeit erhobenen Anklagen stammt von der *StA Dresden*. Daneben behandeln Anklagen der *StA bei dem KG Berlin* (v. 1.2.1993 – Az. 2 Js 14/93), des *GBA beim BGH* (v. 12.3.1993 – Az. 3 StE 2/93-2), der *StA Magdeburg* (v. 28.10.1993 – Az. 110 Js 191/91 und v. 27.9.1993 – Az. 33 Js 38135/91) und der *StA Erfurt* (v. 23.11.1994 – Az. 510 Js 16332/91) diesen Komplex. Während in den sächsischen Verfahren die Anklagen erst 1996 erhoben worden sind, sind die zuletzt genannten Anklagen früher erhoben worden und sehr viel umfangreicher. Sie behandeln die inhaltliche Kontrolle der Briefe zusammen mit der unten unter c) geschilderten Praxis der Entnahme von Geld- und Wertgegenständen.

378 Zum Begriff der „Linie" vgl. Fn. 375 auf S. 77.

379 Es wurden hierzu insgesamt fünf Anklagen von der *StA II bei dem LG Berlin*, der *Staatsanwaltschaften Magdeburg* und *Erfurt* sowie vom *GBA beim BGH* erhoben; vgl. Fn. 377 auf S. 78.

380 Nach dem Zusammenschluß der beiden Abteilungen im Jahr 1984 wurde die Kontrolle einheitlich von den Einheiten der „Linie M" wahrgenommen.

381 Angaben nach *Schroeder* JR 1995, 95. In der gleichen Größenordnung bewegen sich die Angaben der Staatsanwaltschaft, auf die sich der *BGH* in seinem Beschluß v. 31.3.1993 – Az. 3 Bjs 512/90-2 (141)-AK 5/93, NStZ 1994, 542, bezieht.

382 Für frühere Zeiträume existiert keine genaue Auflistung mehr.

Sonderkonto bei der Staatsbank dem Staatshaushalt der DDR zur Verfügung gestellt. Die entnommenen Wertgegenstände wurden in der Mehrzahl der Fälle an die „Arbeitsgruppe für Asservate" in Freienbrink weitergeleitet, welche für die Verwertung zuständig war. Diese Verwertung bestand zu einem Teil darin, daß höherrangigen MfS-Angehörigen die Möglichkeit eröffnet wurde, diese Gegenstände für den privaten Gebrauch zu kaufen.

d) Heimliches Betreten fremder Räumlichkeiten

In dieser Fallgruppe geht es um das Eindringen in Häuser und Wohnungen,[383] das von Mitarbeitern des MfS ohne Wissen der betroffenen Bewohner in deren Abwesenheit durchgeführt wurde.[384] Innerhalb dieser Fallgruppe lassen sich zwei verschiedene Konstellationen unterscheiden. Zum einen handelt es sich um vom MfS als „E-Maßnahme" bezeichnete Handlungen im Zusammenhang mit einer „konspirativen Durchsuchung". Eine solche Durchsuchung diente dem Auffinden von belastendem Material. Nach Abschluß der Maßnahme wurden regelmäßig umfangreiche Berichte erstellt, die, ergänzt durch vor Ort angefertigte Fotografien, detailliert die Räume und die darin enthaltenen Gegenstände dokumentierten. Die Durchführung von „konspirativen Durchsuchungen" oblag der „Linie VIII", die auf Antrag anderer Diensteinheiten des MfS tätig wurde. Zum anderen sind Handlungen im Zusammenhang mit „B-Maßnahmen" (akustische Überwachung) hier erfaßt, die in die Zuständigkeit der „Abteilung 26"[385] fielen. Das Betreten der Räumlichkeiten erfolgte in diesen Fällen mit dem Ziel der Installation von Abhöreinrichtungen.

e) Preisgabe von Informationen aus beruflich begründeten Vertrauensverhältnissen

Diese Fallgruppe umfaßt Verfahren[386] gegen Beschuldigte, die ihre berufliche Stellung als Arzt oder Rechtsanwalt mißbraucht haben, indem sie vertrauliche Informationen über Patienten oder Mandanten an das MfS weitergaben.[387] Den Beschuldigten ist gemeinsam, daß sie sich dem MfS gegenüber zur Mitarbeit als „Inoffizielle Mitarbeiter" (IM) verpflichtet hatten.[388] Die geheimhaltungspflichtigen Tatsachen wurden gegenüber dem jeweils zuständigen Führungsoffizier des Inoffiziellen Mitarbeiters offenbart.

383 Einige Fälle betreffen die Durchsuchung von Räumlichkeiten am Arbeitsplatz.

384 Die hierzu erhobenen acht Anklagen stammen alle von der *StA Dresden*.

385 Vgl. auch S. 77.

386 Neun Anklagen der *StA Dresden*, drei Anklagen der *StA Erfurt* und je eine Anklage der *StA Magdeburg* und der *StA II bei dem LG Berlin*.

387 Dieser Bereich muß abgegrenzt werden zu dem der Denunziationen, der Fälle betrifft, in denen die Beschuldigten strafrechtlich relevante Informationen über angebliche oder tatsächliche Regimegegner an die DDR-Behörden weiterleiteten. Charakteristisch für derartige Fälle ist, daß die Einleitung eines Ermittlungsverfahrens gegen die Betroffenen und deren anschließende Verurteilung zu zum Teil mehrjährigen Haftstrafen die Folge der Anzeige war.

388 In einem Fall gab der angeklagte Arzt an, zwar in Kontakt zum MfS gestanden zu haben, jedoch keine Verpflichtungserklärung unterschrieben zu haben und somit zu Unrecht als IM geführt worden zu sein, vgl. Urteil des *AG Döbeln* v. 13.9.1996 – Az. 1 Ds 823 Js 20814/96, UA S. 6.

Neben der Mitteilung von Einzelheiten aus dem Patienten- beziehungsweise Mandatsverhältnis im Gespräch zwischen dem Inoffiziellen Mitarbeiter und seinem Führungsoffizier kam es auch vor, daß der als Arzt tätige Inoffizielle Mitarbeiter dem hauptamtlichen Mitarbeiter des MfS Krankenakten für eine gewisse Zeit überließ. Die offenbarten Inhalte sind vielfältig. Nicht immer ist erkennbar, welches Interesse das MfS an den übergebenen Informationen hatte.

f) Repressalien gegenüber Ausreiseantragstellern

Dieser Komplex betrifft Verfahren gegen Beschuldigte, die aufgrund ihrer Position in der DDR Einfluß auf die Genehmigung und die Durchführung von Übersiedlungen nehmen konnten. Es war das Ziel der DDR, die Zahl der Übersiedlungen, und auch schon die Zahl der Anträge auf Übersiedlung, gering zu halten. Deshalb unternahmen offizielle Stellen viel, um potentielle Antragsteller bereits vom Stellen eines Antrags abzuhalten.[389] Nachdem ein Antrag gestellt worden war, wurde möglichst versucht, eine Rücknahme zu erreichen. Anträge wurden zum Teil durch die Behörden nicht bearbeitet. Ausreisewillige Bürger wurden vielfach Ziel von Repressalien. Die Antragsteller und deren Familienmitglieder erlitten allein wegen der Tatsache der Antragstellung Nachteile in Ausbildung und Beruf ebenso wie im Privatleben.

Die Strafverfahren greifen Vorfälle in zwei verschiedenen Stadien solcher Ausreiseverfahren auf. Einmal geht es um Fälle, in denen die Ausreisewilligen unter Einsatz von Gewalt oder unzulässigen Drohungen dazu bewegt werden sollten, ihren Ausreiseantrag zurückzunehmen.[390] Zum anderen sind Fälle erfaßt, in welchen Ausreisewillige im Zusammenhang mit dem Genehmigungsverfahren hinsichtlich der Übertragung von Grundeigentum unter Druck gesetzt wurden.[391] Der größte Teil der Verfahren in diesem Zusammenhang befaßt sich mit Aktivitäten der Kanzlei des Rechtsanwalts und Notars Wolfgang Vogel und deren Umfeld.[392] Die Kanzlei Vogels, der seit 1964 gegenüber der

389 Um den Übersiedlungsbegehren zu begegnen, war 1975 mit der „Zentralen Koordinierungsgruppe" (ZKG) eigens eine hierfür zuständige Diensteinheit im MfS gegründet worden.

390 Anklagen der *StA Magdeburg* v. 21.9.1993 – Az. 33 Js 38099/91; v. 22.11.1993 – Az. 33 Js 39171/92 und der *StA Schwerin* v. 9.11.1994 – Az. 191 Js 2748/94.

391 Gesetzlich vorgesehen war, daß der Ausreisende seinen Grundbesitz verkaufte, ihn verschenkte oder ihn vom Nutzer verwalten ließ. In Abweichung hiervon wurde Ausreisewilligen ein bestimmter Käufer vorgestellt mit dem Hinweis, daß an diesen – oft zu einem erheblich unter dem gutachterlichen Wert liegenden Preis – zu verkaufen sei, andernfalls die Ausreise nicht vorgenommen werden könne.

392 Insgesamt wurden von der *StA II bei dem LG Berlin* in einem Sammelverfahren 222 Einzelfälle untersucht. Ermittelt wurde gegen über 40 Personen, die entweder Mitarbeiter der Kanzlei oder Angehörige des MfS waren. Neben *Vogel*, Anklage der *StA II bei dem LG Berlin* v. 2.7.1993 – Az. 2 Js 353/91, wurden noch zehn weitere Personen aus diesem Kreis durch die *StA II bei dem LG Berlin* angeklagt. Ferner wurden noch einige Anklagen gegen Personen erhoben, die nicht diesem Umfeld zuzuordnen sind; vgl. die Anklagen der *StA Dresden* v. 24.1.1994 – Az. 821 Js 4549/92 und v. 23.9.1997 – Az, 821 Js 19303/92, *StA Potsdam* v. 4.10.1993 – Az. 60 Js 17/92, *StA Magdeburg* v. 21.1.1997 – Az. 33 Js 6725/93, *StA Erfurt* v. 9.5.1997 – Az. 560 12746/92; ferner das Urteil des *LG Dessau* v. 27.4.1994 – Az. 4 Ns 12 Js 43542/92 (1/93). Die genannte Anklage der *StA Potsdam* wird

Bundesregierung als Unterhändler für die DDR auftrat, hatte sich zur Anlaufstelle für Ausreisewillige aus der gesamten DDR entwickelt, weil der Einfluß und die Stellung Vogels bekannt waren und die Kanzlei die einzige unbürokratische Möglichkeit zur Förderung von Ausreisemöglichkeiten bot. Vogel hatte die Berechtigung, sogenannte FD-Listen („Familienzusammenführung dringlich") zu erstellen und vorzulegen. Diese Listen enthielten Einzelfälle von Übersiedlungsbegehren, die nach dem Ermessen Vogels als dringlich anzusehen waren und bevorzugt genehmigt wurden. Die Befugnis Vogels zur Erstellung der FD-Listen war ein in der DDR einzigartiges Privileg. Da eine Kontrolle der Ermessensausübung nicht stattfand, hatte Vogel faktisch die Möglichkeit, Ausreisescheine für DDR-Bürger auszustellen.

g) Entführungen

In dieser Fallgruppe werden Fälle erfaßt, in denen Bürger, ohne daß die gesetzlichen Voraussetzungen für eine Verhaftung vorgelegen hätten, gegen ihren Willen an einen anderen Ort verbracht wurden, wo man sie förmlich in Haft nahm oder anderweitig festhielt. Anschließend erfolgten Verurteilungen zu Haftstrafen. Die angeklagten Taten[393] betreffen vorrangig Entführungen aus dem Westen Berlins in den Ostteil der Stadt.[394] Die Opfer hatten zumeist vom Boden Westberlins aus mit unterschiedlicher Intensität eine gegen die DDR gerichtete Tätigkeit entfaltet. Um die Verbringung der Opfer nach Ostberlin zu ermöglichen, wurde zumeist ein bestehendes Bekanntschafts- oder Vertrauensverhältnis genutzt oder der Aufbau einer Bekanntschaft zielgerichtet gefördert. Zur Erleichterung der Entführung wurden Opfer mit List an einen Ort gelockt, wo es dann zur Überwältigung kam.[395] Zum Teil wurde Widerstand durch vorherige, heimliche Beigabe eines Betäubungsmittels[396] verhindert. Es gibt aber auch Fälle, in denen das Opfer unter Anwendung unmittelbarer körperlicher Gewalt in den Osten der Stadt verbracht wurde.

in der Statistik der Schwerpunktabteilung für das Land Brandenburg nicht dem Deliktsbereich „MfS", sondern der Rubrik „Sonstige" zugewiesen (vgl. S. 183).

393 Neben zwei Anklagen der *StA Magdeburg* sind bisher etwa ein Dutzend von der *StA II bei dem LG Berlin* erhobene Anklagen bekannt. Die Ermittlungen zu diesem Komplex sind noch nicht abgeschlossen, so daß weitere Anklageerhebungen möglich sind.

394 Weniger typisch sind die Fälle, in denen DDR-Bürgern im eigenen Land vom MfS gegen ihren Willen längere Zeit festgehalten wurden; vgl. *StA Erfurt*, Anklage v. 30.11.1994 – Az. 510 Js 13426/92, Strafbefehlsanträge v. 18.7.1997 – Az. 510 Js 96090/96, Anklagen der *StA Magdeburg* v. 22.10.1992 – Az. 30 Js 39091/92, und v. 4.1.1993 – Az. 30 Js 26682/92, Anklage der *StA Dresden* v. 25.1.1996 – Az. 820 Js 848/93, Anklage der *StA II bei dem LG Berlin* v. 26.6.1995 – Az. 29/2 Js 1125/92. Im Zusammenhang mit Geschehnissen im Anschluß an eine mißglückte Flucht von einem auf der Ostsee fahrenden Passagierschiff steht die Anklage der *StA Schwerin* v. 20.3.1996 – Az. 191 Js 6107/93.

395 Anklage der *StA II bei dem LG Berlin* v. 8.7.1996 – Az. 29/2 Js 980/92.

396 Anklagen der *StA II bei dem LG Berlin* v. 4.11.1994 – Az. 29/2 Js 69/93; v. 3.9.1996 – Az. 29/2 Js 1057/92; v. 12.7.1996 – Az. 29/2 Js 1376/92.

h) Liquidierungen und Liquidierungsversuche

Diese Fallgruppe beinhaltet Fälle, in denen der Vorwurf versuchter oder vollendeter Tötung aus politischen Motiven erhoben wird.[397] Vornehmlich waren die Opfer ehemalige DDR-Bürger, die in die Bundesrepublik gelangt waren. Ein einheitliches Handlungsschema ist nicht erkennbar. In einem Berliner Verfahren[398] wegen dreifachen Mordversuchs war ein Anschlag gegen ein Ehepaar verübt worden, das seit längerem eine Fluchthilfeorganisation vom Boden der Bundesrepublik aus betrieb und einer größeren Zahl von – meist gut ausgebildeten – DDR-Bürgern die Flucht ermöglicht hatte. Der Ehemann war früher selbst durch die Bundesregierung aus DDR-Haft freigekauft worden. Ihm und seiner Familie wurde im Verlaufe eines Urlaubs in Israel, der gemeinsam mit dem befreundeten Täter unternommen wurde, von diesem vergiftetes Hackfleisch verabreicht. Die Familie überlebte den Anschlag. Der Täter war ein für das MfS als Inoffizieller Mitarbeiter tätiger Bürger der Bundesrepublik. Ein weiteres Verfahren[399] richtet sich gegen zwei Mitarbeiter des MfS, darunter ein ehemaliger Stellvertreter des Ministers Mielke. Ihnen wird vorgeworfen, einen Plan zur Ermordung eines ehemaligen DDR-Grenzsoldaten ausgearbeitet zu haben, der bei der Flucht von seiner Einheit in die Bundesrepublik seinerseits zwei Angehörige der DDR-Grenztruppen getötet hatte. Die Durchführung des Planes wurde mehrfach aufgeschoben und am Ende aufgegeben. Ein anderes Verfahren[400] gegen drei Angeklagte betrifft eine Tötung im Zusammenhang mit dem Grenzregime der DDR.[401] Sie erfolgte bei einem Sondereinsatz des MfS[402] an der Staatsgrenze. Ein früherer DDR-Bürger war nach langer Haft, unter anderem wegen „staatsgefährdender Propaganda", in die Bundesrepublik entlassen worden. Aufgrund eines Artikels des „Spiegel", wonach die Funktionsweise der von der DDR an der Grenze zur Bundesrepublik installierten Selbstschußanlagen den bundesdeutschen Behörden aller Wahrscheinlichkeit nach nicht bekannt sei, hatte er beschlossen, eine solche Anlage zu beschaffen. In der Folge hatte er dann zweimal einen Selbstschußautomaten an der Grenze abmontiert. Bei dem Versuch, dies ein drittes Mal zu tun, wurde er durch Mitglieder des vom MfS geleiteten Sonderkommandos erschossen. In zwei weiteren Fällen betreffen die Vorwürfe die geplante Ermordung einer Person, die in einer „Kampfgruppe gegen kommunistische Unmenschlichkeit" gegen die DDR aktiv war, sowie eines kommerziellen Fluchthelfers aus Hamburg.[403]

397 Bisher sind fünf Fälle bekannt, in denen der Vorwurf eines Kapitalverbrechens erhoben wird. Wie viele Anklagen noch zu erwarten sind, kann derzeit nicht gesagt werden. Der Hinweis auf Liquidierungen in MfS-Unterlagen, der Anlaß zu Ermittlungen gibt, ist mehrdeutig. Nicht stets verbindet sich damit ein Tötungsplan.

398 Anklage der *StA II bei dem LG Berlin* v. 27.5.1994 – Az. 29/2 Js 256/90.

399 Anklage der *StA II bei dem LG Berlin* v. 29.10.1993 – Az. 29/2 Js 228/90.

400 Anklage der *StA Schwerin* v. 9.10.1995 – Az. 191 Js 21460/95.

401 Denselben Lebenssachverhalt betrifft eine Anklage der *StA II bei dem LG Berlin* v. 27.5.1997 – Az. 25 Js 2/97, die sich gegen drei vorgesetzte MfS-Offiziere richtet.

402 Der Fall betrifft die für Abwehrarbeit in NVA und Grenztruppen zuständige Hauptabteilung I des MfS.

403 Anklage des *GBA beim BGH* v. 14.12.1992 – Az. 3 StE 16/92-4.

i) Unterbringung von RAF-Terroristen in der DDR

Dieser Unterabschnitt bezieht sich auf ein einziges, allerdings sehr umfangreiches Verfahren.[404] Es richtet sich gegen Gerhard Neiber, einen der Stellvertreter des Ministers für Staatssicherheit Mielke, und fünf weitere Offiziere des MfS. Ihnen wird vorgeworfen, ab 1980 daran mitgewirkt zu haben, daß insgesamt zehn steckbrieflich gesuchte Terroristen der „Rote Armee Fraktion" (RAF) in die DDR einreisen und dort unter einer Legende eine neue Existenz aufbauen konnten. Unter der Federführung der für die Terrorabwehr zuständigen Hauptabteilung XXII des MfS und mit Unterstützung der mit der Auslandsaufklärung befaßten Hauptverwaltung A erarbeiteten die RAF-Aussteiger zunächst in einem Objekt des MfS neue Identitäten, für welche passende Ausweispapiere zur Verfügung gestellt wurden. Durch Verleihung von Staatsbürgerurkunden wurden die MfS-gesteuerten Aufnahmeverfahren abgeschlossen. Die RAF-Aussteiger erhielten Wohnungen und Arbeitsplätze in verschiedenen Orten der DDR zugewiesen. Von der wahren Identität der Neubürger erfuhr außer einem kleinen Kreis von MfS-Angehörigen niemand. Erst als 1990 eine systematische Untersuchung der Einbürgerungsunterlagen der DDR möglich wurde, konnten die Terroristen identifiziert und daraufhin im Juni 1990 festgenommen werden. Acht von ihnen wurden in der Folge verurteilt.

3. Strafrechtliche Einordnung

a) Abhören von Telefonen

Für das Abhören von Telefonen kommen die Strafvorschriften der Verletzung der Vertraulichkeit des Wortes (§ 201 StGB)[405] sowie der Amtsanmaßung (§ 132 StGB; § 224 DDR-StGB) in Betracht.

aa) Zur Verletzung der Vertraulichkeit des Wortes

Während der Zeiträume, die Gegenstand der Anklagen sind, enthielt das DDR-StGB noch keine dem § 201 StGB entsprechende Strafnorm. Die Verfassung der DDR[406] vom 7. Oktober 1974 garantierte zwar das Post- und Fernmeldegeheimnis. Verletzungen waren aber nicht strafbewehrt. § 135a DDR-StGB[407] wurde erst 1990 durch das 6. Strafrechtsänderungsgesetz[408] eingeführt. Abhörhandlungen auf dem Gebiet der DDR während der von den Anklagen erfaßten Zeiträume dürfen daher nicht bestraft werden.[409]

Das Kammergericht nahm den ihm vorliegenden Fall zum Anlaß, zwischen dem Abhören von Gesprächen innerhalb der DDR einerseits und von solchen zwischen der

404 Anklage der *StA II bei dem LG Berlin* v. 7.4.1995 – Az. 29/2 Js 231/90.

405 Die Tatbestände der Verletzung des Post- oder Fernmeldegeheimnisses (§ 206 StGB; § 202 DDR-StGB) wurden nicht erörtert. Sie stellen Sonderdelikte dar und gelten nur für Postbedienstete.

406 In Art. 31.

407 Die Norm ist dem § 202 StGB nachgebildet worden.

408 V. 29.6.1990; DDR-GBl. I 1990, S. 526 ff.

409 Vgl. § 2 Abs. 1 StGB i.V.m. Art. 315 Abs. 1 EGStGB.

DDR und der Bundesrepublik andererseits zu unterscheiden.[410] Auf Fälle letzterer Art sei der StGB-Tatbestand der Verletzung der Vertraulichkeit des Wortes anwendbar.[411] Das Kammergericht gewann dieses Ergebnis aus der Überlegung, daß § 201 StGB die Vertraulichkeit des Gesprächs schütze, der Deliktserfolg des Bruchs dieser Vertraulichkeit überall dort eintrete, wo sich einer der Gesprächsteilnehmer befinde und ein Tatort daher im Falle deutsch-deutscher Telefonate in der Bundesrepublik liege.[412]

Der Bundesgerichtshof ging auf diese Auffassung in einem obiter dictum ein und deutete an, daß die Tathandlung im Falle des § 201 StGB das Aufnehmen des gesprochenen Wortes sei. Nach diesem Verständnis ist ein bundesdeutscher Tatort ausgeschlossen und die Auffassung des Kammergerichts abzulehnen. In der Sache selbst gelangte der Bundesgerichtshof zur Straflosigkeit, weil nur DDR-interne Gespräche den Gegenstand bildeten.[413]

bb) Zum Vorwurf der Amtsanmaßung

Da kein Fall des Artikels 315 Absatz 4 EGStGB vorliegt, hat sich die Bestrafung an den Vorgaben von Artikel 315 Absatz 1 EGStGB in Verbindung mit § 2 Absatz 3 StGB zu orientieren. Die Diskussion entzündete sich an der Frage, ob § 132 zweite Alternative StGB und § 224 Absatz 1 DDR-StGB anwendbar sind.[414]

Das Amtsgericht Tiergarten[415] schließt unter Berufung auf Auslegungsmethoden der DDR eine Anwendung von § 224 Absatz 1 DDR-StGB aus. Es habe bei den heimlich durchgeführten Abhörmaßnahmen an der nötigen Demonstration der angemaßten Befugnisse nach außen gefehlt. Ferner ließen auch die Einführung der §§ 135a und 244b DDR-StGB durch das 6. Strafrechtsänderungsgesetz vom 29. Juni 1990 erkennen, daß der Gesetzgeber selber von einer Lücke im Strafrecht der DDR ausgegangen sei, welche er durch den Erlaß der genannten Normen erst geschlossen habe. Auf die Frage, ob § 132 StGB artgleiches Unrecht enthalte, geht die Entscheidung folgerichtig nicht mehr ein.

Das Oberlandesgericht Dresden[416] und vor allem das Berliner Kammergericht[417] begründen dagegen in ihren Entscheidungen ausführlich die Anwendbarkeit von § 224 Absatz 1 DDR-StGB. Zwar sei der Begriff „Anmaßen" dergestalt einschränkend auszulegen, daß die Handlung, an die man anknüpfe, mit „Außenwirkung" vorgenommen

410 Das *AG Tiergarten* als Ausgangsgericht war hierauf nicht eingegangen. Das zurückverweisende Urteil mahnte daher weitere Sachverhaltsaufklärung an. Im Ergebnis wurde das Verfahren durch das *AG Tiergarten* nach § 153 Abs. 2 StPO eingestellt.

411 Vgl. § 201 Abs. 1 Nr. 1 und Abs. 2 Nr. 1 StGB. Die Anwendbarkeit ergibt sich hier aufgrund der §§ 3 und 9 Abs. 1 StGB i.V.m. Art. 315 Abs. 4 EGStGB.

412 Urteil v. 12.5.1993 – Az. (5) 2 Js 216/91 Ls (34/92), JR 1993, 388.

413 Urteil v. 9.12.1993 – Az. 4 StR 416/93, BGHSt 40, 8.

414 § 132 StGB erfaßt in der hier relevanten zweiten Alternative denjenigen, der „eine Handlung vornimmt, welche nur kraft eines öffentlichen Amtes vorgenommen werden darf". § 224 DDR-StGB trug die Bezeichnung „Anmaßung staatlicher Befugnisse". Sein Absatz 1 lautete: „Wer sich eine staatliche Befugnis anmaßt und dadurch die ordnungsgemäße Tätigkeit staatlicher Organe oder die Rechte der Bürger beeinträchtigt ...".

415 Urteil v. 25.5.1992 – Az. (215) 2 Js 216/91 Ls (110/91), NStZ 1993, 46, 47.

416 Beschluß v. 22.3.1993 – Az. Ws 100/92, DtZ 1993, 287.

417 Urteil v. 12.5.1993 – Az. (5) 2 Js 216/ 91 Ls (34/92), JR 1993, 388.

sein müsse. Dieses Kriterium diene aber nur dazu, eine Abgrenzung zu dem Fall eines – nicht tatbestandlichen – bloßen Behauptens von Amtsbefugnissen zu ermöglichen. Bereits durch die Organisation der Abhörmaßnahmen MfS-intern hätten die Angeklagten – für einen objektiven Beobachter erkennbar – die angemaßten Befugnisse durch Taten demonstriert, so daß die nötige Außenwirkung vorliege. Daß die Abhörmaßnahmen unbefugt gewesen seien, leitet insbesondere das Kammergericht aus grundsätzlichen Erwägungen zur Rechtsordnung und speziell zum Verfassungsrecht der DDR ab. Betont wird ferner, daß die spätere Einführung der §§ 135a und 244b in das DDR-StGB nicht ausschließe, daß das genannte Verhalten auch schon zuvor strafbar gewesen sei. Zum einen schützten beide Normen andere Rechtsgüter als § 224 Absatz 1 DDR-StGB, zum anderen seien Rückschlüsse auf Vorstellungen des Gesetzgebers verfehlt, weil dieser 1990 unter großem Zeitdruck gehandelt habe. Am Ende wird jeweils knapp ausgeführt, daß § 132 StGB jedenfalls teilidentisch sei mit § 224 DDR-StGB.

Der Bundesgerichtshof tritt der Annahme einer Strafbarkeit mit Überlegungen entgegen, die sich auf § 132 StGB beschränken. Es liege eine Strafbarkeitslücke vor, die „dem Gerechtigkeitsgefühl allerdings deutlich zuwiderlaufe“[418], die aber nicht durch die §§ 224 DDR-StGB und 132 StGB zu schließen sei. Entgegen einem reichsgerichtlichen Urteil[419] sei für § 132 zweite Alternative StGB zu fordern, daß der Täter durch sein Handeln den Anschein einer rechtmäßigen Amtshandlung hervorrufe und daher die Gefahr einer Verwechslung bestehe. Die Anwendbarkeit der Norm scheitert demnach daran, daß für den objektiven Betrachter durch das Abhören nicht etwa der Anschein einer rechtmäßigen Untersuchungshandlung erzeugt wurde,[420] sondern lediglich eine – gemessen an der Gesetzeslage der DDR – unzulässige Tätigkeit ausgeübt wurde. Der Bundesgerichtshof führt als weiteres Argument an, daß im Gegensatz zu § 224 DDR-StGB in § 132 StGB nur das staatliche Ansehen, nicht aber auch private Rechte geschützt seien. Da aber die Rechtswidrigkeit der Abhörmaßnahmen nur aus einem Verstoß gegen private Rechte herrühre,[421] sei die Maßnahme nicht „unbefugt“ in dem Sinne, wie es im Zusammenhang des § 132 StGB zu fordern sei. An die Normen zum Schutz staatlicher Interessen, namentlich die Dienstanweisungen des Ministers für Staatssicherheit, habe man sich gehalten.

Von weiteren Strafverfolgungsmaßnahmen auf diesem Gebiet haben die Staatsanwaltschaften infolge der grundlegenden Entscheidung des Bundesgerichtshofs Abstand genommen. Im Ergebnis kann das Abhören von Telefonen nicht bestraft werden.

418 Urteil des 4. Strafsenats v. 9.12.1993 – Az. 4 StR 416/93, BGHSt 40, 8, 11.

419 Urteil v. 22.9.1921 – Az. I 67/21, *RG*St 56, 156.

420 Die DDR-StPO bestimmte in § 88, daß (neben anderen) „die Untersuchungsorgane des Ministeriums für Staatssicherheit“ für die Durchführung der Ermittlungen in Strafsachen zuständig waren.

421 Sie verstieß gegen das in Art. 31 DDR-Verfassung garantierte Fernmeldegeheimnis.

b) Öffnen von Briefsendungen und Kenntnisnahme von deren Inhalt

Die Handlungen werden unter den Gesichtspunkten der Verletzung des Briefgeheimnisses (§ 202 StGB; § 135 DDR-StGB) sowie der Sachbeschädigung (§ 303 StGB; § 183 DDR-StGB) untersucht. Die tatbestandliche Zuordnung bereitet keine Probleme. Dagegen verursachen jeweils das Antragserfordernis[422] und die Verjährungsfrage Schwierigkeiten.

Zu unterscheiden ist zwischen Taten, die Briefe aus der Bundesrepublik betreffen, und Taten, die im Zusammenhang mit innerhalb der DDR versandten Briefen begangen wurden.

Im ersten Fall richtet sich die Strafbarkeit wegen Artikel 315 Absatz 4 EGStGB nach § 202 StGB. Der bundesdeutsche Absender des Briefes, der allein strafantragsberechtigt ist, da sein Bestimmungsrecht hinsichtlich des Adressaten verletzt ist, muß nach §§ 205 Absatz 1, 77 StGB einen Strafantrag innerhalb der Drei-Monats-Frist des § 77b StGB stellen.[423] Oftmals läßt sich freilich nicht mit Bestimmtheit sagen, wann ein Brief von wem geöffnet wurde.

Im zweiten Fall besteht das Problem, daß Artikel 315b EGStGB zwar bestimmt, daß die Vorschriften des Strafgesetzbuchs über den Strafantrag Gültigkeit haben. Nicht geregelt ist hingegen, ob der Fristlauf für die Stellung eines Strafantrages, ähnlich wie bei der Verjährungsfrist für systembedingt unverfolgt gebliebene Taten, bis zum 3. Oktober 1990 gehemmt war. Diese Frage ist entscheidend dafür, ob Strafanträge, die kurz vor oder erst nach der Wiedervereinigung gestellt worden sind, noch als fristgemäß angesehen werden können. Denn nach dem Recht der DDR betrug die Antragsfrist drei Monate seit Kenntniserlangung von der Tat und endete spätestens sechs Monate nach der Tat.[424]

Hier vertraten die Schwerpunktstaatsanwaltschaften unterschiedliche Ansichten. Die Brandenburgische Schwerpunktstaatsanwaltschaft in Neuruppin lehnte unter Berufung auf Artikel 315b Satz 4 EGStGB eine Hemmung des Fristlaufs ab. Die dort getroffene Regelung, daß nach DDR-Recht bereits eingetretene Verfristungen Bestand haben sollten, beantworte die vorliegende Frage. Auch habe es der Gesetzgeber bei Erlaß des ersten Verjährungsgesetzes gerade unterlassen, die schon damals bekannte Frage durch eine entsprechende Ergänzung des Artikels 315b EGStGB im Sinne der Gegenansicht zu klären. Diese Rechtsauffassung der Schwerpunktstaatsanwaltschaft des Landes Brandenburg hat der Generalstaatsanwalt des Landes Brandenburg bestätigt.[425]

Die Staatsanwaltschaft II in Berlin sowie die Staatsanwaltschaften in Erfurt und Dresden waren gegenteiliger Ansicht. Dort ging man davon aus, daß das Stellen eines Strafantrags in den Fällen „politischer“ Kriminalität systembedingt keine Strafverfol-

422 Antragserfordernisse enthalten die §§ 205, 303c StGB und die §§ 2 Abs. 1, 135 Abs. 2 DDR-StGB.

423 Die Frist beginnt mit Ablauf des Tages der Kenntniserlangung von der Tat und der Person des Täters.

424 § 2 Abs. 2 DDR-StGB.

425 Vergleiche hierzu *Rautenberg* NJ 1997, 94. Das von *Rautenberg* besprochene Urteil des *AG Chemnitz* v. 29.8.1996 – Az. 3 Ds 823 Js 32114/95 – betrifft zwar einen Fall der Verletzung des Berufsgeheimnisses, jedoch hat die Anmerkung für Antragsdelikte insgesamt Bedeutung. Das Urteil selbst enthält keine Ausführungen zu der mit der Strafantragsfrist verbundenen Problematik.

gungstätigkeit ausgelöst hätte, so daß der Ablauf der Antragsfrist, ebenso wie die Verjährung der Straftat, geruht habe. Anknüpfungspunkt für diese Auffassung ist § 79 StPO-DDR, nach dem „Befreiung von den nachteiligen Folgen" gewährt werden mußte, wenn ein Antragsteller „durch Naturereignisse oder andere unabwendbare Zufälle an der Einhaltung der Frist verhindert war". In dieser Frage hat das mit den einschlägigen Fällen hauptsächlich befaßte Oberlandesgericht Dresden anderweitig entschieden, indem es § 79 StPO-DDR für unanwendbar erklärt.[426] Nach dieser die Praxis leitenden Auffassung ist das Strafantragsrecht praktisch immer erloschen. Schon deshalb wird die Kontrolle des Postverkehrs im Ergebnis nicht bestraft.[427]

Ferner wurde auf staatsanwaltlicher Seite der Frage nachgegangen, ob bei politisch veranlaßter Verneinung des öffentlichen Interesses dieses nachträglich noch bejaht werden kann. Die Frage stellt sich, weil das DDR-Recht bei Antragsdelikten stets die Möglichkeit vorsah, auch bei fehlendem Strafantrag die Verfolgung aus Gründen des öffentlichen Interesses aufzunehmen. Es setzte sich die Auffassung durch, daß das öffentliche Interesse der DDR mit dieser gemeinsam in Fortfall geraten sei und heute daher nicht mehr tauglicher Anknüpfungspunkt für Strafverfolgung sein könne.

Unklarheiten bestehen auch weiterhin in der Frage des Ruhens der Verjährung, die sich nicht nur in dieser Fallgruppe stellt. Während das Oberlandesgericht Dresden[428] das erste Verjährungsgesetz bei Verletzungen des Briefgeheimnisses für anwendbar hielt, entschied das Oberlandesgericht Jena[429], daß in „Fällen minderer Kriminalität" ein quasigesetzliches Verfolgungshindernis mit der Folge eines Ruhens der Verjährung nicht vorliege.

c) Entnahme von Geld und Wertgegenständen aus Postsendungen

Im Hinblick auf die Entnahme von Geld und Wertgegenständen wurde eine Strafbarkeit wegen Unterschlagung (§ 246 StGB) und wegen Verwahrungsbruchs (§ 133 StGB) in Betracht gezogen.

aa) Zum Vorwurf der Unterschlagung

Soweit es in gerichtlichen Entscheidungen um den Vorwurf der Unterschlagung ging, wurde § 246 StGB als die gegenüber § 177 DDR-StGB[430] mildere Vorschrift angesehen, weil diese auch die Drittzueignung ausdrücklich unter Strafe stelle, was bei § 246 StGB dagegen nicht der Fall sei.

426 Urteil v. 24.9.1997 – Az. 1 Ss 235/97.

427 Allerdings sind zwei erstinstanzliche Verurteilungen rechtskräftig geworden, gegen die keine Rechtsmittel eingelegt worden waren; vgl. *AG Zwickau*, Urteil v. 25.9.1996 – Az. 7 Ds 820 Js 23565/95, *AG Plauen*, Urteil v. 13.9.1996 – Az. 3 Ds 820 Js 39429/96.

428 Beschluß v. 29.4.1997 – Az. 1 Ws 93/97.

429 Urteil v. 16.1.1997 – Az. 1 Ss 295/95; der Fall behandelte einen Fall der Verletzung der ärztlichen Schweigepflicht.

430 Die Norm lautet an der entscheidenden Stelle: „… oder wer solche ihm übergebene oder auf andere Weise in seinen Besitz gelangten Sachen sich oder anderen rechtswidrig zueignet …".

Entscheidend war somit die Frage, ob die angeklagten MfS-Offiziere die entnommenen Gegenstände „sich zugeeignet" hatten. Alle Entscheidungen gingen darauf ein, daß die Verfügung über eine Sache zugunsten eines Dritten für das Merkmal des Sich-Zueignens genügen könne. Unter Verweis auf die höchstrichterliche Rechtsprechung[431] wurde als Ausgangspunkt angeführt, daß der Täter von der Zuwendung an den Dritten einen wirtschaftlichen Nutzen oder Vorteil im weitesten Sinne haben müsse, der auch ein nur mittelbarer sein könne.

Mit Blick auf die Entnahme von Schmuck und Konsumgütern führte der 3. Strafsenat des Bundesgerichtshofs aus, daß dieser mittelbare Vorteil vorliege, weil hohe MfS-Offiziere das Recht gehabt hätten, solche Güter, die sonst nicht oder nur schwer zu bekommen gewesen seien, zu kaufen.[432] Der 5. Senat stellte dagegen auf andere Gründe ab. Er sah einen mittelbaren wirtschaftlichen Vorteil darin, daß die verantwortlichen Offiziere des MfS durch ihr Handeln den Bestand der DDR und damit auch ihre eigene hervorgehobene berufliche und gesellschaftliche Stellung, die nicht zuletzt in entsprechender Entlohnung Ausdruck gefunden habe, gesichert hätten.[433] Ferner zog der 5. Senat eine Parallele zu anderen Fällen, in denen der Täter Gegenstände einer Organisation zugewendet hatte, der er selber angehörte.[434] Unter Berufung auf verschiedene Literaturstimmen regte er weiter – ohne eigene Festlegung – an, in den Fällen der Drittzueignung stets auch ein Sich-Zueignen zu sehen, da jede Verfügung zugunsten eines Dritten die Anmaßung einer eigentümerähnlichen Stellung unter Leugnung der Befugnisse des Berechtigten bedeute.[435]

Demgegenüber stellten der 4. Strafsenat und später der Große Senat für Strafsachen in ihren Entscheidungen heraus, daß für die Zuführung der entnommenen Gelder an den Staatshaushalt politische Motive wie die Stärkung des Sozialismus maßgebend gewesen sein könnten.[436] Die Verfolgung solcher Interessen sei aber, anders als in den Fällen der Begünstigung eines freiwilligen Zusammenschlusses von Personen, nicht ausreichend.[437] Damit entfiel eine Strafbarkeit nach § 246 StGB.[438]

431 *BGH*, Urteil v. 23.4.1953 – Az. 3 StR 219/52, BGHSt 4, 236, 238; *BGH*, Urteil v. 20.5.1986 – Az. 1 StR 224/86, NJW 1987, 77.

432 Beschluß v. 31.3.1993 – Az. 3 Bjs 512/90-2 (141)-AK 5/93, NStZ 1994, 542.

433 Beschluß des *5. Strafsenats* v. 13.10.1994 – Az. 5 StR 386/94, wistra 1995, 23, 26.

434 In den genannten Fällen ging es allerdings um Zuwendungen zugunsten einer GmbH oder eines Vereins.

435 *BGH*, Urteil v. 9.12.1993 – Az. 4 StR 416/93, BGHSt 40, 8, 22, 26 f.; in gleicher Weise argumentiert auch *Wolfslast* NStZ 1994, 542.

436 *BGH*, aaO, 20.

437 Beschluß des *Großen Senats für Strafsachen* v. 25.7.1995 – Az. GSSt 1/95, BGHSt 41, 187, 196. Während der 4. Senat in seiner Entscheidung daneben auch einen Gewahrsam der MfS-Offiziere ablehnte, ging der Große Senat darauf nicht ein.

438 Die Unanwendbarkeit des Unterschlagungstatbestandes in solchen Fällen der Drittzueignung war denn auch für den Gesetzgeber ein wesentliches Motiv für eine Änderung des § 246 StGB, vgl. *Duttge/Fahnenschmidt* ZStW 110 (1998), 884, 886.

bb) Zum Vorwurf des Verwahrungsbruchs[439]

Eine Strafbarkeit gem. § 133 StGB wird vom 4. Strafsenat des Bundesgerichtshofs mit der Begründung abgelehnt, daß die Postsendungen von der Deutschen Post dem MfS pauschal überlassen worden seien und daher zum Zeitpunkt der Bearbeitung durch das MfS kein zu brechender Gewahrsam mehr vorgelegen habe.[440] Zu einer Entscheidung des 5. Senats deutet sich eine Gegenposition an.[441] Dieser Ansatz wurde jedoch nicht weiterverfolgt.

d) Heimliches Betreten fremder Räumlichkeiten

Bezüglich dieser Fallgruppe ergeben sich Unterschiede je nachdem, ob nur ein einzelner Hausfriedensbruch oder aber eine mehrfache Tatbegehung ermittelbar ist. Nach § 134 Absatz 1 DDR-StGB war im Fall des einfachen Hausfriedensbruchs keine Kriminalstrafe verwirkt. Gemäß Artikel 315 Absatz 1 Satz 1 EGStGB kann eine solche Tat heute nicht geahndet werden. In den Fällen, in denen einem Beschuldigten nicht mehr als ein Hausfriedensbruch nachgewiesen werden konnte, haben die Staatsanwaltschaften deshalb die Ermittlungen in entsprechender Anwendung des § 153b Absatz 1 StPO eingestellt.[442]

Eine Strafverfolgung ist daher nur unter der Voraussetzung möglich, daß ein Fall des § 134 Absatz 2 DDR-StGB[443] vorliegt. In Frage kommt insbesondere die Variante der mehrfachen Begehung.

Im Ergebnis wurden aber auch die Fälle mehrfacher Begehung von fast allen Staatsanwaltschaften eingestellt. Die Einstellungen erfolgten nach § 170 Absatz 2 StPO mit der Begründung, daß ein unvermeidbarer Verbotsirrtum nach § 17 StGB nicht mit der für eine Verurteilung nötigen Sicherheit ausgeschlossen werden könne. Die Beschuldigten könnten die Rechtswidrigkeit der für ihr Handeln maßgeblichen MfS-Vorschriften verkannt haben, ohne daß insoweit ein Verschulden nachweisbar sei.

Einen anderen Standpunkt vertritt die Staatsanwaltschaft Dresden in den von ihr erhobenen Anklagen. Sie verneint das Fehlen des Unrechtsbewußtseins. Die Angeklagten hätten an der Juristischen Hochschule des MfS in Potsdam studiert und seien sich daher über die Rechtswidrigkeit ihrer Handlungen im klaren gewesen. Diese Auffassung hat das Oberlandesgericht Dresden im wesentlichen bestätigt. In zwei Entscheidun-

439 § 133 StGB; § 239 DDR-StGB betraf den „schweren Gewahrsamsbruch". Bestimmte leichtere Fälle stellten lediglich eine Ordnungswidrigkeit dar.

440 Urteil v. 9.12.1993 – Az. 4 StR 416/93, BGHSt 40, 8, 24.

441 Beschluß des *5. Strafsenats* v. 13.10.1994 – Az. 5 StR 386/94, wistra 1995, 23, 27.

442 Nach dieser Norm bedarf es zur Einstellung des Verfahrens der Zustimmung desjenigen Gerichtes, welches für die Eröffnung des Hauptverfahrens zuständig wäre. Diese Zustimmung wurde, wenn sie von den Staatsanwaltschaften erfragt wurde, erteilt. Die Norm findet nur entsprechende Anwendung, da sie sich ihrem Wortlaut nach nur auf solche Fälle bezieht, in denen das Gericht von Strafe absehen kann. In den Fällen, die dem Anwendungsbereich des Art. 315 Abs. 1 S. 1 EGStGB unterliegen, bestimmt dieser hingegen zwingend, daß von Strafe abzusehen ist.

443 „Wer die Tat nach Abs. 1 oder den Hausfriedensbruch in öffentlichen Gebäuden, Grundstücken oder Verkehrsmitteln unter Anwendung von Gewalt, Drohung mit Gewalt oder mehrfach begeht, wird mit Verurteilung auf Bewährung oder mit Geldstrafe bestraft".

gen[444] hat es den Standpunkt vertreten, daß bei einem Täter in gehobener Position mit juristischer Ausbildung in Anbetracht der Tatsache, daß das Eindringen in Wohnräume eindeutig rechtswidrig gewesen sei, besonders hohe Anforderungen an die Annahme eines unvermeidbaren Verbotsirrtums zu stellen seien.

Hinsichtlich der Frage des Ruhens der Verjährung hat das Oberlandesgericht Dresden seine Ansicht, wonach die Verjährung – entsprechend dem ersten Verjährungsgesetz – bis zum 3. Oktober 1990 geruht habe, auch in Entscheidungen zu dieser Fallgruppe[445] zum Ausdruck gebracht. Auf dieser Grundlage ist es bisher zu einer rechtskräftigen Verurteilung gekommen.[446]

e) Preisgabe von Informationen aus beruflich begründeten Vertrauensverhältnissen

Eine Bestrafung hat sich am Strafmaß des § 136 DDR-StGB zu orientieren, dessen Rechtsfolgen im Verhältnis zu denen der entsprechenden Norm des StGB (§ 203 Absatz 1) milder sind. Besondere rechtliche Probleme bei der Anwendung des Tatbestandes wurden dabei von den Justizorganen nicht gesehen. Fragen der Rechtswidrigkeit und des Verbotsirrtums spielen hingegen auch in dieser Fallgruppe eine Rolle.

Erst relativ spät[447] wurde von den Gerichten die Problematik des Ablaufs der Strafantragsfrist erkannt.[448] Durch das 5. Strafrechtsänderungsgesetz vom 14. Dezember 1988[449] war § 136 DDR-StGB geändert und um einen Absatz 2 ergänzt worden, der einen Strafantrag zur Voraussetzung der Strafverfolgung machte. Diese Neuregelung betraf auch Altfälle, bei denen die Frist freilich erst mit Inkrafttreten der Änderung zu laufen begann. Nach der Überleitungsregelung in Artikel 315b Satz 4 ist der Ablauf einer gemäß dem DDR-StGB berechneten Antragsfrist auch nach Einführung des StGB zu beachten. § 2 DDR-StGB sah vor, daß der Antrag innerhalb von drei Monaten, nachdem der Geschädigte von der Straftat erfahren hat, spätestens aber binnen sechs Monaten seit der Begehung der Straftat gestellt werden muß. Demgemäß endete in allen Fällen die Antragsfrist spätestens sechs Monate nach Inkrafttreten der Gesetzesänderung, also am 1. Januar 1990.

§ 2 Absatz 1 DDR-StGB sah neben der Verfolgung auf Antrag des Geschädigten weiter die Möglichkeit der Verfolgung aufgrund öffentlichen Interesses vor. Darauf

444 Urteile v. 24.9.1997 – Az. 1 Ss 402/97 und 1 Ss 323/97.

445 Beschluß v. 30.5.1997 – Az. 1 Ws 99/97; Urteil v. 24.9.1997 – Az. 1 Ss 402/97, UA S. 18 f; vgl. auch S. 87 und dort Fn. 428.

446 *OLG Dresden*, Beschluß v. 19.6.1998 – Az. 1 Ss 277/98.

447 In fünf Fällen waren bereits rechtskräftig Geldstrafen ausgesprochen worden, ohne daß eine mögliche Verfristung von Strafanträgen erörtert worden war. In einem weiteren Fall, in dem es auch zu einer rechtskräftigen Verurteilung kam, war das Problem angesprochen, in seinem Umfang aber wohl nicht erkannt worden. (Die betreffende Passage in der Anklageschrift, auf die sich auch das Gericht bezieht, besteht aus zwei Sätzen, vgl. die Anklage der *StA Erfurt* v. 21.2.1995 – Az. 550 Js 10107/93, S. 15.)

448 Vgl. zur Frage der Strafantragsfrist auch S. 86.

449 DDR-GBl. I 1988, S. 335.

konnte jedoch nicht zurückgegriffen werden.[450] Gemäß Artikel 315b Satz 1 EGStGB sind Fragen des Strafantrags allein anhand des StGB zu klären. Satz 4 der Norm trifft eine Spezialregelung nur für die Antragsfrist. Das StGB kennt eine allgemeine Möglichkeit der Ersetzung eines Strafantrags durch ein öffentliches Interesse nicht. Nachdem das Oberlandesgericht Dresden dementsprechend entschieden hat, daß Strafanträge wegen Artikel 315b Satz 4 EGStGB nach dem 1. Januar 1990 nicht mehr wirksam gestellt werden konnten,[451] und zudem das Oberlandesgericht Jena in Fällen „minderer Kriminalität", zu denen die Verletzung des Berufsgeheimnisses zählt, ein Ruhen der Verjährung verneint hat,[452] steht fest, daß diese Fälle strafrechtlich ebenfalls nicht zu ahnden sind.

f) Repressalien gegenüber Ausreiseantragstellern

Die rechtliche Beurteilung dieser Taten wirft keine Streitfragen auf. Probleme bereitet dagegen der Nachweis der Tat.[453]

Handlungen mit dem Ziel, einen Ausreiseantragsteller zur Zurücknahme des Antrags zu bewegen, sind als Nötigung erfaßbar (§ 240 StGB beziehungsweise § 129 DDR-StGB). Tatvorwürfe im Zusammenhang mit der Übertragung von Grundeigentum wurden unter dem Gesichtspunkt der schweren Erpressung (§ 253 StGB beziehungsweise §§ 127, 128 DDR-StGB) geprüft. Dabei hielten die Berliner Staatsanwaltschaften das Nötigungsmittel der „Gewalt" für gegeben. Zumeist wurde § 253 StGB als das mildere Gesetz herangezogen, weil bei einer Schadenssumme von mehr als 10.000,- Mark nach DDR-Strafrecht bereits ein schwerer Fall mit erheblich höherer Strafandrohung vorliegt.[454] Dagegen ergab die Prüfung anhand des StGB, daß ein besonders schwerer Fall nicht in Betracht kam[455] und somit nur ein Strafrahmen von Geldstrafe bis zu einer Freiheitsstrafe von maximal fünf Jahren zur Verfügung gestanden hätte. Das Landgericht Berlin und das Kammergericht Berlin sahen anders als die Staatsanwaltschaften in dem angeklagten Verhalten das Nötigungsmittel einer „Drohung" als verwirklicht an.[456] Der Bundesgerichtshof entschied demgegenüber abschließend, daß die Taten nicht strafbar seien.[457] Mangels Rechtswidrigkeit der Handlungen seien die Tatbestände der Nötigung und der Erpressung nicht einschlägig.

450 Allein die *StA Dresden* stellte in einem Verfahren Überlegungen zu einer Ersetzung des Strafantrags auf diesem Wege an. Sie setzte sich damit aber nicht durch; *LG Leipzig*, Beschluß v. 26.8.1997 – Az. 10 Ns 823 Js 20814/96, *OLG Dresden*, Urteil v. 24.9.1997 – Az. 1 Ss 235/97.

451 Urteil v. 24.9.1997 – Az. 1 Ss 235/97.

452 Urteil v. 16.1.1997 – Az. 1 Ss 295/95.

453 Mangels Tatnachweises ergingen Freisprüche durch das *LG Neubrandenburg*, Urteil v. 22.10.1996 – Az. 11 KLs 29/94, und durch das *LG Potsdam*, Urteil v. 28.07.1997 – Az. 23 Kls 58/93.

454 *AG Tiergarten*, Urteil v. 7.11.1994 – Az. (213) 21 Js 3/94 Ls (67/94), UA S. 43.

455 Vgl. § 253 Abs. 4 S. 2 StGB.

456 *LG Berlin*, Urteil v. 9.1.1996 – Az. 506-53/93 und v. 29.11.1996 – Az. 506-3/95, *KG Berlin*, Beschlüsse v. 1.2.1995 – Az. 5 Ws 425/94 und v. 1.12.1997 – Az. 5 Ws 553/97.

457 Beschluß v. 22.4.1998 - Az. 5 StR 5/98, NJW 1998, 2612.

g) Entführungen

Tatsächliche Schwierigkeiten bereitet hier häufig ein lange zurückliegender Tatzeitpunkt.[458] Fälle der Verschleppung von West- nach Ostberlin können im übrigen lediglich wegen eines – gemessen an der Gesamtdauer der Einschränkung der Bewegungsfreiheit – sehr kurzen Zeitabschnittes als Freiheitsberaubung geahndet werden. Da bald nach Überschreiten der Grenze ein Haftbefehl erlassen wurde, war von diesem Zeitpunkt an in derartigen Fällen das Festhalten gerechtfertigt.[459] Auch hier kann daher das Strafrecht nur einen kleinen Teil des Gesamtgeschehens erfassen. Seit der Entscheidung des Bundesgerichtshofs, wonach derartige Taten als Freiheitsberaubung bestraft werden können,[460] werden gegen die an der Planung oder der Durchführung von Entführungen beteiligten Personen regelmäßig Freiheitsstrafen in Höhe zwischen sechs und zwölf Monaten verhängt, deren Vollstreckung jeweils zur Bewährung ausgesetzt wird.

h) Liquidierungen und Liquidierungsversuche

In einem Verfahren dieser Fallgruppe traten keine speziellen rechtlichen Probleme auf. Die Verfahren sind noch nicht alle beendet. Bisher gab es sowohl eine rechtskräftige Ablehnung der Eröffnung des Hauptverfahrens mangels hinreichender tatsächlicher Anhaltspunkte für die Tat[461] als auch rechtskräftige Verurteilungen.[462]

i) Unterbringung von RAF-Terroristen in der DDR

Den sechs Angeklagten dieser Fallgruppe wurde der Vorwurf der Strafvereitelung nach § 258 StGB gemacht. Das erstinstanzlich zuständige Landgericht hatte Verwarnungen mit Strafvorbehalt ausgesprochen.[463] Es ging dabei von nur versuchten Taten aus, da es nicht sicher feststellen konnte, ob die Unterbringung der Terroristen deren Strafverfolgung tatsächlich wesentlich beeinträchtigt hatte. Der BGH entschied demgegenüber, daß die Taten nicht strafbar seien.[464] Zwar sei grundsätzlich § 258 StGB über die §§ 3 und 9 StGB auch auf die im Ausland begangenen Handlungen anwendbar. Bei der Beurteilung seien aber völkerrechtliche Einschränkungen zu beachten. Handeln in staatlichem Auftrag sei nämlich nur dann als Strafvereitelung zu ahnden, wenn aufgrund eines völkerrechtlichen Vertrages eine Verpflichtung bestanden habe, einen Einzelauslieferungsvertrag hinsichtlich der betreffenden Personen zu schließen. Zwischen der Bundesrepublik

458 Zweifelhaft ist, ob die DDR-Vorschrift zur Freiheitsberaubung herangezogen werden kann, weil sich ein Teil des Geschehens auf Westberliner Gebiet zutrug. Der Strafanspruch nach bundesdeutschem Recht kann wegen Verjährung in den meisten Fällen nicht mehr durchgesetzt werden.

459 Die *StA II bei dem LG Berlin* hatte eine weiterreichende Strafbarkeit befürwortet.

460 *BGH*, Urteil v. 3.12.1996 – Az. 5 StR 67/96.

461 *LG Berlin*, Beschluß v. 26.4.1994 – Az. 532-12/93.

462 *LG Berlin*, Urteil v. 28.11.1994 – Az. 527 Ks 15/94, *KG Berlin*, Urteil v. 1.7.1993 – Az. unbekannt (zur Anklage des *GBA* v. 14.12.1992 – Az. 3 StE 16/92-4).

463 *LG Berlin*, Urteil v. 7.3.1997 – Az. 522 KLs 21/95. Das Urteil betraf nur noch drei der ursprünglich sechs Angeklagten, nachdem gegen die übrigen drei Einstellungen ergangen waren.

464 *BGH*, Urteil v. 5.3.1998 – Az. 5 StR 494/97, BHGSt 44, 52.

und der DDR habe es ein solches Abkommen nicht gegeben. Auch wenn es dem Strafvereitelungstatbestand zuwiderlaufe, sei deshalb die Gewährung von Einreise und Aufenthalt als Ausdruck staatlicher Souveränität hinzunehmen.

VI. Mißhandlungen in Haftanstalten

1. Einführung

Als Aushängeschild der modernen sozialistischen Gesellschaft präsentierte sich das Haftsystem in der DDR-Propaganda. Indes belegen Vielzahl und Intensität der heute zutage tretenden strafrechtlichen Verfehlungen, daß die Mißhandlung inhaftierter Personen in der DDR zur Normalität gehörte.

Mit dieser Diskrepanz verbindet sich das Grundproblem der Fallgruppe: Sind die Mißhandlungen als systembedingte Kriminalität oder als systemwidrige Exzeßtaten von allerdings erschreckender Häufigkeit einzuordnen? Ein Systemzusammenhang ist in unterschiedlicher Form und Stärke denkbar. Die Taten können durch das sozialistische Herrschaftssystem gefördert oder als Mittel zur Durchsetzung politischer Interessen zumindest gebilligt worden sein. Auch wenn beides zu verneinen ist, bleibt zu prüfen, ob eine strafrechtliche Verfolgung aus Gründen unterblieb, die einen Systemzusammenhang aufwiesen.

Der folgende Text skizziert die Auseinandersetzung der bundesdeutschen Strafverfolgungsbehörden und Gerichte mit den Besonderheiten des DDR-Haftsystems, mit den Problemen des anzuwendenden Rechts und der Verfolgungsverjährung, mit Fragen der Strafzumessung sowie mit den Schwierigkeiten bei der Beweiserlangung.

2. Sachverhaltsfeststellungen

Mißhandlungen fanden nicht ausschließlich im Bereich des Strafvollzuges statt. Eine Reihe von Straftaten wurde auch anläßlich vorläufiger Festnahmen und während der Untersuchungshaft begangen. Allerdings betraf der weitaus größte Teil der bekannt gewordenen Delikte Mißhandlungen im Rahmen des Strafvollzuges, so daß sich die nachfolgende Darstellung des Haftsystems auf den Strafvollzug konzentriert.

a) Allgemeine Feststellungen zum Strafvollzug in der DDR

Der Vollzug der Strafen mit Freiheitsentzug war in der DDR durch eine Vielzahl von gesetzlichen Bestimmungen geregelt. Durchführung und Verwaltung der Strafvollzugsangelegenheiten bestimmten sich zunächst nach der Verordnung zur Übertragung der Geschäfte des Strafvollzuges auf das Ministerium des Innern der DDR vom 16. November 1950[465] sowie nach den hierzu ergangenen Durchführungsbestimmungen. Das Gesetz über den Vollzug der Strafen mit Freiheitsentzug und über die Wiedereingliede-

465 DDR-GBl. I 1950, S. 1165.

rung Strafentlassener in das gesellschaftliche Leben vom 12. Januar 1968[466] – Strafvollzugs- und Wiedereingliederungsgesetz – hob die Verordnung vom 16. November 1950 auf und verband die Regelungen des Strafvollzugs mit den bis dahin gesondert normierten[467] Bestimmungen über die Reintegration Strafgefangener. Das Strafvollzugs- und Wiedereingliederungsgesetz wurde am 5. Mai 1977 durch das Gesetz über den Vollzug der Strafen mit Freiheitsentzug vom 7. April 1977[468] – StVG – ersetzt. Im StVG wurden erstmals Rechte der Strafgefangenen normiert.[469] Der überwiegende Teil der bekannt gewordenen und verfolgten Delikte wurde während der Geltung des StVG begangen, so daß dessen Zielsetzungen und Regelungen nachfolgend näher zu betrachten sind.

Gemäß § 2 Absatz 1 StVG diente der Strafvollzug in Übereinstimmung mit den in § 39 DDR-StGB[470] geregelten Grundsätzen der Anwendung von Freiheitsstrafen[471] dazu, den Strafgefangenen ihre Verantwortung als Mitglieder der Gesellschaft bewußt zu machen und sie zu erziehen, künftig die Gesetze des sozialistischen Staates einzuhalten und ihr Leben verantwortungsbewußt zu gestalten. Gemäß § 6 StVG hatte hierbei die gesellschaftlich nützliche Arbeit als erzieherisches Element im Vordergrund zu stehen.

Inhalt und Gestaltung des Vollzuges der Strafen mit Freiheitsentzug sollten gemäß § 2 Absatz 1 StVG „durch das humanistische Wesen des sozialistischen Staates" bestimmt werden. Aus diesem Grunde war gemäß § 4 Absatz 2 StVG die Anwendung von anderen als im StVG vorgesehenen Disziplinar- und Sicherungsmaßnahmen unzulässig.

Als Sicherungsmaßnahmen waren in § 33 StVG der Entzug von Einrichtungs- und sonstigen Gegenständen sowie die Absonderung von anderen Strafgefangenen oder die Unterbringung in Einzelhaft vorgesehen. Derartige Maßnahmen durften gemäß § 33 Absatz 1 StVG lediglich zur Verhinderung körperlicher Angriffe oder einer Flucht und zur Aufrechterhaltung der Sicherheit angewandt werden und mußten gemäß § 33 Absatz 1 StVG in ihrer Intensität und Dauer in ausgewogenem Verhältnis zur Gefährlichkeit des Anlasses stehen.

Als Disziplinarmaßnahmen kamen gemäß § 32 Absatz 3 StVG der Ausspruch einer Mißbilligung oder einer Verwarnung, der Entzug von Vergünstigungen, die Einschränkung des monatlichen Verfügungssatzes sowie die Verhängung von Arrest[472] in Betracht. Die auf eine Höchstdauer von 21 Tagen bei Erwachsenen und von 14 Tagen

466 DDR-GBl. I 1968, S. 109.

467 Vgl. die Anordnung über die Eingliederung entlassener Strafgefangener in den Arbeitsprozeß vom 27.12.1955 (DDR-GBl. I 1955, S. 57) sowie die Verordnung über die Wiedereingliederung aus der Strafhaft entlassener Personen in das gesellschaftliche Leben v. 11.7.1963 (DDR-GBl. II 1963, S. 561).

468 DDR-GBl. I 1977, S. 109.

469 Dazu *Kaiser/Kerner/Schöch*, Strafvollzug, § 2 Rn. 32.

470 Strafgesetzbuch der DDR v. 12.1.1968 in der Neufassung v. 19.12.1974 (DDR-GBl. I 1975, S. 14).

471 Die Freiheitsstrafe sollte Tätern und anderen Bürgern gemäß § 39 DDR-StGB die Unantastbarkeit der sozialistischen Staatsordnung bewußt machen und andererseits die Bereitschaft des Staates demonstrieren, verurteilte Straftäter nach der Erziehung im Strafvollzug in die sozialistische Gesellschaft zu reintegrieren.

472 Die Arrestierung konnte in Form von Freizeit- oder Einzelarrest erfolgen.

bei Jugendlichen beschränkte Arrestierung setzte gemäß § 32 Absatz 4 StVG voraus, daß andere Disziplinarmaßnahmen wiederholt erfolglos geblieben oder daß die vorgeworfenen Verstöße besonders schwer waren. Die Vollziehung des Einzelarrestes als härtester disziplinarischer Maßnahme erfolgte gemäß § 41 der Ersten Durchführungsbestimmung zum StVG vom 7. April 1977[473] in gesonderten Arresträumen, deren Größe und Ausstattung genormt war.

Eine körperliche Züchtigung Gefangener war im StVG mithin nicht vorgesehen und aufgrund der enumerativen Auflistung in Betracht kommender Zwangsmaßnahmen in § 4 Absatz 2 StVG unzulässig. Gefangenenmißhandlungen standen somit im Widerspruch zum geltenden Recht der DDR.

Die Strafvollzugseinrichtungen der DDR unterstanden der Verantwortung des Ministers des Innern und Chefs der Deutschen Volkspolizei der DDR. Sie stellten einen Teil der „bewaffneten Organe" dar und waren militärähnlich hierarchisiert.[474] Den Haftanstalten stand jeweils der Leiter der Strafvollzugseinrichtung vor. Seine Stellvertretung übten die Leiter der nachgeordneten Bereiche „Operativ", „Vollzug", „Ökonomie-Verwaltungsdienst", „Parteiangelegenheiten" und „Zentrale Produktionseinheiten" aus. Zu jeder Strafvollzugseinrichtung gehörten darüber hinaus eine Abteilung der Kriminalpolizei und eine des MfS.[475] Die einzelnen Verwahrhäuser der Haftanstalten bildeten ein sogenanntes Kommando, wobei die als Stationen bezeichneten Hausetagen jeweils von einem Stationsleiter geführt wurden.[476] Im Bereich „Operativ" waren Wachtmeister tätig, die eine reine Schließertätigkeit ausübten und während des Dienstes mit einem feststehenden, 70 cm langen Kunststoffschlagstock sowie mit einer 50 cm langen Teleskop-Schlagrute bewaffnet waren. Die Verantwortung für die ideologische und persönliche Betreuung der Gefangenen lag bei den sogenannten Erziehern, die als Offiziere[477] den aus jeweils sechs bis acht Gemeinschaftszellen gebildeten „Erziehungsbereichen" vorstanden.

b) Fallbeispiele

Daß Gefangene in der DDR trotz der eindeutigen gesetzlichen Verbote vielfach körperlichen Repressionen unterschiedlicher Art und Intensität ausgesetzt waren, sollen die nachfolgend exemplarisch geschilderten Sachverhalte verdeutlichen.

In einem Urteil gegen einen ehemaligen Major des Ministeriums für Staatssicherheit traf das Amtsgericht Tiergarten[478] folgende Feststellungen. Der Angeklagte schlug bei einem Verhör einen Untersuchungsgefangenen, dessen Antworten ihm ungenügend erschienen, unvermittelt mit der Faust derart in den Bauch, daß dieser gegen eine Wand fiel. Eine halbe Stunde später schlug er den Gefangenen erneut mit der Faust in den

473 DDR-GBl. I 1977, S. 118.

474 Das Personal besaß militärähnliche Dienstränge, wie z.B. Meister des Strafvollzugs, Obermeister des Strafvollzugs.

475 Feststellungen der *StA Neuruppin* in der Anklage v. 23.9.1993 – Az. 60/4 Js 16/93, S. 15 f.

476 *StA Neuruppin*, aaO., S. 12.

477 Im Rang eines Leutnants oder Oberleutnants.

478 Urteil v. 16.1.1998 – Az. 282 Ds 174/97.

Bauch und griff ihm so kräftig in die Hoden, daß das Opfer tagelang heftige Schmerzen verspürte.

Auf der Grundlage folgender Sachverhaltsfeststellungen verurteilte das Amtsgericht Eilenburg[479] einen ehemaligen SED-Funktionär wegen Körperverletzung in drei Fällen. Der Angeklagte mißhandelte drei vorläufig festgenommene Personen im Rahmen eines polizeilichen Verhörs. Das erste Opfer schlug er mit dem Kopf derart gegen die Wand, daß dessen Nase blutete. Dabei rief er: „Mal sehen, was mehr aushält, dein Kopf oder die Wand". Ein weiteres Opfer, das mit dem Rücken zu ihm stand, forderte er auf, sich umzudrehen. Darauf trat er mit dem Fuß in dessen Geschlechtsteil und schlug den Festgenommenen mit einem Gegenstand ins Gesicht. Der Schlag hinterließ eine noch heute sichtbare, mehrere Zentimeter lange Narbe. Auf die Beschwerde des Gefangenen entgegnete der Angeklagte: „Wohin geschlagen wird, bestimmen wir". Schließlich schlug der Angeklagte das dritte Opfer mit der Faust einmal rechts und einmal links in das Gesicht und verursachte so Hämatome und Nasenbluten.

Das Landgericht Bautzen[480] verurteilte einen ehemaligen Strafvollzugsbediensteten wegen Körperverletzung in zwei Fällen und stellte dazu folgenden Tathergang fest. In einem Fall richtete sich die Tat gegen einen Gefangenen im Hungerstreik, der körperlich so schwach war, daß er die vorgeschriebene Meldung nicht abgeben konnte, als der Angeklagte die Zelle betrat. Der Angeklagte brachte diesen Gefangenen zusammen mit einem anderen Bediensteten in eine Arrestzelle. Auf dem Weg dorthin zog er ihn an den Haaren eine Treppe hinunter, schlug ihn mit der flachen Hand und trat ihn mit Füßen. Im zweiten Fall rasierte er einen anderen Gefangen, wiederum unter Mitwirkung eines weiteren Bediensteten, zwangsweise und kniete sich zu diesem Zweck auf den Brustkorb des Opfers, dem dabei eine Rippe brach. Die Rasur setzte der Angeklagte sodann fort, indem er einen Fuß auf das Gesicht des Opfers setzte und dessen Kopf so auf den Boden drückte.

3. Strafrechtliche Einordnung

a) Strafanwendungsrecht

Nach dem Beitritt der DDR zur Bundesrepublik stellte sich zunächst die Frage, ob die Verfolgung und Ahndung von Gefangenenmißhandlungen auf der Grundlage des DDR-Rechts oder in Anwendung des bundesdeutschen Strafrechts zu erfolgen hätte. Gemäß Artikel 315 Absatz 1 EGStGB in Verbindung mit § 2 Absatz 1 StGB bleibt das Tatzeitrecht, also das Strafrecht der DDR, maßgeblich, wenn seine Regelungen mit dem Grundgesetz vereinbar sind[481] und das bundesdeutsche Recht eine entsprechende Vorschrift[482] enthält. Soweit sich jedoch die entsprechenden Regelungen des Strafgesetzbuchs im Einzelfall als das „mildeste Gesetz" erweisen, sind diese anzuwenden, § 2 Absatz 3 StGB.

479 Urteil v. 28.2.1995 – Az. 4 Ds 810 Js 7480/92.

480 Urteil v. 24.6.1997 – 1 KLs 811 Js 7548/91.

481 Die Problematik des Strafanwendungsrechts wird auf S. 3 ff. ausführlich dargestellt.

482 *BGH*, Urteil v. 25.3.1993 – Az. 5 StR 418/92, BGHSt 39, 168, 176; *BGH*, Urteil v. 29.4.1994 – Az. 3 StR 528/93, BGHSt 40, 125, 128 ff.

aa) Korrespondierende Straftatbestände

Die in Betracht kommenden Regelungen des DDR-StGB stimmen weitgehend überein mit entsprechenden Vorschriften des bundesdeutschen Strafrechts. Die in den §§ 115, 116 und 118 DDR-StGB normierten Körperverletzungsdelikte entsprechen im wesentlichen den Regelungen der §§ 223, (223a, 224 a.F.) 224, 226 und 230 StGB.[483] § 119 DDR-StGB und § 323c StGB regeln den Tatbestand der unterlassenen Hilfeleistung nahezu gleichlautend. Die in § 120 DDR-StGB normierte Verletzung der Obhutspflicht entspricht dem Normgehalt der Aussetzung (§ 221 StGB); beide Vorschriften regeln Hilfeleistungspflichten im Rahmen einer besonderen Täter-Opfer-Beziehung. Dem Nötigungstatbestand in § 129 DDR-StGB entspricht § 240 StGB. Der Tatbestand der Freiheitsberaubung, § 131 DDR-StGB, ist nahezu identisch mit der in § 239 StGB getroffenen Regelung. Gleiches gilt für die Aussageerpressungsdelikte (§§ 243 DDR-StGB, 343 StGB). Allerdings war eine dem § 340 StGB entsprechende Strafbarkeit der Körperverletzung im Amt im DDR-StGB nicht geregelt.

bb) Das „mildeste Gesetz"

Inwieweit das bundesdeutsche Strafrecht gegenüber den Vorschriften des DDR-StGB das „mildeste Gesetz" darstellt, läßt sich nicht losgelöst vom konkreten Fall beurteilen.[484] Erforderlich ist eine den gesamten materiellen[485] Rechtszustand berücksichtigende Betrachtung der jeweils zur Tatzeit geltenden Fassungen.

Unzulässig ist allerdings eine kumulative Verwertung aller tätergünstigen Elemente der beiden Strafrechtssysteme.[486] Ausgeschlossen ist folglich die Aussetzung einer Freiheitsstrafe zur Bewährung, wenn die Verurteilung in Anwendung der Normen des DDR-Rechts erfolgte.[487] Denn das DDR-Recht kannte eine Strafaussetzung zur Bewährung nicht.[488] Das Landgericht Potsdam[489] hat gleichwohl in einem Urteil in Anwendung der §§ 115, 64 DDR-StGB (Körperverletzung) eine zweijährige Freiheitsstrafe verhängt und

483 Allerdings normierte das DDR-Strafrecht eine dem § 224 StGB vergleichbare gefährliche Begehungsweise lediglich als Voraussetzung für die Versuchsstrafbarkeit in § 115 Abs. 2 DDR-StGB. Die im Rahmen des § 224 StGB geregelte lebensgefährdende Behandlung findet sich in § 116 DDR-StGB wieder, der im übrigen § 226 StGB entspricht.

484 *BGH*, Urteil v. 12.2.1991 – Az. 5 StR 523/90, BGHSt 37, 320, 321 f. Ein Vergleich der in Betracht kommenden Regelstrafrahmen für Freiheitsstrafen ergibt zwar, daß das StGB – außer im Fall des § 323c – weit höhere Strafdrohungen enthielt. Da das DDR-StGB jedoch keine Möglichkeit der Strafaussetzung zur Bewährung enthielt (siehe Fn. 488), konnte sich das StGB im Einzelfall als das „mildeste Gesetz" erweisen.

485 Das formelle Recht, wie z.B. die Regelungen über die Verjährung, bleibt außer Betracht, *BVerfG*, Beschluß v. 22.8.1994 – Az. 2 BvR 1884/93, NJW 1995, 315, 316.

486 *BGH*, Urteil v. 12.2.1991 – Az. 5 StR 523/90, BGHSt 37, 320, 322.

487 *BGH*, Urteil v. 26.4.1995 – Az. 3 StR 93/95, NJW 1995, 2861.

488 § 33 DDR-StGB regelte allein die Verurteilung auf Bewährung, die – im Gegensatz zur Aussetzung der Freiheitsstrafe zur Bewährung im Sinne des § 56 StGB – eine selbständige, mit staatlichen Sanktionen ausgestaltete Strafart ohne Freiheitsentzug darstellte. Eine Verurteilung auf Bewährung durch bundesdeutsche Gerichte scheidet gemäß Art. 315c Satz 2 EGStGB aus.

489 *LG Potsdam*, Urteil v. 24.6.1994 – Az. 24 KLs 39/93, S. 40.

diese unter Hinweis auf § 45 Absatz 1 DDR-StGB[490] zur Bewährung ausgesetzt. Das Landgericht ist offensichtlich davon ausgegangen, daß nach DDR-Recht – ebenso wie bei § 56 StGB – die Strafe von vornherein zur Bewährung ausgesetzt werden konnte. Dies ist aber nicht der Fall. Nach § 45 Absatz 1 DDR-StGB kam allein eine Aussetzung des laufenden Vollzuges in Betracht.[491] Das Urteil ist rechtskräftig geworden, nachdem der Angeklagte seine Revision zurückgenommen hat.[492]

Das Landgericht Bautzen[493] hat einen Angeklagten, der als Stationsleiter in der Strafvollzugseinrichtung Bautzen II Gefangene körperlich mißhandelte, wegen Körperverletzung in sieben Fällen in Anwendung der §§ 115, 64 DDR-StGB zu einer Freiheitsstrafe von einem Jahr und sechs Monaten verurteilt und die Strafe unter Hinweis auf § 33 Absatz 1 DDR-StGB und § 56 StGB zur Bewährung ausgesetzt. Der Bundesgerichtshof[494] hat den Strafausspruch mit dem Hinweis aufgehoben, daß sich das Landgericht rechtsfehlerhaft mit der Frage des anzuwendenden Rechts auseinandergesetzt habe. Da das DDR-StGB keine Strafaussetzung zur Bewährung gekannt habe, sei bundesdeutsches Strafrecht anzuwenden. Nach der Zurückverweisung durch den Bundesgerichtshof hat das Landgericht Bautzen erneut verhandelt, den Angeklagten gemäß §§ 223, 223a (a.F.) StGB zu einer Freiheitsstrafe von zwei Jahren verurteilt und diese zur Bewährung ausgesetzt. Das Urteil ist rechtskräftig.

b) Verjährung

Gemäß Artikel 315a Absatz 1 EGStGB können Straftaten, die bis zum Wirksamwerden des Beitritts nach DDR-Recht noch nicht verjährt waren, weiter verfolgt werden. Bei der Berechnung der Verjährungszeit bleibt allerdings gemäß Artikel 1 des Gesetzes über das Ruhen der Verjährung bei DDR-Unrechtstaten – erstes Verjährungsgesetz – vom 26. März 1993[495] die Zeit vom 11. Oktober 1949 bis zum 2. Oktober 1990 außer Betracht, soweit die Straftaten nach dem ausdrücklichen oder mutmaßlichen Willen der DDR-Führung aus politischen oder sonst mit wesentlichen Rechtsstaatsgrundsätzen unvereinbaren Gründen nicht geahndet worden sind.[496] Es stellt sich folglich die Frage, ob auch Gefangenenmißhandlungsdelikte nach dem Willen des SED-Regimes aus politischen oder anderen rechtsstaatswidrigen Gründen nicht geahndet wurden.

Eine vom Bundesrat vorgeschlagene enumerative Auflistung der systemimmanent nicht verfolgten Delikte, zu denen auch Gefangenenmißhandlungen zählen sollten, wurde nicht Gesetz. Grund hierfür war die Erwägung, eine abschließende Auflistung könne der Vielfalt der in Betracht kommenden Delikte nicht gerecht werden.[497] Die Prü-

490 Die Norm lautet: „Das Gericht setzt den Vollzug einer zeitigen Freiheitsstrafe unter Auferlegung einer Bewährungszeit von einem Jahr bis zu fünf Jahren mit dem Ziel des Straferlasses aus, wenn …".

491 *Autorenkollektiv*, DDR-StGB, § 45 Anm. 1.

492 Mitteilung der *StA Neuruppin* an das Brandenburgische Justizministerium v. 26.10.1994.

493 *LG Bautzen*, Urteil v. 2.9.1994 – Az. 1 KLs 183 Js 5993/91 – mitverbunden: Az. 1 KLs 811 Js 7693/91.

494 *BGH*, Urteil v. 26.4.1995 – Az. 3 StR 93/95, NJW 1995, 2861.

495 BGBl. I 1993, S. 392.

496 Die Probleme der Verfolgungsverjährung, u.a. auch die durch das dritte Verjährungsgesetz eingeführten Regelungen, werden oben, S. 5 ff., ausführlich dargestellt.

497 *Tröndle/Fischer*, StGB, vor § 3 Rn. 42.

fung, ob in der DDR eine konsequente strafrechtliche Verfolgung stattfand und somit bereits Verjährung eingetreten ist, obliegt also den Ermittlungsbehörden und Gerichten, die in den einzelnen Bundesländern zu unterschiedlichen Ergebnissen gelangten.

Im Land Berlin wurde der überwiegende Teil der Ermittlungsverfahren durch die Staatsanwaltschaft mit der Begründung eingestellt, daß die DDR-Organe vereinzelt entsprechende Strafverfahren durchgeführt hätten, so daß von einer systematischen Nichtverfolgung keine Rede sein könne.

Das Landgericht Meiningen[498] hat die Eröffnung des Hauptverfahrens gegen zwei ehemalige Mitarbeiter des MfS wegen in den Jahren 1957 und 1959 begangener Aussageerpressungs- und Körperverletzungsdelikte abgelehnt und ebenfalls ausgeführt, die bekannt gewordenen Straf- und Disziplinarmaßnahmen stünden der Annahme einer generellen Nichtverfolgung entgegen. Auf die hiergegen gerichtete sofortige Beschwerde der Staatsanwaltschaft Erfurt hat das Thüringer Oberlandesgericht[499] den landgerichtlichen Beschluß aufgehoben und unter Hinweis auf die nachstehend dargestellten Feststellungen der Landgerichte Potsdam und Bautzen ausgeführt, daß Gefangenenmißhandlungen systematisch unverfolgt geblieben seien.

Das Landgericht Potsdam[500] hat in einem Verfahren gegen einen ehemaligen Wachtmeister der Strafvollstreckungseinrichtung Brandenburg festgestellt, daß Strafverfahren wegen Gefangenenmißhandlung in der DDR grundsätzlich nicht durchgeführt worden seien. Es hat hierzu den ehemaligen Leiter der Strafvollstreckungseinrichtung Brandenburg, einen „Stellvertreter Operativ" der Strafvollstreckungseinrichtung Bautzen II, einen Offizier des MfS in den Einrichtungen Bautzen I und II, einen Abteilungsleiter im Vollzugsdienst in der Einrichtung Brandenburg sowie eine Reihe von DDR-Ermittlungsbediensteten – Staatsanwälte für die Strafvollzugsaufsicht und Bedienstete der Volkspolizei – vernommen. Sämtliche Zeugen sagten aus, von strafrechtlichen Ermittlungsverfahren wegen Mißhandlungen an Inhaftierten nie etwas gehört zu haben. Bekannt geworden seien lediglich vereinzelte disziplinarische Maßnahmen gegen die Täter. Von einer generellen Billigung der Straftaten durch die DDR-Führung sei allerdings nicht auszugehen. Vielmehr hätten derartige Delikte im Widerspruch zu den Zielen des Strafvollzuges gestanden. Die Durchführung öffentlicher Strafverfahren sei jedoch vermieden worden, um das Ansehen des Strafvollzuges nicht zu schädigen.

Das Landgericht Bautzen[501] hat zur Klärung der Frage, ob die DDR-Organe derartige Mißhandlungsdelikte verfolgten, mehrere Beamte des Landeskriminalamtes Brandenburg vernommen, welche die Nachweisbücher über Vorkommnisse im Strafvollzug zwischen 1972 und 1990 ausgewertet hatten. Die Zeugen berichteten über mindestens 18 Eintragungen zu Mißhandlungstaten. Die Einträge hätten lediglich Verweise auf Disziplinarstrafen enthalten. Eine als sachverständige Zeugin vernommene Mitarbeiterin der Bundesbehörde für die Unterlagen der Staatssicherheit sagte aus, sie habe in Aussageprotokollen und Berichten Inoffizieller Mitarbeiter 20 Einzelberichte über Mißhandlungen gefunden. Einen Hinweis auf strafrechtliche Sanktionen habe es nicht gegeben.

498 *LG Meiningen*, Beschluß v. 21.12.1994 – Az. 4 Kls 550 Js 11636/93.
499 *Thüringer OLG*, Beschluß v. 28.8.1995 – Az. 1 Ws 21/95.
500 *LG Potsdam*, Urteil v. 24.6.1994 – Az. 24 KLs 39/93, UA S. 25 ff.
501 *LG Bautzen*, Urteil v. 2.9.1994 – Az. 1 KLs 183 Js 5993/91, mitverbunden: Az. 1 KLs 811 Js 7693/91.

Der ehemals für den Bezirk Cottbus zuständige Haftstaatsanwalt bekundete, nie von entsprechenden Strafverfahren gehört zu haben. Nach den Feststellungen der Strafkammer sollte nach dem Willen der DDR-Regierung die Durchführung von Strafverfahren generell und systematisch vermieden werden, um das Ansehen des sozialistischen Strafvollzuges zu schützen. Der Erkenntnis, daß Mißhandlungen an Gefangenen grundsätzlich nicht verfolgt wurden, stehe nicht entgegen, daß vereinzelt Strafverfahren bekannt geworden seien. Zu entsprechenden Verurteilungen sei es nämlich in diesen Fällen allein aus politischen Opportunitätsgründen gekommen, etwa wenn Einzelfälle öffentlich bekannt geworden seien.

Der Bundesgerichtshof[502] hat die Auffassung des Landgerichts Bautzen zur Verfolgungsverjährung bestätigt. Offen ließ er allerdings auch in dieser Entscheidung[503], ob Artikel 1 des ersten Verjährungsgesetzes grundsätzlich den gesamten Bereich der durch die Staatspraxis gedeckten Kriminalität erfaßt oder ob es im Bereich minderer und weit zurückliegender Straftaten Fälle gibt, in denen im Interesse des Rechtsfriedens kein Ruhen der Verjährung mehr anzunehmen ist. Diese Frage ist in der Rechtsprechung auch heute noch nicht abschließend geklärt.

Die Entwicklung der Rechtsprechung zum Ruhen der Verjährung legt als Antwort auf die oben[504] angesprochene Frage nach dem Systemzusammenhang nahe: Die Mißhandlungen in Haftanstalten waren zumindest in der Weise systembedingt, daß die Täter in der Regel eine Strafverfolgung nicht befürchten mußten, weil eine Aufdeckung der Vorfälle politisch inopportun war.

c) Strafzumessung

Die Auswertung der bislang vorliegenden Justizmaterialien zeigt, daß die gerichtliche Strafzumessung in vielen Fällen sehr schematisch erfolgt ist. Zumeist beschränken sich die Gerichte auf die Feststellung, daß die Taten lange Zeit zurücklägen und die Täter nicht vorbestraft seien. Beide Erwägungen begegnen Bedenken. Daß zwischen Tatbegehung und Verurteilung mindestens drei Jahre lagen, folgt zwangsläufig aus der Tatsache, daß die bundesdeutsche Justiz erst Anfang der 90er Jahre mit der Aufarbeitung von DDR-Alttaten beginnen konnte. Die strafmildernde Berücksichtigung einer mangelnden Vorstrafe erscheint problematisch, weil eine strafrechtliche Ahndung in der DDR in der Regel unterblieb. Nicht zufällig war keiner der Täter vorbestraft.

Das Landgericht Bautzen[505] hat einen Angeklagten wegen Körperverletzung im Amt in sieben Fällen, davon in drei Fällen in Tateinheit mit gefährlicher Körperverletzung, zu einer Freiheitsstrafe von zwei Jahren verurteilt. Sämtliche Straftaten hatten sich gegen politische Häftlinge gerichtet. Dieser Umstand wirkte sich letztlich strafmildernd aus. Das Landgericht wies darauf hin, daß in der Haftanstalt besonders viele politische Häftlinge untergebracht gewesen seien und der Angeklagte diese aufgrund seiner Ausbildung als besonders gefährliche Feinde seines Vaterlandes betrachtet habe.

502 *BGH*, Urteil v. 26.4.1995 – Az. 3 StR 93/95, NJW 1995, 2861.
503 So auch bereits in *BGH*, Urteil v. 19.4.1994 – Az. 5 StR 204/93, BGHSt 40, 113, 119.
504 Vgl. S. 93.
505 *LG Bautzen*, Urteil v. 17.10.1995 – Az. 1 KLs 183 Js 59993/91.

Soweit die Gerichte eine Freiheitsstrafe in Anwendung bundesdeutschen Strafrechts[506] ausgesprochen haben, hatten sie zu prüfen, ob eine Strafaussetzung zur Bewährung in Betracht kam. In diesem Zusammenhang war auch § 56 Absatz 3 StGB von Bedeutung. Danach ist die Strafaussetzung zwingend zu versagen, wenn die Verteidigung der Rechtsordnung dies gebietet und die verhängte Freiheitsstrafe mindestens sechs Monate beträgt.

Diese Regelung wurde von den Gerichten jedoch in keinem der vorliegenden Fälle problematisiert. Die Staatsanwaltschaft Dresden rügte eben dieses Versäumnis in ihrer Revision[507] gegen ein Urteil des Landgerichts Bautzen.[508] Für die große Mehrheit unter den Opfern des DDR-Unrechts sei nicht ohne weiteres nachvollziehbar, daß eine gegen einen Straftäter wegen jahrelanger Mißhandlung von Gefangenen verhängte Freiheitsstrafe gerade deshalb nicht vollstreckt würde, weil die Taten schon lange Zeit zurücklägen. Die Verteidigung der Rechtsordnung erfordere hier die Versagung der Strafaussetzung. Der Bundesgerichtshof[509] hat das Urteil aus anderen Gründen aufgehoben und die Sache zurückverwiesen. Das Landgericht Bautzen hat in seiner daraufhin ergangenen Entscheidung[510] ausgeführt, der Angeklagte sei seit 1983 nicht mehr strafrechtlich in Erscheinung getreten. Die Verteidigung der Rechtsordnung erfordere die Versagung der Strafaussetzung nicht. Vielmehr sei davon auszugehen, daß ein verständiger, außenstehender Betrachter die Entscheidung ohne weiteres nachvollziehen könne.

d) Beweisfragen

Die größten Schwierigkeiten der strafrechtlichen Aufarbeitung von Gefangenenmißhandlungsdelikten liegen im tatsächlichen Bereich.[511] Nachweis und Rekonstruktion der Straftaten werden dadurch erschwert, daß die Taten zum Teil mehrere Jahrzehnte zurückliegen. Die Verletzungen sind oft nur lückenhaft dokumentiert.[512] Hinzu kommt, daß die Aussagen der Opfer, die ihre Peiniger nach Jahren oft nicht wiedererkennen, nur selten durch Zeugen bestätigt werden können.[513]

506 Im Falle der Anwendung des DDR-StGB scheiterte eine Strafaussetzung daran, daß das DDR-StGB sie nicht vorsah; siehe hierzu Fn. 488.

507 *StA Dresden*, Revisionsbegründung v. 2.1.1995 – Az. 183 Js 5993/91.

508 *LG Bautzen*, Urteil v. 2.9.1994 – Az. 1 KLs 183 Js 5993/91.

509 *BGH*, Urteil v. 26.4.1995 – Az. 3 StR 93/95, NJW 1995, 2861; aus der Sicht des *BGH* bedurfte es keiner Erörterung des § 56 Abs. 3 StGB, denn die Anwendung der Vorschriften über die Strafaussetzung war schon deswegen fehlerhaft, weil das DDR-Recht kumulativ mit bundesdeutschem Strafrecht angewendet worden war.

510 *LG Bautzen*, Urteil v. 17.10.1995 – Az. 1 KLs 183 Js 5993/91.

511 So hat beispielsweise das *AG Frankfurt/Oder* durch Urteil v. 14.6.1995 – Az. 4.3 Ls 64 Js 01/92 – zwei Angeklagte aus Mangel an Beweisen rechtskräftig freigesprochen.

512 In einem Verfahren des *LG Potsdam*, Urteil v. 24.6.1994 – Az. 24 KLs 39/93, scheiterte eine Verurteilung wegen einer Straftat nach § 116 DDR-StGB daran, daß das vorgelegte medizinische Gutachten erst fünf Jahre nach der Tat erstellt worden war und daher eine nachhaltige Störung im Sinne der Norm als nicht zuverlässig bewiesen angesehen wurde.

513 Das *AG Chemnitz* sprach mit Urteil v. 9.2.1996 – Az. 4 Ds 812 Js 12913/92 – einen Angeklagten frei, weil die Zeugenaussagen dessen Täterschaft nicht zweifelsfrei belegen konnten. In einem weite-

VII. Doping

1. Einführung

Die Bemühungen um eine strafrechtliche Ahndung staatlich gesteuerten Dopings in der DDR sind im Vergleich zum Verfahrensstand in den anderen Deliktsbereichen am weitesten von einem Abschluß entfernt. Nach Informationen der einzelnen Schwerpunktstaatsanwaltschaften wird derzeit noch insgesamt in ca. 75 Verfahren ermittelt, während erst drei Verfahren zu einer Anklage und gerichtlichen Entscheidungen geführt haben. Die Staatsanwaltschaft II bei dem Landgericht Berlin geht jedoch davon aus, daß in allen Verfahren der Eintritt der absoluten Verjährung im Oktober 2000 vermieden werden kann.[514]

Zur Verfolgung des Dopings wurde eine spezielle Verfahrensweise entwickelt. Die Anfangsermittlungen wurden in diesem Bereich ausschließlich von der Staatsanwaltschaft II bei dem Landgericht Berlin vorgenommen. Anschließend wurde ein Teil der Verfahren zur weiteren Bearbeitung an die örtlich zuständigen Staatsanwaltschaften der einzelnen Bundesländer abgegeben.

In Berlin werden zur Zeit insgesamt 39 Verfahren betrieben, in denen größtenteils noch ermittelt wird. So sind beispielsweise die Bereiche Turnen und Leichtathletik noch nicht ausermittelt.

Drei Ermittlungsverfahren der Staatsanwaltschaft II bei dem Landgericht Berlin wurden bisher mit einer Anklage abgeschlossen. In diesen Verfahren liegen bereits gerichtliche Entscheidungen vor, die teilweise auch schon rechtskräftig sind.

Zwei Anklagen, die sich gegen vier Schwimmtrainer und zwei Sportmediziner des ehemaligen SC Dynamo Berlin richteten, wurden vom Landgericht Berlin zu einem Verfahren verbunden.[515] Den Angeklagten wurde vorgeworfen, in der Zeit von 1974 bis 1989 jugendlichen Schwimmerinnen Anabolika zur Leistungssteigerung verabreicht zu haben. Gegen drei der Schwimmtrainer wurde das Verfahren gegen Zahlung von Geldbußen zwischen 3.000,- und 5.000,- DM gem. § 153a StPO eingestellt. Weil zwei der verbliebenen Angeklagten, ein Sportarzt und ein Trainer, geständig waren, wurde das Verfahren gegen sie abgetrennt. Beide wurden wegen Körperverletzung zu Geldstrafen von jeweils 90 Tagessätzen verurteilt.[516] Das Urteil wurde rechtskräftig, nachdem einer der Angeklagten die von ihm eingelegte Revision zurückgenommen hatte. Der zuletzt noch im Verfahren verbliebene angeklagte Sportarzt wurde zu einer Geldstrafe in Höhe von 180 Tagessätzen verurteilt.[517] Dieses Urteil ist noch nicht rechtskräftig, da der Angeklagte Revision eingelegt hat.

ren Urteil v. 20.3.1996 – Az. 10 Ls 812 Js 33906/95 – sprach es den Angeklagten frei, weil es die belastenden Zeugenaussagen für unglaubhaft hielt.

514 Vor Eintritt der absoluten Verjährung muß zumindest das erstinstanzliche Urteil gesprochen sein.

515 Anklagen der *StA II bei dem LG Berlin* v. 18.9.1997 – Az. 28 Js 39/97 und v. 24.10.1997 – Az. 28 Js 40/97.

516 *LG Berlin*, Urteil v. 31.8.1998 – Az. 534 KLs 17/98.

517 *LG Berlin*, Urteil v. 7.12.1998 – Az. nicht bekannt.

Eine weitere Anklage richtete sich gegen drei Schwimmtrainer und zwei Sportärzte des früheren TSC (Ost-)Berlin.[518] Da alle Beteiligten geständig waren, nahm die Hauptverhandlung lediglich zwei Verhandlungstage in Anspruch. Gegen zwei der Trainer wurde das Verfahren nach § 153a StPO gegen Zahlung einer Geldbuße in Höhe von 7.500,- DM beziehungsweise 3000,- DM eingestellt; die anderen drei Angeklagten wurden rechtskräftig zu Geldstrafen zwischen 70 und 90 Tagessätzen verurteilt.[519]

Insgesamt richtet sich das Hauptaugenmerk der Ermittlungen auf Trainer und Ärzte von Sportlerinnen. Ermittlungsverfahren im Zusammenhang mit Doping an männlichen Sportlern wurden und werden im Regelfall eingestellt, weil die Folgen der Verabreichung von Medikamenten als nicht gravierend eingeschätzt werden.

Die Staatsanwaltschaft plant, soweit möglich auch die Organisatoren und politisch Verantwortlichen zur Rechenschaft zu ziehen. Im Februar und März 1999 sind erste Strafbefehle gegen Funktionäre des Deutschen Turn- und Sportbundes sowie des Sportmedizinischen Dienstes erlassen worden.

In den anderen Schwerpunktstaatsanwaltschaften dauern die Ermittlungen noch an. Die Staatsanwaltschaft Schwerin ermittelt derzeit gegen acht Trainer und zwei Ärzte. Ihnen wird vorgeworfen, in den Jahren von 1975 bis 1989 insgesamt 32 überwiegend minderjährigen Leichtathletinnen und Leichtathleten des SC Neubrandenburg Hormonpräparate zur Leistungssteigerung verabreicht zu haben. Es besteht der Verdacht, daß dadurch bei einer Vielzahl von Sportlern schwerwiegende und andauernde Schäden verursacht wurden.[520] Bei der Staatsanwaltschaft Erfurt werden momentan sechs Verfahren betrieben. Der für Thüringen besonders relevante Bereich des Wintersports wird noch in Berlin bearbeitet.[521] In Brandenburg gibt es zehn Verfahren, die sich gegen insgesamt 80 Beschuldigte richten.[522] Die Staatsanwaltschaft Magdeburg ermittelt in sechs Verfahren. In der Mehrzahl der Fälle sollen Strafbefehle erlassen oder die Verfahren gemäß §§ 153, 153a StPO eingestellt werden.[523] In Dresden wird in insgesamt zehn Verfahren gegen 20 Beschuldigte ermittelt.[524]

2. Sachverhaltsfeststellungen

Der DDR-Leistungssport war wegen seiner politisch-ideologischen Funktion im „Wettkampf der Systeme" straff organisiert und in die staatlichen Strukturen der DDR eingebunden. Diese Struktur ermöglichte es, gezielt und unter staatlicher Anleitung und Kontrolle in nahezu allen olympischen Sportarten systematisch und flächendeckend sogenannte Dopingmittel zur Erreichung sportlicher Höchstleistungen einzusetzen. Nach den Erkenntnissen der Staatsanwaltschaft II bei dem Landgericht Berlin wurde zumindest seit dem Jahre 1974 aufgrund eines Beschlusses der sogenannten „Leistungs-

518 Anklage der *StA II bei dem LG Berlin* v. 24.2.1998 – Az. 28 Js 105/97.
519 *LG Berlin*, Urteil v. 20.8.1998 – Az. 512 KLs 8/98.
520 Vgl. *Nordkurier* v. 13.11.1998, S. 1: „Doping-Fahnder ermitteln jetzt auch in Region".
521 Mitteilung der *Schwerpunktstaatsanwaltschaft Erfurt* v. Januar 1999.
522 Mitteilung der *Schwerpunktstaatsanwaltschaft Neuruppin* v. Januar 1999.
523 Mitteilung der *Schwerpunktstaatsanwaltschaft Magdeburg* v. Januar 1999.
524 Mitteilung der *Schwerpunktstaatsanwaltschaft Dresden* v. Januar 1999.

sportkommission" das Anabolika-Doping in der DDR staatlich gefördert und gesteuert. Im Jahre 1975 wurde eine Arbeitsgruppe gebildet, die sich aus Sportmedizinern und Sportverbandsfunktionären zusammensetzte. Aufgabe dieser Arbeitsgruppe war es, die damals als „unterstützende Mittel" bezeichneten Dopingmittel zu beschaffen, zu verteilen und ihre Anwendung in den Sportverbänden anzuleiten und zu kontrollieren. Als „unterstützende Mittel" wurden neben Vitaminpräparaten und ähnlichem in erster Linie anabole Substanzen (Oral-Turibanol, Testosteron) verabreicht. Diese Mittel greifen in den Hormonhaushalt des Körpers ein und beeinflussen den Muskelzuwachs. Ihre größte Wirkung entfalten sie bei Heranwachsenden und bei Frauen. Insbesondere bei langfristiger und hoch dosierter Anwendung von Anabolika ist mit schweren, teilweise irreversiblen Nebenwirkungen zu rechnen. Augenscheinlichste Nebenwirkung ist die „Vermännlichung" (Virilisierung) bei Sportlerinnen (Veränderungen der Stimme, der Körperbehaarung, des Körperbaus). Daneben können Muskelverhärtungen, Schädigungen der inneren Organe sowie Schäden am Sehnen- und Knochenapparat auftreten.

Den Sportlerinnen wurde nicht mitgeteilt, welche Präparate man ihnen verabreichte. Insbesondere wurden sie nicht über mögliche Risiken und Nebenwirkungen aufgeklärt. Fragten die Schwimmerinnen oder ihre Eltern bei den Trainern oder Ärzten nach, wurde ihnen wahrheitswidrig geantwortet, daß es sich lediglich um Vitamine handle. Einige der Sportlerinnen leiden noch heute unter Nebenwirkungen. Zwei von ihnen stellten Strafantrag und brachten damit die Ermittlungen in Gang.

3. Strafrechtliche Einordnung

Das Landgericht Berlin bewertete das Doping in den bisherigen Urteilen als strafbare Körperverletzung. In den Urteilsgründen heißt es, das Verhalten der Angeklagten sei zur Tatzeit und auch danach in der Bundesrepublik und in der DDR als vorsätzliche Körperverletzung unter Strafe gestellt gewesen.[525] Als einschlägige Tatbestände gelten § 223 StGB und § 115 DDR-StGB. Wegen seines geringen Strafrahmens sei § 115 DDR-StGB als das mildere Gesetz anzuwenden. Als strafloser ärztlicher Heileingriff könne das Verhalten der Angeklagten nicht angesehen werden, da keine medizinische Indikation vorgelegen habe. Im Gegensatz zu „gewöhnlichen" Dopingfällen, bei denen Sportler, Arzt und Trainer einvernehmlich handelten, fehle es in den vorliegenden Fällen an der rechtfertigenden Einwilligung der Sportler.

Strafmildernd berücksichtigte das Gericht in einem Fall u.a., daß die beiden Angeklagten „auf unteren Stufen in ein flächendeckendes und hierarchisch durchorganisiertes System staatlich angeordneter Kriminalität einbezogen waren".[526]

Fehlende Strafanträge hindern wegen des besonderen öffentlichen Interesses[527] die Strafverfolgung nicht. Sonstige Rechtsprobleme sind bislang nicht aufgetreten.

525 *LG Berlin*, Urteil v. 31.8.1998 – Az. 534 KLs 17/98, UA S. 150 ff.
526 *LG Berlin*, aaO, UA S. 157.
527 Vgl. § 232 Abs. 1 StGB.

VIII. Amtsmißbrauch und Korruption[528]

1. Einführung

a) Begriffsbestimmung

Die Begriffe „Amtsmißbrauch" und „Korruption" wurden während der Wendezeit geprägt. Sowohl in der Öffentlichkeit als auch bei den Strafverfolgungsorganen standen sie als Synonym für den politischen Machtmißbrauch zahlreicher Funktionäre zum Zwecke persönlicher Privilegierung. Präziser wäre von Vermögensdelikten oder Untreuehandlungen zu sprechen. Die juristisch nicht ganz korrekten Begriffe Amtsmißbrauch und Korruption werden für diese Fallgruppe jedoch beibehalten, da sie sich für die Benennung des Gesamtkomplexes etabliert haben.

b) Die wirtschaftliche Situation der DDR

aa) Die Probleme im Außenhandel

Bereits Ende des Jahres 1977 wurden volkswirtschaftliche Probleme der DDR, insbesondere solche der Zahlungsbilanz im Außenhandel mit den Ländern des nichtsozialistischen Wirtschaftsgebiets (NSW) offenkundig.[529] Die Staats- und Parteispitze war über die prekäre Lage stets informiert. In mehreren Beratungen, an denen Wirtschaftsexperten der DDR und die Staatsführung teilnahmen, wurde bereits 1977/78 von akuten Zahlungsschwierigkeiten und davon gesprochen, daß die Zahlungsbilanz mit dem NSW „nicht mehr beherrschbar" sei. Praktische Konsequenzen wurden aus den Erkenntnissen allerdings nicht gezogen. Wirksame Maßnahmen einer grundlegenden Kurskorrektur unterblieben. Zwar wurde mehrfach über geeignete Maßnahmen – wie etwa die dringend notwendigen Preiserhöhungen – diskutiert, durchgesetzt hat sich aber immer die Status-quo-Politik der Parteiführung. Als etwa der für die Wirtschaft verantwortliche Sekretär im Zentralkomitee Mittag im Oktober 1979 ohne Absegnung durch das Politbüro einige Preiserhöhungen veranlaßte, hob Honecker aufgrund der Proteste in der Bevölkerung diese wieder auf.

Da es der Volkswirtschaft der DDR aus eigenen Kräften nicht möglich war, einen höheren Standard an Qualität und Konsum zu erwirtschaften, mußten Versorgungslücken in immer größerem Umfang durch Importe geschlossen werden, denen keine äquivalenten Exporte gegenüber standen. Das Ergebnis der verfehlten Politik und der dauerhaft schwachen Wirtschaft war eine ständig steigende Auslandsverschuldung. In den letzten Jahren der DDR hatten die Schulden in konvertierbaren Devisen ein derartiges Ausmaß erreicht, daß bereits zur Bedienung der Zins- und Tilgungsraten neue Devisenkredite aufgenommen werden mußten. Über einen gewissen Zeitraum hinweg konnte

528 Zum Gesamtkomplex vgl. die Dissertation von *Fahnenschmidt*, Amtsmißbrauch.

529 Die folgenden Ausführungen basieren im wesentlichen auf Ermittlungsergebnissen der *StA II bei dem LG Berlin*, die in den Anklagen gegen *Honecker* – Az. 2 Js 97/91, *Mielke* – Az. 2 Js 245/90, *Alexander Schalck-Golodkowski* und *Manfred Seidel* – Az. 24/2 Js 1243/92 sowie *Siegrid Schalck-Golodkowski* – Az. 24/2 Js 17/93 nachzulesen sind.

die DDR den wirtschaftlichen Zusammenbruch abwenden. Spätestens 1987 wurde jedoch die alsbald eintretende Zahlungsunfähigkeit unverkennbar. Eine schriftliche Information von Schalck-Golodkowski an den Sekretär für Wirtschaftsfragen des Zentralkomitees Mittag vom 16. Oktober 1987 zieht eine vernichtende Bilanz. Danach hätte die Zahlungsfähigkeit der DDR allein bis 1990 nur noch durch ganz drastische Maßnahmen aufrecht erhalten werden können. „Die Sicherung der Zahlungsfähigkeit nach 1990“ stellte nach Ansicht des Devisenbeschaffers „noch wesentlich höhere Anforderungen an die Steigerung des NSW-Exports und damit an die Verteilungsproportionen des produzierten Nationaleinkommens.“ Die nachfolgenden Ausführungen des Schreibens machen deutlich, daß die DDR unmittelbar vor dem wirtschaftlichen Kollaps stand. Die DDR war Ende des Jahres 1989 bankrott.

bb) Die Erfindung von Valutamark und Richtungskoeffizient

Aufgrund der schlechten Wirtschaftslage nahm der Wertverfall der Mark der DDR im Verhältnis zu Währungen wie dem US-Dollar oder der D-Mark ständig zu. Im Interesse der Volkswirtschaft der DDR hätte die Mark daher ständig abgewertet werden müssen. Eine solche Maßnahme war jedoch mit den politischen Maximen der Staats- und Parteiführung nicht vereinbar. Vielmehr war es oberster Grundsatz, daß bei dem Verhältnis von Mark der DDR zur D-Mark Parität (Kurs 1:1) gewahrt werden müsse. Das wiederum hatte zur Folge, daß der tatsächlich notwendige wirtschaftliche Aufwand, um im Export den Erlös im Wert von einer DM zu erzielen, offiziell nicht ermittelt werden konnte. Um eine vernünftige Kalkulation kostendeckender Exporterlöse zu ermöglichen, mußte gleichwohl ein Weg gefunden werden, die Mark der DDR zu den westlichen Währungen in ein realistisches Verhältnis zu setzen.

Die Lösung fand man in einem einfachen Etikettenschwindel: Im Vergleich mit anderen Währungen wurde intern der Wert der DM als Umrechnungsfaktor herangezogen. Um dies nicht offenkundig zu machen, erfand man dafür den Begriff „Valutamark“ (VM). Die Valutamark ist somit nichts anderes als der Wert einer DM. So war eine marktgerechte Berechnungsbasis gefunden. Anschließend mußte der Wert der Mark der DDR in ein adäquates Verhältnis zum Wert der Valutamark (= DM) gesetzt werden. Hierzu rechnete man aus, welche Kosten in Mark entstanden, um einen Exporterlös von einer Valutamark zu erzielen. Der jeweils notwendige Prozentaufschlag auf eine Mark der DDR wurde als Berechnungsfaktor zugrunde gelegt. Dieses Werteverhältnis bezeichnete man als „Richtungskoeffizient“. Der Richtungskoeffizient wurde etwa 1968 eingeführt. Er lag in den 70er Jahren bei 90% und stieg kontinuierlich an. Am 1. Januar 1988 erreichte er 340%. Das realistische Wertverhältnis zwischen der DM und der Mark der DDR lag Anfang 1988 also bei etwa 4,4:1.

c) Verfahrensstand und Verfolgungskontinuität

Die Strafverfahren wegen Amtsmißbrauch und Korruption sind weitgehend abgeschlossen. Dies hängt damit zusammen, daß die Ermittlungen bereits zu einem sehr frühen Zeitpunkt aufgenommen wurden. In nahezu allen Verfahren dieses Deliktsbereichs sind zumindest erste Ermittlungen von DDR-Staatsanwaltschaften eingeleitet worden. In etwa der Hälfte aller Fälle wurden auch die Anklagen bereits vor dem Beitritt erhoben. Die Strafverfolgung von Amtsmißbrauch und Korruption ist demnach durch *Kontinuität* gekennzeichnet. Die bundesdeutsche Justiz sorgte auf diese Weise dafür, daß ein klarer politischer Wille der DDR-Bevölkerung, der sich in der Endphase der DDR herausgebildet hatte, den Umbruch der Wiedervereinigung überdauerte.

Lediglich ein Verfahren gegen den letzten Innenminister der DDR Peter-Michael Diestel und drei seiner Mitarbeiter ist nach der Aufhebung des freisprechenden Urteils erster Instanz durch den Bundesgerichtshof zur Zeit noch beim Landgericht Berlin anhängig.[530]

2. Sachverhaltsfeststellungen

Die den Anklagen zugrunde liegenden Sachverhalte lassen sich grob in vier Komplexe unterteilen. Die privilegierte Versorgung der Politbüromitglieder in der „Bonzensiedlung“ von Wandlitz ist der wohl bekannteste Bereich (dazu sogleich a). Häufig nutzten die Mächtigen ihre Position, um sich zu bevorzugten Konditionen Wohnraum zu verschaffen (unten b). Hohe Kosten verursachte auch die willkürliche und aufwendige Gestaltung und Ausstattung der Jagdgebiete (dazu unten c). Schließlich lassen sich weitere Privilegien verschiedener Art anführen, die hohe Funktionäre für sich in Anspruch nehmen konnten (d).

a) Die Waldsiedlung Wandlitz

aa) Struktur und Organisation

Nördlich von Berlin entstand Anfang der sechziger Jahre die bekannte Regierungssiedlung. In Wandlitz wohnberechtigt waren praktisch ausschließlich die Mitglieder und Kandidaten des Politbüros. Im Herzen der Waldsiedlung, dem sog. Innenring, befanden sich 23 Wohnhäuser der SED-Spitze. Außerdem gab es dort eine Schwimmhalle, einen Kinosaal, eine Klubgaststätte, medizinische Versorgungsmöglichkeiten und den sagenumwobenen Einkaufsladen.[531] In dem vom Innenring durch eine Mauer abgetrennten Außenring befanden sich weitere Wohnungen und Einrichtungen. Dort waren die Fahrer, Betreuer und Dienstleistungskräfte der Siedlung untergebracht.

530 *LG Berlin*, Urteil v. 19.1.1998 – Az. 534 Kls 56/95; *BGH*, Beschluß v. 17.2.1999 – Az. 5 StR 494/98.

531 Der Wandlitz-Komplex ist Gegenstand der Anklagen der *StA II bei dem LG Berlin* gegen *Honecker* – Az. 2 Js 97/91, *Mielke* – Az. 2 Js 245/90, *Alexander Schalck-Golodkowski* und *Manfred Seidel* – Az. 1243/92 sowie *Sigrid Schalck-Golodkowski* – Az. 24/2 Js 17/93.

Zuständig für die Bewirtschaftung der Siedlung war offiziell das Ministerium für Handel und Versorgung. Tatsächlich oblagen Schutz, Versorgung und Betreuung der Bewohner aber von Beginn an ausschließlich dem MfS, und dort der Hauptabteilung Personenschutz. Vom Bäcker bis zum Wachpersonal standen insgesamt 650 MfS-Beschäftigte zur Verfügung.[532] Von Anfang an wurde darauf geachtet, daß die bevorzugte Behandlung der Bewohner nicht nach außen drang. Um die Verschwiegenheit der Bediensteten zu gewährleisten und deren Motivation zu erhöhen, durften auch sie innerhalb der Grenzen der Waldsiedlung an der privilegierten Versorgung partizipieren. Hierzu verabschiedete das Politbüro eine Direktive, nach der die Versorgung der in Wandlitz Beschäftigten außerhalb des inneren Sperrkreises in gleicher Weise wie im inneren Sperrkreis zu erfolgen habe. Auch die Entlohnung der Angestellten lag über dem Durchschnitt. Zudem waren alle Beschäftigten als Mitarbeiter des MfS mit militärischen Diensträngen ausgestattet. Der Verstoß gegen Anweisungen kam somit einer Befehlsverweigerung gleich.

bb) Importwaren und Preisgestaltung

Bis etwa 1972 wurden in Wandlitz Importwaren nur in geringem Umfang angeboten. Der Bedarf der Bewohner an Importgütern wurde bis dahin allein aus sogenannter AZKW-Ware (Amt für Zoll und Kontrolle des Warenverkehrs) gedeckt. Dabei handelte es sich um Güter, die beim Postverkehr zwischen der Bundesrepublik und der DDR beschlagnahmt wurden. Im März 1972 versiegte diese Bezugsquelle jedoch vorübergehend.[533] Um die weiterhin gewünschten Produkte dennoch anbieten zu können, wurde die Einfuhr notwendig.

Die nunmehr zu importierenden Waren konnten nicht mehr so günstig erworben werden wie die Produkte aus dem Bestand des Amtes für Zoll und Kontrolle des Warenverkehrs. Schon der Einkaufspreis in DM lag regelmäßig über dem alten Verkaufspreis in Mark der DDR. Zusätzlich mußte der Richtungskoeffizient[534] dem Einkaufspreis in DM aufgeschlagen werden. Dieser stieg im Laufe der Zeit auf 340%, wurde jedoch aufgrund einer Sonderregelung für Wandlitz auf maximal 50% festgeschrieben. Schließlich war entsprechend den Preiskalkulationsrichtlinien für Preise im Binnenhandel eine gesetzlich festgelegte Handelsspanne aufzuschlagen. Ein weiteres Problem der Preisgestaltung lag darin, daß der Einkaufspreis in DM durch Preisänderungen in den westlichen Ländern erheblich schwankte. Preissteigerungen widersprachen jedoch dem Festpreissystem der DDR. Es war daher nicht möglich, die Preise der marktwirtschaftlichen Situation anzupassen.

532 *Klemm*, Amtsmißbrauch, S. 73.

533 Grund hierfür war die Aufnahme der deutsch-deutschen Verhandlungen im Jahr 1971, in deren Gefolge die DDR ihre Beschlagnahmepraxis stark einschränkte. Nach bundesdeutschen Beobachtungen ging die Zahl der beschlagnahmten Pakete von 96.000 im Jahr 1970 auf 31.000 im Jahr 1972 zurück; vgl. Abschlußbericht des *Untersuchungsausschusses des Deutschen Bundestages zum Bereich „Kommerzielle Koordinierung“*, BT-Drucksache 12/7600, S. 287.

534 Vgl. S. 106.

Als Folge dieser Situation wurde 1972 eine starre Berechnungsgrundlage für die Preise in Wandlitz geschaffen, die bis November 1989 unverändert Gültigkeit hatte. Der Verkaufspreis errechnete sich danach wie folgt: Der DM-Preis wurde durch Aufschlag des Richtungskoeffizienten (je nach Ware 25-50%) und einer Handelsspanne von 20% in den Verkaufspreis in Mark der DDR umgewandelt. Bei manchen Warengruppen existierten Sonderregelungen. Die Preisgestaltung war jedoch stets sehr verbraucherfreundlich. In wenigen Einzelfällen legte Mielke persönlich und ohne Berücksichtigung der in Wandlitz üblichen Kalkulation den Preis fest. Abgesehen davon, daß viele der in Wandlitz verkauften Waren für das Volk selten oder gar nicht käuflich waren, wird der wirtschaftliche Vorteil der Einkaufsberechtigten deutlich, wenn man der Wandlitz-Kalkulation die Preise für westliche Waren in den sog. „Exquisit-" oder „Delikat"-Läden gegenüberstellt. Während in Wandlitz Importgüter im Wert von 100,- DM mit 150,- bis 180,- Mark bezahlt wurden, hat man in den letzten Jahren der DDR in den Delikat-Läden – je nach Produkt und sofern die Ware überhaupt zu erwerben war – zwischen 400,- und 2000,- Mark aufwenden müssen.

Die Liste der Wandlitz-Privilegien läßt sich noch erweitern. So wurden in vielen Fällen aufgrund von Sonderwünschen der Bewohner Einzelaufträge ausgeführt. Die durch den hierfür eingerichteten Kurierdienst verursachten Zusatzkosten wurden den Bestellern nicht berechnet. An einer im äußeren Ring der Siedlung befindliche Tankstelle konnten Familienmitglieder der Bewohner für private Zwecke gratis tanken. Zusätzlich erhielten Kinder der Politbüromitglieder kostenlos Kreditscheine für andere Tankstellen.[535] Weitere Devisen wurden gebunden durch die wunschgemäße Ausstattung der Häuser mit Waren aus dem westlichen Ausland und eine verstärkte Reiseaktivität der Bewohner. Für alle Wünsche der Politbüromitglieder galt nach wie vor die Weisung von „ganz oben", daß die Bediensteten ohne jeden Kommentar, dafür mit „tschekistischer[536] Meisterschaft ... die optimale und niveauvolle Betreuung und Versorgung der führenden Repräsentanten"[537] zu realisieren haben.

Die Devisenausgaben für die Unterhaltung der Regierungssiedlung stiegen ständig an. Während im Jahr 1973 noch etwa eine Million Valutamark ausreichte, war der Bedarf an Devisen für das Jahr 1989 auf deutlich über acht Millionen Valutamark gestiegen. Legt man den zuletzt gültigen Richtungskoeffizienten von 4,4 zugrunde, so verschlang allein der Erwerb von Importprodukten für die Waldsiedlung zuletzt jährlich etwa 40 Millionen Mark. Der durch den Absatz der Waren erzielte Erlös deckte aufgrund der Vorzugspreise lediglich einen Teil der Devisenausgaben ab. Nicht berücksichtigt sind dabei die Nebenkosten für den Transport. Auch die Kosten für Verwaltung und Verkaufspersonal sind nicht eingerechnet.[538]

535 *Klemm*, Amtsmißbrauch, S. 74.

536 Der Begriff geht zurück auf die „Tscheka", die politische Polizei nach der Oktoberrevolution in Rußland 1917 zur Abwehr „konterrevolutionärer Machenschaften gegen die Sowjetmacht"; vgl. *Gill/Schröter*, Ministerium, S. 18.

537 Anweisung Nr. PS 5/87 – 1836/87 des Leiters der Hauptabteilung Personenschutz v. 19.11.1987, zitiert nach *StA bei dem KG Berlin*, Anklage v. 12.11.1992 – Az. 2 Js 97/91, S. 77.

538 Die Kosten für Sachmittel und Personal, die zur Unterhaltung der Siedlung anfielen, wurden weitestgehend aus dem Etat des MfS gedeckt. Für das Jahr 1990 war zu diesem Zweck im Haushalt des MfS ein Betrag von 29,4 Millionen Mark bereitgestellt; vgl. Abschlußbericht des *Untersuchungs-*

Die Nutzer des Einkaufladens haben demnach allein im Jahr 1989 durch den kostengünstigen Erwerb von Importware Aufwendungen in einer Größenordnung von 30 Millionen Mark erspart. Die hohe Summe spricht dafür, daß in Wandlitz auch Waren zum Weiterverkauf erworben wurden. Anders ist es wohl nicht zu erklären, daß eine einzige Familie innerhalb eines Jahres für fast 140.000 Mark Lebensmittel und Spirituosen oder zehn importierte Fernseher einkaufte.[539]

b) Die Verschaffung und Renovierung von Wohnraum

Die Privilegierung hoher Funktionäre und ihrer Familienangehörigen bei der Beschaffung und Ausstattung von Wohnraum war oftmals nur möglich, weil einige Prominente ihre Machtstellung durch Androhung von dienstlichen Konsequenzen gegenüber den ihnen Unterstellten rücksichtslos ausnutzten. Die Untergebenen wiederum schlossen häufig aus Angst vor persönlichen Nachteilen die Augen und kamen den Anweisungen nach. Allenfalls erlaubten sie sich, vorsichtige Bedenken anzudeuten. Wenn der Funktionär trotzdem auf seinen Wunsch beharrte, wurde dieser erfüllt. In dem „Kommandosystem" der DDR konnte ein Widerspruch den Verlust der Position bedeuten. Zudem war Widerstand wenig aussichtsreich. Es sei „in der DDR üblich und auch in der Bevölkerung bekannt" gewesen, daß für Politbüromitglieder besondere Rechte gegolten hätten. Man hätte für Kritik „bei niemandem ein offenes Ohr gefunden".[540]

aa) Staatlich „subventionierter" Eigentumserwerb

Der kostengünstige Erwerb von Wohnhäusern zeigt regelmäßig wiederkehrende Abläufe. Gegenstand der Kaufverträge waren staats- oder parteieigene Objekte. Der Begünstigte schloß mit der zuständigen Abteilung des Rechtsträgers einen Kaufvertrag. Dabei war den Beteiligten klar, daß der Wert des Objekts erheblich über dem vereinbarten Kaufpreis lag.

Das Landgericht Berlin befaßte sich in einem Verfahren mit dem Bau von Häusern für Mitglieder des Ministerrats beziehungsweise deren Familienangehörigen.[541] Angeklagt waren mit Kurt Kleinert und Günter Schilling zwei hohe Funktionäre der DDR. Staatssekretär Kleinert oblag unter anderem die Leitung aller Betriebe und Einrichtungen des Ministerrats. Er unterstand damit unmittelbar dem Vorsitzenden des Ministerrats Stoph und dessen Stellvertreter Krolikowski. Kleinert wiederum direkt untergeordnet war der Angeklagte Schilling als Leiter der „Abteilung Betriebe und Einrichtungen" des Ministerrats. Dessen Abteilung war zuständig für die Wohnraumbeschaffung für Mitarbeiter des Ministerrats.

ausschusses des Deutschen Bundestages zum Bereich „Kommerzielle Koordinierung", BT-Drucksache 12/7600, S. 291.

539 *Klemm*, Amtsmißbrauch, S. 73.

540 So die unwidersprochene Einlassung eines Angeklagten, vgl. *LG Berlin*, Urteil v. 9.12.1991 – Az. (520) 2 Js 25/90 (64/90), UA S. 26.

541 *LG Berlin*, aaO.

1987 trat Krolikowski an die Angeklagten heran und verlangte für seinen Sohn ein neues Grundstück, da dieser sich in seiner Umgebung nicht mehr wohl fühle. Obwohl die Angeklagten wußten, daß der Sohn von Krolikowski nicht zum berechtigten Personenkreis zählte, bemühte sich Schilling in Absprache mit seinem Vorgesetzten Kleinert, dem Wunsch zu entsprechen. Als ein geeignetes Grundstück gefunden wurde, forderte Krolikowski den Ankauf und die Errichtung eines Bungalows als Wochenendhaus, der jedoch nicht mehr als 80.000,- Mark kosten dürfe. Den Beteiligten war klar, daß zu diesem Preis nur ein sehr minderwertiges Gebäude errichtet werden konnte. Die von Krolikowski näher präzisierten Ansprüche machten jedoch schnell deutlich, daß der Bau zu diesem Preis nicht realisierbar war. Auf vorsichtige Einwände von Schilling reagierte Krolikowski ungehalten. Schließlich wagte es aus Furcht vor dem Verlust seiner Position keiner der Angeklagten, sich den Wünschen des Politbürokraten zu verschließen. Der Bau des Wochenendhauses wurde im Sinne Krolikowskis mit einem Aufwand von über 700.000,- Mark betrieben. Dem Sohn wurden bei Abschluß des Kaufvertrags lediglich 45.000,- Mark in Rechnung gestellt.

Ähnlich verschafften andere hochrangige Funktionäre sich oder Familienangehörigen günstig Wohn- oder Ferienhäuser.[542] Sofern die Prominenten nicht Mitglied des Ministerrats waren, bedienten sie sich der Hilfe des Bauministeriums. Der damalige Bauminister Wolfgang Junker und der Staatssekretär im Bauministerium Karl-Heinz Martini sorgten für die Realisierung der Vorhaben.

Auch auf regionaler Ebene nutzten die Machthaber ihre Position zum günstigen Erwerb von Wohneigentum. Die verbreitete Patronage auf der Funktionärsebene eröffnete hierbei zahlreiche Möglichkeiten. Die Geschäfte wurden nach außen regelmäßig als legal getarnt. Kritischen Mitarbeitern wurde immer unmißverständlich deutlich gemacht, daß schon alles seine Richtigkeit habe.[543]

bb) Staatlich „subventionierte" Mietverhältnisse

Die finanziell günstige Anmietung von Wohnraum verlief nach ähnlichem Muster. Funktionäre oder deren Familienangehörige äußerten Wünsche über die Anmietung eines (Ferien-)Hauses. Die gewünschten Objekte entsprachen nach damaligem Standard durchweg gehobenen Ansprüchen. Die Bauaufwendungen für die Häuser in bester Lage betrugen nicht selten mehrere hunderttausend Mark. Für einen Mietzins, der nicht einmal die laufenden Kosten für die Unterhaltung des Objekts sicherstellen konnte, ging das Domizil dann an den Bewerber. In Ausnahmefällen erfolgte die Überlassung sogar ohne Entgelt.

542 Vgl. etwa das Urteil des *LG Berlin* v. 13.12.1994 – Az. (526) 2 Js 871/92 Kls (2/94) und das Urteil des *AG Tiergarten* v. 23.7.1991 – Az. (214) 2 Js 8/90 Ls (135/90) gegen *Martini* sowie die Anklageschrift gegen *Junker* v. 9.4.1990 ohne Az. Die Anklage gegen *Junker* ist wegen des Todes des Beschuldigten am 9.4.1990 nicht mehr erhoben worden.

543 Ein repräsentatives Beispiel ist das Verfahren gegen den Leiter des MfS im Bezirk Schwerin *Werner Korth*. Das *BezG Schwerin* (Urteil v. 27.8.1991 – Az. 1h BS 2/91) verurteilte den Angeklagten wegen Untreue in einem besonders schweren Fall zu einer Freiheitsstrafe von zwei Jahren und acht Monaten.

Ein Fall, der großes Aufsehen erregt hat, betrifft das Politbüromitglied Mittag und seine Familie. Mittag war als Sekretär für Wirtschaftsfragen des Zentralkomitees Vorgesetzter von Schalck-Golodkowski.[544] 1980 erteilte er – ohne Rechtsgrundlage – dem Leiter des Bereichs Kommerzielle Koordinierung (KoKo) den Auftrag, drei Einfamilienhäuser zu errichten. Während zwei dieser Häuser den Familien seiner Töchter auf Mietbasis zugedacht waren, wollte er das dritte Gebäude für sich selbst als Alterssruhesitz nutzen. Dieses dritte Haus sollte zunächst leerstehend bereitgehalten werden. Zur Vermeidung belastender Kosten wurde geplant, das Objekt als „Gästehaus" des Ministeriums für Außenhandel zu führen.

Schalck-Golodkowski kam dem Wunsch seines Dienstvorgesetzten engagiert nach. Bereits die Erstellung der drei Gebäude mit Garagen, Versorgungseinrichtungen und Außenanlagen erfolgte mit dem außergewöhnlichen finanziellen Aufwand von insgesamt mindestens fünf Millionen Mark sowie weiteren 500.000,- Valutamark. Davon entfielen mehr als eine halbe Millionen Mark auf Tischlerarbeiten für die Innenausstattung mit Edelhölzern und knapp 90.000,- Mark auf die Gartengestaltung. Zum Vergleich: Die üblichen Kosten für ein Einfamilienhaus gehobener Ausstattung in der DDR betrugen 200.000,- Mark.

Die Gebäude wurden nach Fertigstellung von den Töchtern des Angeklagten bezogen. Im Mietvertrag wurde ein monatlicher Zins von 239,10 Mark festgelegt. Die Einnahmen des Ministeriums für Außenhandel deckten nicht einmal die laufenden Kosten für die im Preis enthaltene zentrale Beheizung und Warmwasserversorgung.[545] Der Rechtsträger des für Mittag freigehaltenen „Gästehauses" mußte im Zeitraum von 1982 bis 1989 allein für anfallende Nebenkosten über 200.000,- Mark und weitere 21.000,- Mark für Renovierungsmaßnahmen aufwenden.

Der in diesem Sachverhalt verkörperte Unrechtsgehalt bestand in erster Linie in der umfangreichen Inanspruchnahme von finanziellen und materiellen Ressourcen. Aus heutiger Sicht erwecken vor allem die äußerst günstigen Mietpreise den Verdacht strafrechtlicher Relevanz. Zu berücksichtigen ist jedoch, daß die Mietpreise für die gesamte Bevölkerung erheblich subventioniert wurden. Der Quadratmeterpreis lag in der DDR regelmäßig unter einer Mark. Der zulässige Höchstpreis für Neubauwohnungen lag in Berlin bei 1,25 Mark/m^2, in den Bezirken bei 0,90 Mark/m^2.[546]

544 Die folgenden Angaben basieren im wesentlichen nur auf der Anklage der *StA II bei dem LG Berlin* v. 4.11.1991 – Az. 2 Js 214/91. Zu einem Urteil ist es wegen dauerhafter Verhandlungsunfähigkeit des Angeklagten nicht gekommen. Vgl. zu diesem Sachverhalt auch das Verfahren gegen *Schalck-Golodkowski* – Az. 23 Js 1003/93, Fall 265.

545 Zu diesem Sachverhalt auch *Klemm*, Amtsmißbrauch, S. 77.

546 Vgl. § 2 Abs. 1 der Verordnung zur Verbesserung der Wohnverhältnisse der Arbeiter, Angestellten und Genossenschaftsbauern v. 10.5.1972, DDR-GBl. II 1972, S. 318.

cc) Staatlich „subventionierte" Werterhöhungsmaßnahmen

Die Werterhöhungsmaßnahmen an Privathäusern wurden auf zwei verschiedenen Wegen staatlich „subventioniert". Entweder hatte der Angeklagte die Möglichkeit, Rechnungen für sein Haus unmittelbar aus einem öffentlichen Finanztopf begleichen zu lassen. In diesem Fall konnte er offiziell Betriebe mit der Renovierung betrauen. Zu dieser Untergruppe gehört etwa das Verfahren gegen den Vorsitzenden der Ost-CDU Gerald Götting.[547] Der Angeklagte erreichte die Finanzierung für Aus- und Umbauten an seinem Privatbungalow in Höhe von fast 100.000,- Mark aus Mitteln der CDU, da er als Parteivorsitzender auch für die Finanzkontrolle zuständig war. Er veranlaßte durch geschickte Manöver, daß die Rechnungen an den Hauptvorstand der CDU gerichtet wurden. Als dort Verantwortlicher ließ er die Beträge von einem Konto der Partei abbuchen. Seine Mitarbeiter ließ er in dem Glauben, die Partei sei Rechtsträger des Hauses. Vereinzelten Zweifeln an der Richtigkeit der Zahlungen wurde aufgrund der hohen Position des Angeklagten nicht entschieden nachgegangen.

In anderen Fällen haben die Angeklagten die Verwendung staatlich finanzierter Arbeitskraft auf ihren Privatgrundstücken veranlaßt, ohne dafür Ausgleichszahlungen zu leisten.[548] Als Dienstvorgesetzte bestimmten sie den entsprechenden Einsatz der ihnen unterstellten Arbeitskräfte, was ihnen jeweils nur aufgrund ihrer herausgehobenen Stellung möglich war.

c) Die Jagdgebiete

Grundsätzlich hatten auch „normale" DDR-Bürger die Möglichkeit, in den öffentlichen Jagdgebieten unter bestimmten Voraussetzungen der Jagd nachzugehen. Die hierfür aufzubringenden Beiträge waren so gering, daß sie kein ernsthaftes Hindernis darstellten. Die Besonderheit der Jagdgebiete der Führungsriege lag in der privilegierten Ausstattung und aufwendigen Unterhaltung nach den speziellen Wünschen der Regierenden sowie in der engen Begrenzung der Jagdberechtigten. Das finanzielle Gesamtvolumen für die Unterhaltung der Jagdgebiete mit allen Nebenkosten ist kaum abschätzbar. Neben die materiellen Aufwendungen in dreistelliger Millionenhöhe treten die durch unprofessionelle Führung der Gebiete verursachten Naturschäden.[549]

Eines der feudalsten Jagdgebiete war das fast ausschließlich Honecker, Mittag und Sindermann zur Verfügung stehende Areal „Schorfheide". Die Kosten für das 20.558 ha große Gebiet waren enorm. Zur Unterhaltung der Gäste wurde der Wildbestand viel zu

547 Das *LG Berlin* verurteilte den Angeklagten am 9.7.1991 – Az. (515) 2 Js 4/90 (38/90) – wegen Untreue zu einer Freiheitsstrafe von einem Jahr und sechs Monaten, die es zur Bewährung aussetzte. Ähnlich auch der Sachverhalt im Verfahren gegen den 1. Sekretär der Bezirksleitung Suhl *Albrecht*, der durch Urteil des *BezG Meiningen* – Az. 4 Kls 111-72/89 – am 16.10.1992 zu einer Freiheitsstrafe von einem Jahr und zehn Monaten verurteilt wurde.

548 Diese Fallgestaltung enthält etwa das Urteil des *BezG Erfurt* v. 11.11.1992 – Az. 1 Js 5073/91 und das Urteil des *KreisG Erfurt* v. 16.3.1993 – Az. 1 Js 4940/91 Ls.

549 Die folgenden Ausführungen basieren auf der Anklage gegen *Schalck-Golodkowski* und *Seidel* (*StA II bei dem LG Berlin* v. 19.5.1995 – Az. 23 Js 1003/93), dem Verfahren gegen den ehemaligen 1. Sekretär der SED-Bezirklsleitung Erfurt *Müller* (1 Js 4984/91) sowie Angaben von *Klemm*, Amtsmißbrauch, S. 79 ff.

hoch gehalten. Die durch Jagd- und Wildschäden verursachten Kosten machten im Jahr 1988 ein Zuschuß von fast zehn Millionen Mark notwendig. 6,4 Millionen Mark wurden allein für das Bewässern von Wiesenflächen aufgewendet, damit die Rehe und Hirsche ertragreiche Weidegründe finden konnten. Mehr als 20 Millionen Mark verschlangen der Um- und Neubau von Jagdhütten und Nebenanlagen. Die an Honecker und andere ausgezahlten Schützenanteile von 30.000 bis 70.000 Mark jährlich und pro Person sowie die Kosten für Waffen fielen dagegen kaum noch ins Gewicht.

Honecker und Mittag legten auch Wert auf repräsentative Jagdfahrzeuge.[550] Durch das Engagement von Schalck-Golodkowski wurden ausschließlich zur Verfügung von Honecker und Mittag acht Geländefahrzeuge der Typen Mercedes-Benz und Range-Rover beschafft. Die Fahrzeuge wurden entsprechend den Vorstellungen der Nutzer aufwendig für Jagdzwecke umgerüstet, so daß für die Geländewagen insgesamt eine Summe von mehr als 1,7 Millionen DM (durchschnittlich also mehr als 220.000 DM pro Fahrzeug) verausgabt wurden. Eine besondere Ermächtigung hielten die Staatsmänner dabei nicht für notwendig.

Neben den Staatsjagden existierten auch einige illegale Gebiete. Die illegalen Sonderjagdgebiete unterscheiden sich von den Staatsjagdgebieten dadurch, daß sie nicht auf der Grundlage des Jagdgesetzes der DDR eingerichtet wurden, sondern Produkt der selbstherrlichen Anordnungen der jeweiligen „Bezirksfürsten" waren. Eines der größten seiner Art war das Jagdgebiet „Kammerbach" des 1. Sekretärs der SED im Bezirk Erfurt Müller mit etwa 1700 ha Waldfläche.[551] Für den Neubau der Kammerbachhütte, einer Straße und anderen Nebenkosten wurden öffentliche Gelder in Höhe von etwa einer Million Mark verbraucht. Auch andere 1. Sekretäre der Bezirksleitungen der SED und eine Anzahl 1. Kreissekretäre partizipierten an den illegalen Sonderjagdgebieten.[552] Allein im Jahr 1989 sollen mindestens fünf Millionen Mark für die illegalen Gebiete bezahlt worden sein.[553]

d) Sonstige Privilegien

Zahlreiche weitere Fälle zeigen wirtschaftliche Begünstigung der Führungsriege durch den Einsatz politischer Macht auf. Es können im folgenden nur wenige repräsentative Beispielsfälle genannt werden, die einen Gesamteindruck von den tatsächlichen Möglichkeiten und deren Gebrauch durch Spitzenfunktionäre vermitteln sollen.

550 Dazu die Anklage der *StA II bei dem LG Berlin* v. 19.5.1995 – Az. 23 Js 1003/93 – gegen *Schalck-Golodkowski* und *Seidel*, Fälle 266- 273.

551 Dazu das Verfahren der *StA Erfurt* – Az. 1 Js 4984/91 sowie *Klemm*, Amtsmißbrauch, S. 80.

552 Angeklagt wurden deshalb noch der 1. Sekretär der SED-Bezirksleitung Halle *Böhme*, der Vorsitzende des Rates des Bezirks Schwerin *Fleck* (vgl. die Anklage des *StA des Bezirks Schwerin* v. 2.2.1990) und der Leiter der Bezirkszolldirektion Erfurt *Ohmann* (Anklage des *StA des Bezirks Erfurt* v. 7.5.1990). Strafrechtlich ermittelt wurde gegen zahlreiche weitere Funktionäre.

553 *Klemm*, aaO, S. 80.

aa) Die Geschäfte des Bereichs Kommerzielle Koordinierung

Eine Zusammenfassung zahlreicher Transaktionen zugunsten der politischen Führung findet sich in der Anklage gegen den Leiter des Bereichs Kommerzielle Koordinierung[554] Schalck-Golodkowski und seinen Stellvertreter Seidel.[555] Neben den schon oben beschriebenen Fällen von privilegiertem Häuserbau und Unterstützung der Jagdleidenschaft werden den Angeklagten nahezu 300 weitere Einzelfälle zur Last gelegt. 263 Fälle betreffen den Ankauf von insgesamt fast 5000 Videokassetten mit Unterhaltungsfilmen aus dem westlichen Ausland.[556] Der Bereich Kommerzielle Koordinierung mußte dafür mehr als 1,3 Millionen DM aufwenden. Auftraggeber und Nutzer waren ausschließlich Honecker und Mittag. Eine Kostenerstattung durch die Begünstigten erfolgte nicht.

Schalck-Golodkowski und Seidel beschafften auch kurzfristig Fahrzeuge aus Westländern, die dann zu besonders günstigen Konditionen an hohe Persönlichkeiten oder deren Verwandte und Freunde vergeben wurden.[557] Dieses Privileg war nicht allein finanzieller Natur. Neben dem rein wirtschaftlichen Vorteil von mehreren Tausend Mark je Einzelfall muß auch berücksichtigt werden, daß der einfache Bürger in der DDR viele Jahre auf die Zuweisung eines Kraftfahrzeugs warten mußte und Autos aus dem Westen überhaupt nicht zu erwerben waren.

Auch andere Produkte aus dem westlichen Ausland – wie etwa Bauzubehörteile oder Elektrogeräte –, die der Bereich Kommerzielle Koordinierung in großem Umfang importierte, wurden ohne spezielle rechtliche Grundlage durch die Verantwortlichen vergeben.[558] Teilweise behielten die Angeklagten Schalck-Golodkowski und Seidel die Waren für sich, andere Gegenstände wurden an einen von ihnen bestimmten Personenkreis ohne Entgelt oder zu Preisen weitergeleitet, die den Importaufwand nicht decken konnten.

bb) Ehre, wem Ehre gebührt

Als kreativ bei der Schaffung von Privilegien erwies sich der Sekretär für Wirtschaftsfragen im Zentralkomitee Mittag. Im November 1978 bat er den damaligen Minister für Bauwesen Junker und den Abteilungsleiter Bauwesen im Zentralkomitee zu einer Arbeitsbesprechung. Im Rahmen dieser Besprechung teilte Mittag den Anwesenden mit, daß er – Mittag – neben sechs bereits ernannten Personen zum Ehrenmitglied der Bauakademie zu erheben sei. Darüber hinaus verlangte Mittag, daß die Ehrenmitgliedschaft in Zukunft auch mit einer jährlichen Dotation verbunden werde. Obwohl das Statut der

554 Zur Arbeitsweise und Organisation des Bereichs KoKo vgl. den Abschlußbericht des *Untersuchungsausschusses des Deutschen Bundestages zum Bereich „Kommerzielle Koordinierung"*, BT-Drucksache 12/7600.

555 *StA II bei dem LG Berlin* v. 19.5.1995 – Az. 23 Js 1003/93. Die Eröffnung des Hauptverfahrens wurde später jedoch abgelehnt, vgl. *LG Berlin*, Beschluß v. 19.9.1997 – Az. (512) 23 Js 1003/93 KLs (14/95) und *KG Berlin*, Beschluß v. 30.11.1998 – Az. 2 AR 66/95 – 5 Ws 764/97.

556 Fälle 1-263 der Anklage.

557 Fälle 274-278 der Anklage.

558 Fälle 281-292 der Anklage.

Bauakademie weder eine Ehrenmitgliedschaft kannte, noch Gelder im Haushaltsplan für eine Dotation zur Verfügung standen, erließ Junker noch im Dezember 1978 eine den Wünschen Mittags entsprechende Anordnung. Die jährliche Ehrendotation wurde auf 20.000,- Mark festgeschrieben und erstmals für das Jahr 1978 ausgezahlt. Die Anordnung des Ministers für Bauwesen hätte als Ergänzung des Statuts der Bauakademie wie eine Rechtsvorschrift im Gesetzblatt der DDR veröffentlicht werden müssen. Dies ist jedoch aufgrund der erwarteten negativen Reaktionen der Öffentlichkeit unterblieben. Bis zum Jahr 1989 erhielten die Ehrenmitglieder der Bauakademie Zahlungen in Höhe von insgesamt 1,24 Millionen Mark.

cc) Die ratseigene Sauna

Einen schon fast skurrilen Sachverhalt enthält eine Anklage der Staatsanwaltschaft des Bezirks Erfurt.[559] Der Vorsitzende des Rates des Kreises Arnstadt veranlaßte im Jahr 1987 den Einbau und die Ausstattung einer Sauna in einem Ratsgebäude. Die Einrichtung sollte von einem durch ihn zu bestimmenden Personenkreis genutzt werden können. Die Kosten finanzierte der Angeklagte aus einem Fond „Zur Gewährleistung der ständigen Einsatz- und Führungstätigkeit des Rates des Kreises", über den nur er verfügen konnte. Der sogenannte „ZV-Fond" war vorgesehen, um Maßnahmen auf dem Gebiet der Zivilverteidigung finanziell abzusichern. Wegen aufkommender Diskussionen über die Rechtmäßigkeit des Einbaus wurde die Sauna nicht in Betrieb genommen und später wegen fehlender Nutzungsmöglichkeiten demontiert.

3. Strafrechtliche Einordnung

a) Strafanwendungsrecht

Die Gerichte halten im Regelfall die bundesdeutsche Norm (§ 266 StGB) und die Untreuetatbestände des DDR-Rechts[560] für erfüllt. Bei der Auslegung des DDR-Rechts orientieren sich die Gerichte weitgehend an den Lehrbüchern und dem Kommentar zum DDR-Strafgesetzbuch sowie an der Rechtsprechung des Obersten Gerichts der DDR. Dies gilt allerdings nur für Auslegungsgrundsätze, die „frei von spezifischen sozialistischen Wertungen und Rechtsmaximen sind."[561] Besondere Anwendungsschwierigkeiten sind nur vereinzelt aufgetreten.

559 Anklage v. 4.5.1990 – Az. 111-8/90. Der Angeklagte wurde durch Urteil des *KreisG Erfurt* v. 16.3.1993 – Az. 1 Js 4940/91 Ls – freigesprochen, weil das Gericht den verursachten Schaden für nicht „bedeutend" i.S.d. § 165 DDR-StGB hielt.

560 Dies sind die §§ 161a, 162 DDR-StGB in der Fassung des 5. Strafrechtsänderungsgesetzes beziehungsweise die §§ 163, 164 DDR-StGB in der Fassung des 6. Strafrechtsänderungsgesetzes der DDR. Sie lauten:
„*§ 161a Untreue zum Nachteil sozialistischen Eigentums.* (1) Wer die ihm durch Gesetz, Auftrag oder Vertrag eingeräumte Befugnis, über sozialistisches Eigentum zu verfügen oder es zu verwalten oder in sonstiger Weise Vermögensinteressen des sozialistischen Eigentums wahrzunehmen, mißbraucht und dadurch zum Schaden des sozialistischen Eigentums sich oder anderen Vermögensvor-

aa) Schaden für das sozialistische Eigentum durch subventionierte Mieten

In der Fallgruppe der staatlich subventionierten Mietverhältnisse ist zweifelhaft,[562] ob Ausgaben als strafrechtsrelevanter Schaden eingestuft werden können. Denn den Aufwendungen für den Bau und die Ausstattung der Wohnhäuser stand auf der anderen Seite der staatliche Eigentumserwerb an den Objekten gegenüber. Die Gesamtsumme des sozialistischen Vermögens blieb demnach unverändert. Den eigentlichen wirtschaftlichen Schaden verursachte erst die spätere Vermietung, da der Mietzins häufig nicht einmal die laufenden Kosten decken konnte. Dabei muß aber wiederum berücksichtigt werden, daß die Mieten in der DDR grundsätzlich subventioniert waren. Die für „Luxuswohnungen" verlangten Mieten entsprechen den rechtlichen Vorgaben. Anhaltspunkte für eine über das normale Maß hinausgehende Stützung der Funktionärsmieten lassen sich jedenfalls nicht erkennen.

Zu dieser Frage liegt bisher nur eine untergerichtliche Stellungnahme vor.[563] Das Amtsgericht Tiergarten stellte in seinem Urteil vom 9. Juli 1997 ohne nähere Begründung fest, daß es dem Bereich Kommerzielle Koordinierung nicht erlaubt gewesen sei,

> „unter dem Deckmantel der Werkwohnung für seine Mitarbeiter von deren persönlichen Vorstellungen geprägte Häuser zu errichten, die erhebliche Baukosten verursachten, zu unwirtschaftlichen Preisen vermietet und auf Staatskosten zu erhalten und zu bewirtschaften waren."[564]

teile verschafft, wird mit Geldstrafe, Verurteilung auf Bewährung oder mit Freiheitsstrafe bis zu zwei Jahren bestraft …

§ 162 Bestrafung von schweren Fällen des Diebstahls, des Betrugs, der Untreue und des Mißbrauchs der Datenverarbeitung zum Nachteil sozialistischen Eigentums. (1) Schwere Fälle des Diebstahls, Betrugs, der Untreue oder des Mißbrauchs der Datenverarbeitung zum Nachteil sozialistischen Eigentums werden mit Freiheitsstrafe von einem Jahr bis zu zehn Jahren bestraft. Diebstahl, Betrug, Untreue oder des Mißbrauchs der Datenverarbeitung zum Nachteil sozialistischen Eigentums im schweren Fall begeht insbesondere, wer … eine schwere Schädigung des sozialistischen Eigentums verursacht …

§ 163 Untreue. Wer die ihm durch Gesetz, behördlichen Auftrag oder Rechtsgeschäft eingeräumte Befugnis, über fremdes Vermögen zu verfügen oder einen anderen zu verpflichten, mißbraucht oder die ihm kraft Gesetzes, behördlichen Auftrags, Rechtsgeschäfts oder eines Treueverhältnisses obliegende Pflicht, fremde Vermögensinteressen wahrzunehmen, verletzt und dadurch dem, dessen Vermögensinteressen er zu betreuen hat, Nachteil zufügt, wird mit Freiheitsstrafe bis zu zwei Jahren, Verurteilung auf Bewährung oder mit Geldstrafe bestraft.

§ 164 Bestrafung von schweren Fällen des Diebstahls, der Unterschlagung des Betrugs, des Mißbrauchs der Datenverarbeitung und der Untreue. (1) Schwere Fälle des Diebstahls, der Unterschlagung, des Betrugs des Mißbrauchs der Datenverarbeitung oder der Untreue werden mit Freiheitsstrafe von einem bis zu zehn Jahren *bestraft*. Einen schweren Fall des Diebstahls, des Betrugs, des Mißbrauchs der Datenverarbeitung oder der Untreue begeht, wer … eine schwere Vermögensschädigung verursacht …"

561 *BGH*, Urteil v. 13.1.1994 – Az. 4 StR 481/93, NStZ 1994, 231, 231.

562 Vgl. S. 111.

563 In anderen potentiell einschlägigen Fällen wurde diese Frage aus unterschiedlichen Gründen nicht entschieden.

564 *AG Tiergarten*, Urteil v. 9.6.1997 – Az. (213) 23 Js 32/94 (93/95), UA S. 14.

Aus der unzulässigen Verfahrensweise allein folgt allerdings noch kein Vermögensschaden. Diesen versucht das Gericht mit der Erwägung zu begründen, daß die Gelder der sozialistischen Volkswirtschaft durch den verschwenderischen Bau entzogen worden seien.

„Unabhängig von der Tatsache, daß nach dem Bau das Haus als Gegenwert in Volkseigentum stand, ist der Schaden am sozialistischen Eigentum jedoch in dem unwiederbringlichen Entzug von Mitteln zu sehen, auf die die Volkswirtschaft nach Bau des Hauses und dessen Vermietung an den Angeklagten N. nicht mehr zurückgreifen konnte. Diese waren für die Volkswirtschaft unwiederbringlich verloren."[565]

bb) Rechtmäßigkeit durch Anordnung

Umstritten ist neuerdings die rechtliche Qualität von Anweisungen der Staats- und Parteispitze. Lange Zeit sind die Gerichte[566] davon ausgegangen, daß auch Anordnungen höchster Funktionäre einer speziellen Ermächtigungsgrundlage bedurften, um rechtliche Wirksamkeit zu entfalten. Kürzlich hat jedoch das Landgericht Berlin die Frage in zwei Entscheidungen näher geprüft und ist dabei zu einer anderen Auffassung gelangt.[567] Nach Ansicht der Kammer

„war sogar die Verfassung der DDR ... den Weisungen der obersten Staats- und Parteiführung nachrangig. Nach dem politischen und rechtlichen System der DDR herrschte ein den Verfassungsbestimmungen und sonstigen Rechtsvorschriften vor- und übergeordnetes Primat der politischen Führung der SED."[568]

Das Landgericht stützt diese Sicht auf die in Artikel 1 Absatz 1 der Verfassung der DDR manifestierte und damit auch rechtlich abgesicherte Führungsrolle der SED. Ausnahmen von dem Grundsatz der Rechtswirksamkeit solcher Anordnungen könnten nur bei einem Verstoß gegen allgemein anerkanntes Menschen- und Völkerrecht anerkannt werden.[569] Unter anderem mit dieser Begründung hat das Landgericht Berlin die Eröffnung der beiden Hauptverfahren gegen Alexander Schalck-Golodkowski und seinen Stellvertreter Manfred Seidel abgelehnt.

Die genannten Beschlüsse des Landgerichts wurden zwar in ihrem Ergebnis durch das Kammergericht Berlin rechtskräftig bestätigt. Der Begründungsansatz war in der Rechtsmittelinstanz jedoch ein anderer.[570] Denn mit der herrschenden Ansicht war auch das Kammergericht Berlin der Auffassung, daß Anordnungen von politischen Führungskräften in der DDR nicht mit Rechtsnormen gleichzusetzen seien. Die Handlungen der Angeschuldigten hätten aber dennoch das Vertrauen des Staates nicht mißbraucht, da keine Verstöße gegen rechtlich bedeutsame Bindungen festgestellt werden könn-

565 *AG Tiergarten*, Urteil v. 9.6.1997 – Az. (213) 23 Js 32/94 (93/95), UA S. 13.

566 Anders nur *LG Berlin*, Beschluß v. 27.6.1991 – Az. 512-10/91, NJ 1992, 176 ff.

567 *LG Berlin*, Beschlüsse v. 19.9.1997 – Az. (512) 24 Js 1243/92 KLs (56/94) und – inhaltlich weitgehend identisch – Az. (512) 23 Js 1003/93 KLs (14/95).

568 *LG Berlin*, Beschluß v. 19.9.1997 – Az. (512) 24 Js 1243/92 KLs (56/94), BA S. 23 f.

569 *LG Berlin*, aaO, BA S. 24.

570 *KG Berlin*, Beschluß v. 12.11.1998 – Az. 2 AR 175/94 – 5 Ws 763/97; Beschluß v. 30.11.1998 – Az. 2 AR 66/95 – 5 Ws 764/97.

ten.[571] Die Vergünstigungen für hohe Funktionäre sah das Kammergericht Berlin vielmehr als Ausprägung des „Belohnungssystems“ der DDR. Die Finanzierung von Privilegien der Staats- und Parteiführung durch den Bereich Kommerzielle Koordinierung stelle sich als ein „subventionsähnlicher“ Vorgang dar.[572]

b) Das mildeste Gesetz

Bei der Frage nach dem mildesten Recht stehen sich die §§ 161a, 162 DDR-StGB in der Fassung des 5. Strafrechtsänderungsgesetzes der DDR,[573] die §§ 163, 164 DDR-StGB in der Fassung des 6. Strafrechtsänderungsgesetzes der DDR[574] sowie § 266 Absatz 1 und Absatz 2 (a.F.)[575] StGB gegenüber. Trotz des Erfordernisses einer konkreten Einzelfallprüfung lassen sich aus einer Gesamtschau der gerichtlichen Entscheidungen einige Anwendungsprinzipien entnehmen, die eine begrenzte Abstrahierung ermöglichen.

Soweit nach dem Recht der DDR nur der Grundtatbestand einschlägig war, ist nach Ansicht der Gerichte § 161a DDR-StGB wegen seiner geringeren Strafdrohung[576] und der engeren Tatbestandsfassung[577] immer das mildere Recht. Da allerdings bei einem Schaden von mehr als 10.000,- Mark – nach Ansicht fast aller Gerichte[578] – nach DDR-Recht grundsätzlich der strafschärfende Tatbestand (§ 162 DDR-StGB) erfüllt war, muß in diesen Fällen § 266 StGB zur Anwendung gelangen, dessen Absatz 2 a.F.[579] eine stärkere Berücksichtigung anderer Faktoren[580] ermöglicht. Mit dieser Begründung kamen die Gerichte in den meisten Fällen (nur) zu einer Anwendung von § 266 Absatz 1 StGB.[581]

571 *KG Berlin*, Beschluß v. 12.11.1998 – Az. 2 AR 175/94 – 5 Ws 763/97, BA S. 22.

572 *KG Berlin*, aaO, BA S. 23.

573 V. 14.12.1988; DDR-GBl. I 1988, S. 335 ff.; vgl. Fn. 560.

574 V. 29.6.1990; DDR-GBl. I 1990, S. 526 ff.; vgl. Fn. 560.

575 § 266 Abs. 2 StGB in der Fassung bis zum 6. Strafrechtsreformgesetz lautete: „In besonders schweren Fällen ist die Strafe Freiheitsstrafe von einem bis zu zehn Jahren.“

576 Das Höchstmaß der angedrohten Strafe im DDR-StGB war eine Freiheitsstrafe von maximal zwei Jahren gegenüber einer Freiheitsstrafe von bis zu fünf Jahren nach § 266 Abs. 1 StGB.

577 Die Vorschrift verlangt – anders als die bundesdeutsche Norm – einen Bereicherungswillen. Vgl. dazu *OG der DDR*, Urteil v. 6.9.1990 – Az. 2 OSB 1/90, UA S. 8; *AG Tiergarten*, Urteil v. 9.6.1997 – Az. (213) 23 Js 32/94 Ls (93/95), UA S. 8 f.

578 Anders nur *AG Tiergarten*, Urteil v. 23.7.1991 – Az. (214) 2 Js 8/90 Ls (135/90), UA S. 11, das auch im DDR-Recht trotz einer Schadenhöhe von über 10.000,- Mark eine Gesamtwürdigung vornimmt.

579 Dies galt für § 266 in der Fassung vor dem 6. Strafrechtsreformgesetz (a.F.). In seiner heute gültigen Fassung gibt es den „schweren Fall“ ohnehin nicht mehr. Da aber Anfang 1998 bereits fast alle Verfahren abgeschlossen waren, hat die Neufassung eine nur untergeordnete Bedeutung.

580 Vgl. dazu *BGH*, Urteil v. 18.12.1980 – Az. 4 StR 509/80.

581 Vgl. etwa *BGH*, Urteil v. 5.3.1991 – Az. 1 StR 647/90, NJ 1991, 273 f.; Urteil v. 13.1.1994 – Az. 4 StR 481/93, NStZ 1994, 231, 232; *LG Berlin*, Urteil v. 6.6.1991 – Az. (519) 2 Js 3/90 KLs (48/90), UA S. 21 f.

c) Unrechtskontinuität

Weder der Bundesgerichtshof[582] noch die Instanzengerichte[583] zweifelten bei der Untreue „zu Lasten sozialistischen Eigentums" an einer fortdauernden Vertypisierung des Unrechts im bundesdeutschen Recht. Gleiches gilt im Hinblick auf das DDR-Recht nach Inkrafttreten des 6. Strafrechtsänderungsgesetzes, „da die genannten Vorschriften (§ 161a a.F. DDR-StGB, 163 n.F. DDR-StGB, § 266 StGB) in ihrem Kern dasselbe Rechtsgut gegen identische Angriffsformen schützen."[584] Im Urteil gegen Harry Tisch setzte sich das Landgericht Berlin näher mit der Gegenansicht auseinander. Dabei führte es aus:[585]

„Entgegen der Ansicht der Verteidigung kann auch der Umstand, daß § 161a a.F. DDR-StGB sich nur auf das im Rahmen der Herstellung der Währungs-, Wirtschafts- und Sozialunion zwischen beiden deutschen Staaten zum 1. Juli 1990 als Rechtsform beseitigte sozialistische Eigentum, nicht aber auf das durch § 182 a.F. DDR-StGB gegen Untreue geschützte persönliche und private Eigentum bezog, nicht zu der Schlußfolgerung führen, daß durch die Regelung des 6. Strafrechtsänderungsgesetzes die Strafbestimmung des § 161a a.F. DDR-StGB ersatzlos gestrichen werden sollte. § 161a a.F. DDR-StGB war keineswegs *per se* ein Ausdruck sozialistischen Unrechts. Die Regelung beruhte allerdings auf der ideologisch begründeten Aufspaltung des einheitlichen Eigentumsbegriffs, wie er der Rechtsordnung der Bundesrepublik Deutschland zugrundeliegt, in verschiedene Eigentumsarten, von denen das sozialistische Eigentum von Verfassungs wegen einem besonderen Schutz unterlag (Art. 10 Absatz 2 DDR-Verfassung); dieser spiegelte sich in der unterschiedlichen Strafdrohung der §§ 161a und 182 a.F. DDR-StGB wider. Die Aufspaltung des Eigentumsbegriffs schuf jedoch keine besondere neue Eigentumsart, die allein [für die; d. Verf.] Rechtsordnung der DDR typisch und eine Verkörperung sozialistischen Unrechts gewesen wäre. Es wurde lediglich in Abhängigkeit von der Person des Rechtsträgers dessen Eigentum in besonderer Weise qualifiziert. Das in der ehemaligen DDR als sozialistisches Eigentum bezeichnete Rechtsgut war und ist als Eigentum der öffentlichen Hand nach Bundesrecht im selben Umfang geschützt."

Den meisten Gerichten lag diese Wertung offenbar so nahe, daß sie in ihren Entscheidungen auf Ausführungen zur Unrechtskontinuität ganz verzichteten.[586]

582 Urteil v. 13.1.1994 – Az. 4 StR 481/93, NStZ 1994, 231, 232.

583 Etwa *KG Berlin*, Beschluß v. 26.11.1990 – Az. 3 Ws 295/90, BA S. 3; *BezG Schwerin*, Urteil v. 27.8.1991 – Az. 1h BS 2/91, UA S. 58; *LG Halle*, Urteil v. 26.2.1992 – Az. 4 BS 5/90, UA S. 12.

584 *LG Berlin*, Urteil v. 6.6.1991 – Az. (519) 2 Js 3/90 KLs (48/90), UA S. 20.

585 *LG Berlin*, aaO, UA S. 20 f.

586 Aus den zahlreichen Entscheidungen etwa *LG Berlin*, Urteil v. 9.12.1991 – Az. (520) 2 Js 25/90 (64/90); *AG Tiergarten*, Urteil v. 23.7.1991 – Az. (214) 2 Js 8/90 Ls (135/90); *AG Tiergarten*, Urteil v. 3.7.1991 – Az. (271) 2 Js 14/90 Ls (140/90).

d) Die Fortgeltung des § 165 DDR-StGB

Das 6. Strafrechtsänderungsgesetz der DDR enthält in § 10 Satz 1 eine besondere und problematische Übergangsregelung.[587] Obwohl § 165 DDR-StGB[588] aufgehoben wurde, soll dieser Tatbestand[589] bei der Entscheidung über die strafrechtliche Verantwortung unter zwei Voraussetzungen weiterhin zugrunde gelegt werden. Die Tat muß vor dem Inkrafttreten des Gesetzes am 1. Juli 1990 begangen worden sein. Zusätzlich muß zu diesem Zeitpunkt bereits ein förmliches Strafverfahren eingeleitet gewesen sein. Dies hat zur Konsequenz, daß Geschehnisse, die an diesem Stichtag noch nicht bekannt waren oder (noch) nicht formell verfolgt wurden, keiner Sanktion nach § 165 DDR-StGB unterliegen. Zudem wurden bereits nach dieser Norm rechtskräftig verurteilte Täter durch § 8 dieses Gesetzes amnestiert. Weiterhin anzuwenden war die Vorschrift also nur bei laufenden Ermittlungsverfahren und anhängigen Gerichtsverfahren.

aa) Verfassungsrechtliche Bedenken

Mehrere Judikate äußern durchgreifende Bedenken gegenüber der Verfassungskonformität der Fortgeltungsregelung.[590] Die erste, richtungsweisende Entscheidung erging am 14. Februar 1991.[591] Das Landgericht Berlin trennte aufgrund seiner Rechtsauffassung das Verfahren in Bezug auf den Vorwurf des Vertrauensmißbrauchs ab und legte die Frage nach Artikel 100 GG dem Bundesverfassungsgericht vor.[592] Zu einer Entscheidung kam es wegen des Todes des Angeklagten allerdings nicht in diesem Verfahren, sondern aufgrund eines ähnlich begründeten Vorlagebeschlusses des Landgerichts Erfurt.[593] Das Bundesverfassungsgericht wies den Beschluß als unzulässig zurück.[594]

587 Sie lautet: „Soweit vor Inkrafttreten dieses Gesetzes Straftaten nach den Vorschriften der §§ 165, 166 Absatz 1 Ziffer 1 und Absatz 2, 167 bis 171, 173 Absatz 1 Ziffern 1 und 3, sowie 214 begangen und Strafverfahren eingeleitet wurden, sind in diesen Fällen die vorgenannten Bestimmungen der Entscheidung über die strafrechtliche Verantwortlichkeit weiterhin zugrunde zu legen.“ Diese Regelung blieb auch nach dem Beitritt in Kraft (vgl. Art. 9 Abs. 2 EV i.V.m. Anlage II., Sachgebiet C., Abschnitt I. Nr. 2).

588 „*§ 165 Vertrauensmißbrauch.* (1) Wer eine ihm dauernd oder zeitweise übertragene Vertrauensstellung mißbraucht, indem er entgegen seinen Rechtspflichten Entscheidungen oder Maßnahmen trifft oder pflichtwidrig unterläßt oder durch Irreführung oder in anderer Weise Maßnahmen oder Entscheidungen bewirkt und dadurch vorsätzlich einen bedeutenden wirtschaftlichen Schaden verursacht, wird mit Freiheitsstrafe bis zu fünf Jahren oder mit Verurteilung auf Bewährung oder mit Geldstrafe bestraft. (2) Wer ... durch die Tat einen besonders schweren wirtschaftlichen Schaden verursacht ... wird mit Freiheitsstrafe von zwei bis zu zehn Jahren bestraft ...“

589 Dasselbe gilt für die in der Praxis nicht relevant gewordenen alten DDR-Straftatbestände der §§ 166 Abs. 1 Ziffer 1, Abs. 2; 167 – 171; 173 Abs. 1 Ziffern 1 und 3, Abs. 2 und 3 sowie 214.

590 *LG Berlin*, Beschluß v. 14.2.1991 – Az. (519) 2 Js 3/90 (48/90), DtZ 1992, 254 ff.; *LG Berlin*, Beschluß v. 27.6.1991 – Az. 512-10/91, NJ 1992, 176; *BezG Erfurt*, Beschluß v. 9.8.1991 – Az. 1 Js 4984/91; *LG Erfurt*, Beschluß v. 23.6.1995 – Az. 1 Js 4984/91; *LG Schwerin*, Urteil v. 27.11.1996 – Az. 32 KLs (10/92).

591 Verfahren gegen *Harry Tisch* – Az. (519) 2 Js 3/90 (48/90), DtZ 1992, 254 ff.

592 Die kritischen Ansätze stammen schon aus der Zeit des Inkrafttreten des 6. DDR-StÄG; vgl. etwa das Schreiben des damaligen Generalstaatsanwalts der DDR *Günter Seidel* an die Präsidentin der Volkskammer v. 27.7.1990, abgedruckt in: *Przybylski*, Tatort Politbüro, S. 391 ff.

593 Beschluß v. 23.6.1995 – Az. 1 Js 4984/91 KLs.

Gesetze der DDR, die nach Artikel 9 Absatz 2 des Einigungsvertrags in Verbindung mit dessen Anlage II in Kraft bleiben sollten, unterlägen nicht der konkreten Normenkontrolle. Das Landgericht könne, so das Bundesverfassungsgericht, über die Vorlagefrage selbst entscheiden, da nach Artikel 9 Absatz 2 Einigungsvertrag das DDR-Recht nur in Kraft bleibt, „soweit es mit dem Grundgesetz ... vereinbar ist". Die Vorschrift könne als solche dem Grundgesetz nicht widersprechen, da sie die Fortgeltung alter DDR-Gesetze gerade von deren Verfassungsmäßigkeit abhängig mache. Materiell gehe es demnach um die Vereinbarkeit von vorkonstitutionellem Recht mit dem Grundgesetz, für das Artikel 100 GG keine Anwendung findet.[595]

Die Bedenken der Fachgerichte gegen die Vorschrift stützen sich im wesentlichen auf zwei Gesichtspunkte.[596] Einmal handele es sich bei § 10 des 6. Strafrechtsänderungsgesetzes der DDR um ein nach Artikel 19 Absatz 1 Satz 1 GG unzulässiges Einzelfallgesetz, da der nach dieser Norm strafbare Personenkreis bereits bei Inkrafttreten der Vorschrift abschließend bestimmbar gewesen sei. Zudem habe der Gesetzgeber ein Gesetz für die Bestrafung eines ganz konkreten Personenkreises – die ehemalige Führungsspitze der DDR – schaffen wollen. Die Fortgeltungsbestimmung sei zudem mit dem Gleichbehandlungsgebot nicht vereinbar. § 10 des 6. Strafrechtsänderungsgesetzes der DDR beinhalte eine nicht gerechtfertigte Ungleichbehandlung von Straftätern und damit einen Verstoß gegen Artikel 3 GG, weil die Voraussetzung des bereits eingeleiteten Ermittlungsverfahrens von Umständen abhänge, die ihre Ursache nicht in der Person des Täters hätten. Hinzu komme, daß eine Bestrafung einiger weniger auch im Hinblick auf die in § 8 Absatz 1 des 6. Strafrechtsänderungsgesetzes der DDR ausgesprochene Amnestie für rechtskräftig verurteilte Täter nicht gerechtfertigt sei.[597]

bb) Argumente für die Anwendbarkeit

Auch die gegenteilige Auffassung wird in der Rechtsprechung vertreten. Eine rechtskräftige Verurteilung nach § 165 DDR-StGB durch bundesdeutsche Gerichte erfolgte allerdings bislang nur in einem Fall.[598] Ein Einzelfall- oder Einzelpersonengesetz liegt nach dieser Auffassung nicht vor, da

594 *BVerfG*, Beschluß v. 21.12.1997 – Az. 2 BvL 6/95, BVerfGE 97, 117.

595 *BVerfG*, aaO, 122 ff.

596 Für verfassungsrechtlich zumindest zweifelhaft hält auch der größte Teil der Literatur die Regelung; vgl. *Classen* JZ 1991, 717, 719; Sch/Sch/*Eser* vor § 3 Rn. 123; *Geppert* Jura 1991, 610, 614; *Grünwald* StV 1991, 31, 32; *Karpenstein* JuS 1991, 1005 ff.; *Luther* DtZ 1991, 433, 434; NK/*Lemke* vor § 3 Rn. 80; *Peter/Volk* JR 1991, 89 ff.; *Schneiders* MDR 1990, 1049, 1052 f.; *Tröndle/Fischer*, StGB, vor § 3 Rn. 31; zurückhaltend *Eser* GA 1991, 241, 259; LK/*Gribbohm* § 2 Rn. 63; *Lackner*, StGB 22. Aufl., § 3 Rn. 5 und Anhang III. 2.; LK/*Laufhütte* vor § 80, Fn. 7. Erkennbar anders nur *Th. Baumann* NStZ 1994, 546.

597 *LG Erfurt*, Beschluß v. 23.6.1995 – Az. 1 Js 4984/94 KLs, BA S. 33.

598 *LG Berlin*, Urteil v. 26.11.1993 – Az. (570) 2 Js 188/91 Ls-Ns (153/93). Verurteilt wurde der Stellvertreter von *Schalck-Golodkowski* als Leiter des Bereichs Kommerzielle Koordinierung *Manfred Seidel*.

„durch das 6. Strafrechtsänderungsgesetz der DDR lediglich ein bestimmtes Verhalten mit bestimmtem Unrechtsgehalt erfaßt worden (ist), das nur von einem noch zu ermittelnden Personenkreis ausgehen konnte, der gewisse Leitungsfunktionen innehatte. Dabei war weder eine konkrete Person ins Auge gefaßt worden, noch war konkret überschaubar, wer im einzelnen als Täter in Betracht kommen könnte."[599]

Auch nach Auffassung des Landgerichts Rostock[600] enthält die Vorschrift keinen Verstoß gegen das Verbot des Einzelfallgesetzes. Sie greife schon nicht in das Grundrecht der Freiheit der Person aus Artikel 2 Absatz 2 Satz 2 GG ein,[601] da es sich bei § 8 des 6. Strafrechtsänderungsgesetzes um eine Amnestieregelung und damit um eine „bloße Rechtswohltat" handele, „in die einbezogen zu werden der einzelne Betroffene keinen Anspruch hat".[602] Zwar widerspreche die Bestimmung dem in § 2 Absatz 3 StGB und § 81 Absatz 3 DDR-StGB verankerten Rückwirkungsgebot, doch komme diesem Begünstigungsprinzip „keine verfassungsrechtliche, insbesondere keine grundrechtliche Qualität zu; es kann – wie geschehen – durch einfachgesetzliche Regelungen teilweise außer Kraft gesetzt werden."[603] Auch eine Verletzung des Gleichheitsgrundsatzes sei nicht zu erkennen. Die Ungleichbehandlung sei sachlich zu rechtfertigen. Die Kammer begründete die Amnestie für bereits rechtskräftig Verurteilte mit dem fehlenden Schutzzweck der Vorschrift nach der Ablösung des volkswirtschaftlichen Systems sowie mit dem Verlangen nach einem Schlußstrich „soweit vertretbar". Ein Strafverzicht gegenüber den von § 10 des 6. Strafrechtsänderungsgesetzes betroffenen Tätern sei aber gerade nicht vertretbar. Bei den so Erfaßten handele es sich um den Personenkreis,

„gegen den in der letzten Phase des Bestehens der DDR erstmals wegen Mißbrauchs seiner politischen Machtpositionen Ermittlungsverfahren eingeleitet worden waren und der zuvor kraft seiner Stellung im politischen System der DDR vor solcher Verfolgung sicher gewesen war. ... [Ein Verfolgungs- und Strafverzicht] „hätte zu großem Unverständnis in der ... Masse der Bevölkerung geführt ... Es hätte dem Vertrauen der Bevölkerung in die bevorstehende neue Rechtsordnung geschadet, wenn die eingeleiteten Strafverfahren nicht weitergeführt worden wären ... Dagegen scheint der Verzicht auf die Einleitung neuer Strafverfahren angemessen ... Denn bis zu jenem Zeitpunkt unentdeckt gebliebene Vorfälle waren noch nicht Gegenstand öffentlicher Erörterung geworden und konnten deshalb im Interesse des Rechtsfriedens unverfolgt bleiben."[604]

599 *LG Berlin*, Urteil v. 26.11.1993 – Az. (570) 2 Js 188/91 Ls-Ns (153/93), UA S. 22 f.; ähnlich begründet das *KG Berlin* – Az. (4) 2 Js 6/90 HEs (119/90), BA S. 13 – seinen Beschluß v. 19.11.1990, mit dem es die Haftfortdauer gegen den ehemaligen Minister für Staatssicherheit der DDR *Erich Mielke* anordnet.

600 Urteil v. 16.2.1993 – Az. II KLs 6/91, 111-1-90, UA S. 29 ff. Das Urteil wurde allerdings später durch den *BGH* (Urteil v. 13.1.1994 – Az. 4 StR 481/93, NStZ 1994, 231 f.) aufgehoben. In der Begründung stellte der *BGH* jedoch allein darauf ab, daß das *LG* das Tatbestandsmerkmal eines „bedeutenden" Schadens nicht richtig ausgelegt habe. Ob § 10 des 6. DDR-StÄG verfassungskonform ist, ließ der *BGH* ausdrücklich dahingestellt (insoweit nicht veröffentlicht, UA S. 6).

601 Nach der herrschenden Auffassung kommt Art. 19 Abs. 1 S. 1 GG nur dann zum Tragen, wenn durch die Norm ein Grundrecht eingeschränkt wird.

602 *LG Rostock*, Urteil v. 16.2.1993 – Az. II KLs 6/91, 111-1-90, UA S. 29, ähnlich *KG Berlin*, Beschluß v. 19.11.1990 – Az. (4) 2 Js 6/90 HEs (119/90), BA S. 13.

603 *LG Rostock*, aaO, UA S. 29.

604 *LG Rostock*, aaO, UA S. 31 f.

e) Verjährung

Vor dem Erlaß des ersten Verjährungsgesetzes haben die Gerichte an ein Ruhen der Verjährung nicht gedacht. Sie gingen vielmehr ohne weiteres davon aus, daß die Verjährungszeit auch während der SED-Herrschaft lief.[605] Die einzige Entscheidung, die überhaupt diesen Gedanken anspricht, hält ihn – jedenfalls in den Fällen von Amtsmißbrauch – für nicht anwendbar, „da selbst die Befürworter einer solchen Auffassung diese auf politisch motivierte oder gar staatlich angeordnete (strafbare) Handlungen beschränken".[606]

Nach dem Erlaß des ersten Verjährungsgesetzes hat der größte Teil der Rechtsprechung die gegenteilige Auffassung vertreten und die allgemeinen Grundsätze[607] herangezogen, ohne dabei jedoch auf das Problem oder die zuvor abweichende Rechtsprechung näher einzugehen.[608] Das Landgericht Halle hielt dagegen auch nach Erlaß des ersten Verjährungsgesetzes ein Ruhen der Verjährung für ausgeschlossen, weil der Wille zur Nichtverfolgung – jedenfalls im konkreten Fall – nicht mit Bestimmtheit festgestellt werden könne.[609]

Zur Problematik des zweiten und dritten Verjährungsgesetzes kann auf die allgemeinen Ausführungen oben[610] verwiesen werden. Besonderheiten treten nicht auf.

IX. Wirtschaftsstraftaten

Embargoverstöße

Bei der Berliner Staatsanwaltschaft II werden zudem Wirtschaftsstrafverfahren geführt. In bislang sechs Fällen ist es zu einer Anklageerhebung gekommen. Es handelt sich hierbei im wesentlichen um Vorwürfe, deren Gegenstand Verstöße gegen das Kriegswaffenkontrollgesetz, das Militärregierungsgesetz (MRG) Nr. 53 oder Verordnungen der Alliierten Streitkräfte sind.[611]

Die westlichen Industrienationen hatten das Bedürfnis, die Lieferung von Gütern, die militärischen Zwecken dienen konnten, in Länder, die man im Rahmen des Ost-West-Konflikts als potentielle militärische Gegner ansah, zu unterbinden. Die Kontrolle des Warenverkehrs erfolgte vor allem nach Maßgabe einer durch das „Coordinating Committee for East-West Trade Policy" (COCOM) in Paris zusammengestellten Liste von

605 *LG Berlin*, Urteil v. 9.7.1991 – Az. (515) 2 Js 4/90 (38/90), UA S. 7, 19; *BezG Meiningen*, Urteil v. 16.10.1992 – Az. 4 KLs 111-72/89, UA S. 41; *LG Rostock*, Urteil v. 16.2.1993 – Az. II KLs 6/91, 111-1/90, UA S. 11.

606 *BezG Schwerin*, Urteil v. 27.8.1991 – Az. 1h BS 2/91, UA S. 65.

607 Vgl. dazu S. 5 ff.

608 Etwa *LG Berlin*, Urteil v. 13.12.1994 – Az. (526) 2 Js 871/92 KLs (2/94); *AG Tiergarten*, Strafbefehl v. 30.1.1997 – Az. 277 Cs 1280/96.

609 So *LG Halle/Saale*, Beschluß v. 16.2.1995 – Az. 27 (14) Ns 39/93, BA S. 11. Das *OLG Naumburg* läßt die Frage offen (Beschluß v. 17.10.1995 – Az. 1 Ws 64/95, BA S. 3).

610 Vgl. S. 5 ff.

611 Vgl. dazu etwa die Anklagen der *StA II bei dem LG Berlin* v. 14.2.1994 – Az. 23/2 Js 41/93; v. 19.4.1994 – Az. 24/2 Js 66/92; v. 13.12.1994 – Az. 23 Js 9/94; v. 31.3.1995 – Az. 23/2 Js 448/92; v. 25.4.1996 – Az. 21 Js 39/95; v. 12.9.1996 – Az. 23 Js 116/95.

Gütern, deren Export in Ostblockländer untersagt war. Im Wirtschaftsverkehr zwischen der Bundesrepublik und der DDR erfolgte die Durchsetzung des Handelsembargos auf der Grundlage des Gesetzes Nr. 53 der alliierten Militärregierung (MRG Nr. 53) sowie der Verordnung Nr. 500 der Kommandanten des amerikanischen, britischen und französischen Sektors. Nach diesen Vorschriften war für jedes Geschäft im innerdeutschen Handel eine behördliche Genehmigung erforderlich. Die Genehmigung wurde für bestimmte Warengruppen allgemein erteilt, für technologisch hochwertige Waren oder militärisch nutzbare Güter mußte sie jedoch im Einzelfall eingeholt werden.

Die Angeklagten sollen unter Verstoß gegen die genannten Vorschriften unerlaubt Waffen und hochwertige Technologiegüter aus der Bundesrepublik in die DDR eingeführt haben. Zudem sollen sie hohe Bargeldsummen aus der Bundesrepublik in die DDR transferiert haben, was nach dem Militärregierungsgesetz Nr. 53 ebenfalls genehmigungspflichtig ist. Hauptangeklagter ist in den meisten Fällen der ehemalige Leiter des Bereichs Kommerzielle Koordinierung Alexander Schalck-Golodkowski. Aber auch andere Mitarbeiter dieses wichtigsten Wirtschaftsunternehmens der DDR und Helfer in deren Umfeld sind in diesem Zusammenhang angeklagt.[612]

Verfahren ohne Systembezug

Zudem werden Wirtschaftsstrafverfahren bei der Berliner Staatsanwaltschaft II geführt, für die ein typischer Systembezug nicht ersichtlich ist. Es handelt sich dabei um eine Größenordnung von etwa 20 Verfahren. Diese Verfahren sind zwar in der amtlichen Statistik der Staatsanwaltschaft und somit auch im Zweiten Teil der vorliegenden Untersuchung aufgeführt, sie werden aber bei der näheren Darstellung der Fallgruppen sowie bei der statistischen Darstellung auf der Datenbasis des Forschungsprojekts „Strafjustiz und DDR-Vergangenheit"[613] bewußt außer acht gelassen. Betroffen sind zum einen Straftaten, die nach dem 3. Oktober 1990 begangen wurden[614] und schon deshalb für eine Analyse der strafrechtlichen Aufarbeitung der DDR-Vergangenheit nicht in Betracht kommen. Weiter sind Sachverhalte ausgesondert, die im Zeitraum nach der politischen Wende liegen und die sich gerade erst durch die gesellschaftlichen Veränderungen und die bevorstehende Wiedervereinigung ereignen konnten. Das gilt etwa für die Vermögensstraftaten im Zusammenhang mit der Währungsunion oder rechtswidrige Bereicherungen bei der Umstrukturierung und Privatisierung volkseigener Betriebe. Schließlich wurde auch solchen Verfahren keine weitere Aufmerksamkeit geschenkt, bei denen zwar nicht schon der Tatzeitpunkt gegen einen Systemzusammenhang spricht, systemtypische Besonderheiten aber nicht festzustellen waren. Zu nennen ist hier etwa ein Steuerstrafverfahren gegen Rechtsanwalt Vogel, dem vorgeworfen wird, zu Lasten des

612 Bislang ist erst in einem Verfahren eine Verurteilung erfolgt. *Schalck-Golodkowski* wurde durch ein Urteil des *LG Berlin* v. 31.1.1996 – Az. (505) 23/2 Js 41/93 (6/94) wegen Verstoßes in 36 Fällen gegen das MRG Nr. 53 rechtskräftig zu einer Gesamtfreiheitsstrafe von einem Jahr, deren Vollstreckung zur Bewährung ausgesetzt wurde, verurteilt. Ein mitangeklagter Bundesbürger wurde wegen Verstoßes gegen das MRG Nr. 53 in Tateinheit mit Steuerhinterziehung mit einer Freiheitsstrafe von drei Jahren belegt; vgl. *LG Berlin*, Urteil v. 8.6.1994 – Az. (505) 23/2 Js 41/93 (4/94) KLs.

613 Zur Grundlage der verschiedenen Zahlenangaben im Zweiten Teil siehe S. 143 ff.

614 Z.B. Aussagedelikte im Rahmen der heute geführten Verfahren.

DDR-Staatshaushalts seine Einkünfte nicht umfassend angegeben und dadurch seine Steuerschuld gekürzt zu haben.[615] Ebenfalls hierher gehört der Vorwurf gegenüber demselben Angeklagten, Mandantengelder veruntreut zu haben.[616]

X. Spionage

1. Einführung

Der einführende Text skizziert den Aufbau der Nachrichtendienste der DDR (a), deren gegen die Bundesrepublik gerichtete Spionagetätigkeit nach dem Beitritt zum Gegenstand von Strafverfahren wurde (b).

a) Die Nachrichtendienste der DDR

Das Sicherheitsbedürfnis der DDR war ausgeprägt. Entsprechend hoch war das Interesse der DDR an möglichst umfassenden Informationen über den sogenannten Klassenfeind, vor allem verkörpert durch die Bundesrepublik. Zur Erlangung solcher Informationen unterhielt die DDR mehrere dem MfS oder der Nationalen Volksarmee zugeordnete Nachrichtendienste und mit nachrichtendienstlichen Aufgaben betraute Einheiten.

aa) Die Hauptverwaltung A (HVA) des Ministeriums für Staatssicherheit und die Linie XV

Ihren ersten Nachrichtendienst mit dem Ziel der Auslandsaufklärung gründete die DDR im Jahre 1951 in Gestalt eines Instituts für Wirtschaftswissenschaftliche Forschung (IWF). Das Institut unterstand zunächst dem Ministerium für Auswärtige Angelegenheiten. Im September 1953 wurde es als Hauptabteilung XV in das zu dieser Zeit dem Ministerium des Innern unterstehende Staatssekretariat für Staatssicherheit (SfS) eingegliedert. Nach der im November 1955 erfolgten Wiedererrichtung des MfS wurde die Hauptabteilung XV im Sommer 1965 zur Hauptverwaltung A (HVA) aufgewertet.[617] Im Rahmen der Spionagetätigkeit des MfS spielte die HVA auch in der Folgezeit quantitativ und qualitativ die bedeutendste Rolle.

Wie die übrigen Einheiten des Ministeriums war die HVA eine nach militärischen Grundsätzen geführte Behörde.[618] In den letzten Jahren ihres Bestehens gliederte sie sich in ihren Stab, 16 Abteilungen, sechs Arbeitsgruppen, den Rückwärtigen Dienst, den Bereich K und die HVA-Schule.[619] Die einzelnen Abteilungen setzten sich aus Refera-

615 Anklage der *StA II bei dem LG Berlin* v. 24.3.1994 – Az. 21/2 Js 850/92.

616 Anklage der *StA II bei dem LG Berlin* v. 28.9.1993 – Az. 2 Js 943/92.

617 Siehe hierzu *GBA*, Anklage v. 28.7.1992 – Az. 3 StE 10/92-1, S. 26 f.; Anklage v. 16.9.1992 – Az. 3 StE 14/92-3, S. 56 f.

618 *OLG Düsseldorf*, Urteil v. 6.12.1993 – Az. IV-40/92, UA S. 16.

619 *GBA*, Anklage v. 31.1.1992 – Az. 3 StE 3/92-4, S. 52; Anklage v. 28.7.1992 – Az. 3 StE 10/92-1, S. 29; *OLG Stuttgart*, Urteil v. 10.12.1992 – Az. 4-3 StE 3/92, UA S. 19 f.; *OLG Düsseldorf*, aaO, UA S. 15.

ten zusammen, die teilweise in Bereichen zusammengefaßt waren.[620] Im Jahre 1983 gehörten der HVA ohne ihre Offiziere im besonderen Einsatz (OibE) und Hauptamtlichen Inoffizielle Mitarbeiter (HIM) etwa 2.500 Mitarbeiter an.[621] Einschließlich der Offiziere im besonderen Einsatz und der Mitarbeiter der Abteilungen XV der Bezirksverwaltungen verfügte sie Ende 1989 über etwa 4.100 Mitarbeiter.[622] Innerhalb des MfS war die HVA weitgehend autark. Sie organisierte ihre Tätigkeit selbst und war auch logistisch im wesentlichen unabhängig.[623] Ihren Mitarbeitern standen unter anderem eigene Datenspeicher, eine selbständige Registratur und gesonderte Archive zur Verfügung.[624]

Der MfS-Zentrale in Berlin waren Bezirksverwaltungen in den jeweiligen Bezirkshauptstädten der DDR[625] nachgeordnet. Die Auslandsaufklärung in diesen Verwaltungen betrieben im wesentlichen durch die HVA angeleitete Abteilungen XV, die dort 1955 als eigenständige Diensteinheiten mit entsprechender Aufgabenstellung errichtet worden waren. Untergliedert waren die Abteilungen in mehrere operative Referate, ein Auswertungs- und Informationsreferat, ein Referat Konspirative Objekte,[626] ein Informations- und Ausbildungszentrum[627] und eine operative Außengruppe.[628] Der Personalbestand der Abteilungen XV schwankte zwischen etwa 30 Mitarbeitern in Schwerin und ungefähr 60 Mitarbeitern in Berlin. In der Abteilung XV der Bezirksverwaltung Dresden waren Ende 1989 insgesamt 54 hauptamtliche Mitarbeiter tätig.[629]

Die Kompetenzen der HVA im Verhältnis zu den Abteilungen XV beschränkte sich nicht auf allgemeine Anleitungen, sondern beinhalteten auch Weisungsbefugnisse in Bezug auf einzelne operative Vorgänge und Aufgaben.[630]

bb) Sonstige nachrichtendienstlich tätige Einheiten des MfS

Aufklärungstätigkeit im Ausland war auch innerhalb des MfS nicht ausschließlich der HVA und den ihr nachgeordneten Abteilungen XV vorbehalten. Daneben entfalteten sowohl die Hauptabteilungen I, II, III, VI, VIII, XVIII, XIX, XX und XXII als auch die Zentrale Koordinierungsgruppe (ZKG) nachrichtendienstliche Aktivitäten im Opera-

620 Siehe etwa *GBA*, Anklage v. 28.7.1992 – Az. 3 StE 10/92-1, S. 28; *OLG Düsseldorf*, aaO, UA S. 15 f.
621 *GBA*, Anklage v. 16.9.1992 – Az. 3 StE 14/92-3, S. 71; *OLG Düsseldorf*, aaO – unter Hinweis auf Ministervorlage des Leiters Hauptabteilung Kader und Schulung v. 28.2.1983.
622 *GBA*, Anklage v. 16.9.1992 – Az. 3 StE 14/92-3, S. 71; *GStA OLG Rostock*, Anklage v. 19.7.1994 – OJs 3/92, S. 32; *OLG Düsseldorf*, aaO, UA S. 14 unter Hinweis auf den Abschlußbericht des Leiters HVA – in Auflösung – v. 25.6.1990.
623 *GBA*, Anklage v. 20.2.1991 – Az. 3 StE 4/91-3, S. 18; Anklage v. 16.9.1992 – Az. 3 StE 14/92-3, S. 95.
624 *GBA*, Anklage v. 16.9.1992 – Az. 3 StE 14/92-3, S. 96.
625 Berlin, Cottbus, Dresden, Erfurt, Frankfurt/Oder, Gera, Halle, Karl-Marx-Stadt (Chemnitz), Leipzig, Magdeburg, Neubrandenburg, Potsdam, Rostock, Schwerin, Suhl. Bis zu ihrer Auflösung 1982 existierte zusätzlich eine „Objektverwaltung" in Wismut.
626 Hier wurden die konspirativen Objekte der Abteilung verwaltet.
627 Diese war für die Auswertung und Aufbereitung der Parteimaterialien zuständig.
628 Ihr oblagen die Suche, Auswahl und Ausbildung von Mitarbeitern der Linie XV.
629 *OLG Stuttgart*, Urteil v. 10.12.1992 – Az. 4-3 StE 3/92, UA S. 25.
630 *OLG Stuttgart*, aaO, UA S. 45 f.

tionsgebiet, das heißt unter anderem in der Bundesrepublik.[631] Diese Einheiten beschränkten sich dabei auch nicht auf den Einsatz zweit- oder drittrangiger Agenten.[632] Im Jahre 1985 unterhielten sie zusammen mindestens 477 Verbindungen zu Inoffiziellen Mitarbeitern in die Bundesrepublik und nach Westberlin.[633] Allein die Hauptabteilung VIII verfügte über 65 solcher Verbindungen.[634]

cc) Der Bereich Aufklärung des Hauptstabes der Nationalen Volksarmee

Ein nicht primär dem MfS zugeordneter, vornehmlich militärischer Nachrichtendienst der DDR, der seine Tätigkeit auch auf die Bundesrepublik ausgerichtet hatte, war der Bereich Aufklärung des Hauptstabes der Nationalen Volksarmee (Bereich A).[635]

Zum Bereich A, der in einem militärisch abgesicherten Gebäudekomplex in Berlin bis 1988 unter der Tarnbezeichnung Mathematisch-physikalisches Institut der NVA residierte, gehörten in den letzten Jahren seines Bestehens insgesamt etwa 1.200 Angehörige und Zivilbeschäftigte der NVA, davon ungefähr 660 Offiziere und Generäle.[636]

b) Gegenstand der Strafverfolgung

Wegen des Verdachts nachrichtendienstlicher Tätigkeit gegen die Bundesrepublik Deutschland wurden nach dem Beitritt insgesamt gegen fast 4.000 ehemalige DDR-Bürger Ermittlungsverfahren geführt.[637] Erste Haftbefehle[638] ergingen gegen die letzten Leiter der HVA, Großmann und Fischer, bereits im Herbst 1990.

2. Sachverhaltsfeststellungen

Die Bewertung der einzelnen Taten der beteiligten Personen erfordert eine Einordnung in den nachrichtendienstlichen Zusammenhang und in die Struktur der auftraggebenden Dienste der DDR. Deshalb beinhalten die einschlägigen Justizmaterialien auch Feststellungen zur Organisation und Arbeitsweise des MfS und seiner vorrangig mit Auslandsaufklärung befaßten Einheiten. Auch der Bereich Aufklärung des Hauptstabes der Natio-

631 *GBA*, Anklage v. 16.9.1992 – Az. 3 StE 14/92-3, S. 69; Anklage v. 12.3.1993 – Az. 3 StE 2/93-2, S. 59 f.; *GStA OLG Rostock*, Anklage v. 19.7.1994 – Az. OJs 3/92, S. 34 f. und *OLG Stuttgart*, Urteil v. 10.12.1992 – Az. 4-3 StE 3/92, UA S. 13; *OLG Düsseldorf*, Urteil v. 6.12.1993 – Az. IV-40/92, UA S. 13.

632 Beispielhaft *GBA*, Anklage v. 16.9.1992 – Az. 3 StE 14/92-3, S. 69; siehe auch *GStA OLG Rostock*, Anklage v. 19.7.1994 – Az. OJs 3/92, S. 34.

633 *GBA*, aaO, S. 70; *OLG Düsseldorf*, aaO, UA S. 13 unter Hinweis auf die Aufstellung der Abteilung XII des MfS über festgestellte Verbindungen in das Operationsgebiet v. 24.5.1985.

634 *OLG Düsseldorf*, aaO, UA S. 13 unter Verweis auf Rechercheergebnisse der Hauptabteilung VIII zu operativ interessanten Verbindungen in das Operationsgebiet.

635 Siehe etwa *GBA*, Anklage v. 12.4.1994 – Az. 3 StE 3/94-2.

636 *GBA*, aaO, S. 72.

637 Die Ermittlungsverfahren gegen ca. 2.800 Westbürger sind nicht Gegenstand der nachfolgenden Ausführungen.

638 *BGH*, Haftbefehl v. 17.9.1990 – Az. StB 13/90; Haftbefehl v. 4.10.1990 – Az. II BGs 548/90.

nalen Volksarmee (Bereich A) ist einbezogen. Die Feststellungen der Justizorgane werden im folgenden zusammengefaßt.

a) Zur Spionagetätigkeit der HVA

Ziele der nachrichtendienstlichen Angriffe der HVA waren vornehmlich die „Schaltstellen der Bundesrepublik",[639] die „Geheimdienste der NATO-Staaten" sowie „wissenschaftliche und technische Informationen aus dem Militärwesen und den Volkswirtschaften des Gegners".[640] Die HVA wurde dabei insbesondere von den ihr nachgeordneten Einheiten der Linie XV unterstützt. So hatte die HVA den Abteilungen XV bestimmte Regionen und Institutionen in der Bundesrepublik oder Westberlin zugewiesen, die diese vorrangig zu bearbeiten hatten.[641] Die Zielobjekte der Abteilung XV der Bezirksverwaltung Dresden befanden sich beispielsweise vornehmlich in Baden-Württemberg und im Raum München.[642]

aa) Zusammenarbeit mit den anderen Einheiten des MfS

Zur Erfüllung ihrer Aufgaben konnte die HVA auch auf die Hilfe anderer Diensteinheiten des MfS zurückgreifen. Die Hauptabteilung III und die ihr auf der Ebene der Bezirksverwaltungen entsprechenden Einheiten überwachten den gesamten drahtgebundenen Fernsprechverkehr zwischen der DDR und der Bundesrepublik sowie Westberlin und große Teile der innerhalb des Bundesgebiets verlaufenden Richtfunkstrecken und Funktelefonnetze. Insgesamt wurden etwa 30.000 bis 40.000 Telefonanschlüsse in der Bundesrepublik ständig überwacht und jährlich mehr als 100.000 Gespräche aufgezeichnet.[643] Mehr als die Hälfte sogenannter „Zielkontrollaufträge" erhielt die Hauptabteilung III von der HVA. Der Abteilung M des MfS oblagen Kontrolle und Auswertung von Brief- und Paketsendungen. Dieser Abteilung erteilte die HVA Postfahndungsaufträge derart, daß sie zu kontrollierende Angehörige bestimmter Berufsgruppen bezeichnete.[644] Die Abteilungen der Linie 26 des MfS[645] überwachten den Telefonverkehr innerhalb der DDR und waren zuständig für die akustische und optische Raum-

639 *OLG Düsseldorf,* Urteil v. 6.12.1993 – Az. IV-40/92, UA S. 36.
640 *OLG Düsseldorf,* aaO, UA S. 32.
641 *OLG Düsseldorf,* aaO, UA S. 36; *OLG Stuttgart,* Urteil v. 10.12.1992 – Az. 4-3 StE 3/92, UA S. 22.
641 *OLG Düsseldorf,* aaO, UA S. 22.
641 *OLG Düsseldorf,* aaO.
641 *OLG Düsseldorf,* aaO, UA S. 23.
641 Anordnung des Ministers für Staatssicherheit Nr. 6/87 v. 3.7.1987, *OLG Düsseldorf,* aaO, Beweismittelverzeichnis, Dokument 76.
641 *OLG Düsseldorf,* aaO, UA S. 23.
641 *OLG Düsseldorf,* aaO, UA S. 25, *OLG Stuttgart,* aaO, UA S. 29.
642 *OLG Stuttgart,* aaO, UA S. 30.
643 *OLG Düsseldorf,* aaO, UA S. 36; *OLG Stuttgart,* aaO, UA S. 22.
644 *OLG Düsseldorf,* aaO, UA S. 22.
645 Zur „Linie 26" vgl. auch S. 77.

überwachung sowie die Kontrolle des Fernschreibverkehrs. Die HVA konnte auch diesen Abteilungen Aufträge erteilen.[646]

Weiterhin konnte die HVA auf Erkenntnisse zurückgreifen, welche die für die Sicherung der Staatsgrenze der DDR, die Kontrolle des grenzüberschreitenden Reiseverkehrs und die Überwachung der Interhotels zuständige Hauptabteilung VI gewonnen hatte. Bei Schleusungen von Inoffiziellen Mitarbeitern über die Grenzanlagen bediente sie sich zur Unterstützung der Mitarbeiter dieser Hauptabteilung.[647]

Aufgabe der Hauptabteilung VIII des MfS war, „zur Unterstützung der politisch-operativen Arbeit anderer Diensteinheiten operative Beobachtungen und Ermittlungen in der DDR und im Operationsgebiet“[648] durchzuführen. Sie stützte sich dabei auf ein Netz von in der DDR und in der Bundesrepublik operierenden Agenten. Hauptauftraggeber der Hauptabteilung VIII war die HVA, die sie etwa mit der Versendung konspirativer Schreiben sowie von ihrer Abteilung X hergestellter Desinformationsschriften im Bundesgebiet beauftragte.[649]

Eine enge Zusammenarbeit der HVA ergab sich auch mit der für die Terrorismusabwehr zuständigen Hauptabteilung XXII. Nachdem beispielsweise ein Inoffizieller Mitarbeiter dieser Hauptabteilung auch für die HVA „bedeutsam und perspektivvoll“ geworden war, einigten sich beide Abteilungen, ihn fortan gemeinsam als Quelle zu nutzen und seine „politisch bedeutsame Perspektive nicht durch spezifische eigene Aktivitäten der Hauptabteilung XXII“ zu gefährden.[650]

bb) Zusammenarbeit mit dem KGB und befreundeten Diensten

Die Zusammenarbeit des MfS mit den Nachrichtendiensten der Mitgliedstaaten des Warschauer Vertrages erfolgte auf der Grundlage bilateraler Vereinbarungen und Protokolle, die hinsichtlich des Austausches von Aufklärungsinformationen verbindliche Regelungen für die HVA und die Linie XV enthielten.[651] Beispielsweise verpflichteten sich das MfS und das sowjetische Komitee für Staatssicherheit (KGB)

646 *OLG Düsseldorf*, Urteil v. 6.12.1993 – Az. IV-40/92, UA S. 22.
647 *OLG Düsseldorf*, aaO, UA S. 23.
648 *OLG Düsseldorf*, aaO, unter Hinweis auf die Ordnung des Ministers für Staatssicherheit Nr. 6/87 betreffend die Zusammenarbeit zwischen den operativen Diensteinheiten und den Diensteinheiten der Linie VIII v. 3.7.1987.
649 *OLG Düsseldorf*, aaO, UA S. 23.
650 *OLG Düsseldorf*, aaO, UA S. 25.
651 *GBA*, Anklage v. 16.9.1992 – Az. 3 StE 14/92-3, S. 136 unter Hinweis auf die Vereinbarung über die Zusammenarbeit zwischen dem MfS der DDR und dem Komitee für Staatssicherheit beim Ministerrat der UdSSR v. 6.12.1973 und das Protokoll über die Regelung des Zusammenwirkens zwischen dem MfS der DDR und der Vertretung des Komitees für Staatssicherheit beim Ministerrat der UdSSR beim MfS der DDR v. 29.3.1978; die Vereinbarung über die Zusammenarbeit zwischen dem MfS der DDR und dem Ministerium des Innern der Volksrepublik Bulgarien v. 26.11.1974; die Vereinbarung über die Zusammenarbeit zwischen dem MfS der DDR und dem Ministerium des Innern der Volksrepublik Ungarn v. 12.11.1981 sowie die Vereinbarung über die Zusammenarbeit zwischen dem MfS der DDR und dem Ministerium für Innere Angelegenheiten der Volksrepublik Polen v. 16.5.1974.

„zum gegenseitigen Austausch von politischen, militärischen, wirtschaftlichen und wissenschaftlich-technischen Aufklärungsinformationen über den Gegner sowie von Mustern seiner neuesten Technik.“[652]

Zusätzlich wurden in Abständen von zwei bis drei Jahren Tagungen der Leiter der Sicherheitsorgane der Mitgliedsstaaten des Warschauer Vertrages durchgeführt, um den Rahmen operativer Zusammenarbeit zu konkretisieren.[653]

Die Organisation der Zusammenarbeit von MfS und KGB wurde einer „Vertretung des KGB beim MfS“ übertragen. Insgesamt 30 Verbindungsoffiziere des KGB[654] waren auf der Ebene des Ministers, des Leiters der HVA sowie der Bezirksverwaltungen tätig. Von den sogenannten Eingangsinformationen der HVA gelangte grundsätzlich je ein Exemplar an die eigenen Auswertungsabteilungen VII oder IX/C und an den Verbindungsoffizier des KGB. Das Auswertungsergebnis der Abteilung VII wurde dem Verbindungsoffizier ebenfalls zugeleitet. Klarnamen von Quellen wurden dabei jedoch nicht genannt.[655] Es galt als ungeschriebenes Gesetz, den sowjetischen Verbindungsoffizier bei seinen Wünschen zu unterstützen.[656]

Dem KGB war es auch gestattet, Bürger der DDR zu geheimdienstlicher Tätigkeit heranzuziehen. Ebenso durfte das MfS auf ständig in der DDR wohnhafte Sowjetbürger zurückgreifen.[657] Sogenannte Sicherungsvorgänge in der Zentralkartei des MfS bezeichneten Personen, die ohne Genehmigung des KGB nachrichtendienstlich nicht angesprochen werden durften.[658]

cc) Die Inoffiziellen Mitarbeiter der HVA

Der Arbeit mit Inoffiziellen Mitarbeitern (IM) kam im MfS zentrale Bedeutung zu. Diese Arbeit war in der Richtlinie 1/79 des Ministers für Staatssicherheit grundlegend geregelt.[659] Auch die HVA verschaffte sich ihre Erkenntnisse im wesentlichen durch Inoffizielle Mitarbeiter, deren Auswahl, Werbung und Führung in der Richtlinie Nr. 2/79[660] gesondert geregelt waren. Die Richtlinie charakterisierte einen Inoffiziellen Mitarbeiter als Bürger der DDR oder eines anderen Staates, der auf der Grundlage seiner objektiven und subjektiven Voraussetzungen konspirativ Aufträge des MfS erfüllt, indem er entweder gezielt einzelne Aufträge ausführt oder laufend bestimmte

652 *OLG Düsseldorf*, Urteil v. 6.12.1993 – Az. IV-40/92, UA S. 26 unter Hinweis auf die Vereinbarung v. 6.12.1973 (oben Fn. 651).

653 *GBA*, Anklage v. 16.9.1992 – Az. 3 StE 14/92-3, S. 136.

654 *OLG Stuttgart*, Urteil v. 10.12.1992 – Az. 4-3 StE 3/92, UA S. 72.

655 *OLG Stuttgart*, aaO, UA S. 73.

656 *OLG Düsseldorf*, aaO, UA S. 209 f.

657 *OLG Stuttgart*, aaO, UA S. 72.

658 *OLG Düsseldorf*, aaO, UA S. 28.

659 Siehe hierzu beispielhaft *GBA*, Anklage v. 12.03.1993 – Az. 3 StE 2/93-2, S. 73 ff., mit Bezug auf die Richtlinie des Ministers für Staatssicherheit Nr. 1/79 betreffend die Arbeit mit Inoffiziellen Mitarbeitern (IM) und Gesellschaftlichen Mitarbeitern für Sicherheit (GMS) v. 1.1.1980.

660 *OLG Düsseldorf*, aaO, UA S. 41 ff., verweist auf die Richtlinie des Ministers für Staatssicherheit Nr. 2/79 für die Arbeit mit Inoffiziellen Mitarbeitern im Operationsgebiet v. 1.1.1980. Diese Richtlinie ersetzte die bis dahin gültige Richtlinie Nr. 2/68.

Bereiche oder Personen beobachtet, um darüber seiner Führungsstelle zu berichten.[661] Dafür wurde er in der Regel entlohnt.[662] Der Inoffizielle Mitarbeiter übte seine Tätigkeit neben einem Beruf aus.[663] Die Inoffiziellen Mitarbeiter wurden von der HVA in vielfältiger Weise eingesetzt. In der Richtlinie 2/79 werden für den Bereich der Auslandsaufklärung Kategorien wie Quelle, Resident, Werber, Instrukteur, Kurier, Perspektiv-IM und Offizier im besonderen Einsatz (OibE) differenziert.[664]

Die HVA allein führte mindestens so viele „Quellen", wie alle anderen mit nachrichtendienstlichen Aufgaben befaßten Einheiten des MfS zusammen. Für die achtziger Jahre kann von etwa 500 bis 600 im Gebiet der damaligen Bundesrepublik tätigen Inoffiziellen Mitarbeitern ausgegangen werden.[665] Der Abschlußbericht über die Auflösung der HVA weist noch für Ende März 1990 die Einstellung von „540 aktiven Vorgängen" im Operationsgebiet aus[666].

b) Zu den Besonderheiten bei der Auflösung des MfS

Im Zusammenhang mit den politischen Veränderungen in der DDR im Herbst 1989 wurde das MfS am 17. November 1989 durch das Amt für Nationale Sicherheit (AfNS) ersetzt. Dessen Auflösung beschloß der Ministerrat der DDR bereits am 14. Dezember 1989. Als Kontrollorgan für den Auflösungsprozeß wurde am 3. Januar 1990 die Arbeitsgruppe Sicherheit des damaligen Zentralen Runden Tisches eingerichtet. Gleichzeitig wurde beschlossen, das gesamte Schriftgut des MfS unter Kontrolle staatlicher Bürgerkomitees in Depots einzulagern und vor einer Vernichtung zu sichern.[667]

Im Zeitraum von Ende 1989 bis April 1990 wurde die nachrichtendienstliche Tätigkeit der Linie XV stufenweise eingestellt. „Quellen" wurden abgeschaltet; die hauptamtlichen Mitarbeiter waren Ende März 1990 größtenteils entlassen.[668] Am 24. Februar 1990 stellte die HVA ihre nachrichtendienstliche Tätigkeit ein. Lediglich Einzelaktionen fanden noch bis Ende Juni 1990 statt.[669] Die Auflösung der HVA wurde zum 30. Juni 1990 abgeschlossen.[670]

Hinsichtlich der Behandlung ihres Schriftguts räumte man der HVA besondere Rechte ein. Innerhalb der Arbeitsgruppe Sicherheit setzte sich die Vorstellung durch, daß die „Kundschafter der ehemaligen DDR" im Ausland geschützt werden müßten. Es

661 Siehe Abschn. 2.1 der Richtlinie Nr. 2/79 (Fn. 660 auf S. 131).

662 In einigen Fällen lehnten die Inoffiziellen Mitarbeiter aber auch die Entlohnung ab. Siehe beispielhaft *BayObLG*, Urteil v. 19.12.1991 – Az. 3 St 8/91 a-d, UA S. 15, 37, 49; Urteil v. 12.3.1992 – Az. 3 St 9/91 a-d, UA S. 84 (insoweit nicht veröffentlicht).

663 *OLG Stuttgart*, Urteil v. 10.12.1992 – Az. 4-3 StE 3/92, UA S. 64 f.

664 Vgl. die übersichtliche Darstellung in *OLG Stuttgart*, aaO, UA S. 65 f.

665 *GBA*, Anklage v. 10.6.1991 – Az. 3 StE 9/91-4, S. 105.

666 *GBA*, Anklage v. 16.9.1992 – Az. 3 StE 14/92-3, S. 70 f.; *OLG Düsseldorf*, Urteil v. 6.12.1993 – Az. IV-40/92, UA S. 13 unter Hinweis auf den Abschlußbericht der Hauptverwaltung Aufklärung – in Auflösung – über die Auflösung der ehemaligen HVA vom 25.6.1990.

667 *GBA*, Anklage v. 3.11.1993 – Az. 3 StE 12/93-4, S. 110.

668 *GBA*, aaO, S. 76 f. unter Hinweis auf den Abschlußbericht (Fn. 666 auf S. 132) sowie Anklage v. 31.1.1992 – Az. 3 StE 3/92-4, S. 76; Anklage v. 3.11.1993 – Az. 3 StE 12/93-4, S. 109 f.

669 *GBA*, Anklage v. 28.7.1992 – Az. 3 StE 10/92-1, S. 34 f.

670 *OLG Stuttgart*, aaO, UA S. 77.

sei beispielsweise nicht zu verantworten, sie in den USA der Gefahr der Todesstrafe auszusetzen. Daher stimmte die Arbeitsgruppe Sicherheit am 20. Februar 1990 der Selbstauflösung der HVA bei Vernichtung sämtlichen Schriftgutes bis 30. Juni 1990 zu.[671]

Bereits im Oktober 1989, in den Bezirksverwaltungen im November 1989, war damit begonnen worden, die dienstlichen Bestimmungen und Plandokumente des Leiters der HVA einschließlich der operativen Jahrespläne der Abteilungs- und Referatsleiter sowie Operativakten und Karteikarten erheblich zu reduzieren.[672] Akten der Kreisdienststellen wurden in die Bezirksverwaltungen überführt.[673] Während sich die Vernichtung operativen Materials in den anderen Gliederungen des MfS auf die Zerstörung der elektronischen Datenträger beschränkte, hatten die Mitarbeiter der Linie XV Gelegenheit, die Reduzierung dienstlicher Bestimmungen und Plandokumente sowie die Ausdünnung von Operativakten und Karteien fortzuführen. Im März 1990 waren so beispielsweise in der Abteilung X/HVA bis auf unwichtige Unterlagen und Säcke mit Papierschnitzeln keine nachrichtendienstlich relevanten Schriftstücke mehr vorhanden.[674] Ähnliches galt für die Abteilung II/HVA.[675] Nach abgeschlossener Selbstauflösung übergab die HVA – in Auflösung – am 30. Juni 1990 ihre Räume besenrein an die Arbeitsgruppe Sicherheit.[676]

Abgesehen von Schriftstücken und Karteimaterial geringen Umfangs haben auch spätere Ermittlungen nicht zur Auffindung nachrichtendienstlich relevanter Unterlagen geführt.[677]

3. Strafrechtliche Einordnung

a) Besonderheiten des Staatsschutzstrafrechts

Das die nachrichtendienstliche Tätigkeit gegen die Bundesrepublik erfassende sogenannte Staatsschutzstrafrecht weist Besonderheiten materiellrechtlicher, prozeßrechtlicher und gerichtsverfassungsrechtlicher Art auf. Zum besseren Verständnis der weiteren Ausführungen sind diese Besonderheiten vorzustellen.

671 *GBA*, Anklage v. 3.11.1993 – Az. 3 StE 12/93-4, S. 110.

672 *GBA*, Anklage v. 31.1.1992 – Az. 3 StE 3/92-4, S. 77; Anklage v. 22.6.1993 – Az. 3 StE 6/93-1, S. 35; *OLG Stuttgart*, Urteil v. 10.12.1992 – Az. 4-3 StE 3/92, UA S. 74 f. unter Hinweis auf Schreiben des Ministers für Staatssicherheit v. 6.11.1989, der Hauptabteilung Kader und Schulung v. 16.11.1989 und des Leiters des Amtes für Nationale Sicherheit v. 22.11.1989 nach denen aus Sicherheitsgründen die vorhandenen Akten erheblich zu reduzieren seien.

673 Ausführlich hierzu *OLG Stuttgart*, Urteil v. 10.12.1992 – Az. 4-3 StE 3/92, UA S. 75.

674 *GBA*, Anklage v. 3.11.1993 – Az. 3 StE 12/93-4, S. 110 f.

675 *GBA*, Anklage v. 28.7.1992 – Az. 3 StE 10/92-1, S. 35.

676 *GBA*, Anklage v. 3.11.1993 – Az. 3 StE 12/93-4, S. 112.

677 *GBA*, Anklage v. 22.6.1993 – Az. 3 StE 6/93-1, S. 35; Anklage v. 4.5.1994 – Az. 3 StE 6/94-4, S. 34. Zu neueren Funden, vgl. etwa „Das Pharaonengrab der Stasi", in: *Der Spiegel* Nr. 3/99 S. 32 ff., wo aus der Behörde des BStU vom Fund einer Datenbank mit 180 564 Datensätzen berichtet wird.

aa) Materielles Recht

Schutzobjekt der im Zweiten Abschnitt des Besonderen Teils des Strafgesetzbuchs geregelten Staatsschutzstraftatbestände ist die äußere Sicherheit des Staates.[678] Der Schutz von Staatsgeheimnissen im Sinne des § 93 StGB, deren Bekanntwerden Gefahren für die äußere Sicherheit des Staates auslösen kann, steht dabei im Mittelpunkt.[679] Diesem Schutz dienen die Strafvorschriften über den Landesverrat,[680] das Offenbaren von Staatsgeheimnissen[681] und ihre Preisgabe.[682] Zudem ist die landesverräterische Agententätigkeit, also das Tätigwerden zur Erlangung oder Mitteilung von Staatsgeheimnissen für eine fremde Macht unter Strafe gestellt.[683]

Das moderne nachrichtendienstliche Betätigungsfeld reicht über das Gebiet „klassischer Spionage" weit hinaus. Geheimdienstliches Agieren ist vorwiegend auf die systematische Erfassung des Potentials eines Ziellandes durch eine Vielzahl von für sich genommen möglicherweise belanglos erscheinenden Einzeloperationen gerichtet. Deshalb war es ein wesentliches Ziel der Reform des Staatsschutzstrafrechts von 1968,[684] jener Entwicklung durch die Einführung eines „weitgespannten zentralen Spionagetatbestandes"[685] zu entsprechen. Gemäß § 99 StGB ist deshalb jede gegen die Bundesrepublik ausgeübte geheimdienstliche Tätigkeit für einen fremden Nachrichtendienst strafbar, die auf die Mitteilung oder Lieferung von Tatsachen, Gegenständen oder Erkenntnissen gerichtet ist.

bb) Gerichtsverfassung

Aus § 120 Absatz 1 Gerichtsverfassungsgesetz ergibt sich für Spionagedelikte eine erstinstanzliche Zuständigkeit der Oberlandesgerichte. Die Bundesländer können durch Vereinbarung einem zuständigen Oberlandesgericht die Zuständigkeit auch für das Gebiet eines anderen Landes übertragen. Für die neuen Bundesländer galt eine Sonderzuständigkeit des Berliner Kammergerichts.[686]

Ferner übt gemäß § 142a Gerichtsverfassungsgesetz der Generalbundesanwalt in diesen Strafsachen das Amt der Staatsanwaltschaft auch bei den Oberlandesgerichten aus. Bei Straftaten nach §§ 98, 99 StGB und in Sachen von minderer Bedeutung gibt er das Verfahren jedoch vor Einreichung einer Anklage- oder Antragsschrift an die Landesstaatsanwaltschaft ab.[687] Dies unterbleibt nur dann, wenn die Tat die Interessen der Bundesrepublik in besonderem Maße berührt oder wenn es im Interesse der Rechtseinheit geboten ist, daß der Generalbundesanwalt die Tat verfolgt.

678 LK/*Träger* vor § 93 Rn. 2; Sch/Sch/*Stree* vor §§ 93 Rn. 1.
679 LK/*Träger* aaO.
680 § 94 StGB.
681 § 95 StGB.
682 § 97 StGB.
683 § 98 StGB.
684 Siehe hierzu das 8. Strafrechtsänderungsgesetz v. 25.6.1968, BGBl. I, S. 741.
685 LK/*Träger* aaO Rn. 3; § 99 Rn. 1.
686 Vgl. Anl. I Kap. III Sachgebiet A Abschn. III Nr. 1 Abs. 1 EV.
687 Vgl. § 142a Abs. 2 Nr. 1 lit. a Nr. 2 GVG.

cc) Prozeßrecht – Einstellung der Spionagestrafverfahren

Gemäß § 153d Absatz 1 StPO kann der Generalbundesanwalt von der Verfolgung von Spionagestraftaten absehen und das Verfahren einstellen, wenn dessen Durchführung die Gefahr eines schweren Nachteils für die Bundesrepublik herbeiführen würde oder der Verfolgung sonstige überwiegende öffentliche Interessen entgegenstehen. Einzigartig im gesamten Strafverfahrensrecht kann hier der Generalbundesanwalt, selbst wenn eine Anklage bereits erhoben ist, ohne eine Mitwirkung des Gerichts die Klage in jeder Lage des Verfahrens zurücknehmen und das Verfahren einstellen (Absatz 2). Er kann in diesem Bereich praktisch jedes gerichtliche Strafverfahren verhindern.

Zusätzlich kann gemäß § 153e StPO im Zusammenwirken von Generalbundesanwalt und zuständigem Oberlandesgericht von der Verfolgung abgesehen oder das Verfahren eingestellt werden, wenn der Täter nach der Tat, bevor ihm die Entdeckung bekannt geworden ist, dazu beigetragen hat, eine Gefahr für den Bestand oder die Sicherheit der Bundesrepublik oder die verfassungsmäßige Ordnung abzuwenden oder wenn er sein Spionagewissen offenbart hat. Diese Vorschrift läßt es zu, in Fällen tätiger Reue über die materiellrechtlichen Bestimmungen hinaus als rein prozessuale Vergünstigung von der Strafverfolgung abzusehen.[688]

b) Rechtsprobleme der Spionagestrafverfahren

Die gerichtliche Praxis in den Spionageverfahren war zunächst uneinheitlich. Auf der einen Seite bejahten der Bundesgerichtshof und die Mehrzahl der Oberlandesgerichte die Strafbarkeit ehemaliger DDR-Bürger wegen ihrer nachrichtendienstlichen Tätigkeit gegen die Bundesrepublik.

aa) Die Auffassung des Bundesgerichtshofs und der Mehrzahl der Oberlandesgerichte

Der Bundesgerichtshof[689] und die ihm folgenden Oberlandesgerichte[690] prüften zwar, ob völkerrechtliche oder verfassungsrechtliche Einwände der Strafverfolgung ehemaliger DDR-Spione entgegenstünden und Veranlassung gäben, das Verfahren auszusetzen und eine Entscheidung des Bundesverfassungsgerichts nach Artikel 100 Absatz 1 und 2 GG einzuholen oder mit dem Verfahren bis zur Entscheidung dieses Gerichts auf die bereits erfolgten Vorlagen innezuhalten. Sie vertraten jedoch überwiegend die Auffassung, daß sich an der grundsätzlichen Anwendbarkeit der §§ 93 ff. StGB durch den Beitritt der DDR nichts geändert habe.[691]

688 KK/*Schoreit* § 153e Rn. 1.

689 *BGH*, Urteil v. 30.7.1993 – 3 StR 347/92, BGHSt 39, 260 ff.

690 Vgl. etwa *OLG Düsseldorf*, Urteil v. 6.12.1993 – Az. IV-40/92, UA S. 248 f.

691 Die Weichen hatte bereits im Januar 1991 der *Ermittlungsrichter des BGH* gestellt; vgl. Beschluß v. 30.1.1991 – Az. 2 BGs 38/91, BGHSt 37, 305 ff.; später auch *BGH*, Beschluß v. 29.5.1991 – Az. StB 11/91, NJW 1991, 2498 ff.; Beschluß v. 4.10.1991 – Az. StB 22/91, DtZ 1992, 62 ff; Beschluß v. 31.3.1993 – Az. AK 5/93, NStZ 1994, 542 ff.

Zur Anwendbarkeit des bundesdeutschen Strafrechts

Nach dieser Auffassung ergibt sich die Anwendbarkeit bundesdeutschen Strafrechts einmal schon aus dem Territorialitätsprinzip in Verbindung mit § 9 StGB. Führungsoffiziere, die vom Staatsgebiet der DDR aus die geheimdienstliche Agententätigkeit eines Mitarbeiters auf dem Gebiet der Bundesrepublik gesteuert hätten, müßten sich diese Tätigkeit als Mittäter oder Teilnehmer zurechnen lassen.[692] Unabhängig davon sei jedenfalls über § 5 Nr. 4 StGB das Strafrecht der Bundesrepublik anwendbar.[693] Nach dieser Vorschrift gilt das deutsche Strafrecht unabhängig vom Recht des Tatorts für bestimmte inländische Rechtsgüter, so für Taten des Landesverrats und der Gefährdung der äußeren Sicherheit gemäß §§ 94 bis 100a StGB.

Zu den Regelungen des Einigungsvertrags

An dieser Rechtslage haben der Einigungsvertrag und das Einigungsvertragsgesetz[694] nichts geändert. In diesen Gesetzen und dem auf ihnen beruhenden Artikel 315 Absatz 4 EGStGB seien die §§ 93 ff. StGB im Gegensatz zu anderen Strafbestimmungen von der Geltung im Beitrittsgebiet gerade nicht ausgenommen worden. Es liege, so das Oberlandesgericht Düsseldorf, eine bewußte Regelung der Vertragschließenden vor, welche die Gerichte nicht abändern könnten.[695] Der Entwurf eines Amnestiegesetzes sei gescheitert.[696] Früh formulierte Einwände gegen die Strafbarkeit von HVA-Mitarbeitern[697] hat die Rechtsprechung zurückgewiesen. Normen des Völkerrechts oder des Verfassungsrechts stehen danach der Strafbarkeit nicht entgegen. Ein Strafverfolgungsverbot sei insbesondere aus Artikel 31 der Haager Landkriegsordnung[698] nicht abzuleiten. Hierbei handle es sich um eine Sondernorm des Kriegsvölkerrechts, so daß sich eine analoge Anwendung verbiete.[699]

Auch Artikel 3 GG verpflichte den Gesetzgeber nicht, ehemalige DDR-Spione straffrei zu stellen.[700] Es könne dem Gesetzgeber nicht verwehrt sein, zwischen für die Bundesrepublik ausgeübter Tätigkeit etwa des Bundesnachrichtendienstes und gegen die Bundesrepublik gerichteten Angriffen zu unterscheiden.[701] Im übrigen fänden die veränderten politischen Verhältnisse durch weitestgehende Nutzung von Möglichkeiten der

692 *OLG Düsseldorf*, Urteil v. 6.12.1993 – Az. IV-40/92, UA S. 249.
693 *OLG Düsseldorf*, aaO.
694 Einigungsvertragsgesetz v. 23.9.1990, BGBl. II, S. 885 ff.
695 *OLG Düsseldorf*, aaO.
696 *OLG Düsseldorf*, aaO, UA S. 250.
697 So etwa *Widmaier* NJW 1990, 3169, 3172 sowie *ders.* KritV 1994, 377, 389 f.
698 Abkommen betreffend die Gesetze und Gebräuche des Landkriegs (sog. IV. Haager Abkommen oder Haager Landkriegsordnung) v. 18.10.1910, S. 107, 132 ff., 144. Art. 31 HLKO lautet: „Ein Spion, welcher zu dem Heere, dem er angehört, zurückgekehrt ist und später vom Feinde gefangen genommen wird, ist als Kriegsgefangener zu behandeln und kann für früher begangene Spionage nicht verantwortlich gemacht werden."
699 *OLG Düsseldorf*, aaO.
700 Anderer Auffassung etwa *Widmaier* NJW 1990, 3169, 3171; etwas zurückhaltender dann *ders.* KritV 1994, 377, 379 f.
701 *OLG Düsseldorf*, aaO, UA S. 250 f.

Einstellung der Verfahren gemäß §§ 153 ff. StPO und entsprechende Berücksichtigung im Rahmen der Strafzumessung ausreichend Beachtung.[702]

Angesichts der von jeher bestehenden Strafbarkeit der gegen die Bundesrepublik ausgeübten Spionage könne auch von einer gegen Artikel 103 Absatz 2 GG verstoßenden rückwirkenden Anwendung der §§ 93 ff. StGB keine Rede sein.[703]

Täterschaft im Sinne des § 94 StGB

Während die Anwendbarkeit der §§ 93 ff. StGB zunächst durchweg bejaht wurde, gingen die Gerichte in der Beurteilung der Täterschaft beim Landesverrat zunächst verschiedene Wege. Die Frage, ob Mitarbeiter des MfS „Repräsentanten" im Sinne des § 94 StGB seien, also Personen, die als letzte Empfänger eines Staatsgeheimnisses anzusehen sind und in diesem Sinne die fremde Macht repräsentieren, wurde unterschiedlich beantwortet.

Das Bayerische Oberste Landesgericht schloß die Möglichkeit einer (mit-)täterschaftlichen Begehung des Landesverrats durch hochrangige hauptamtliche Mitarbeiter des MfS aus. Im Tatbeitrag der Angeklagten liege kein „Mitteilen" der betreffenden Staatsgeheimnisse, da sie nicht selbst innerhalb des sicherheitsempfindlichen Bereichs der Bundesrepublik tätig geworden seien. Mithin handele es sich um „Repräsentanten" im Sinne des § 94 StGB. Das Gericht verurteilte sie lediglich wegen Beihilfe zum Landesverrat.[704]

Der Bundesgerichtshof trat dieser Auffassung entgegen:[705] Das Bayerische Oberste Landesgericht habe den Kreis der Repräsentanten zu weit ausgedehnt. Zu den Repräsentanten gehörten die Angehörigen der für die fremde Macht tätigen Nachrichtendienste in aller Regel nicht. Ihre Aufgabe sei es grundsätzlich nicht, maßgebliche Entscheidungen darüber zu treffen, wie sich die ihnen zugehörige fremde Macht aufgrund der durch den Verrat gewonnenen Erkenntnisse zu verhalten habe.[706]

702 *OLG Düsseldorf*, Urteil v. 6.12.1993 – Az. IV-40/92, UA S. 251.

703 Anders *Widmaier* NJW 1991, 2460 ff., der diese Auffassung später, KritV 1994, 377, 379 f., jedoch aufgab.

704 *BayObLG*, Urteil v. 15.11.1991 – Az. 3 St 1/91 a-d, NStZ 1992, 281.

705 *BGH*, Urteil v. 30.7.1993 – Az. 3 StR 347/92, BGHSt 39, 260.

706 *BGH*, aaO, 275 ff.

bb) Abweichende Rechtsprechung

Das Berliner Kammergericht hielt im Unterschied zu den bisher genannten Strafgerichten die Strafverfolgung teilweise für verfassungswidrig. Die Bedenken gegen die Verurteilung von Personen, die ihren Lebensmittelpunkt in der DDR gehabt hatten, kamen in zwei Vorlagen an das Bundesverfassungsgericht zum Ausdruck.[707] Die Vorlagebeschlüsse stützten sich auf eine entsprechende Anwendung von Artikel 31 Haager Landkriegsordnung[708] und den Gleichheitssatz des Grundgesetzes.[709]

cc) Die Entscheidung des Bundesverfassungsgerichts

Das Bundesverfassungsgericht[710] folgte über weite Strecken der Rechtsprechung des Bundesgerichtshofs und der Mehrheit der Oberlandesgerichte. Es hob jedoch hervor, daß die Wirkungen der faktischen Ausweitung der Jurisdiktion der Bundesrepublik am Rechtsstaatsprinzip[711] zu messen seien. Der dort verankerte Grundsatz der Verhältnismäßigkeit werde verletzt, wenn in der mit der Überwindung der deutschen Teilung entstandenen einzigartigen Situation der auf die Tatbestände der §§ 94, 99 StGB gegründete Strafanspruch gegenüber solchen Bürgern der DDR durchgesetzt werde, die im Zeitpunkt des Wirksamwerdens der Einheit Deutschlands ihren Lebensmittelpunkt in der ehemaligen DDR gehabt und allein vom Boden der DDR oder solcher Staaten aus gehandelt hätten, in denen sie wegen dieser Taten sowohl vor Auslieferung als auch vor Bestrafung sicher gewesen seien. Für diese Personen bestehe deshalb ein unmittelbar verfassungsrechtlich begründetes Verfolgungshindernis.[712]

In weiteren Verfahren bestätigte das Gericht seine mit der Entscheidung vom 15. Mai 1995 begründete Rechtsprechung durch Kammerbeschlüsse.[713]

707 In seiner ersten Vorlage, Beschluß v. 22.7.1991 – Az. (1) 3 StE 9/91-4-(13/91), NJW 1991, 2501, hielt es die Strafverfolgung von Offizieren der HVA, die ausschließlich auf dem Territorium der DDR gehandelt hatten, für verfassungswidrig. In einer weiteren Vorlagesache, Beschluß v. 27.8.1993 – Az. (1) 3 StE 2/93 (12/93), NJ 1994, 34, 35, bewertete es das Verhalten aller Personen als strafbar, die ihren Lebensmittelpunkt in der DDR gehabt hatten, unabhängig davon, für welchen Dienst sie tätig gewesen waren und wo der Ort ihrer Handlungen gewesen war. In einem weiteren Verfahren, Urteil v. 14.5.1993 – Az. (2) 3 StE 16/92 - 4 (1) (12/92), NJ 1993, 471, verurteilte es einen MfS-Offizier wegen geheimdienstlicher Agententätigkeit gem. § 99 StGB, weil dessen Tätigkeit keine „reine Spionage" gewesen sei.

708 *KG Berlin*, Beschluß v. 22.7.1991 – Az. (1) 3 StE 9/91-4-(13/91), NJW 1991, 2501, 2504; Beschluß v. 27.8.1993 – Az. (1) 3 StE 2/93 (12/93), NJ 1994, 34, 36 unter Hinweis auf *Grünwald* StV 1991, 31, 32; *Samson* NJW 1991, 335, 339; *Simma/Volk* NJW 1991, 871, 874; *Widmaier* NJW 1990, 3169, 3173 und deren allerdings unterschiedliche Begründungen.

709 *KG Berlin*, Beschluß v. 22.7.1991 – Az. (1) 3 StE 9/91-4-(13/91), NJW 1991, 2501, 2503; Beschluß v. 27.8.1993 – Az. (1) 3 StE 2/93 (12/93), NJ 1994, 34, 35.

710 *BVerfG*, Beschluß v. 15.5.1995 – Az. 2 BvL 19/91 u.a., *BVerfGE* 92, 277 ff.

711 Art. 20 Abs. 3 und Art. 28 Abs. 1 S. 1 GG.

712 *BVerfG*, aaO.

713 *BVerfG*, Beschluß v. 26.5.1995 – Az. 2 BvR 1724/93, Beschluß v. 16.6.1995 – Az. 2 BvR 204/94; Beschluß v. 16.6.1995 – Az. 2 BvR 1839/94, NJW 1995, 1953; Beschluß v. 25.6.1995 – Az. 2 BvR 182/94; Beschluß v. 9.7.1995 – Az. 2 BvR 1180/94, NJW 1995, 2706.

dd) Weitere Entwicklung der Rechtsprechung

Die Oberlandesgerichte und der Bundesgerichtshof setzten diese Entscheidung des Bundesverfassungsgerichts wie folgt um.

Nach Ansicht der Oberlandesgerichte steht einem Verfahren gegen ehemalige DDR-Bürger das vom Bundesverfassungsgericht geschaffene Verfolgungshindernis nicht grundsätzlich entgegen. Zwar bestehe für DDR-Staatsbürger, die ihre Agententätigkeit gegen die Bundesrepublik allein vom Boden der DDR aus begangen und die am 3. Oktober 1990 dort ihren Lebensmittelpunkt gehabt hätten, ein unmittelbar verfassungsrechtlich begründetes Verfolgungshindernis.[714] Doch gelte dies nicht in vollem Umfang für diejenigen DDR-Bürger, die ihre Agententätigkeit (auch) im Bundesgebiet ausgeübt hätten. Für diese Personengruppe bedürfe es jeweils einer Abwägung der Umstände des Einzelfalles, ob und inwieweit die Verfolgung oder Bestrafung ihrer Taten nach dem Untergang der DDR angesichts der damit endgültig bewirkten Beendigung geheimdienstlicher Gegnerschaft mit dem Verbot des Übermaßes staatlicher Eingriffe in Einklang stehe.[715] Bei dieser Abwägung müsse die aus dem Verfolgungshindernis für die andere Tätergruppe folgende Straflosigkeit jedoch maßgebliche Berücksichtigung finden.[716]

Die Gerichte hätten zwar schon in den vor der Entscheidung des Bundesverfassungsgerichts gefällten Urteilen strafmildernd gewertet, daß die Angeklagten erst durch den Beitritt der DDR dem Zugriff der Strafverfolgungsbehörden der Bundesrepublik Deutschland ausgesetzt worden seien.[717] Doch sei mit der Entscheidung des Bundesverfassungsgerichts vom 15. Mai 1995[718] der Personenkreis, der nur vom Boden der ehemaligen DDR aus Spionage gegen die Bundesrepublik initiiert und betrieben habe, aufgrund eines neu formulierten verfassungsrechtlichen Verfolgungshindernisses von strafrechtlicher Verfolgung freigestellt worden. Für die in der Bundesrepublik tätig gewordenen Agenten des MfS sei nach dem Willen des Verfassungsgerichts eine erneute Bewertung der Rechtsfolgen unter Beachtung des verfassungsrechtlichen Gewichts der Überlegungen des Bundesverfassungsgerichts vorzunehmen.[719]

Welcher Stellenwert dem Gedanken des Übermaßverbots beizumessen sei, ergebe sich schon daraus, daß das Verfassungsgericht teilweise sogar eine Sachbehandlung gemäß §§ 153 ff. StPO für möglich gehalten habe. Wenngleich eine Anwendung der §§ 153, 153a, 153b StPO wegen des Deliktscharakters des *Landesverrats* als Verbrechen rechtlich nicht möglich sei, so müsse in diesen Fällen doch der Tatsache, daß höhere Offiziere der Nachrichtendienste der DDR, welche die Angeklagten verantwortlich in die Spionagetätigkeit eingebunden und sie für die besonders gefahrenträchtige Reisetätigkeit in die Bundesrepublik eingesetzt hätten, nunmehr straflos ausgingen, erhebliche straf-

714 *BayObLG*, Beschluß v. 24.8.1995 – Az. 3 St 11/94, JR 1996, 427 unter Hinweis auf *BVerfG*, Beschluß v. 15.5.1995 – Az. 2 BvL 19/91 u.a., *BVerfG*E 92, 277 ff.

715 *BayObLG*, aaO, mit Bezug auf *BVerfG*, Beschluß v. 15.5.1995 – Az. 2 BvL 19/91 u.a., *BVerfG*E 92, 277 ff.

716 *BayObLG*, aaO.

717 *BayObLG*, Urteil v. 22.8.1996 – Az. 3 St 16/96, UA S. 7.

718 *BVerfG*, Beschluß v. 15.5.1995 – Az. 2 BvL 19/91 u.a., *BVerfG*E 92, 277 ff.

719 *BayObLG*, aaO.

mildernde Bedeutung zukommen.[720] In Fällen *geheimdienstlicher oder landesverräterischer Agententätigkeit* (Vergehen) stimmten die Oberlandesgerichte vielfach Einstellungen von Verfahren nach den Bestimmungen der §§ 153 ff. StPO zu. Im Lichte der Entscheidung des Bundesverfassungsgerichts sei der Unrechtsgehalt der Taten als relativ gering anzusehen. Die betroffenen Personen hätten in der Hierarchie ihres Dienstes nur eine untergeordnete Funktion wahrgenommen und sich schuldeinsichtig gezeigt.[721]

Soweit noch Revisionen gegen erstinstanzliche Verurteilungen durch die Oberlandesgerichte anhängig waren, hob der Bundesgerichtshof solche Urteile auf, die nachrichtendienstliche Handlungen auf dem Gebiet der ehemaligen DDR betrafen.[722] Nach der Entscheidung des Bundesverfassungsgerichts könnten die Angeklagten nur verurteilt werden, soweit festgestellt werden könne, daß ein von Verfassungs wegen bestehendes Verfolgungshindernis im konkreten Fall nicht vorliege.[723]

ee) Fazit

Mit wenigen Ausnahmen[724] wurden inzwischen sämtliche Strafverfahren gegen ehemalige DDR-Bürger wegen deren nachrichtendienstlicher Tätigkeit gegen die Bundesrepublik eingestellt oder durch rechtskräftiges Urteil beendet. Auch das Verfahren gegen Markus Wolf, das zuletzt nur noch wegen des Verdachts nichtnachrichtendienstlicher Delikte wie Körperverletzung, Nötigung und Freiheitsberaubung geführt wurde, konnte abgeschlossen werden.[725] Eine rechtskräftig verurteilte Person erreichte vor dem Hintergrund der Spionage-Entscheidung des Bundesverfassungsgerichts die Wiederaufnahme des Verfahrens.[726] Mit diesem Wiederaufnahmebeschluß des Bundesgerichtshofs, der den Grundgedanken des Beschlusses vom 15. Mai 1995 konsequent Rechnung trägt, ist die strafrechtliche Behandlung ehemaliger DDR-Agenten für die Praxis abschließend geklärt.

720 *BayObLG*, Urteil v. 22.8.1996 – Az. 3 St 16/96, UA S. 7 f.

721 Siehe beispielhaft *BayObLG*, Beschluß v. 30.8.1995 – Az. 3 St 12/95.

722 *BGH*, Urteil v. 18.10.1995 – Az. 3 StR 324/94, BGHSt 41, 292, 293 f. unter Hinweis auf *BVerfG*, Beschluß v. 15.5.1995 – Az. 2 BvL 19/91 u.a., *BVerfGE* 92, 277 ff.

723 Seine entgegenstehende Auffassung gab der 3. Strafsenat auf: *BGH*, Urteil v. 18.10.1995 – Az. 3 StR 324/94, BGHSt 41, 292, 293 f., mit Verweis auf *BGH*, Urteil v. 30.7.1993 – Az. 3 StR 347/92, BGHSt 39, 260 ff.

724 Vgl. etwa das Verfahren gegen *Hans K.* (*GBA*, Anklage v. 14.12.1992 – Az. 3 StE 16/92-4; *KG Berlin*, Urteil v. 1.7.1993 – Az.unbekannt; *BGH*, Beschluß v. 29.4.1994 – Az. 3 StR 14/94 und *BVerfG*, Beschluß v. 9.7.1995 – Az. 2 BvR 1180/94, NJW 1995, 2706), in dem dem Angeklagten neben nachrichtendienstlicher Tätigkeit gegen die Bundesrepublik jedoch die Beteiligung an einem Tötungsdelikt vorgeworfen wird.

725 Das *OLG Düsseldorf*, Urteil v. 27.5.1997 – Az. VII-1/96, verurteilte *Wolf* zu einer Freiheitsstrafe von zwei Jahren, deren Vollstreckung es zur Bewährung aussetzte.

726 *BGH*, Beschluß v. 28.11.1996 – Az. StB 13/96, BGHSt 42, 314.

Zweiter Teil: Verfahrenspraxis

A. Einführung

Beabsichtigt ist eine empirische Darstellung der Verfahrenspraxis nach vorwiegend quantitativen Gesichtspunkten. Wesentliche Charakteristika dieser Praxis sowie Probleme ihrer Erfassung erklären sich aus ihrer historischen Entwicklung. Daher bedarf es zunächst eines kurzen Rückblicks (I.). Anschließend werden Materialgewinnung und Materialverwertung in Grundzügen erläutert (II.).

I. Zur Entwicklung der Strafverfolgung von DDR-Unrecht

Nach den Ereignissen im Herbst 1989 setzte in der DDR eine Diskussion über die Umgestaltung der Justiz ein, die sich nach der Volkskammerwahl im Frühjahr 1990 noch verstärkte.[727] Der Vertrag über die Wirtschafts-, Währungs- und Sozialunion vom 18. Mai 1990 förderte die Entwicklung nachhaltig. Er enthielt Vorgaben für die Justiz: Die Unabhängigkeit der Rechtspflege und der Rechtsschutz gegen Maßnahmen staatlicher Gewalt waren zu gewährleisten.[728] Die DDR verpflichtete sich ferner, ihre Gesetze rechtsstaatlichen Erfordernissen anzupassen.

Mit dem Beitritt der DDR zur Bundesrepublik am 3. Oktober 1990 begann in den neuen Ländern die Neuorganisation der Rechtspflege. In Berlin war der Einschnitt noch tiefer. Dort wurden die Gerichte und Staatsanwaltschaften der DDR völlig aufgelöst. Deren Arbeit übernahmen die Gerichte und Staatsanwaltschaften des westlichen Teils der Stadt.[729]

Die Vereinigung führte insgesamt einen Umbruch in der Strafjustizorganisation der neuen Länder und Berlins herbei. Zugleich mußten Tausende von Verfahren übernommen werden. Darunter befanden sich offene Ermittlungsverfahren, Verfahren, in denen bereits Anklage erhoben worden war, und gerichtshängige Verfahren. Zusätzlich war in zahlreichen Fällen zu überprüfen, ob Verfahrenseinstellungen durch die DDR-Staatsanwaltschaften rechtmäßig erfolgt waren.

Vom Umbruch waren auch die Verfahren der Generalstaatsanwaltschaft der DDR und der Bezirksstaatsanwaltschaften betroffen, in denen bereits mit der Aufarbeitung von DDR-Unrecht begonnen worden war. Die Verfahren wurden vom Generalbundesanwalt oder den Generalstaatsanwälten der Länder übernommen und in die neuen Strukturen eingefügt.

Eingehend wurde über die Frage einer Zentralisierung der Strafverfolgung diskutiert.[730] Letztlich entschieden sich Bund und Länder aber gegen eine zentrale Einrich-

727 Vgl. die „Thesen zur Justizreform“, NJ 1990, 86 ff.

728 Art. 4 Abs. 1 S. 1 des Vertrages i.V.m. dem Gemeinsamen Protokoll zu A.I. und B.I. i.V.m. den Anlagen II bis IV und VI zum Staatsvertrag.

729 Anlage I zum EV, Kapitel III Abschnitt IV.

730 Vgl. etwa *Kinkel* DRiZ 1992, 195. Die Forderung nach Einrichtung einer Zentralstelle war u.a. Gegenstand der Sondersitzung des Rechtsausschusses des Deutschen Bundestages am 8.4.1992 in Berlin.

tung nach dem Vorbild der „Zentralen Stelle der Landesjustizverwaltungen zur Aufklärung nationalsozialistischer Verbrechen" in Ludwigsburg.[731] Statt dessen sollte in den einzelnen Ländern von einer im Gesetz[732] vorgesehenen Möglichkeit Gebrauch gemacht werden, die Strafverfolgung abweichend von der örtlichen Zuständigkeit in Schwerpunktstaatsanwaltschaften oder staatsanwaltschaftlichen Schwerpunktabteilungen zu konzentrieren.

Von vornherein war klar, daß das Systemunrecht der DDR zur Hauptsache von der Berliner Strafjustiz zu bewältigen war. Einen wesentlichen Anknüpfungspunkt für Strafverfolgungsmaßnahmen bildet der Tatort. Das zu verfolgende Unrecht hatte sich in den meisten Fällen in Berlin ereignet oder war doch von dort ausgegangen. Die Regierung des zentralistischen Staates der DDR und die SED-Parteiführung sowie die wichtigsten Staats- und Parteiorgane hatten in Berlin ihren Sitz gehabt. Auch war es in Berlin besonders häufig zu Gewalttaten an der Grenze gekommen. Daher wurde noch 1990 bei der Staatsanwaltschaft bei dem Kammergericht Berlin eine „Arbeitsgruppe Regierungskriminalität" eingerichtet.

Absehbar war, daß die Berliner Strafjustiz die ihr zugefallene Aufgabe nicht mit eigenen Mitteln würde bewältigen können. Auch war zu berücksichtigen, daß die Verfolgung des DDR-Unrechts eine Gemeinschaftsaufgabe darstellte. Daher erklärten sich die alten Länder der Bundesrepublik und die Bundesregierung in einer Vereinbarung vom 7. Mai 1991 bereit, Berlin finanziell und personell zu unterstützen.[733] Auf dieser Grundlage beschlossen die Justizminister der Länder Anfang Juni 1991, nach bestimmten Länderquoten 60 Staatsanwälte und Richter auf Zeit nach Berlin zur Unterstützung der dortigen Staatsanwaltschaft zu entsenden. Die Umsetzung des Beschlusses begann erst gegen Ende des Jahres 1991 und verlief zögerlich. Die angestrebte Zahl von 60 abgeordneten Personen wurde zu keinem Zeitpunkt erreicht.[734]

Am 1. Oktober 1994 erhielt die staatsanwaltschaftliche Verfolgung des DDR-Unrechts in Berlin eine organisatorisch selbständige Form durch die Einrichtung der Staatsanwaltschaft II bei dem Landgericht Berlin. Im Polizeibereich wurde in Berlin eine „Zentrale polizeiliche Ermittlungsstelle für die Verfolgung der Regierungs- und Vereinigungskriminalität (ZERV)" eingerichtet, an deren Personalausstattung sich die alten Bundesländer ebenfalls beteiligten.

Die Verfolgung des DDR-Unrechts, das in den Bezirken begangen worden war, mußte von den neuen Bundesländern aus eigener Kraft betrieben werden. Verzögerungen waren unvermeidlich, zumal die Rechtspflege insgesamt neu organisiert werden mußte. Daher kam es zumeist erst in den Jahren 1992 oder 1993 zur Bildung von Schwerpunktstaatsanwaltschaften. Zuvor lagen die Verfahren in den Händen der örtlich zuständigen Staatsanwaltschaften. Sie konnten nur einen geringen Teil der Gesamtmenge an Verfahren bearbeiten. Eine Anklage wurde in der Regel nur dann erhoben,

731 Beschluß der Justizministerkonferenz v. 19./21.5.1992 in Hannover.

732 § 143 Abs. 4 GVG.

733 Vgl. die Beschlüsse der Justizministerkonferenzen v. 15./16.11.1990 in Augsburg, v. 4./6.7.1991 und 5./6.11.1991 in Berlin und v. 19./21.5.1992 in Hannover.

734 Vgl. *GStA bei dem KG Berlin*, Bericht 1993, S. 14 f.; Bericht 1994, S. 13 f.; *SenJust Berlin*, Bericht 1995, S. 8; Bericht 1996, S. 14; Bericht 1997, S. 14; und Bericht 1998, S. 16.

wenn die Ermittlungen noch von der Staatsanwaltschaft der DDR abgeschlossen worden waren.

Bei einer Gesamtbetrachtung der historischen Entwicklung sind zwei Kennzeichen hervorzuheben. Sie betreffen den zeitlichen Ablauf und die Organisation.

Die Strafverfolgung vollzog sich in mehreren Schritten. Sie hatte mit erheblichen Anlaufschwierigkeiten zu kämpfen. Erst mehrere Jahre nach der politischen Wende in der DDR waren die Strafverfolgungsorgane in der Lage, das DDR-Unrecht konzentriert und effektiv strafrechtlich zu verfolgen.

Die Organisation der Strafverfolgung wurde nur teilweise der zentralistischen Struktur des DDR-Unrechts angepaßt. So wurden zwar bei der Staatsanwaltschaft und der Polizei spezielle Zuständigkeiten begründet und die personellen und sachlichen Mittel unter Berücksichtigung des besonderen Bedarfs erhöht. Grundsätzlich blieb es aber auch in diesem Bereich bei der föderalistischen Struktur der Justizorganisation.[735]

II. Gewinnung und Verwertung des Untersuchungsmaterials

Aus der schrittweisen Entwicklung der Strafverfolgung und ihrer föderalistischen Struktur ergeben sich ganz erhebliche Probleme für eine empirische Untersuchung. Die Zahlenangaben der Strafjustiz haben lediglich begrenzte Aussagekraft. Ein einigermaßen zuverlässiges Gesamtbild läßt sich nur durch zusätzliche Erhebungen gewinnen. Sie wurden für die hier vorgelegte Untersuchung durchgeführt.

1. Zahlenangaben der Strafjustiz

Da auf die Einrichtung einer Zentralstelle verzichtet wurde, werden die Strafverfahren wegen DDR-Unrechts auch nicht zentral statistisch erfaßt. Vielmehr sind Zahlenangaben, sieht man einmal von den Spionageverfahren ab, nur länderweise erhältlich.

In der Regel werden Zahlen von den zuständigen Schwerpunktstaatsanwaltschaften für Berichte an das jeweilige Justizministerium zusammengestellt. Das hat zur Folge, daß die Erhebungszeitpunkte häufig divergieren. Immerhin ermöglichte es eine enge Kooperation mit den Staatsanwaltschaften und den Ministerien, daß jedenfalls der letzte Erhebungszeitpunkt einheitlich festgelegt werden konnte. Die im folgenden verwendeten justitiellen Zahlenangaben beziehen sich durchgängig auf den 31. Dezember 1997 als Stichtag für die letzten Erhebungen. Lediglich die Zahlen aus Brandenburg sind auf dem Stand von November 1997. Die Divergenz früherer Erhebungszeitpunkte ließ sich dagegen nicht beseitigen. Sie ergab sich im übrigen häufig auch daraus, daß der Übergang von dezentralen zu zentralen Ermittlungen in den Ländern zu unterschiedlichen Zeitpunkten erfolgte. Somit scheiden auf der Basis der Justizzahlen eine Zusammenführung in zeitlicher Hinsicht und ein Vergleich der zeitlichen Entwicklung aus.

Als undurchführbar erweist sich auch eine Zusammenführung der Zahlen nach Fallgruppen. Denn die Staatsanwaltschaften der Länder verwenden für die Bildung von

735 Allerdings wurde durch Beschluß der Justizministerkonferenz v. 5./6.11.1991 ein Fachausschuß „Regierungskriminalität" mit der Aufgabe betraut, die Strafverfolgungsmaßnahmen in den neuen Bundesländern und in Berlin in organisatorischer und rechtlicher Hinsicht abzustimmen.

Fallgruppen unterschiedliche Kriterien. Während sich beispielsweise die Erfassung in den Ländern Thüringen und Mecklenburg-Vorpommern eng an den Straftatbeständen des Strafgesetzbuchs orientiert, werden in anderen Ländern, wie etwa in Brandenburg oder Sachsen, eher bereichsspezifische Einteilungen, zum Beispiel nach „Justizunrecht" oder „MfS-Delikten", vorgenommen.

Im übrigen werden nicht einmal einheitliche Kriterien für die Eintragung eines Vorgangs als förmliches Ermittlungsverfahren verwendet. So werden zum Beispiel in Brandenburg und Sachsen Vorgänge im Allgemeinen Register (AR) geführt, die in anderen Ländern als Ermittlungsverfahren behandelt und statistisch erfaßt worden wären.

Auch wird in den justitiellen Zahlenangaben der Länder die Phase der Strafverfolgung in der DDR überhaupt nicht und die Phase der dezentralen Strafverfolgung vor der Einrichtung von Schwerpunktstaatsanwaltschaften zumeist nur unvollständig erfaßt.

Schließlich werden in den statistischen Angaben der Länder der Verlauf des Verfahrens nach Anklageerhebung und das Verfahrensergebnis sehr unterschiedlich verarbeitet. Einheitliche Daten, die darauf abstellen, wie sich das Verfahren für den einzelnen Angeklagten entwickelt und mit welchem Ergebnis es für ihn geendet hat, sind nicht erhältlich.

Noch wieder anders stellt sich die Situation im Bereich der Spionageverfahren dar. Das von der Bundesanwaltschaft zur Verfügung gestellte Material zu den von ihr durchgeführten und den an die Staatsanwaltschaften der Länder abgegebenen Verfahren umfaßt nur den Zeitraum bis zum 31. Juli 1997. Eine Ausdehnung auf den Zeitraum bis Ende des Jahres 1997 war nicht möglich. Immerhin weisen die überlassenen Zahlenangaben gegenüber den sonstigen Justizmaterialien den Vorteil auf, daß für sämtliche Verfahrensabschnitte eine beschuldigtenbezogene Auswertung möglich ist. Nachteilig ist demgegenüber, daß sich jahresbezogene Feststellungen lediglich für die Einleitung von Ermittlungen, nicht aber für die Verfahrenserledigung treffen lassen. Eine weitere Besonderheit dieser Zahlenangaben besteht darin, daß von den Spionageverfahren in großem Umfang neben DDR-Bürgern auch Bürger der Bundesrepublik Deutschland betroffen waren, was eine zusätzliche Differenzierung erforderlich macht.

2. Eigene Erhebungen

Die Grundlage für eigene Erhebungen bilden die Justizmaterialien, über die das Forschungsprojekt „Strafjustiz und DDR-Vergangenheit" verfügt. Eine Kooperationsvereinbarung mit den Justizverwaltungen der neuen Bundesländer und Berlins ermöglicht den Zugang zu Verfahrensakten und sonstigen Materialien, die die Strafverfolgung von DDR-Unrecht betreffen.

Gegenstand eigener Erhebungen sind alle Verfahren wegen DDR-Unrechts, in denen es zu einer Anklage gekommen ist oder ein Strafbefehlsantrag gestellt wurde. Die verfahrenstragenden Entscheidungen werden mit Mitteln der EDV-Technik als Texte und nach kennzeichnenden Daten erfaßt. Dabei werden sowohl verfahrensbezogene als auch beschuldigtenbezogene Daten erhoben. Zur Kennzeichnung eines Verfahrens werden zunächst das staatsanwaltschaftliche Aktenzeichen, das Datum der Anklage oder des Strafbefehlsantrags sowie die zuständige Staatsanwaltschaft und das jeweilige Bundesland festgehalten. Außerdem wird das Verfahren nach dem Schwerpunkt des Anklagevorwurfs einer Deliktsgruppe zugeordnet.[736]

Ferner wird erfaßt, welche Angeschuldigten vom jeweiligen Verfahren betroffen sind. In bezug auf diese Personen werden Alter, Geschlecht, gegebenenfalls westdeutsche Staatsbürgerschaft zum Tatzeitpunkt sowie der Zeitraum der angeklagten Tat und eine eventuelle Haft in dieser Sache festgehalten. Die aus einem Verfahren stammenden Dokumente, wie etwa Anklageschriften, Urteile und Beschlüsse, werden den von ihnen betroffenen Personen zugeordnet. Außerdem wird personenbezogen der Ausgang des Verfahrens nach der Art der Erledigung sowie nach Art und Höhe einer etwaigen Sanktion verzeichnet.

Die Vorteile dieser Datensammlung gegenüber den Zahlen der Justiz liegen auf der Hand. Die einheitlich erfaßten Daten können ohne weiteres ausgewertet werden. Divergenzen hinsichtlich der Fallgruppen und in zeitlicher Hinsicht treten nicht auf. Auch können personenbezogen Verlauf und Ergebnis des Verfahrens präzise nachgezeichnet werden. Zudem ermöglichen zahlreiche zusätzliche Erhebungskriterien Erkenntnisse, die auf der Grundlage der Justizzahlen nicht zu gewinnen sind. Allerdings beschränken sich die eigenen Erhebungen auf diejenigen Verfahren, die zu einer Anklage oder einem Strafbefehlsantrag geführt haben. Andere Verfahren bleiben unberücksichtigt. Das hat zur Folge, daß eingestellte Ermittlungsverfahren nicht erfaßt werden.

Im übrigen sind mit eigenen Erhebungen diejenigen Strafverfahren untersucht worden, die noch von der DDR-Justiz durchgeführt worden sind. Da die Materiallage sehr ungünstig war, konnten insoweit nur einige Grunddaten erhoben werden.

3. Darstellungskonzept

Die dargelegten Materialprobleme schließen eine Darstellung auf einheitlicher Datenbasis aus. Möglich ist allein eine Darstellung, die sich aus Teilen mit unterschiedlicher Materialgrundlage zusammensetzt.

Für eine Darstellung der Strafverfolgung in der DDR stehen nur die eigenen Erhebungen zur Verfügung. Eine gesonderte Darstellung ist angezeigt, weil die Rahmenbedingungen völlig andere waren als nach dem Beitritt. Entsprechend der zeitlichen Abfolge wird dieser Abschnitt vorangestellt (B.).

Die anschließende Darstellung der Strafverfolgungstätigkeit der bundesdeutschen Justiz (C.) befaßt sich im ersten Abschnitt mit den Strafverfahren der Staatsanwaltschaften der Länder (C.I.). Sie muß zunächst auf das justitielle Zahlenmaterial zurückgreifen. Nur auf dieser Basis sind die Verfahrensvorgänge bis zur Anklageerhebung erfaßbar. Dagegen bilden die eigenen Erhebungen die Grundlage für die Untersuchung der nachfolgenden Verfahrensabschnitte und der Verfahrensergebnisse.

Eine davon getrennte Darstellung befaßt sich mit den Strafverfahren des Generalbundesanwalts wegen Spionage (C.II.). Nicht allein die zahlreichen Besonderheiten der justitiellen Zahlenangaben[737] sprechen für eine Trennung. Es gibt auch gewichtige

736 Zur Einteilung der Deliktsgruppen vgl. auch S. 7 ff.

737 Vgl. S. 216.

Sachgründe, die im Rahmen einer empirischen Untersuchung der Strafverfolgung von DDR-Unrecht eine von den übrigen Fallgruppen gesonderte Analyse der Spionageverfahren angezeigt erscheinen lassen. Die von der DDR aus betriebene Spionage wird nicht gleichermaßen als zu bewältigendes Systemunrecht wahrgenommen, was durch die Struktur dieser Kriminalität, durch die Entwicklung der Verfolgungspraxis und durch politische Reaktionen bedingt ist.

Generell wird das Unwerturteil über Spionagehandlungen dadurch beeinflußt, daß unmittelbar nur das Verhältnis von Staaten untereinander, nicht aber die individuelle Rechtssphäre betroffen ist. Auch wirkt sich aus, daß Spionage zumeist wechselseitig unter Verwendung weitgehend übereinstimmender Methoden ausgeübt wird und selbst hohe Strafaussprüche durch späteren Austausch an Gewicht verlieren. Mit der DDR ging das Objekt für zweckhafte strafrechtliche Reaktionen unter, und es entfiel die ausgleichende Funktion der Austauschpraxis. Ferner wurde die Strafverfolgung von Spionagetaten nicht wie die von anderen systembedingten Straftaten durch die politische Wende in der DDR und durch die Wiedervereinigung überhaupt erst rechtlich und praktisch angestoßen, sondern lediglich erleichtert. Spionage für die DDR wurde schon vorher in der Bundesrepublik verfolgt; nunmehr konnten die Ermittlungen auf Tatverdächtige ausgedehnt werden, die zuvor dem Zugriff entzogen gewesen waren. Eine politische Privilegierung der Spione gegenüber anderen Systemstraftätern hatte bereits ein Beschluß der Arbeitsgemeinschaft Sicherheit der neu gewählten Volkskammer in der Endphase der DDR zur Folge: Gestattet wurde eine Vernichtung des Aktenmaterials der HVA.[738] Ferner wurde bereits während der Verhandlungen zum Einigungsvertrag eine Amnestierung der DDR-Spione erwogen.[739] Kurz vor und auch nach der Vereinigung wurde in der politischen Debatte mehrfach eine spezielle Amnestie für Spionagedelikte vorgeschlagen.[740]

Eine Konsequenz der gesonderten Darstellung der Spionageverfahren besteht darin, daß diese Fallgruppe bei vergleichenden und zusammenfassenden Betrachtungen weitgehend unberücksichtigt bleibt.

Insgesamt werden die unterschiedlichen Datengrundlagen im Zuge der Darstellung näher erläutert. Das geschieht jeweils bei der erstmaligen Verwendung.

738 Vgl. S. 132.

739 Vgl. *Schäuble*, Vertrag, S. 268 ff.

740 Entwürfe zu einem „Gesetz über Straffreiheit bei Straftaten des Landesverrats und der Gefährdung der äußeren Sicherheit" legten am 2.9.1990 die *Fraktionen der CDU/CSU und der FDP* (BT-Drucksache 11/7762) und am 13.9.1990 auch die *Bundesregierung* vor (BT-Drucksache 11/7871). Vgl. auch den späteren Entwurf eines gleichnamigen Gesetzes der *Gruppe der PDS* v. 7.12.1993, BT-Drucksache 12/6370.

B. Strafverfolgung in der Endphase der DDR

Eine Umgestaltung der Justiz setzte bereits in der Endphase der DDR ein.[741] Zugleich wurden erste Bemühungen um eine strafrechtliche Verfolgung systembedingter Kriminalität unternommen. Einige Verfahren kamen sogar noch vor der Vereinigung zu einem rechtskräftigen Abschluß. In zahlreichen anderen Fällen führte die bundesdeutsche Justiz Strafverfahren, in denen zum Teil schon Anklage erhoben worden war, nach dem 3. Oktober 1990 fort oder verwertete Erkenntnisse aus diesen Verfahren. Vielfach war unmittelbar nach der Vereinigung über eine Fortdauer der Untersuchungshaft zu entscheiden. Die Strafverfolgung in der Endphase der DDR verdient daher insbesondere unter dem Gesichtspunkt einer Verfolgungskontinuität Beachtung.

I. Zur Materiallage

Erkenntnisse über die noch in der DDR betriebenen Strafverfahren sind schwer zu gewinnen. Eine statistische Erfassung erfolgte nicht. Das ist gut erklärlich. Die politischen Ereignisse überstürzten sich. Andere Aufgaben hatten Vorrang.

Eigene Erhebungen stoßen an enge Grenzen. Wegen der Umstrukturierung der Strafverfolgungsbehörden in der Wendezeit und nach der Vereinigung sind die Verfahrensmaterialien oft nicht mehr auffindbar. Zudem ging durch den Personalwechsel Wissen über die Verfahren und über die Organisation der Strafverfolgung verloren. Die folgende Übersicht stützt sich deshalb auf Quellen unterschiedlicher Art. Soweit die Verfahrenspraxis der DDR-Justiz nicht unmittelbar auf der Grundlage von Verfahrensmaterialien feststellbar war, wurde auf Sekundärquellen zurückgegriffen. Ausgewertet wurden Verfahrensunterlagen des Forschungsprojekts „Strafjustiz und DDR-Vergangenheit", Materialien aus den Beständen des Bundesarchivs Berlin-Lichterfelde und des Archivs beim Parteivorstand der PDS, Informationen des ehemaligen Stellvertreters des Generalstaatsanwaltes der DDR und Leiters der zentralen Untersuchungskommission der DDR zur Verfolgung der Regierungskriminalität Lothar Reuter, der Bericht des Untersuchungsausschusses des Deutschen Bundestages zum Bereich „Kommerzielle Koordinierung", die Tätigkeitsberichte der Arbeitsgruppe Regierungskriminalität bei der Staatsanwaltschaft beim Kammergericht Berlin, juristische Fachliteratur und Dokumentationen sowie Presseberichte aus der damaligen Zeit.

Die wiedergegebenen Erkenntnisse beruhen auf einer Zusammenschau der verschiedenen Informationsquellen. Teilweise mußten einzelne Verfahren rekonstruiert werden. Die mitgeteilten Zahlen und Daten können dementsprechend keinen Anspruch auf Vollständigkeit erheben. Verhältnismäßig gut abgesichert sind aber die Angaben zur Anklage- und Haftpraxis. Da die Zahl der Verfahren überschaubar ist, können im folgenden häufig einzelne Verfahren dargestellt werden, so daß es nur in geringem Umfang einer tabellarischen Darstellung bedarf.

741 Vgl. S. 141.

II. Historische Entwicklung

Voraussetzung für strafrechtliche Ermittlungen gegen DDR-Führungskräfte in den letzten Monaten des Staates war die politische Wende. Sie wurde insbesondere durch den starken Flüchtlingsstrom im Sommer 1989 ausgelöst, bei dem zahlreiche DDR-Bürger über osteuropäische Staaten in die Bundesrepublik gelangten.[742] Innerhalb der DDR führte die angespannte Situation zu Massendemonstrationen in Berlin, Dresden, Leipzig und anderen Orten. Das gewaltsame Vorgehen der staatlichen Sicherheitskräfte gegen Demonstranten aus Anlaß des 40. Jahrestages der DDR am 7. und 8. Oktober 1989 verschärfte die innenpolitische Lage drastisch.

Der dadurch nur stärker werdende Widerstand des Volkes gegen die politische Führung machte zunächst eine Untersuchung des gewaltsamen Vorgehens von Volkspolizei und MfS unumgänglich. Die Ermittlungen führten bereits am 22. November 1989 zu einem ersten Strafprozeß gegen einen Angehörigen der Volkspolizei vor dem Stadtbezirksgericht Berlin, Prenzlauer Berg. Mit Urteil vom 24. November 1989 wurde der Volkspolizist Horst L. wegen schwerer Körperverletzung mit einer Freiheitsstrafe von 14 Monaten ohne eine Strafaussetzung zur Bewährung belegt.[743] Der noch immer vorherrschende Einfluß des MfS in diesem Prozeß war allerdings mit Händen zu greifen.[744] Das Ziel dieses Schnellverfahrens war es vermutlich, für die Vorfälle um den 7. und 8. Oktober rasch einen Verantwortlichen zu präsentieren und diesen hart zu bestrafen, um dadurch die Bevölkerung zu beruhigen. Das Ziel wurde nicht erreicht. Vielmehr wuchs die Kritik an den politischen Verhältnissen in der DDR weiter an.

Richtete sich anfangs das Hauptaugenmerk auf die Ausschreitungen der Volkspolizei gegen friedliche Demonstranten, so verlangten aufgebrachte Bürger bald harte Strafen für die politisch Verantwortlichen, die den Staat in die Krise gestürzt hatten. Der Druck der Öffentlichkeit sowie zahlreiche Anzeigen und Eingaben aus der Bevölkerung[745] veranlaßten die Staatsanwaltschaft in den darauf folgenden Wochen und Monaten, sich intensiv mit der wirtschaftlichen (Selbst-)Privilegierung der Staats- und Parteiführung sowie mit der Verantwortlichkeit für die Fälschung der Kommunalwahlen im Mai 1989 zu befassen. Andere Straftaten, die nach der Wiedervereinigung in den Brennpunkt des (gesamtdeutschen) öffentlichen Interesses rückten, wie etwa die Tötungsdelikte an der deutsch-deutschen Grenze oder die Rechtsbeugungsdelikte, spielten in dieser Zeit noch keine nennenswerte Rolle.[746]

742 Dazu etwa *Jarausch*, Einheit.

743 *Links/Bahrmann*, Volk, S. 137.

744 Der zunächst geständige Angeklagte widerrief in der Hauptverhandlung sein Geständnis. Auf die richterliche Frage nach dem Grund für sein Verhalten gab er an, bei der Vernehmung unter massivem psychischen Druck gestanden zu haben. Aus dem Zuhörerbereich hörte man Zurufe: „Sag doch endlich, daß sie uns verraten haben…". Vgl. *Links/Bahrmann*, aaO.

745 Allein die Eingaben und Anzeigen aus der Bevölkerung an den Untersuchungsausschuß zur wirtschaftlichen Privilegierung der Staats- und Parteifunktionäre umfassen mehrere Ordner, BArch Berlin, DA 1, 16358-16373; vgl. auch Beschlußempfehlung und Bericht des *Untersuchungsausschusses des Deutschen Bundestages zum Bereich „Kommerzielle Koordinierung"*, BT-Drucksache 12/7600, S. 385.

746 Erste Untersuchungen zu den Tötungsdelikten an der Grenze wurden allerdings schon vor der Wiedervereinigung eingeleitet, vgl. *KG Berlin*, Beschluß v. 9.6.1992 – Az. 4 Ws 86/92, NStZ 1992, 542,

Die Aufgabe, die politisch wie strafrechtlich bedeutsamen Sachverhalte aufzuklären, nahm nicht allein die Staatsanwaltschaft wahr. Am 22. November 1989, als der oben genannte Prozeß begann, fand auch die konstituierende Sitzung des „Zeitweiligen Ausschusses der Volkskammer zur Überprüfung von Fällen des Amtsmißbrauchs, der persönlichen Bereicherung und anderen Verdachts der Gesetzesverletzung" statt.[747] Das Gremium hatte allerdings zunächst Mühe, einen klaren Kurs einzuschlagen.[748] Einerseits war es starkem öffentlichen Druck ausgesetzt. Andererseits waren nicht wenige Mitglieder in das angeschlagene Machtsystem verstrickt. Auch widmete sich die Presse, die die neu gewonnene Freiheit nutzte, intensiv dem Untersuchungsgegenstand und handelte schneller, als der Volkskammerausschuß ermitteln und agieren konnte.[749] So enthüllten die Medien am 28. November 1989 das Leben der Politbüromitglieder in der Waldsiedlung Wandlitz und beschrieben das luxuriöse Anwesen im Jagdgebiet von Willi Stoph.[750] Spätestens danach mußte auf Forderungen nach staatsanwaltschaftlichen Ermittlungen wegen des offenkundig gewordenen Machtmißbrauchs reagiert werden.

Schon am 21. November 1989 lagen dem Generalstaatsanwalt der DDR aus der Bevölkerung 170 Eingaben und Anzeigen vor. Sie betrafen hauptsächlich den Vorwurf, daß die komfortablen Bauten der Staats- und Parteispitze auf Kosten des Volkes errichtet worden seien.[751] Offiziell wurden die Ermittlungsverfahren wegen Untreue im Zusammenhang mit dem „Luxusleben" der Parteispitze zwischen dem 30. November[752] und dem 5. Dezember 1989[753] eingeleitet.

In den Monaten November bis Januar agierte die Justiz unter erheblichem Handlungsdruck. Die personelle Struktur der obersten Ermittlungsbehörde wurde grundlegend reformiert. Der damalige Generalstaatsanwalt der DDR Wendland und sein Stellvertreter Borchert traten am 5. Dezember 1989 zurück. Gegen sie wurden noch im Jahr 1990 Ermittlungen wegen Rechtsbeugung aufgenommen.[754] Die Aufgaben des

543. So kam es aufgrund einer Strafanzeige des Militäranwalts der DDR im Januar 1990 zu einem ersten Ermittlungsverfahren, vgl. *BGH* Urteil v. 18.1.1994 – Az. 1 StR 740/93, BGHSt 40, 48, 50. Auch gegen *Erich Honecker* wurde in diesem Zusammenhang noch im Sommer 1990 ein Ermittlungsverfahren eingeleitet (Anklageschrift der *StA II beim Landgericht Berlin* v. 12.11.1992 – Az. 2 Js 97/91, S. 57). Vgl. ferner S. 149 sowie dort Fn. 754.

747 Protokoll der 1. Sitzung v. 22.11.1989, BArch Berlin, DA 1, 3357. Den Vorsitz dieses Ausschusses führte der ehemalige Richter am OG *Toeplitz*, gegen den zur Zeit noch Verfahren wegen Rechtsbeugung anhängig sind.

748 Bezeichnend ist etwa der Satz des Ausschußvositzenden *Toeplitz*: „... da es *zur Zeit* [Hervorh. d. Verf.] in unserem Land nicht immer gerecht zugeht ... wird es unter Umständen auch die Aufgabe unseres Ausschusses sein, Menschen gegen Verleumdung zu schützen", BArch Berlin, DA 1, 16355, Protokoll der Sitzung v. 22.11.1989, S. 13.

749 Vgl. die Wortmeldungen des Abgeordneten *Bormann*, Protokolle des Untersuchungsausschusses BArch Berlin, DA 1, 16355, 1. Sitzung v. 22.11.1989, S. 20, 2. Sitzung v. 30.11.1989, S. 5.

750 *Links/Bahrmann*, Volk, S. 147 f.

751 Bericht des damaligen Stellvertreters des Generalstaatsanwalts der DDR *Harrland* vor dem Untersuchungsausschuß der Volkskammer am 22.11.1989, BArch Berlin, DA 1, 16355, S. 3.

752 *Links/Bahrmann*, aaO, S. 154.

753 Nach Angaben des ehemaligen Vertreters des Generalstaatsanwalts der DDR Prof. Dr. Lothar *Reuter*.

754 Soweit ersichtlich blieben diese jedoch – neben Untersuchungen gegen den Berliner Generalstaatsanwalt *Simon* – die einzigen Ermittlungsverfahren wegen des Verdachts der Rechtsbeugung vor dem 3.10.1990.

Generalstaatsanwalts wurden zunächst kommissarisch auf Harri Harrland übertragen, der kurze Zeit später wiederum von Hans-Jürgen Joseph abgelöst wurde.[755] Am 6. Dezember 1989 wurde eine zentrale Untersuchungskommission zur Ermittlung des Systemunrechts gebildet. Die Leitung übernahm am 20. Januar 1990 Lothar Reuter als Vertreter des Generalstaatsanwalts, der in dieser Funktion bis Mai/Juni 1990 tätig war. Von ihm wurde der größte Teil der DDR-Ermittlungen gegen die Mitglieder der Staats- und Parteiführung geführt.

So kam es zu zahlreichen Ermittlungsverfahren, die sich vorwiegend gegen Funktionäre des alten SED-Machtapparates richteten. Sie betrafen nicht allein die oberste Parteispitze. Parallel wurde auch auf Bezirksebene ermittelt. Die staatsanwaltschaftlichen Untersuchungen in den Bezirken fanden zunächst in Erfurt, Gera, Halle, Karl-Marx-Stadt (heute Chemnitz), Rostock und Schwerin statt.[756] Im März 1990 waren allein wegen des Verdachts der Wahlfälschung 56 Ermittlungsverfahren gegen 73 Personen anhängig sowie 13 weitere Verfahren gegen unbekannte Täter.[757]

Auch die erste frei gewählte Volkskammer bekannte sich klar zu einer Verfolgung des Systemunrechts.[758] So ermöglichte § 10 des am 1. Juli 1990 in Kraft getretenen 6. Strafrechtsänderungsgesetzes eine weitere Verfolgung der ehemaligen Führung wegen Amtsmißbrauchs. Diese Vorschrift fand auf Wunsch der DDR-Delegation später auch Eingang in den Einigungsvertrag.

In den letzten Wochen der DDR erlahmten die Ermittlungen unter dem Eindruck der unmittelbar bevorstehenden Vereinigung mit der Bundesrepublik. Erwartet wurde eine energische Fortführung der Strafverfolgung durch die bundesdeutsche Justiz.[759] Der Auftrag an die bundesdeutsche Justiz, für eine Fortsetzung der begonnenen Strafverfolgung Sorge zu tragen, wurde schließlich im Einigungsvertrag festgeschrieben.

Die strafrechtliche Verfolgung des DDR-Unrechts hat somit eine in die ersten Wochen der friedlichen Revolution zurückreichende Geschichte.

755 Grund der Ablösung war ein Bericht von *Harrland* am 12.1.1990 über die bisherige Ermittlungsarbeit, der von der Volkskammer als völlig unzureichend bewertet wurde und zur Forderung nach disziplinarrechtlichen Konsequenzen führte. *Joseph* konnte sich wegen eines fehlenden Konzepts zur „offensiven Auseinandersetzung mit belasteten Staatsanwälten" (Abgeordneter *Schmieder*, *Volkskammer der DDR*, Stenographische Protokolle, 10. Wahlperiode, 14. Tagung v. 15.6.1990, S. 493) allerdings auch nicht lange im Amt des Generalstaatsanwalts behaupten. Letzter Generalstaatsanwalt der DDR wurde im Juli 1990 *Günter Seidel*.

756 Nach Angaben des ehemaligen Leiters der staatsanwaltschaftlichen Untersuchungskommission Prof. Dr. *Reuter*.

757 *Der Spiegel* Nr. 11 v. 12.3.1990, S. 83 („Fliegende Urnen").

758 Bereits in der ersten großen Volkskammerdebatte vom 12.4.1990 wiesen die Redner aller Parteien auf die Notwendigkeit der Ahndung von Regierungskriminalität hin; vgl. *Volkskammer der DDR*, Stenographische Protokolle, 10. Wahlperiode, 2. Tagung v. 12.4.1990.

759 *Bock*, Vergangenheitspolitik, S. 310 und S. 446 f.

III. Übersicht über die Strafverfolgungsmaßnahmen

1. Ermittlungsverfahren

Zum Umfang der Ermittlungen lassen sich keine genauen Angaben machen. Ein wesentlicher Grund besteht darin, daß sich die Grenze zwischen bloßen Ermittlungsabsichten und allgemeinen Verfügungen sowie rechtsverbindlich eingeleiteten Ermittlungsverfahren nicht mehr nachvollziehen läßt. Einige Justizaktivitäten lassen sich rekonstruieren, weil sie in der Medienöffentlichkeit Beachtung fanden. Hierzu zählt das Ermittlungsverfahren gegen Erich Honecker,[760] das im Sommer 1990 u.a. wegen der Grenztötungen eingeleitet wurde. Von diesen prominenten Ausnahmen abgesehen, bieten lediglich Ermittlungsakte mit Außenwirkung einen Anknüpfungspunkt für Einschätzungen der Ermittlungsintensität. Zur Hauptsache kommt die Maßnahme der Verhaftung des Beschuldigten in Betracht. Von ihr wurde in durchaus beachtlichem Umfang Gebrauch gemacht.

Allerdings ist die Zahl der von einer Verhaftung Betroffenen nicht sicher zu bestimmen. Informationslücken ergeben sich insbesondere bei solchen Verfahren, die rasch ohne strafrechtliche Konsequenzen wieder eingestellt wurden. Dagegen konnten im Rahmen des Forschungsprojekts „Strafjustiz und DDR-Vergangenheit“ alle DDR-Verfahren, in denen es zu einer Anklage kam, daraufhin überprüft werden, ob Untersuchungshaft verhängt wurde. Weitere Haftfälle wurden durch Recherchen in Zeitungsarchiven und Gespräche mit Zeitzeugen ausfindig gemacht. Letztlich dürften allenfalls einige wenige unspektakuläre Fälle unentdeckt geblieben sein.

Die Verhaftungen wurden im Zusammenhang mit Strafverfahren vorgenommen, die Amtsmißbrauchs- und Korruptionsvorwürfe sowie den Verdacht der Wahlfälschung zum Gegenstand hatten.

Insgesamt wurden mindestens 44 Beschuldigte vorübergehend in Haft genommen. 38 Beschuldigten wurde Amtsmißbrauch oder Korruption vorgeworfen. Wegen des Verdachts der Wahlfälschung kamen lediglich vier Personen in Untersuchungshaft. Gegen zwei der Verhafteten wurde sowohl wegen wirtschaftlicher Privilegien als auch wegen Wahlfälschung ermittelt.

Die Haftdauer war sehr unterschiedlich. So blieben die 1. Sekretäre der SED-Bezirksleitungen Suhl (Hans Albrecht) und Erfurt (Gerhard Müller) mehr als elf beziehungsweise zehn Monate in Untersuchungshaft. Beide Beschuldigten wurden bereits im Dezember 1989 verhaftet und erst nach der Vereinigung wieder entlassen. Erich Honekker befand sich vor dem 3. Oktober 1990 nur einen Tag in Haft. Er wurde mit Rücksicht auf seinen schlechten Gesundheitszustand vom weiteren Vollzug der Untersuchungshaft verschont. Unter den Verhafteten befanden sich mehr als die Hälfte (11 von 21) der Mitglieder des kurze Zeit zuvor weitgehend entmachteten SED-Politbüros. Betroffen waren neben Erich Honecker noch Hermann Axen, Hans-Joachim Böhme, Joachim Herrmann, Heinz Keßler, Werner Krolikowski, Erich Mielke, Günter Mittag, Horst Sindermann, Willi Stoph und Harry Tisch.

760 Aus diesem Ermittlungsverfahren als Komplexverfahren gingen nach der Vereinigung durch Abtrennung alle weiteren Verfahren gegen Angehörige der politischen und militärischen Führung hervor.

Der weitaus größte Teil der Beschuldigten kam im Dezember 1989 in Haft. Bereits im Januar 1990 wurden die Tatverdächtigen nach und nach wieder entlassen. Ende Februar 1990 befand sich nur noch ein kleiner Teil in Hafteinrichtungen. Die meisten Beschuldigten verbrachten einen Zeitraum von einem bis zu drei Monaten in Untersuchungshaft.

Einen Eindruck von der Strafverfolgung in der DDR vermitteln im übrigen zahlreiche Strafverfahren der bundesdeutschen Justiz. In nahezu allen Anklagen wegen Amtsmißbrauchs und wegen Wahlfälschung ist die damalige Ermittlungstätigkeit verarbeitet. So stützt sich etwa die am 1. Juni 1995 gegen Krenz und andere erhobene Anklage[761] wegen der zentralen Verantwortlichkeit für die Wahlfälschungen von 1989 auf Ermittlungen der sogenannten Arbeitsgruppe Wahlen innerhalb der von Lothar Reuter geleiteten zentralen Untersuchungskommission.[762] Auch verweisen alle Anklagen der bundesdeutschen Justiz gegen die ehemaligen Machthaber der DDR im Zusammenhang mit persönlichen Privilegien bei der Angabe der Beweismittel auf Vernehmungen von Zeugen und Beschuldigten sowie auf sonstige Ermittlungshandlungen aus der Zeit vor dem 3. Oktober 1990.

2. Anklagen

Vor der Vereinigung wurden mit einer Ausnahme nur Anklagen wegen der Fälschung der Kommunalwahlen 1989 und wegen Amtsmißbrauchs erhoben. Das einzige nicht diesen Deliktsgruppen zuzuordnende Verfahren befaßte sich mit dem gewaltsamen Vorgehen von Polizei und MfS gegen friedliche Demonstranten Anfang Oktober 1989.[763] Die Staatsanwaltschaft Halle klagte am 6. März 1990 zwei Volkspolizisten an, die einige „zugeführte“ Demonstranten die ganze Nacht bei niedrigen Temperaturen in einer Garage auf ihre Vernehmung hatten warten lassen. Die Betroffenen hatten dabei mit dem Gesicht zur Wand stehen müssen und nicht miteinander reden dürfen. Einige waren sogar gezwungen worden, sich in der sogenannten Fliegerstellung von außen an die Garage zu lehnen.[764]

Die erste Anklage im Komplex der Wahlfälschungsverfahren wurde von der Staatsanwaltschaft des Kreises Neuruppin am 17. Januar 1990 erhoben. Betroffen waren der Vorsitzende der Wahlkommission der Stadt Rheinsberg sowie der Vorsitzende des Vorstandes des dortigen Wahlbezirks II und eine Hilfskraft der städtischen Wahlkommission. Insgesamt wurden noch weitere 17 Anklagen gegen 59 Personen erhoben und 11 Strafbefehlsanträge gestellt.

761 Az. 2 Js 185/91.

762 Vgl. *GStA bei dem KG Berlin,* Bericht 1992, S. 163 ff.

763 Ausgeklammert bleibt hier das schon erwähnte Verfahren gegen einen Volkspolizisten im November 1989 in Berlin. Es hatte lediglich eine Alibifunktion und ist daher noch nicht den Verfahren zuzurechnen, in denen sich die DDR-Justiz ernsthaft um eine Aufarbeitung der Vergangenheit bemühte; vgl. S. 148.

764 Anklage *StA Halle* v. 6.3.1990 – Az. 221-167-89-4. Die Angeklagten wurden später in zweiter Instanz durch ein Urteil des *LG Halle* v. 20.3.1995 – Az. 27 (14) Ns 67/93 – freigesprochen.

Im Zusammenhang mit der wirtschaftlichen Privilegierung hochrangiger Funktionäre erhob eine Strafverfolgungsbehörde erstmals am 1. Februar 1990 eine Anklage. Die Anklageschrift der Staatsanwaltschaft Leipzig richtete sich gegen den Vorsitzenden des Rates des Bezirks Leipzig Rolf Opitz und warf ihm Untreue vor. Noch vor dem Beitritt erhoben Staatsanwaltschaften der DDR weitere 20 Anklagen gegen insgesamt 27 Personen und stellten einen Strafbefehlsantrag.[765] Angeklagt wurden dabei unter anderem die Politbüromitglieder Hans-Joachim Böhme, Werner Krolikowski und Harry Tisch.

3. Gerichtliche Entscheidungen

a) Strafbefehle

Die elf in den Wahlfälschungsverfahren beantragten Strafbefehle wurden ebenso erlassen wie der beantragte Strafbefehl wegen Amtsmißbrauchs. Alle Strafbefehle wurden noch vor dem 3. Oktober 1990 rechtskräftig, da kein Beschuldigter Rechtsmittel einlegte. Mit den Strafbefehlen wurden in der Zeit von Mai bis September 1990 Geldstrafen in Höhe von 1.000,- bis 4.000,- Mark verhängt.

In den Wahlfälschungsverfahren ergingen die Strafbefehle gegen (Ober-)Bürgermeister und Wahlhelfer. Der Strafbefehl wegen Amtsmißbrauchs richtete sich gegen einen Stadtrat einer kleineren Gemeinde.

b) Aburteilungen

In den Wahlfälschungsverfahren kam es noch vor Oktober 1990 in insgesamt sechs Verfahren zu Urteilen. Fast alle wurden auch noch durch ein DDR-Gericht rechtskräftig abgeschlossen. Lediglich ein Verfahren aus Neuruppin wurde erst nach der Vereinigung beendet.[766] Gegen das Urteil des Kreisgerichts Neuruppin vom 7. März 1990[767] legten zwei der drei Angeklagten Berufung ein. Das Berufungsurteil des Bezirksgerichts Potsdam vom 8. Mai 1990[768] hob das erstinstanzliche Urteil in einem Fall in vollem Umfang auf und verwies es an das Kreisgericht zur Neuverhandlung zurück. Die endgültige Erledigung dieses Verfahrens erfolgte dann erst im Jahr 1992 durch eine Verfahrenseinstellung gemäß §153a Absatz 2 StPO.[769]

Das Kreisgericht Brandenburg verurteilte den Oberbürgermeister der Stadt Brandenburg und seinen Stellvertreter rechtskräftig zu einer Geldstrafe von 5.000,- beziehungsweise 2.500,- Mark.[770] Auf die Anklage der Staatsanwaltschaft Glauchau wurden vier Angeklagte durch das dortige Kreisgericht rechtskräftig zu Geldstrafen zwischen 800,- und 2000,- Mark verurteilt.[771]

765 Vgl. dazu auch Tabelle 1 auf S. 155.
766 Anklage v. 17.1.1990 – Az. 221-3/90.
767 Az. S 10/90.
768 Az. bsb 41/90.
769 Beschluß des *KreisG Neuruppin* v. 23.12.1992 – Az. S 10/90.
770 *KreisG Brandenburg*, Urteil v. 20.6.1990 – Az. S 88/90.
771 *KreisG Glauchau*, Urteil v. 8.6.1990 – Az. S 43/90.

In drei Verfahren entschied erst das Rechtsmittelgericht abschließend. Auf die Berufung der Angeklagten gegen ein Urteil des Kreisgerichts Leipzig[772] sprach das Bezirksgericht Leipzig Freiheitsstrafen zwischen vier und acht Monaten auf Bewährung aus.[773] In einem weiteren Verfahren hatte das Kreisgericht Jena-Stadt[774] einen Angeklagten zu einer Bewährungsstrafe und einen anderen zu einer Geldstrafe verurteilt. Zunächst wurde nur die Verurteilung zu einer Geldstrafe rechtskräftig. Das Bezirksgericht Gera bestätigte später jedoch auch die Verurteilung zu einer Freiheitsstrafe auf Bewährung.[775] Dasselbe Gericht hob in einem anderen Prozeß das erstinstanzliche Urteil des Kreisgerichts Schleiz[776] auf und sprach lediglich einen „öffentlichen Tadel" nach § 37 DDR-StGB aus.[777]

In den Amtsmißbrauchsverfahren erlangte nur eine Entscheidung noch vor dem Beitritt Rechtskraft. Ein wesentlicher Grund hierfür waren Unsicherheiten bei der Rechtsanwendung. Mit dem 6. Strafrechtsänderungsgesetz vom 29. Juni 1990[778] schuf der DDR-Gesetzgeber eine verfassungsrechtlich problematische Regelung zur Ahndung der Funktionärsuntreue, die den meisten Anklagen zugrunde lag.[779] Über die Verfassungsmäßigkeit der Vorschrift mußte nach DDR-Recht die Volkskammer entscheiden.[780] Deshalb setzte etwa das Stadtgericht Berlin die Entscheidung über die Eröffnung des Hauptverfahrens gegen Harry Tisch und Werner Krolikowski bis zu einer Entscheidung durch die Volkskammer aus.[781] Die Verzögerung führte dazu, daß ein Prozeßabschluß bis zum 3. Oktober 1990 in mehreren Fällen unmöglich wurde, in denen eine gerichtliche Entscheidung unter Umständen noch erreichbar gewesen wäre. Rechtskräftig wurde allein eine Entscheidung des Kreisgerichts Pirna vom 10. August 1990. Darin wurde der Direktor des Kombinats Hoch- und Tiefbau Pirna zu einer zu verbüßenden Freiheitsstrafe von einem Jahr und drei Monaten verurteilt.[782] Eine Entscheidung des Bezirksgerichts Leipzig vom 11. Mai 1990,[783] durch die der Vorsitzende des Rates des Bezirks zu einer Freiheitsstrafe von einem Jahr verurteilt wurde, hob das Oberste Gericht der DDR durch Urteil vom 6. September 1990 wieder auf.[784] Es verwies die Sache zur erneuten Entscheidung an das Bezirksgericht zurück. Das Verfahren wurde nach dem Beitritt gemäß § 153a StPO gegen Zahlung einer Geldbuße eingestellt.

772 *KreisG Leipzig*, Urteil v. 26.6.1990 – Az. 33 S 122/90.
773 *BezG Leipzig*, Urteil v. 27.9.1990 – Az. BSB 134/90.
774 *KreisG Leipzig-Stadt*, Urteil v. 23.4.1990 – Az. S 38/90.
775 *BezG Gera*, Urteil v. 31.5.1990 – Az. BSB 33/90.
776 *KreisG Schleiz*, Urteil v. 12.4.1990 – Az. S 10/89.
777 *BezG Gera*, Urteil v. 18.5.1990 – Az. BSB 31/90.
778 DDR-GBl. I 1990, S. 526 ff.
779 Problematisch war die Fortgeltungsregelung des § 10 Satz 1 des 6. DDR-StÄG für den Tatbestand des Vertrauensmißbrauchs (§ 165 DDR-StGB). Näher dazu S. 121 ff.
780 In einer der letzten Sitzungen bestätigte der Rechtsausschuß der Volkskammer die Verfassungsmäßigkeit der Vorschrift.
781 Schreiben des Vorsitzenden des 2. Strafsenats des Stadtgerichts Berlin an die Präsidentin der Volkskammer v. 23.8.1990, enthalten in der Akte zum Strafverfahren *StA II bei dem LG Berlin* – Az. 24/2 Js 3/90.
782 Az. S 61/90
783 Az. BS 1/90.
784 Az. 2 OSB 1/90.

Weitere Urteile im Zusammenhang mit DDR-Unrecht ergingen bis zum 3. Oktober 1990 nicht. Die zu diesem Zeitpunkt rechtshängigen Verfahren wurden von den Gerichten im Beitrittsgebiet und Berlin nach strukturellen Reformen auf der Grundlage des bundesdeutschen Verfahrensrechts fortgeführt.

Tabelle 1 gibt einen Überblick über die Aktivitäten der DDR-Justiz in der Wendezeit, die ermittelt werden konnten. Festgehalten sind in den ersten beiden Zeilen die von der Staatsanwaltschaft der DDR im Jahre 1990 erhobenen Anklagen und die von ihr gestellten Strafbefehlsanträge sowie die Anzahl der Angeschuldigten. Die folgenden Zeilen geben Auskunft über die rechtskräftig gewordenen Urteile beziehungsweise Strafbefehle der DDR-Gerichte aus dieser Zeit, die Zahl der davon betroffenen Personen und die Sanktionspraxis.

Tabelle 1: DDR-Justiz: Anklagen, Strafbefehlsanträge, Urteile und Strafbefehle nach Deliktsgruppen (1/1990-10/1990)

	Deliktsgruppe			Gesamt
	Wahlfälschung	Amtsmißbrauch	Sonstige	
Anklagen/Strafbefehlsanträge	18/11	21/1	1/0	40/12
darin Angeschuldigte	61/11	28/1	2/0	91/12
Rechtskräftige Urteile/ Strafbefehle	5/11	1/1	0/0	6/12
Verurteilte insgesamt	14/11	1/1	0/0	15/12
davon zu				
Öffentlichem Tadel	1			1
Geldstrafe	18	1		19
Freiheitsstrafe auf Bewährung	4			4
Freiheitsstrafe auf Bewährung und Geldstrafe	2			2
Freiheitsstrafe ohne Bewährung		1		1

In keinem Fall wurde die Eröffnung des Hauptverfahrens abgelehnt oder der Angeklagte freigesprochen. Die Ergebnisse können deshalb als Indiz dafür gesehen werden, daß trotz radikaler Änderung der Rechtspraxis die Rechtslage klar erschien und die rechtlichen Voraussetzungen für eine Bestrafung nicht angezweifelt wurden. Der Wandel in der Handhabung des Rechts gab keinen Anlaß, das auch im DDR-Strafrecht geltende Rückwirkungsverbot zu erörtern. Unsicherheiten traten, wie erwähnt, lediglich in der Frage auf, ob die Fortgeltung der Vorschrift zur Sanktionierung des Amtsmißbrauchs verfassungsrechtlichen Anforderungen entsprach.[785]

785 Näher zum Inhalt dieser Regelung S. 121 ff.

4. Gesamteinschätzung

Der Ermittlungsumfang und die Zahl der Anklagen sind schon in Anbetracht der Kürze der zur Verfügung stehenden Zeit durchaus beachtlich. Zusätzlich zu bedenken ist, daß die Ermittlungstätigkeit nicht allein durch den öffentlichen Rechtfertigungsdruck, sondern auch durch personelle Probleme der Staatsanwaltschaften erschwert wurde. Das bis dahin vorhandene Personal stand teilweise im Verdacht einer Beteiligung an den zu untersuchenden Straftaten oder war zumindest politisch belastet. Daher mußten in die Ermittlungen eine Vielzahl junger und unerfahrener Juristen einbezogen werden. Auch schwand die Motivation der Ermittler im Laufe der Zeit, weil deren Berufsaussichten immer unsicherer wurden.[786] Schließlich ist zu berücksichtigen, daß ein ordnungsgemäßer Zugriff auf Verfahrensakten im Jahr 1990 nur noch sehr eingeschränkt möglich war, weil sich die politischen Veränderungen auch auf die Organisation und die Funktionstüchtigkeit der Justiz auswirkten.[787]

Festzuhalten ist somit, daß noch in der DDR Systemunrecht mit Schwerpunkten bei Amtsmißbrauch und Wahlfälschung in einem Umfang und mit einer Intensität verfolgt wurde, die angesichts der Umstände bemerkenswert sind. Die Justiz war somit an der Transformation der politischen Verhältnisse in der DDR beteiligt. Ihre Strafverfolgungsmaßnahmen unterstützten die Reform, nachdem die alten Machtstrukturen ins Wanken geraten waren. Lohnend erscheint eine nähere Untersuchung des Anteils der Justiz an der politischen Wende und ihrer Motive. Sie würde jedoch die thematischen Grenzen dieser Arbeit übersteigen.[788]

C. *Strafverfolgung nach der Vereinigung*

I. *Strafverfahren der Staatsanwaltschaften der Länder*

Vorangestellt werden einige Informationen über die Organisation und die personelle Ausstattung der mit der Verfolgung von DDR-Unrecht befaßten Staatsanwaltschaften in den Ländern (1.). Es folgt eine Darstellung ihrer bisherigen Ermittlungs- und Anklagepraxis (2.). Die Grundlage bilden jeweils Zahlenangaben und sonstige Mitteilungen der Länderjustizbehörden. Dementsprechend ist auch die Darstellung nach Bundesländern untergliedert. Mit dem nachfolgenden Abschnitt (3.) ändern sich Materialgrundlage und Untersuchungsperspektive. Auf der Basis eigener Erhebungen werden die Verfahren präsentiert, in denen Anklage erhoben wurde. Dargelegt werden Verlauf und Ergebnis dieser Verfahren. Die Materialgrundlage erlaubt wegen der Einheitlichkeit der Erfassungskriterien länderübergreifende und ländervergleichende Analysen in zeitlicher Hinsicht und nach Deliktsgruppen.

786 Zur Situation des Justizpersonals in der Wendezeit vgl. *von Roenne*, Politisch untragbar…?, insbes. S. 28 ff.

787 Nach Angaben des Leiters der Untersuchungskommission der DDR zur Verfolgung des Amtsmißbrauchs Prof. Dr. *Reuter*.

788 Vgl. dazu die Dissertation von *Bock*, Vergangenheitspolitik.

1. Organisation und personelle Ausstattung der Staatsanwaltschaften

a) Berlin

Die Strafverfolgung von DDR-Unrecht durch die Berliner Staatsanwaltschaft weist zwei Besonderheiten auf, die sich institutionell auswirken. Zum einen hat sie die Hauptlast zu tragen. Denn sie ist für die meisten Fälle und das schwerste Unrecht zuständig. Entsprechend der zentralistischen Struktur der DDR konzentrierte sich das Unrechtsgeschehen auf die Hauptstadt Berlin. Strafprozeßrechtliche Prinzipien, in erster Linie das Tatortprinzip nach § 7 StPO, aber auch das Prinzip des Wohnsitzes des Beschuldigten nach § 8 StPO, weisen demzufolge der Berliner Staatsanwaltschaft die Zuständigkeit für die Hauptmasse und den Kernbereich der Taten zu. Zum anderen hat sich die Berliner Staatsanwaltschaft mit Systemunrecht zu befassen, das auf unterschiedlichen Ebenen begangen wurde. Staatsorganisatorisch fungierte Berlin in der DDR nicht nur als Hauptstadt, in der die Spitzen des Staates und der SED ihren Sitz hatten, sondern auch als Bezirk, in dem, wie in den anderen Bezirken der DDR, Vorgaben aus dem Machtzentrum von Staat und Partei durchgesetzt wurden. Auch dem Systemunrecht, das auf Bezirksebene begangen wurde, hat die Berliner Staatsanwaltschaft nachzugehen. Bei der Wahrnehmung dieser Aufgabe unterscheidet sie sich im Prinzip nicht von den Staatsanwaltschaften in den neuen Bundesländern.

Die Zweiteilung in der Aufgabenstellung hat zu einer Zweiteilung in der Behördenstruktur geführt, die zugleich die unterschiedliche Bedeutung der Arbeitsbereiche widerspiegelt. Die weitaus größere Einheit wurde als „Arbeitsgruppe Regierungskriminalität" der Staatsanwaltschaft bei dem Kammergericht eingerichtet und später zur Staatsanwaltschaft II bei dem Landgericht Berlin umgewandelt. Sie befaßt sich mit dem zentralen Systemunrecht, nimmt insoweit eine Gemeinschaftsaufgabe wahr und wird daher von den übrigen Ländern und vom Bund unterstützt. Davon gesondert wurde das auf Bezirksebene verwirklichte Systemunrecht zunächst von der Staatsanwaltschaft bei dem Landgericht Berlin verfolgt. Die Einheit wurde später der neugegründeten Staatsanwaltschaft II bei dem Landgericht Berlin als Abteilung 10 zugeordnet.

aa) Die Verfolgung des zentralen Systemunrechts

Am 3. Oktober 1990 richtete die Staatsanwaltschaft bei dem Kammergericht die Arbeitsgruppe Regierungskriminalität ein. Sie hatte zur Hauptsache Verfahren gegen Angehörige der Staats- und Parteiführung der DDR, Verfahren wegen der Straftaten im Zusammenhang mit Gewaltakten an der deutsch-deutschen Grenze, Verfahren im Zusammenhang mit dem Bereich „Kommerzielle Koordinierung" und Verfahren wegen Justizunrechts der obersten Gerichte und Strafverfolgungsorgane der DDR zu bearbeiten. Bis einschließlich Januar 1991 bestand sie aus zunächst fünf und dann sieben Berliner Mitarbeitern. Die Abordnung von Staatsanwälten aus den alten Bundesländern erfolgte ab Februar 1991 schrittweise und zunächst sehr zögerlich. Die im Mai 1991 durch Vereinbarung der Länder festgelegte Zahl von 60 Abordnungen aus Bund und Ländern wurde zu keinem Zeitpunkt erreicht. Im Juli 1992 war ein Höchststand von 66 Mitarbeitern, darunter 59 Abordnungen, zu verzeichnen. Mit dem 1. Oktober 1994 erhielt die

Arbeitsgruppe Regierungskriminalität nach entsprechenden Änderungen des Bundesrechts[789] und des Berliner Landesrechts[790] als Staatsanwaltschaft II den Status einer eigenständigen Behörde. Die Aufgaben der Arbeitsgruppe Regierungskriminalität wurden in vollem Umfang fortgeführt. Zusätzlich wurde eine Zuständigkeit für die Verfolgung der vereinigungsspezifischen Wirtschaftskriminalität begründet.

In einem Bericht an die Konferenz der Justizminister im Herbst 1994[791] beklagte die Senatorin für Justiz des Landes Berlin die mangelhafte Personalausstattung. Die Verfahren seien überwiegend umfangreich und schwierig. Für ihre Bearbeitung sei in der Regel ein Zeitaufwand zwischen ein und zwei Jahren, in einigen Fällen auch noch mehr, erforderlich. Nur der Sachbearbeiter selbst beherrsche den Verfahrensstoff wirklich gründlich. Es sei deshalb zwingend erforderlich, daß er selbst die Sache in der Hauptverhandlung vertrete, weil nur so gewährleistet sei, daß das Verfahren mit einem vertretbaren Ergebnis zu Ende geführt werde. Wegen der Überlastung der Kammern des Landgerichts Berlin lägen zwischen Anklageerhebung und Hauptverhandlung Zeiträume bis zu einem Jahr und mehr. Die Abordnungen aus den alten Bundesländern müßten daher mindestens für drei, besser noch für vier Jahre erfolgen. Diesem Erfordernis werde die gängige Praxis in keiner Weise gerecht. Die Arbeitsgruppe habe in den zurückliegenden Jahren einen Personalumschlag von etwa 100% zu verkraften gehabt. Eine Verbesserung sei nicht ersichtlich, die Tendenz sei eher gegenläufig. Die Zahl der Berufsanfänger ohne ausreichende vorherige staatsanwaltschaftliche Tätigkeit und die Zahl derjenigen, die nicht aus dem staatsanwaltschaftlichen Bereich kämen, hätten stark zugenommen. Die Mitarbeiter seien zwar fachlich gut qualifiziert und hoch motiviert, die Berufserfahrung werde hierdurch jedoch nicht ersetzt. Um die anstehenden Arbeiten weiterhin erfolgreich fortsetzen zu können, müsse für eine langfristige personelle Kontinuität in der Sachbearbeitung gesorgt werden.

Dieser Aufruf an die Adresse der alten Bundesländer fand jedoch kaum Gehör. Zwischen 1995 und 1997 schwankte die Zahl der nach Berlin abgeordneten Staatsanwälte zwischen 43 und 49. Am 1. Januar 1998 betrug die Zahl der abgeordneten Kräfte in der Staatsanwaltschaft II bei dem Landgericht Berlin 47.

Probleme bereitete im übrigen auch die Personalsituation im Bereich der Polizei. Für eine angemessene Unterstützung der Arbeitsgruppe Regierungskriminalität war ein Bedarf von mindestens 340 Beamten errechnet worden, die in einer „Zentralen polizeilichen Ermittlungsstelle für die Verfolgung der Regierungs- und Vereinigungskriminalität (ZERV)“ eingesetzt werden sollten.[792] Diese im Oktober 1992 festgelegte Sollstärke wurde nur annäherungsweise und dies auch erst zu einem wesentlich späteren Zeitpunkt erreicht.

Die Staatsanwaltschaft II bei dem Landgericht Berlin als eigenständige Behörde wird zum 30. November 1999 aufgelöst. Danach wird eine Abteilung der Staatsanwaltschaft bei dem Landgericht Berlin die noch offenen Verfahren weiterbearbeiten.[793]

789 § 4a Abs. 2 EGGVG.

790 § 8 Berliner AGGVG.

791 Vgl. *SenJust Berlin*, Bericht 1994, S. 6.

792 Beschluß der Ministerpräsidentenkonferenz v. 28./30.10.1992 in Dresden.

793 Vgl. den Bericht im *Tagesspiegel* v. 31.10.1998, S. 9.

bb) Die Verfolgung des Systemunrechts auf Bezirksebene

Das DDR-Unrecht auf der Berliner Bezirksebene wurde zunächst in einem Dezernat der Staatsanwaltschaft bei dem Landgericht Berlin bearbeitet, das weitere Sonderzuständigkeiten hatte und mit zwei Staatsanwälten besetzt war. Da die Zahl der eingehenden Verfahren im Laufe des Jahres 1991 erheblich zunahm,[794] wurden dem Dezernat alle vorherigen Sonderzuständigkeiten abgenommen und nach und nach drei weitere Staatsanwälte zugeteilt. In dieser Besetzung verblieb das Dezernat bis zur Errichtung der Staatsanwaltschaft II bei dem Landgericht Berlin am 1. Oktober 1994. Seither werden die die Bezirksebene betreffenden Verfahren wegen DDR-Unrechts in der Abteilung 10 der Staatsanwaltschaft II bearbeitet, die aus einem Abteilungsleiter und fünf Dezernenten besteht.

b) Brandenburg

Die Staatsanwaltschaft Potsdam richtete am 11. Mai 1992 eine Abteilung für DDR-Unrecht auf Bezirksebene ein, in der allerdings lediglich einzelne Verfahren bearbeitet wurden. Sie wurde zum 1. Juli 1992 in eine Schwerpunktabteilung umgewandelt.[795] Mitte 1993 gehörten der Abteilung neben dem Leiter sieben Dezernenten an, von denen einer mit einem Teil seiner Arbeitskraft und vier ausschließlich mit Verfahren wegen DDR-Unrechts befaßt waren.[796] Im übrigen wurden in der Abteilung Rehabilitierungsverfahren bearbeitet. Seit dem 1. Dezember 1993 ist die Abteilung der neu eingerichteten Staatsanwaltschaft in Neuruppin zugeordnet.[797] Im Dezember 1997 waren in ihr neben dem Abteilungsleiter noch fünf Dezernenten beschäftigt.[798]

Nicht zum Zuständigkeitsbereich der Schwerpunktabteilung gehören die Verfahren wegen vereinigungsbedingter Kriminalität. Sie werden in einer gesonderten Abteilung der Staatsanwaltschaft Potsdam bearbeitet.[799]

c) Mecklenburg-Vorpommern

Zentrale Ermittlungen wegen DDR-Unrechts werden in Mecklenburg-Vorpommern seit dem 1. August 1992 in einer Schwerpunktabteilung bei der Staatsanwaltschaft bei dem Landgericht Schwerin geführt. Bis Ende 1993 gehörten ihr neben dem Abteilungsleiter sechs Dezernenten an, von denen zwei nur mit einem Teil ihrer Arbeitskraft (20% und 30%) eingesetzt wurden. In den Jahren 1994 und 1995 wurde die Anzahl der Dezernenten auf insgesamt vier verringert, von denen zwei ab 1996 nur noch mit der Hälfte ihrer Arbeitskraft der Abteilung zugeordnet waren. Seit 1997 ist die Schwerpunktabteilung in

794 Vgl. die Entwicklung der Eingänge in Tabelle 4 auf S. 166.

795 Allgemeine Verfügung des *Ministers der Justiz des Landes Brandenburg* v. 9.6.1992, JMBl. Brandenburg 1992, S. 81; *Leiter der Schwerpunktabteilung der StA Potsdam*, Bericht v. 6.8.1993, S. 4.

796 Bericht des *Leiters der Schwerpunktabteilung der StA Potsdam* v. 6.8.1993, S. 7.

797 JMBl. Brandenburg 1993, S. 195.

798 *Leiter der Schwerpunktabteilung der StA Neuruppin*, Bericht v. 19.6.1996.

799 *Leiter der Schwerpunktabteilung der StA Neuruppin*, aaO.

Schwerin mit zwei Dezernenten und dem Abteilungsleiter besetzt.[800] Zusätzlich waren bis zum Ende des Jahres 1994 sechs Staatsanwälte anderer Staatsanwaltschaften des Landes unter Beibehaltung ihres Dienstsitzes mit einem Teil ihrer Arbeitskraft an die Schwerpunktabteilung abgeordnet; seit 1995 besteht eine solche Abordnung nur noch für vier Dezernenten. Schließlich wurden für die Jahre 1993 und 1994 Beraterverträge mit Staatsanwälten außer Dienst zur Erstattung von Rechtsgutachten abgeschlossen.[801]

Wirtschaftsstraftaten im Zusammenhang mit der Vereinigung werden von der Schwerpunktabteilung nicht bearbeitet. Für sie sind weiterhin die allgemeinen Abteilungen zuständig.[802]

d) Sachsen

Am 1. Januar 1992 nahm die Schwerpunktabteilung zur Verfolgung politisch motivierter und unter Mißbrauch politischer Macht begangener Straftaten in der DDR ihre Tätigkeit bei der Staatsanwaltschaft bei dem Landgericht Dresden ihre Arbeit auf.[803] Sie war unter der Leitung eines Oberstaatsanwalts im wesentlichen durchgehend mit 13 Dezernenten besetzt.[804]

Auch in Sachsen wird die vereinigungsbedingte Kriminalität nicht von der Schwerpunktabteilung in Dresden bearbeitet. Sie ist größtenteils der Schwerpunktabteilung zur Verfolgung von Wirtschaftsstrafsachen bei der Staatsanwaltschaft Chemnitz zugewiesen worden.

e) Sachsen-Anhalt

Im Frühjahr 1991 wurde eine Sonderermittlungsgruppe unter der Bezeichnung „MfS-Unrecht" bei der Staatsanwaltschaft bei dem Landgericht Magdeburg eingerichtet, die sich mit Straftaten des MfS auf Bezirksebene befassen sollte. Ferner wurden in einem gesonderten Dezernat Ermittlungsverfahren wegen Rechtsbeugung und Freiheitsberaubung durch Angehörige der Justiz der DDR geführt.[805] Der nächste organisatorische Schritt erfolgte mit der Einrichtung einer Schwerpunktabteilung bei der Staatsanwaltschaft Magdeburg am 1. Februar 1993. Sie führt seither zentral die Ermittlungsverfahren wegen DDR-Unrechts. Nicht zu ihrem Zuständigkeitsbereich gehören vereinigungsbedingte Wirtschaftsstrafverfahren. Sie werden in Zentralstellen der Staatsanwaltschaft Magdeburg und Halle bearbeitet.

800 Mündliche Auskunft des *Leiters der Schwerpunktabteilung der StA Schwerin v. 26.2.1998.*

801 Mitteilungen des *Ministeriums der Justiz und Angelegenheiten der Europäischen Union des Landes Mecklenburg-Vorpommern* v. 10.3.1997.

802 Amtsblatt für Mecklenburg-Vorpommern 1992, S. 784.

803 Verwaltungsvorschrift des *Sächsischen Staatsministeriums der Justiz* v. 4.12.1991, SächsAbl. Nr. 42, S. 4.

804 Vermerk des *Sächsischen Staatsministeriums der Justiz, Abteilung III,* v. 20.4.1994, Mitteilung der *Schwerpunktabteilung bei der StA Dresden* v. 17.2.1997 sowie telefonische Auskunft des *Leiters der Schwerpunktabteilung* v. 9.3.1998.

805 *Leiter der Schwerpunktabteilung bei der StA Magdeburg,* Mitteilung v. 5.2.1997.

Anfang 1992 standen für die Verfolgung von DDR-Unrecht zwei Staatsanwälte zur Verfügung.[806] Im Jahr 1993 erhöhte sich die Zahl der Mitarbeiter auf vier und im Jahr 1995 auf fünf Dezernenten sowie einen Abteilungsleiter, der mit der Hälfte seiner Arbeitskraft in diesem Bereich eingesetzt wurde.[807]

f) Thüringen

Die Schwerpunktabteilung in Thüringen entstand am 1. Januar 1992 bei der Staatsanwaltschaft Erfurt. Es wurden vier Dezernenten mit der strafrechtlichen Verfolgung des Systemunrechts auf Bezirksebene betraut. Einer Verstärkung ab 1993 auf acht Dezernenten folgte im Jahre 1996 eine Rückführung des Personalbestandes auf vier Dezernenten. Seit Januar 1998 ist die Abteilung mit drei Dezernenten besetzt. Geleitet wird die Schwerpunktstaatsanwaltschaft von einem Oberstaatsanwalt.[808]

g) Alte Bundesländer

Da sich die örtliche Zuständigkeit der Staatsanwaltschaften und Gerichte zur Hauptsache gemäß § 7 StPO nach dem Ort der Tathandlung bestimmt, kommt den alten Bundesländern, von den Spionagedelikten[809] abgesehen, bei der Verfolgung des DDR-Unrechts kaum Bedeutung zu. Daher wurden dort auch keine Schwerpunktstaatsanwaltschaften eingerichtet. Die wenigen Fälle, mit denen die alten Bundesländer befaßt waren, wurden in allgemeinen Dezernaten bearbeitet.

2. Ermittlungs- und Anklagepraxis nach den Zahlenangaben der Strafjustiz

Die Darstellung der Ermittlungs- und Anklagepraxis der Staatsanwaltschaften basiert auf den Materialien, die auf Anfrage von den zuständigen Justizbehörden überlassen wurden. Aufgrund der bereits beschriebenen Probleme einer zusammenfassenden Darstellung der behördlichen Statistiken[810] werden die Untersuchungsergebnisse zunächst länderweise präsentiert (a-g). Abschließend wird der Versuch einer Zusammenführung unternommen, der sich notgedrungen auf allgemeine und vage Angaben beschränken muß (h).

806 *Leiter der Schwerpunktabteilung bei der StA Magdeburg,* Bericht an die Generalstaatsanwaltschaft in Naumburg v. 14.8.1992, S. 2.

807 *Leiter der Schwerpunktabteilung bei der StA Magdeburg,* Bericht an das Ministerium der Justiz des Landes Sachsen-Anhalt v. 11.2.1994, und *ders.*, Mitteilung an das Ministerium für Justiz des Landes Sachsen-Anhalt v. 17.8.1995.

808 Mitteilungen der *StA Erfurt* vom Oktober 1996 und April 1998.

809 Vgl. dazu S. 126 ff.

810 Vgl. S. 143 ff.

a) Berlin

Die Voraussetzungen für eine quantitative Analyse der staatsanwaltlichen Praxis in Berlin sind verhältnismäßig günstig. Für die Arbeitsgruppe Regierungskriminalität und die Staatsanwaltschaft II bei dem Landgericht Berlin kann auf umfangreiche Tätigkeitsberichte mit statistischen Angaben zurückgegriffen werden.[811] Ferner hat die Berliner Staatsanwaltschaft einige Statistiken zur Verfügung gestellt, die aus unterschiedlichen Anlässen und für unterschiedliche Zeiträume angefertigt wurden. Hinderlich für einen Gesamtüberblick ist allerdings, daß ein differenziertes Schema für eine Erfassung von Fallgruppen erst allmählich entwickelt wurde und daß nur für den Zeitraum von April 1992 bis März 1994 Zahlenmaterial vorliegt, das nach der Art der Verfahrenserledigung unterscheidet. Die folgenden tabellarischen Übersichten müssen sich deshalb in einigen Fällen auf die Darstellung bestimmter zeitlicher Abschnitte beschränken.

Für den Bereich des Systemunrechts auf Bezirksebene sind die Verfahren nicht gleichermaßen intensiv erfaßt worden wie für den Bereich des zentralen Systemunrechts. Der geringere Aufwand erklärt sich aus der geringeren Bedeutung der Verfahren und zugleich aus dem geringeren Interesse, das sie in der Öffentlichkeit gefunden haben. Auch weichen die Erfassungszeiträume teilweise voneinander ab.

Diese Unterschiede im Zahlenmaterial sind neben dem Unterschied in den Sachgegenständen der Grund dafür, daß im folgenden jeweils zunächst die Zentralebene und Bezirksebene getrennt dargestellt werden und erst anschließend der nur in engen Grenzen mögliche Versuch einer Zusammenfassung unternommen wird.

aa) Eingänge und Erledigungen

Zentrales Systemunrecht

Tabelle 2 zeigt die eingeleiteten und erledigten Ermittlungsverfahren. Wiedergegeben ist jeweils die Zahl der insgesamt bis zum jeweiligen Datum eingegangenen beziehungsweise erledigten Verfahren.

Erledigung bedeutet in diesem Zusammenhang, wie auch in den folgenden Ausführungen zur staatsanwaltschaftlichen Ermittlungspraxis, daß das Verfahren im Bereich der Staatsanwaltschaft entweder durch eine Einstellung oder durch die Erhebung der öffentlichen Klage abgeschlossen worden ist.

Tabelle 2 ist eine mit Verzögerung einsetzende und dann ab März 1993 anwachsende Zahl von Erledigungen erkennbar, die ihren Höhepunkt zwischen April 1995 und März 1997 erreichte. Anzunehmen ist ein enger Zusammenhang mit der oben[812] näher dargelegten Personalentwicklung. Weiterhin dürften sich in der Anfangsphase tatsächliche Ermittlungsprobleme auf die Entwicklung ausgewirkt haben. In erster Linie hin-

811 Vgl. *GStA bei dem KG Berlin*, Berichte 1992-1994. In den Folgejahren berichtete die *Berliner Senatorin bzw. der Senator für Justiz* für die jährlich stattfindenden Konferenzen der Justizministerinnen und -minister. Diese Berichte enthalten statistische Angaben zur Tätigkeit der Staatsanwaltschaft II bei dem LG Berlin zum Verfahrsstand vom 31.3. des jeweiligen Jahres, vgl. *SenJust Berlin*, Berichte 1994 ff.

812 Vgl. S. 157 ff.

Tabelle 2: Berlin, Zentralebene: Eingänge und Erledigungen (10/1990-3/1998)

Stand	Eingänge	Erledigungen	Offen	
			Gesamt	Differenz
Dezember 1990	260	o.A.	o.A.	
Dezember 1991	694	o.A.	o.A.	
April 1992	1.130	191	939	
März 1993	2.189	390	1.799	+ 860
März 1994	2.839	1.162	1.677	- 122
April 1995	4.013	2.245	1.768	+ 91
März 1996	5.807	4.074	1.733	- 35
März 1997	6.729	5.896	833	- 900
März 1998	7.314	6.820	494	- 339

derte die Fülle des zu sichtenden Materials eine zügige Erledigung. Nachgewiesen werden mußten Organisationsstrukturen, Anweisungsverhältnisse und konkrete Handlungsabläufe von der politischen Führung bis zu den unmittelbar Handelnden. Auch allgemeine Materialien zu rechtlichen Zusammenhängen und zur zeithistorischen Einordnung des Tatgeschehens waren zu sichern. Wesentliche Teile des Militärischen Zwischenarchivs in Potsdam, des PDS-Archivs, der Bestände der Behörde des Bundesbeauftragten für die Unterlagen des Staatssicherheitsdienstes der ehemaligen DDR und der Landeshauptarchive mußten durchgesehen, ausgewertet und den einzelnen strafrechtlich relevanten Handlungen und Personen zugeordnet werden. Vielfach waren die Unterlagen nicht mehr vollständig vorhanden. So konnte zum Beispiel nicht mehr auf die Einsatzpläne der Grenztruppen zurückgegriffen werden, um die Namen von Zeugen oder Tatverdächtigen in Erfahrung zu bringen. Besonderes Gewicht hatten diese Probleme, wenn Vorkommnisse aufzuklären waren, die Jahrzehnte zurücklagen.

Eine Differenzierung der Eingangszahlen nach Fallgruppen ist für die Jahre 1990-1992 nur in Anlehnung an die interne Organisationsstruktur der Arbeitsgruppe Regierungskriminalität möglich. Die Gruppe war in zwei Untergruppen gegliedert, die jeweils einer Hauptabteilung der Staatsanwaltschaft entsprachen. Die Untergruppe I befaßte sich mit Wirtschafts- und Vermögensstraftaten, die Untergruppe II mit allen übrigen Straftaten, insbesondere mit Straftaten aus dem Bereich der Justiz, mit Gewalttaten an der deutsch-deutschen Grenze sowie mit Wahlfälschungen. Ab April 1993 kann ein etwas differenzierteres Bild wiedergegeben werden (vgl. Tabelle 3). Die genannten Eingangszahlen beziehen sich auf die Eingänge im jeweiligen Erfassungszeitraum.

Die Deliktsbereiche lassen sich folgendermaßen näher erläutern. Die Ermittlungsverfahren im Bereich der Wirtschaftsstraftaten beziehen sich nur auf solche Sachverhalte, die nach Ansicht der Staatsanwaltschaft nicht unmittelbar im Zusammenhang mit der Vereinigung der beiden deutschen Staaten stehen. Die Verfahren der „Vereinigungskri-

Tabelle 3: Berlin, Zentralebene: Eingänge nach Deliktsbereichen (10/1990–4/1995)

Stand	Untergruppe I	Untergruppe II	
	Wirtschaftsstraftaten und Komplex Vogel	Gewalttaten an der Grenze	Justizunrecht MfS-Straftaten Wahlfälschung
Dezember 1990	44	216	
Dezember 1991	47	387	
April 1992	50	387	
April 1993	132	760	167
März 1994	49	466	135
April 1995	149	1.190	429

minalität"[813] sind für den Bereich Berlin eigens statistisch ausgewiesen, da sie nicht der Systemkriminalität zugerechnet werden und einer gesonderten Abteilung der Staatsanwaltschaft II bei dem Landgericht Berlin zugewiesen sind.

Unter der Deliktskategorie „Wirtschaftsstraftaten" erfaßt die Berliner Staatsanwaltschaft unterschiedliche Sachverhalte. Zu diesem Bereich gehören insbesondere Verfahren gegen die SED-Parteispitze wegen wirtschaftlicher Selbstbegünstigung durch politischen Machtmißbrauch.[814] Ihm wird auch der Bereich „Kommerzielle Koordinierung" zugeordnet, der unter Leitung von Alexander Schalck-Golodkowski vornehmlich für die Devisenbeschaffung zuständig war. Gegen den Leiter und einige seiner Mitarbeiter wurde und wird aufgrund breit gestreuter Verdachtsmomente wegen Untreue, ungeklärter Geldtransaktionen, verschiedener Embargoverstöße, Mißachtung des Kriegswaffenkontroll- und des Außenwirtschaftsgesetzes und Rauschgifthandels ermittelt.[815] Ferner erfaßt ist der Komplex „Vogel".[816] Schließlich erstreckt sich die Tätigkeit auf Untersuchungen im Grenzbereich zwischen DDR-Unrecht und Vereinigungskriminalität, so insbesondere auf das Beiseiteschaffen von Vermögen einzelner Staatsunterneh-

813 Im Schreiben der *Senatorin für Justiz des Landes Berlin* an die Bundesjustizministerin sowie die Justizministerinnen und -minister der Länder v. 12.4.1994 wird der Begriff wie folgt definiert: „Unter Vereinigungskriminalität sind grundsätzlich Straftaten im Zusammenhang mit der Umstellung auf ein marktwirtschaftliches System in den neuen Bundesländern zu verstehen" (S. 4).

814 Im Ersten Teil werden diese Verfahren als Deliktsgruppe „Amtsmißbrauch und Korruption" geführt, vgl. S. 105 ff.

815 Vgl. dazu S. 124.

816 Der Name des Rechtsanwalts *Vogel* steht für mehrere Sammelverfahren gegen ihn und eine Reihe weiterer Beschuldigter, gegen die der strafrechtliche Vorwurf der mittäterschaftlich begangenen Erpressung oder Nötigung erhoben wurde. Den Verfahren lagen im wesentlichen Anzeigen zugrunde, in denen behauptet wurde, die Beschuldigten hätten Ausreisewilligen, die über Grundeigentum oder andere beachtliche Vermögenswerte verfügten, die Ausreise aus der DDR nur gegen Hergabe dieses Vermögens erlaubt, um dadurch Mitarbeiter des MfS und andere regimenahe Personen, aber auch Personen aus dem Umfeld des Beschuldigten *Vogel* selbst, mit Grundvermögen oder sonstigen Sachwerten zu versorgen. Näher dazu S. 80 f.

men in den Monaten vor der Vereinigung durch Überweisung der Gelder auf Konten privater Firmen.

Im Bereich der *Gewalttaten an der deutsch-deutschen Grenze* betreffen die Eingänge überwiegend sogenannte Minenvorfälle und Schießvorfälle, durch die Menschen bei dem Versuch, die Grenze von Ost nach West – in Einzelfällen auch in umgekehrter Richtung – zu überwinden, getötet oder verletzt wurden. Mit erfaßt sind aber auch Vorfälle, bei denen Personen von Grenztruppenangehörigen ohne die Abgabe von Schüssen gehindert wurden, die DDR zu verlassen. Zu berücksichtigen ist, daß die Berliner Staatsanwaltschaft die strafrechtliche Untersuchung von einzelnen Grenzvorfällen auch dann übernommen hat, wenn der Ort des unmittelbaren Geschehens nicht Berlin war, also von Vorfällen in den Grenzkommandobereichen Nord und Süd. Diese Verfahrensweise beruht auf einer mit den Generalstaatsanwälten der Bundesländer getroffenen Zuständigkeitsvereinbarung,[817] die darauf abzielt, den Zusammenhang mit den Verfahren gegen die auf der militärischen und politischen Leitungsebene der DDR Verantwortlichen herzustellen, die in Berlin geführt werden.

Im Bereich des *Justizunrechts* betreffen die Eingangszahlen in Tabelle 3 vorwiegend den Vorwurf der Rechtsbeugung gegen Richter und Staatsanwälte der DDR sowie im übrigen den Vorwurf der Anstiftung dazu gegen Mitarbeiter des MfS und gegen die politische Führung.

Als *MfS-Straftaten* werden Handlungen im Zusammenhang mit der Tötung von Deserteuren, mit Entführungen, mit Postkontrolle und Telefonüberwachung, mit den Übergriffen vom 7. und 8. Oktober 1989 und mit illegalen Durchsuchungen sowie Straftaten an Häftlingen erfaßt.

Die Ermittlungsverfahren wegen des Vorwurfs der *Wahlfälschung* betreffen allein die Kommunalwahlen vom Mai 1989.

Systemunrecht auf Bezirksebene

Aus dem staatsanwaltschaftlichen Verfahrensregister ergeben sich für die Staatsanwaltschaft bei dem Landgericht Berlin beziehungsweise für die Abteilung 10 der Staatsanwaltschaft II bei dem Landgericht Berlin die Tabelle 4 zu entnehmenden Informationen zur Entwicklung der Eingangszahlen in diesem Bereich.

Auffällig ist die Höhe der Eingangszahlen in den Jahren 1991 bis 1994. Wesentlich haben dazu Abgaben der Zentralen Erfassungsstelle der Landesjustizverwaltungen zur Dokumentation von Gewalttaten durch Staatsorgane der ehemaligen DDR in Salzgitter beigetragen. Insgesamt sind 7.000 bis 8.000 Verfahren von dort abgegeben worden. Die Erfassungsstelle hat ihre Tätigkeit Ende 1994 weitgehend abgeschlossen. Einen im Umfang bedeutenden Anlaß für Ermittlungsverfahren haben ferner die Rehabilitierungsverfahren gegeben, die im Hinblick auf mögliche Rechtsbeugungstaten vollständig ausgewertet wurden. Seither ist die Zahl der neu eingeleiteten Rechtsbeugungsverfahren ganz erheblich zurückgegangen. Nur noch gelegentlich veranlassen Erkenntnisse aus Rehabilitierungsverfahren die Aufnahme von Ermittlungen. Im übrigen beruhen neue Verfahren auf einzelnen Anzeigen.

817 Vgl. S. 124.

*Tabelle 4: Berlin, Bezirksebene: Jährliche Eingänge (10/1990-12/1997)**

Stand	Eingänge
1990	122
1991	2.300
1992	2.878
1993	3.330
1994	2.975
1995	792
1996	364
1997	818

* In Tabelle 4 bis Tabelle 6 sind keine Wahlfälschungsverfahren enthalten (vgl. dazu S. 177 f.).

Nach Eingängen und Erledigungen differenziertes Zahlenmaterial liegt erst für den Zeitraum seit September 1994 vor. Tabelle 5 gibt den zum jeweiligen Zeitpunkt erreichten Stand der Eingangs- und Erledigungszahlen wieder.

Von den insgesamt eingeleiteten Ermittlungsverfahren beziehen sich nach Auskunft des zuständigen Abteilungsleiters mehr als 90% auf den Vorwurf der Rechtsbeugung gegen insgesamt ca. 420 Richter und ca. 380 Staatsanwälte der Ostberliner Bezirksebene. Bemerkenswert erscheint, daß nicht wenige der Ermittlungsverfahren Beschuldigte betreffen, gegen die in anderen Fällen bereits Anklage erhoben wurde. Der vollständige Abschluß der Ermittlungen gegen den jeweiligen Beschuldigten wurde also nicht abgewartet. Ein wichtiges Motiv für diese Verfahrenspraxis war die Absicht, im Wege sogenannter Pilotverfahren möglichst schnell obergerichtliche Entscheidungen zu erlangen. Der Nachteil einer Verfahrensaufsplitterung wurde in Kauf genommen. Er hält sich zudem in Grenzen, weil die Strafprozeßordnung die Möglichkeit bietet, die noch offenen Verfahren durch Einstellung zu beenden, wenn der Vorwurf neben den angeklagten Taten nicht beträchtlich ins Gewicht fällt.[818]

Tabelle 5: Berlin, Bezirksebene: Eingänge und Erledigungen (10/1990-3/1998)

Stand	Eingänge	Erledigungen	Offen	
			gesamt	Differenz
September 1994	11.217	3.592	7.625	
April 1995	11.905	4.616	7.289	- 336
März 1996	12.043	6.924	5.119	- 2.170
März 1997	12.862	10.996	1.866	- 3.253
März 1998	13.643	13.018	625	- 1.241

818 §§ 154, 154a StPO.

Aus Tabelle 5 geht eine deutliche Zunahme der Erledigungen seit 1995 hervor. Es ist anzunehmen, daß ein Zusammenhang mit der Rechtsprechung des Bundesgerichtshofs in Rechtsbeugungssachen besteht. Beginnend mit seiner Entscheidung vom 13. Dezember 1993[819] hat der Bundesgerichtshof den Bereich strafbarer Rechtsbeugung drastisch eingeschränkt.[820] Dementsprechend wurden danach zum Beispiel die Fälle der schlichten Anwendung des politischen Strafrechts des Strafgesetzbuchs der DDR von 1968 in großem Umfang eingestellt.

Eine restriktive höchstrichterliche Rechtsprechungspraxis hat auch im Bereich der Strafverfahren wegen Denunziationen[821] in beachtlichem Umfang zu Einstellungen geführt. Daneben hat sich hier ausgewirkt, daß die Staatsanwaltschaft Verfahren gegen Rechtsanwälte und Ärzte, die den Vorwurf der Verletzung von Berufsgeheimnissen gemäß § 136 DDR-StGB betrafen, wegen Verjährung eingestellt hat, weil nach ihrer Auffassung[822] die Gesetzgebung zur Verlängerung von Verjährungsfristen die am 2. Oktober 1996 eingetretene absolute Verjährung unberührt gelassen hat.

Zentral- und Bezirksebene insgesamt

Eine Darstellung der Eingänge und Erledigungen für das Land Berlin insgesamt ist wegen der zuvor unterschiedlichen Erfassungszeiträume erst ab April 1995 möglich.

Tabelle 6 gibt als Gesamttabelle die gleichen Entwicklungen wieder, wie sie schon getrennt für die Zentral- und Bezirksebene festgestellt wurden. Auf die Ausführungen dazu wird deshalb verwiesen.

Tabelle 6: Berlin insgesamt: Eingänge und Erledigungen (4/1995-3/1998)

Stand	Eingänge	Erledigungen	Offen
April 1995	15.918	6.861	9.057
Oktober 1995	17.189	8.500	8.689
März 1996	17.850	10.998	6.852
Dezember 1996	19.292	15.405	3.887
März 1997	19.591	16.892	2.699
Dezember 1997	20.752	19.365	1.387
März 1998	20.957	19.838	1.119

819 *BGH*, Urteil v. 13.12.1993 – Az. 5 StR 76/93, BGHSt 40, 30 ff.
820 Vgl. näher dazu S. 58 ff.
821 Vgl. dazu S. 71 f.
822 Vgl. *Rautenberg* NJ 1997, 94, 96.

bb) Art der Erledigung

Auch die Entwicklung der Verfahren im Hinblick auf die Art der Erledigung muß wegen der unterschiedlichen Erfassung in den ersten Jahren zunächst für die beiden Ebenen getrennt betrachtet werden.

Zentrales Systemunrecht

Nach der Art der Erledigung aufgeschlüsseltes Zahlenmaterial liegt nur für den Zeitraum vom Beginn der Tätigkeit der Arbeitsgruppe Regierungskriminalität im Oktober 1990 bis März 1994 vor. Eine Einschätzung der sich aus Tabelle 7 ergebenden Entwicklung für den Zeitraum ab März 1994 kann daher nur ansatzweise erfolgen.

Tabelle 7: Berlin, Zentralebene: Art der Erledigung (10/1990-3/1994)

Art der Erledigung	April 1992		April 1993		März 1994	
	Gesamt	Anteil in %	Gesamt	Anteil in %	Gesamt	Anteil in %
Verbindung	92	48,1	84	42,2	145	18,8
Abgabe	11	5,8	15	7,5	31	4,0
Einstellung						
gem. §154 I StPO	5	2,6	1	0,5	23	3,0
gem. §153 StPO	1	0,5	8	4,0	2	0,3
gem. §170 II StPO	57	29,8	71	35,7	529	68,5
Strafbefehlsantrag	1	0,5	1	0,5	1	0,1
Anklage	24	12,6	19	9,6	41	5,3
Gesamt	191	100,0	199	100,0	772	100,0

Durch die in der ersten Zeile von Tabelle 7 angeführten Verbindungen werden anhängige Ermittlungsverfahren aus Konzentrationsgründen zusammengefaßt. Der anteilige Rückgang von Verfahrensverbindungen zwischen April 1992 und März 1994 kann unter anderem mit Ermittlungsabläufen erklärt werden.

Die Einleitung von Ermittlungsverfahren ist unabhängig davon, ob und in welchem Umfang die Personalien des Beschuldigten bekannt sind. Zur Zusammenführung von Verfahren kommt es, wenn durch Ermittlungsfortschritte bei den Personalien erkennbar wird, daß verschiedene Verfahren denselben Beschuldigten betreffen. Hat beispielsweise ein DDR-Richter mehrere Urteile in politischen Strafsachen gefällt, die von den Opfern angezeigt wurden, so ist zunächst für jeden einzelnen Fall ein Ermittlungsverfahren eingeleitet worden. Die Ermittlung der Personendaten, für die es meist nur spärliche Anhaltspunkte gab, etwa in Form der Nennung der Nachnamen der Richter in einem Urteilsrubrum, wurde insbesondere durch die Auflösung des Zentralen Einwohner-Registers der DDR erschwert.[823] Die Personalien der Beschuldigten konnten zum Teil

823 Vgl. *GStA bei dem KG Berlin*, Bericht 1993, S. 74.

nur nach langwierigen Ermittlungen in Archiven oder Unterlagen der Gerichtsverwaltungen der DDR und durch die Befragung von Zeugen festgestellt werden. Eine Zusammenführung der Einzelverfahren erfolgte erst nach dem Abschluß dieser Ermittlungen und nach der rechtlichen Einordnung des zugrunde liegenden Sachverhalts.

Dementsprechend waren die Strafverfolgungsaktivitäten zunächst durch eine starke Ausfächerung gekennzeichnet, die dann durch Verfahrensverbindungen nach und nach reduziert wurde. Der anschließende Rückgang der Verfahrensverbindungen hängt mit den Ermittlungsfortschritten zusammen. Nach Ausermittlung von Personen und Taten und entsprechender Zusammenführung der Verfahren sind die Möglichkeiten einer Verfahrensverbindung im wesentlichen erschöpft.

Der in der zweiten Zeile von Tabelle 7 verwendete Begriff der Abgabe bezeichnet einen Verfahrensvorgang, durch den anhängige Ermittlungsverfahren aus Zuständigkeitsgründen an andere Staatsanwaltschaften abgegeben werden. Die hier erfaßten Verfahren betreffen zu einem erheblichen Teil den Bereich der Gewalttaten an der Grenze. Entsprechend der bereits genannten Vereinbarung zwischen den Generalstaatsanwälten der neuen Länder und Berlins werden auch die Ermittlungsverfahren gegen Angehörige der Grenztruppen unterhalb der Führungsebene von der Berliner Staatsanwaltschaft durchgeführt. Wenn eine Anklageerhebung in Berlin mangels gerichtlicher Zuständigkeit nicht in Betracht kommt, werden die Verfahren mit einem umfassenden Abgabevermerk, dem auch ein Anklageentwurf beigefügt wird, an die örtlich zuständige Staatsanwaltschaft in den neuen Bundesländern abgegeben.[824]

Die leichte Tendenz zur Zunahme der nach § 154 StPO eingestellten Verfahren, die der dritten Zeile in Tabelle 7 zu entnehmen ist, dürfte mit den Anwendungsvoraussetzungen der Vorschrift zusammenhängen. Sie erlauben eine Einstellung, wenn das Verfahren eine Nebenstraftat zum Gegenstand hat, die im Hinblick auf andere und schwerwiegendere Straftaten, wegen derer der Beschuldigte ebenfalls strafrechtlich verfolgt wird, nicht ins Gewicht fällt. Dementsprechend muß zunächst in bestimmtem Umfang ermittelt und aufgeklärt worden sein, bevor eine solche Einschätzung abgegeben werden kann.

Von der Möglichkeit einer Verfahrenseinstellung wegen geringer Schuld und mangelndem öffentlichen Interesse an der Strafverfolgung nach § 153 StPO ist nur selten Gebrauch gemacht worden. Ganz offensichtlich wurden die zu verfolgenden Straftaten als so schwerwiegend eingeschätzt, daß eine Anwendung der Vorschrift im Regelfall ausgeschlossen war.

Eine Verfahrenserledigung nach § 170 Absatz 2 StPO erfolgt, wenn nach Abschluß der Ermittlungen kein genügender Anlaß für eine Anklage besteht. Tabelle 7 belegt einen deutlichen Anstieg der Erledigungszahlen in diesem Bereich. Es spricht viel für die Annahme, daß die Entwicklung der höchstrichterlichen Rechtsprechung diese Tendenz maßgeblich beeinflußt hat. Von großer Bedeutung dürfte in diesem Zusammenhang die Einschränkung der Strafbarkeit im Bereich der Rechtsbeugung gewesen sein. Auf die Rechtsprechungsentwicklung wird sogleich näher bei der Darstellung der

824 Vgl. *GStA bei dem KG Berlin*, Bericht 1992, S. 124.

Anklagepraxis eingegangen, die – in Übereinstimmung mit der hier festgestellten Tendenz – durch einen Rückgang gekennzeichnet ist.

Die Anzahl der von der Staatsanwaltschaft durch den Antrag auf Erlaß eines Strafbefehls erledigten Verfahren ist denkbar gering. In der Regel hat es bereits an den gesetzlichen Voraussetzungen gefehlt. Der Erlaß eines Strafbefehls kommt nur bei weniger schwerwiegenden Straftaten aus dem Zuständigkeitsbereich des Amtsgerichts in Betracht.[825] Die Staatsanwaltschaft ging zunächst davon aus, daß Verfahren wegen DDR-Unrechts allein schon wegen der Bedeutung der Sache vor dem Landgericht zu führen seien.[826] Diese Einschätzung wurde allerdings von den Gerichten nicht immer geteilt, so daß es zum Teil zur Eröffnung des Hauptverfahrens vor den Amtsgerichten gekommen ist. Als Beispiel sei hier nur das Verfahren gegen den Ostberliner Oberbürgermeister Krack, seine erste Stellvertreterin sowie sämtliche Bezirksbürgermeister und herausgehobene Funktionäre der SED-Stadtbezirksleitungen wegen des Vorwurfs der Wahlfälschung genannt. Das Landgericht Berlin hat dieses Verfahren vor dem Amtsgericht Tiergarten in Berlin mit der Begründung eröffnet, daß mit dem Untergang der DDR eine besondere Bedeutung der Sache, die die Zuständigkeit des Landgerichts begründen würde, nicht mehr gegeben sei.[827]

Zur Darstellung des Anteils der erhobenen Anklagen im Verhältnis zu der Zahl der Ermittlungsverfahren kann Tabelle 7 bis März 1998 ergänzt werden. Das Ergebnis zeigt Tabelle 8.

Tabelle 8: Berlin, Zentralebene: Anteil der Anklagen an jährlichen Erledigungen (10/1990-3/1998)

Stand	Erledigungen	
	gesamt	davon Anklagen
April 1992	191	24 (12,6%)
April 1993	199	19 (9,6%)
März 1994	772	41 (5,3%)
April 1995	1.083	49 (4,5%)
März 1996	1.829	34 (1,9%)
März 1997	1.822	59 (3,2%)
März 1998	924	35 (3,8%)
Gesamt	6.820	261 (3,8%)

Der Anteil der Anklagen an der Gesamtzahl der erledigten Ermittlungsverfahren ist bis März 1996 stetig zurückgegangen. Danach zeichnet sich wieder ein Anstieg der Anklagequote ab. In dieser Verfahrensentwicklung spiegelt sich wider, daß sich die Rechtslage für die Strafverfolgungsbehörden erst allmählich durch die nach und nach ergange-

825 § 407 StPO.
826 Gem. § 24 Abs. 1 Nr. 3 GVG.
827 Beschluß v. 16.12.1992 – Az. 521 – 69/92, BA S. 10.

nen höchstrichterlichen Urteile geklärt hat. Der Klärungsprozeß hat dazu geführt, daß in bestimmten Bereichen die Ermittlungen teilweise oder völlig eingestellt und Anklagen nur noch in den Fällen erhoben wurden, in denen nach der Rechtsprechung eine Strafbarkeit des jeweiligen Verhaltens anzunehmen war oder in denen sich noch keine eindeutige oder keine überzeugende obergerichtliche Rechtsprechung herausgebildet hatte. Ab 1996 waren die meisten Ermittlungsverfahren ohne Aussicht auf eine Verurteilung eingestellt, und es war in den meisten Rechtsfragen Klarheit geschaffen worden. Darauf dürfte der Anstieg der Quote der Anklageerhebungen an den Erledigungen beruhen.

Die Entwicklung läßt sich für die einzelnen Deliktsbereiche genauer nachzeichnen. Für den Bereich der *Gewalttaten an der Grenze* hat der Bundesgerichtshof die ersten grundsätzlichen Aussagen in vier zentralen Entscheidungen[828] getroffen. Diese Entscheidungen hatten unter anderem zur Folge, daß die zunächst eingeleiteten Ermittlungsverfahren gegen Grenzsoldaten wegen des Vorwurfs der Nötigung zur Fluchtaufgabe und der Körperverletzung bei versuchten Grenzdurchbrüchen eingestellt wurden.

Der Bereich des *Justizunrechts* war und ist mit den größten rechtlichen Schwierigkeiten behaftet. Die Staatsanwaltschaften der neuen Länder und Berlins verständigten sich darauf, zunächst sogenannte Pilotverfahren zu führen.[829] Mit Pilotverfahren werden exemplarische Fälle aus einer Sachverhaltsgruppe zur Anklage gebracht, um höchstrichterliche Entscheidungen für den gesamten Bereich zu erlangen. Die übrigen Verfahren werden vorübergehend nicht weiter betrieben. Die Durchführung derartiger Pilotverfahren ist zwar im Hinblick auf die Verpflichtung der Staatsanwaltschaft zum Tätigwerden[830] und auf den verfassungsrechtlichen Gleichheitsgrundsatz problematisch. Auf andere Weise ließ sich die Masse der Verfahren gerade im Bereich der Rechtsbeugung aber nicht bewältigen.

Die ersten Entscheidungen des Bundesgerichtshofs vom 13. Dezember 1993[831] und 9. Mai 1994[832] beruhten auf Anklageerhebungen durch die Berliner Staatsanwaltschaft. Gerichtlich wurden zunächst die Fragen geklärt, ob bei den Strafnormen der Rechtsbeugung im Strafgesetzbuch der DDR und im Strafgesetzbuch der Bundesrepublik eine sogenannte Kontinuität des Unrechtstyps gegeben ist und ob auch Staatsanwälte der DDR wegen Rechtsbeugung strafrechtlich zur Verantwortung gezogen werden können. Klarheit über die vom Bundesgerichtshof zusätzlich entwickelten Voraussetzungen, daß schwerwiegende Menschenrechtsverletzungen oder Willkürakte vorgelegen haben müssen, ergab sich durch nachfolgende Entscheidungen aus dem Jahre 1995.[833]

828 *BGH* v. 3.11.1992 – Az. 5 StR 370/92, BGHSt 39, 1; *BGH* v. 25.3.1993 – Az. 5 StR 418/92, BGHSt 39, 168; *BGH* v. 20.10.1993 – Az. 5 StR 473/93, BGHSt 39, 353; *BGH* v. 26.7.1994 – Az. 5 StR 167/94, BGHSt 40, 241.

829 In der Sitzung des Fachausschusses Regierungskriminalität (vgl. Fn. 735 auf S. 143) v. 25.6.1992 wurde eine Einigung hinsichtlich der Führung sog. Pilotverfahren erzielt.

830 Sog. Legalitätsprinzip: §§ 152 Abs. 2, 160 Abs. 1 StPO.

831 Az. 5 StR 76/93, BGHSt 40, 30.

832 Az. 5 StR 354/93, BGHSt 40, 169.

833 *BGH*, Urteil v. 5.7.1995 – Az. 3 StR 605/94, BGHSt 41, 157; *BGH*, Urteil v. 15.11.1995 – Az. 3 StR 527/94, NStZ 1996, 386; *BGH*, Urteil v. 15.9.1995 – Az. 5 StR 23/95, NJ 1996, 152; *BGH*, Urteil v. 15.9.1995 – Az. 5 StR 713/94, BGHSt 41, 247; *BGH*, Urteil v. 16.11.1995 – Az. 5 StR 747/94, BGHSt 41, 317; vgl. auch S. 58 ff.

In den Staatsanwaltschaften der neuen Länder und Berlins war lange Zeit umstritten, ob bei Verurteilungen wegen versuchter Republikflucht oder wegen sogenannter Boykotthetze der Vorwurf der Rechtsbeugung allein wegen der Anwendung der entsprechenden Vorschriften des DDR-Rechts[834] erhoben werden könne.[835] Die Rechtsprechung des Bundesgerichtshofs[836] führte zur Einstellung dieser Verfahren, soweit sich nicht im Einzelfall der Verdacht der Rechtsbeugung auf Besonderheiten stützte, wie zum Beispiel eine völlig überzogene Strafzumessung, eine gravierende Verletzung von Verfahrensvorschriften oder eine unangemessene Härte gegenüber Jugendlichen.

Die erste Entscheidung des Bundesgerichtshofs im Bereich der *Wahlfälschung* erging am 3. November 1994.[837] Gerichtlich geklärt wurde, daß bei den Strafnormen der Wahlfälschung im Strafgesetzbuch der DDR und im Strafgesetzbuch der Bundesrepublik eine Kontinuität des Unrechtstyps gegeben ist. Der Bundesgerichtshof entschied weiter, daß eine Verantwortlichkeit ranghoher Vertreter der SED für die Wahlfälschungen auch in Betracht kommt, wenn sie eine „Organisationsherrschaft" über die von der Parteiführung verlangten Wahlmanipulationen ausübten und, zum Beispiel durch Entsendung von Beauftragten in einzelne Wahlkreise, durchsetzten.

Im Bereich der *MfS-Straftaten* stellten die Entscheidungen des Bundesgerichtshofs vom 9. Dezember 1993[838] und 25. Juli 1995[839] zu den Komplexen der Telefonüberwachung und der Entnahme von Geld und Wertsachen aus beschlagnahmten Postsendungen durch das MfS klar, daß es in der Regel an Strafbarkeitsvoraussetzungen nach dem Recht der DDR oder der Bundesrepublik fehlt. Demgemäß sind die entsprechenden Ermittlungsverfahren eingestellt worden.

Für die Anklagepraxis ist eine differenzierte Darstellung möglich, die sich allerdings für den Tätigkeitszeitraum der Arbeitsgruppe Regierungskriminalität mit groben Kategorien begnügen muß. Wie bereits festgestellt,[840] wurden die erhobenen Anklagen in dieser Zeit nicht konkreten Deliktsbereichen, sondern sogenannten Untergruppen zugeordnet. Die Untergruppe I befaßte sich mit Wirtschafts- und Vermögensstraftaten, insbesondere aus dem Bereich „Kommerzielle Koordinierung", die Untergruppe II mit allen übrigen Straftaten, insbesondere mit Justizdelikten und Gewalttaten an der

834 § 213 DDR-StGB bzw. Art. 6 Abs. 2 DDR-Verfassung von 1949.

835 *Limbach* DtZ 1993, 66, 69; *Schaefgen* RuP 1992, 191, 199; vgl. auch *Rautenberg/Burges* DtZ 1993, 71, 74.

836 Zu Art. 6 Abs. 2 der Verfassung der DDR von 1949 hat sich der *BGH* (Urteil v. 16.11.1995 – Az. 5 StR 747/94, BGHSt 41, 317) allerdings noch nicht abschließend festgelegt. Im konkreten Fall wurde entschieden, „daß es dem Angeklagten als Richter der DDR, der im Einklang mit den Vorgaben des Obersten Gerichts Schuldsprüche auf diese Verfassungsnorm gestützt hat, jedenfalls am Vorsatz der Rechtsbeugung gefehlt hat, soweit die bloße Anwendung als Strafnorm betroffen ist" (BGHSt 41, 317, 322). Im Urteil des *BGH* v. 3.12.1996 – Az. 5 StR 67/96 – (betreffend die Entführung des Mitglieds der Organisation Gehlen, *Wilhelm van Ackern*) sind diese Ausführungen auf einen Angehörigen des SfS übertragen worden (UA S. 15), so daß davon ausgegangen werden kann, daß in allen weiteren Fällen jedenfalls auf der subjektiven Ebene die Tatbestandsmäßigkeit des Handelns verneint werden wird.

837 Az. 3 StR 62/94, BGHSt 40, 307 ff.

838 Az. 4 StR 416/93, BGHSt 40, 8 ff.

839 *Großer Senat für Strafsachen* – Az. GSSt 1/95, BGHSt 41, 187 ff.

840 Vgl. S. 163.

*Tabelle 9: Berlin, Zentralebene: Anklagen nach Deliktsgruppen (10/1990-3/1998)**

Stand	Untergruppe I			Untergruppe II		
	Wirtschafts-straftaten	Komplex „Vogel"	Gewalttaten an der Grenze	Justiz-unrecht	MfS-Straftaten	Sonstige***
April 1992	12**			12		
April 1993	19			24		
März 1994	31			53		
April 1995	29	6	56	31	11	-
März 1996	38	7	69	38	14	1
März 1997	44	10	87	57	27	1
März 1998	47	10	101	63	34	6

* Genannt sind jeweils Gesamtzahlen bis zum jeweiligen Zeitpunkt.

** In dieser Zahl sind sechs Verfahren enthalten, die am 3. Oktober 1990 mit einer bereits durch den ehemaligen Generalstaatsanwalt der DDR erhobenen Anklage übernommen wurden.

*** Der Deliktsbereich „Sonstige" enthält eine Anklage und einen Strafbefehlsantrag wegen Wahlfälschung, drei Anklagen wegen Körperverletzung gegen Trainer und Sportärzte (Doping) sowie ein Verfahren wegen Falschaussage.

deutsch-deutschen Grenze sowie Wahlfälschung. Ab April 1995 wurden die erhobenen Anklagen für die einzelnen Deliktsbereiche gesondert erfaßt, wie Tabelle 9 ausweist.

Die meisten Anklagen sind im Bereich der Gewalttaten an der deutsch-deutschen Grenze zu verzeichnen. Ihr Anteil an der Gesamtzahl der Anklagen (261) beträgt etwa 39%. Einen Anteil von ca. 24% haben die Anklagen wegen Justizunrechts. Auf die Wirtschaftsstraftaten einschließlich des Komplexes „Vogel" entfällt ein Anteil von ungefähr 22%. Für die MfS-Straftaten errechnet sich ein Anteil von 13%, während die Anklagen wegen sonstiger Straftaten etwa 2% ausmachen.

Es ist anzunehmen, daß im Verhältnis zu den eingeleiteten Ermittlungsverfahren eine deutliche Verschiebung stattgefunden hat. Ein präziser rechnerischer Nachweis ist jedoch nicht möglich, weil die Eingänge nur bis April 1995 nach Deliktsbereichen erfaßt worden sind und weil für den Zeitraum bis April 1992 lediglich eine Unterteilung nach Untergruppen vorliegt, die allein die Wirtschaftsstraftaten deliktsspezifisch ausweist.

Immerhin kann die Annahme plausibel gemacht werden, wenn einerseits die Eingänge im Zeitraum von April 1992 bis April 1995 anteilmäßig aufgeschlüsselt werden und andererseits die Anteile der bis zum April 1995 erhobenen Anklagen bestimmt werden.

Auf der Grundlage von Tabelle 3 errechnet sich für die Wirtschaftsstraftaten einschließlich des Komplexes „Vogel" nach der Addition der Eingänge von April 1993 bis April 1995 ein Anteil von 9,5% an der Gesamtzahl der Eingänge. Die Eingänge im Bereich der Gewalttaten an der Grenze entsprechen einem Anteil von 69,5%. Auf den Bereich, der das Justizunrecht, MfS-Straftaten und Wahlfälschung umfaßt, entfällt ein Anteil von 21% an allen Eingängen.

Die Anklagen, die bis April 1995 erhoben wurden, verteilen sich folgendermaßen, wenn dieselbe Deliktseinteilung zugrunde gelegt wird. Die entsprechende Zeile in Tabelle 9 weist bei einer Gesamtzahl von 133 bis dahin erhobenen Anklagen 35 Anklagen aus dem Bereich der Wirtschaftsstraftaten einschließlich des Komplexes „Vogel" und somit einen Anteil von ungefähr 26,5% aus. Den 56 Anklagen wegen Gewalttaten an der Grenze entspricht ein Anteil von ca. 42%. Für die restlichen 42 Anklagen, die sich auf Justizunrecht und MfS-Straftaten beziehen, errechnet sich ein Anteil von etwa 31,5%.

Diese Verschiebung deutet auf Unterschiede in der Anklagequote hin. Offensichtlich wurde in Verfahren wegen Wirtschaftsstraftaten sowie wegen Justizunrechts und MfS-Straftaten deutlich häufiger angeklagt als in Verfahren wegen Gewalttaten an der Grenze. Ansätze für eine Erklärung ergeben sich bei näherer Betrachtung der einzelnen Bereiche.

Im Bereich der *Gewalttaten an der Grenze* sind sehr ausgedehnte Ermittlungen durchgeführt worden. Sie erstreckten sich auf Grenzvorfälle unterschiedlicher Art. Erfaßt wurden nicht allein Tötungen und Körperverletzungen durch Schußwaffengebrauch, Selbstschußanlagen und Minen.[841] Daneben sind in den zahlreichen Fällen, in denen Flüchtlinge durch Gewaltandrohung zur Aufgabe ihres Fluchtvorhabens gezwungen wurden und in denen gezielt, aber erfolglos auf Flüchtlinge geschossen wurde, Ermittlungsverfahren wegen Nötigung beziehungsweise wegen eines versuchten Tötungsdelikts eingeleitet worden. Gegenstand dieses Ermittlungskomplexes ist weiter die Durchsetzung des Grenzregimes durch Zwangsaussiedlungen und Vermögensentziehungen.[842]

Die Ermittlungen richten sich gegen die Leiter und die sonstigen Verantwortlichen der für Sicherheitsfragen und Außenpolitik zuständigen Abteilungen des Zentralkomitees der SED, gegen die Verantwortlichen im Ministerium des Innern der DDR, gegen die Leiter und sonstigen Verantwortlichen der Hauptabteilung Abwehr, Hauptabteilung I des MfS, die für die Nationale Volksarmee und die Grenztruppen zuständig war, gegen die Verantwortlichen im Ministerium für Nationale Verteidigung und im Nationalen Verteidigungsrat und gegen die Schützen sowie gegen alle Angehörigen der Grenztruppen, die für den Einsatz der Schußwaffe und die Verminung der Grenze Ursachen gesetzt haben. Ermittelt wird somit auch gegen die für die Entwicklung und Erprobung von Minen und Selbstschußanlagen Verantwortlichen.[843]

Im Verhältnis zur Breite dieses Ermittlungsansatzes nimmt sich die Zahl der erhobenen Anklagen gering aus. Bis zum 31. März 1998 hat die Staatsanwaltschaft II bei dem Landgericht Berlin 101 Anklagen gegen insgesamt 226 Personen erhoben. Betroffen

841 Nach Erkenntnissen der *Staatsanwaltschaft II bei dem LG Berlin* sind auf diese Weise mindestens 264 Personen getötet und mehrere hundert Personen zum Teil schwer verletzt worden. Vgl. Fn. 29 auf S. 8.

842 *Schaefgen* RuP 1992, 191, 193.

843 *Schaefgen*, aaO.

sind 20 Mitglieder der politischen Führung, 50 Mitglieder der militärischen Führung und 149 Angehörige der Grenztruppen.[844]

In diesem Zusammenhang bedarf nochmals der Erwähnung, daß die Staatsanwaltschaft II bei dem Landgericht Berlin auch Ermittlungsverfahren wegen der Grenzvorfälle außerhalb Berlins bis zur Anklagereife durchführt. Die Anklagen werden dann jedoch von der jeweils örtlich zuständigen Staatsanwaltschaft erhoben. Dagegen wird auf eine Abgabe innerhalb Berlins unter dem Gesichtspunkt anderweitiger sachlicher Zuständigkeit verzichtet. Bei Grenzstraftaten auf Bezirksebene in Berlin unterbleibt eine Abgabe des ausermittelten und anklagereifen Verfahrens an die an sich zuständige Abteilung 10 innerhalb der Staatsanwaltschaft II bei dem Landgericht Berlin zum Zweck der Anklageerhebung. Vielmehr erhebt die ermittlungsführende Abteilung selbst die Anklage. Die Berliner Staatsanwaltschaft begründet diese Vorgehensweise damit, daß es zweckwidriger Formalismus wäre, nach vollständigem Abschluß der Ermittlungen den Vorgang zur Anklageerhebung an eine andere, bislang unbeteiligte Stelle innerhalb derselben Behörde abzugeben.

Die höhere Anklagequote im Bereich des *Justizunrechts* hängt vermutlich mit Besonderheiten des Untersuchungsgegenstandes zusammen. Wegen Justizunrechts werden von der Staatsanwaltschaft II bei dem Landgericht Berlin, die wegen Taten auf zentraler Ebene ermittelt, in erster Linie die verantwortlichen Richter und Staatsanwälte des Obersten Gerichtes der DDR und der Dienststelle des Generalstaatsanwalts der DDR einschließlich der Dienststelle des Militäroberstaatsanwalts verfolgt. Weitere Ermittlungsverfahren richten sich gegen die politische Führung der DDR wegen des Vorwurfs der Anstiftung zur Rechtsbeugung. Allein schon die geringere personelle Besetzung der obersten Justizorgane der DDR im Verhältnis zu den unteren Instanzen führt dazu, daß insgesamt auf dieser Ebene deutlich weniger Ermittlungsverfahren eingeleitet worden sind als gegen Richter und Staatsanwälte auf Bezirksebene. Bis zum 31. März 1997 wurden 34 Angehörige des Obersten Gerichts der DDR, acht Angehörige der Behörde des Generalstaatsanwalts der DDR, 42 Militäroberrichter und -staatsanwälte, 58 Angehörige der Ostberliner Justiz sowie acht weitere Personen, darunter Angehörige anderer Staatsanwaltschaften, angeklagt.[845]

Der breite Ermittlungsansatz im Bereich der *MfS-Straftaten* entspricht der umfassenden Zuständigkeit des Ministeriums für Staatssicherheit in der DDR: Angefangen bei den Telefonüberwachungen, den akustischen und optischen Überwachungen, der systematischen und flächendeckenden Überwachung des nationalen und internationalen Brief- und Paketverkehrs, der Entnahme von Geld und Wertgegenständen daraus, über die organisierte Einflußnahme auf die Justiz, die Entführung und Verschleppung von

844 Ohne anklagereife Abgaben an Staatsanwaltschaften aus Gründen anderweitiger örtlicher Zuständigkeit, vgl. *SenJust Berlin*, Bericht 1997 und Bericht 1998.

845 Im Bericht 1998 der *SenJust Berlin* (Stand vom 31.3.1998) sind die im Berichtsjahr hinzugekommenen angeklagten Personen nicht einzeln aufgeführt. Es kam zu weiteren sechs Anklagen, darunter gegen Richter des Obersten Gerichts der DDR und gegen einen Staatsanwalt der Dienststelle des Generalstaatsanwalts von Berlin sowie gegen Richter des 1. Militärstrafsenats, u.a. einen späteren Präsidenten sowie einen späteren Vizepräsidenten des Obersten Gerichts der DDR, und gegen weitere Militärrichter und Angehörige der Militärstaatsanwaltschaft, vgl. *SenJust Berlin*, Bericht 1997 und Bericht 1998.

Angehörigen des Untersuchungsausschusses freiheitlicher Juristen, politischer Flüchtlinge, mißliebiger Journalisten und von Geheimagenten westlicher Dienste bis hin zur „Liquidierung" von Personen bietet sich ein kaum überschaubares Betätigungsfeld für die Strafverfolgungsbehörden. Gleichwohl ist die Anzahl der Ermittlungsverfahren relativ niedrig, da in einer erheblichen Zahl von Komplexen nur Teilaspekte an und für sich einheitlicher Sachverhalte in den Berliner Zuständigkeitsbereich fallen. Zudem handelt es sich überwiegend um Verfahren beträchtlichen Umfangs, was bei der rein numerischen Zählung der Verfahren, an die die Ermittlung der Anklagequote anknüpft, nicht zum Ausdruck kommt.

Für die Anklagepraxis bei *Wirtschaftsdelikten* ist von Bedeutung, daß ein erheblicher Teil der von der Berliner Staatsanwaltschaft II hier zugeordneten Verfahren den politischen Machtmißbrauch zum Zwecke wirtschaftlicher Privilegierung betrifft. Die Beweislage war bei diesen Delikten in der Regel günstig. Sie hatten oftmals die Erbauung oder Renovierung privater Gebäude auf Staatskosten zum Gegenstand. Der Privatbesitz der Führungselite war hinreichend bekannt[846] und die Finanzierung leicht nachvollziehbar, da die Kosten von Konten öffentlicher Stellen abgebucht worden waren. Aber auch andere Untreuehandlungen waren relativ leicht nachweisbar, da sie jedenfalls im inneren Zirkel der Machtelite kaum verheimlicht wurden. Als das Ende der DDR absehbar war, versuchten zudem einige Beteiligte die eigene Position durch umfassende Angaben zu verbessern. Schließlich ist von Bedeutung, daß die Anklagen häufig auf Ermittlungen fußen, die noch in der Endphase der DDR intensiv geführt worden waren.[847] Es ist anzunehmen, daß diese Umstände wesentlich zu einer relativ hohen Anklagequote beigetragen haben.

Systemunrecht auf Bezirksebene

Das Zahlenmaterial für die Bezirksebene gibt nur wenig Aufschluß über die Anteile der Erledigungsarten. Während der Bericht der Justizsenatorin Berlins für die Justizministerkonferenz vom November 1994 noch nach Einstellungsgründen unterschied, wird seit April 1995 lediglich erfaßt, ob eingestellt oder angeklagt wurde. Auf eine Differenzierung zwischen den verschiedenen Einstellungsgründen wird verzichtet. Daher wird in Tabelle 10 auch nur die Erledigungsform der Anklage gesondert ausgewiesen.

Bei den Anklagen ist noch eine Aufteilung nach zwei Gruppen möglich. Die Statistik der Staatsanwaltschaft differenziert zwischen Anklagen wegen des Vorwurfs der *Rechtsbeugung* und sonstigen Anklagen. 41 der 63 bis zum 31. März 1998 erhobenen Anklagen betrafen den Vorwurf der Rechtsbeugung. Die restlichen 22 Anklagen hatten nach Auskunft der Staatsanwaltschaft ausschließlich Straftaten im Umfeld des MfS zum Gegenstand.

Die Deliktskategorie der *Gewalttaten an der Grenze* fehlt, weil, wie bereits dargelegt,[848] die Arbeitsgruppe Regierungskriminalität und danach andere Abteilungen der Staatsanwaltschaft II bei dem Landgericht Berlin den Bereich bearbeitet und selbst

846 Vgl. Fn. 745 auf S. 148.
847 Vgl. S. 148 ff.
848 Vgl. S. 169.

Tabelle 10: Berlin, Bezirksebene: Anteil der Anklagen an Erledigungen (10/1990-3/1998)

Stand	Eingänge	Erledigungen	
		gesamt	davon Anklagen*
September 1994	11.217	3.592	30 (0,8%)
April 1995	11.905	4.616	41 (0,9%)
Oktober 1995	12.281	5.473	41 (0,7%)
März 1996	12.043	6.924	42 (0,6%)
Dezember 1996	12.713	9.805	49 (0,5%)
März 1997	12.914	11.048	50 (0,5%)
Dezember 1997	13.531	12.730	56 (0,4%)
März 1998	13.643	13.018	63 (0,5%)

* Recherchen haben ergeben, daß ungefähr zehn Anklagen, die in einer frühen Phase erhoben wurden, nicht in der Statistik erfaßt sind.

Anklage in den Verfahren erhoben haben, die die Berliner Bezirke betrafen. Den Übersichten der Staatsanwaltschaft II bei dem Landgericht Berlin läßt sich entnehmen, daß bis zum 31. März 1998 149 Angehörige der Grenztruppen unterhalb der militärischen Führungsebene angeklagt worden sind.[849]

In dem statistischen Material, das für die Berliner Bezirksebene vorliegt, fehlen auch Anklagen wegen Wahlfälschung, die es in geringer Zahl gegeben hat.[850] Die Gründe dafür sind eher technischer Art. Wahlfälschungsverfahren mit regionalem Bezug waren bereits von der Stadtbezirksstaatsanwaltschaft Berlin-Ost eingeleitet und weit vorangebracht worden. Sie wurden am 3. Oktober 1990 von der Staatsanwaltschaft bei dem Landgericht Berlin übernommen und weitgehend frühzeitig zu einem Abschluß gebracht. Nach Gründung der Staatsanwaltschaft II bei dem Landgericht kam daher diesem Bereich keine nennenswerte Bedeutung mehr zu, was zur Folge hatte, daß auch ein statistischer Ausweis unterblieb.

Ein Vergleich der Tabelle 10 mit der Tabelle 8 zeigt, daß die Anklagequote bei Straftaten auf Bezirksebene deutlich unter derjenigen bei Straftaten auf Zentralebene liegt. Die geringe Quote beruht im wesentlichen darauf, daß 90% aller eingeleiteten Verfahren den Tatvorwurf der Rechtsbeugung betreffen.[851] Hier ist flächendeckend insbesondere auf der Grundlage von Rehabilitierungsverfahren ermittelt worden. Die restriktive Rechtsprechung des Bundesgerichtshofs[852] hat dann aber nur noch sehr geringen Spielraum für Anklagen übriggelassen.

849 Vgl. *SenJust Berlin*, Bericht 1997 und Bericht 1998.

850 So ist gegen den Oberbürgermeister von Berlin-Ost *Krack* und andere ein Verfahren durchgeführt worden, das mit einem Urteil des *AG Tiergarten* vom 8. September 1993 – Az. (215) 77 Js 103/90 (10/93) – zu einem rechtskräftigen Abschluß gelangte.

851 Vgl. S. 176.

852 Vgl. S. 58 ff.

Zentral- und Bezirksebene insgesamt

Eine übergreifende Darstellung der Eingänge und Erledigungen im Hinblick auf die Art der Erledigung ist wegen der zuvor abweichenden Erfassungszeiträume erst ab April 1995 möglich. Tabelle 11 führt die zum jeweiligen Zeitpunkt erreichten Gesamtzahlen zusammen.

Eine differenzierte Darstellung der Anklagen nach Deliktsbereichen ist mit dem zur Verfügung stehenden Material erst für den Zeitraum ab März 1996 möglich. Wiedergegeben werden die Gesamtzahlen, die zum jeweiligen Zeitpunkt erreicht wurden.

Tabelle 12 weist aus, daß in den Deliktsgruppen der Rechtsbeugung und der Gewalttaten an der deutsch-deutschen Grenze die meisten Anklagen erhoben wurden. Die zahlenmäßige Stärke dieser Anklagen entspricht deren Bedeutung in der gesamten Justizpraxis.

Tabelle 11: Berlin insgesamt: Eingänge und Erledigungen nach der Art der Erledigung (10/1990-3/1998)

Stand	Eingänge	Erledigungen			Offen
		gesamt	davon Anklagen*		
April 1995	15.918	6.861	174	(2,5%)	9.057
März 1996	17.850	10.998	209	(1,9%)	6.852
März 1997	19.591	16.892	276	(1,6%)	2.699
März 1998	20.957	19.838	324	(1,6%)	1.119

* Recherchen haben ergeben, daß ungefähr zehn Anklagen, die in einer frühen Phase erhoben wurden, nicht in der Statistik erfaßt sind.

Tabelle 12: Berlin insgesamt: Anklagen nach Deliktsgruppen (10/1990-3/1998)

Stand	Gewalttaten	Justiz-unrecht	Wirtschafts-delikte	MfS	Sonstige	Gesamt
März 1996	69	80	45	30	1	225
März 1997	87	89	54	45	1	276
März 1998	101	104	57	56	6	324

b) Brandenburg

Für das Land Brandenburg liegt differenziertes Zahlenmaterial zur Strafverfolgung von DDR-Unrecht für den Zeitraum von der Gründung der Schwerpunktstaatsanwaltschaft am 1. Juli 1992 bis zum 27. November 1997 vor. Eine zeitliche Aufschlüsselung der Zahlen mit dem Ziel einer Darstellung von Entwicklungen ist nicht möglich, da nur Gesamtzahlen erhoben worden sind.

aa) Eingänge und Erledigungen

Tabelle 13 verzeichnet sämtliche Eingänge und Erledigungen von förmlich eingeleiteten Ermittlungsverfahren für den gesamten Zeitraum des Bestehens der Schwerpunktstaatsanwaltschaft.

Auffällig ist die hohe Zahl der Eingänge im Bereich der Rechtsbeugung. Sie erklärt sich, wie auch bereits die hohe Eingangszahl in diesem Bereich in Berlin, aus den Besonderheiten der frühen Ermittlungsphase. Da die Beschuldigten im Bereich der DDR-Justiz und des MfS erst noch ermittelt werden mußten, wurde zunächst für jeden verdachtsbegründenden Vorgang ein gesondertes Ermittlungsverfahren eingeleitet. Die Schwerpunktstaatsanwaltschaft ging jedoch bald dazu über, personenbezogene Sammelverfahren zu bilden, in denen die verschiedenen Einzelhandlungen von Beschuldigten zusammengefaßt wurden. Das Zusammenfassen der einzelnen Vorwürfe zu einem personenbezogenen Sammelverfahren führt statistisch dazu, daß aus einer Vielzahl von Ermittlungsverfahren ein Vorgang wird. Die Anzahl der zusammengefaßten Verfahren wird (unter Abzug des noch laufenden, nunmehr führenden Vorgangs) als Erledigung durch Verbindung gezählt. So sind in den noch offenen 210 Rechtsbeugungsverfahren 139 personenbezogene Sammelverfahren enthalten, durch die 973 Einzelverfahren zusammengefaßt wurden. Daneben werden in diesem Bereich nach wie vor als Einzelverfahren 23 Verfahren wegen der Verhängung von Todesurteilen und 48 weitere Verfahren gegen unbekannte Personen geführt.

Gleichermaßen wurde im Bereich der Mißhandlung von Gefangenen im Strafvollzug vorgegangen. Die 451 noch offenen Verfahren setzen sich zusammen aus 271 personenbezogenen Sammelverfahren, die aus 1.100 Einzelverfahren gegen namentlich bekannte

Tabelle 13: Brandenburg: Eingänge und Erledigungen nach Deliktsgruppen (7/1992-11/1997)

Deliktsgruppe	Eingänge	Erledigungen	Offen
Rechtsbeugung	8.872	8.662	210
Wahlfälschung	31	25	6
Körperverletzung und Freiheitsberaubung im Strafvollzug	3.101	2.650	451
Ungeklärte Todesfälle im Strafvollzug	135	47	88
Gewalttaten an der Grenze	28	25	3
Sonstige Tötungsdelikte	4	2	2
Politische Verdächtigung und Verschleppung	425	425	0
Bereich MfS	95	81	14
Sonstige*	304	261	43
Gesamt	12.995	12.178	817

* Der Bereich „Sonstige" umfaßt unter anderem Verfahren wegen Erpressung, Nötigung, Freiheitsberaubung, Untreue, Verwahrungsbruchs und Diebstahls.

Beschuldigte hervorgegangen sind, sowie aus 180 Verfahren, in denen noch kein Täter ermittelt werden konnte.

Die Darstellung der Verfahrenspraxis in Brandenburg wäre unvollständig, wenn sie auf förmlich eingeleitete Ermittlungsverfahren beschränkt bliebe. Einzubeziehen ist Zahlenmaterial, das ein Vorstadium betrifft. Es macht eine Erweiterung der Reaktionsmöglichkeiten der Strafverfolgungsorgane sichtbar. Die damit zusammenhängenden Fragen sind von grundsätzlicher Bedeutung.

Die darzustellende Verfahrenspraxis bildet sich am deutlichsten in den jeweils vergebenen Aktenzeichen ab. Im Falle der förmlichen Einleitung eines Ermittlungsverfahrens wird ein Js-Aktenzeichen oder, wenn das Verfahren sich noch nicht gegen eine bestimmte Person richtet, ein UJs-Aktenzeichen vergeben. Anlaß für die Verfahrenseinleitung gibt der Verdacht einer Straftat, der auf tatsächlichen Anhaltspunkten beruht. Dieser Anfangsverdacht verpflichtet die Strafverfolgungsorgane zum Tätigwerden.[853] Nun kann sich aber in der Praxis ein Bedarf für eine weitere Entscheidungsform neben der Alternative der Einleitung oder der Nichteinleitung eines Ermittlungsverfahrens ergeben. Als zweckmäßig kann sich eine vorläufige Erfassung von Informationen mit Bezug zu einer Straftat erweisen, wenn mangels Kapazität eine Prüfung noch nicht erfolgen kann, wenn die Anhaltspunkte zunächst noch keinen Anfangsverdacht begründen, jedoch noch weitere Erkenntnisse zu erwarten sind, oder wenn eine Formalisierung als Ermittlungsverfahren inopportun erscheint. Allerdings kennt die Strafprozeßordnung ein solches Vorermittlungsverfahren nicht. Immerhin ermöglicht aber das justitielle Registerwesen eine Formalisierung. Genutzt werden kann das Allgemeine Register (AR), mit dem Vorgänge erfaßt werden, die keinem bestimmten Verfahren zuzuordnen sind, wie zum Beispiel Auskunftsersuchen oder Mitteilungen. In Brandenburg – wie auch in Sachsen – wurde von dieser Möglichkeit in größerem Umfang Gebrauch gemacht. Tabelle 14 enthält Zahlenmaterial über derartige AR-Vorgänge.

Die Angaben belegen, daß die im Allgemeinen Register eingetragenen Vorermittlungsverfahren im wesentlichen Rechtsbeugungsverfahren betrafen.

Für eine nähere Betrachtung dieser Verfahrenspraxis ist es hilfreich, die Alternative an einem Beispiel aufzuzeigen. Bei der Bewältigung der Kriminalität auf Bezirksebene hatte die Staatsanwaltschaft in Berlin mit erheblichen Kapazitätsproblemen zu kämpfen. In den Jahren 1991 bis 1994 brach förmlich eine Flut von Eingängen über sie herein. Die Personalressourcen waren knapp; die Tätigkeit der Arbeitsgruppe Regierungskriminalität hatte Vorrang. Eine eingehende Überprüfung jedes Vorgangs auf einen Anfangsverdacht hin war nicht möglich. Immerhin verband sich aber mit dem gerade in Rechtsbeugungssachen vorliegenden Material die Möglichkeit strafbarer Handlungen, was an sich für die Annahme eines Anfangsverdachts ausreicht. Dementsprechend wurde in nahezu allen Vorgängen ein Ermittlungsverfahren mit einem Js- oder UJs-Aktenzeichen eingeleitet. Diese Praxis orientierte sich strikt an der formellen Verfahrensstruktur der Strafprozeßordnung.

853 Sog. Legalitätsprinzip: §§ 152 Abs. 2, 160 Abs. 1 StPO.

Tabelle 14: Brandenburg: AR-Vorgänge nach Deliktsgruppen (7/1992-11/1997)

Deliktsgruppe	AR-Vorgänge	Erledigungen*	Offen
Rechtsbeugung	8.533	7.237	1.296
Wahlfälschung	1	0	1
Körperverletzung und Freiheitsberaubung im Strafvollzug	18	14	4
ungeklärte Todesfälle im Strafvollzug	0	0	0
Gewalttaten an der Grenze	0	0	0
Sonstige Tötungsdelikte	0	0	0
Politische Verdächtigung und Verschleppung	0	0	0
Bereich MfS	3	2	1
Sonstige	33	22	11
Summe	8.588	7.275	1.313

* Nur zwei Erledigungsformen kommen in Betracht. Ergibt sich ein Anfangsverdacht, so wird ein förmliches Ermittlungsverfahren eingeleitet. Anderenfalls wird der Vorgang geschlossen und weggelegt. Wie sich die durchgeführten Erledigungen verteilen, ist nicht bekannt. Die auf der Grundlage eines AR-Verfahrens eingeleiteten Ermittlungsverfahren sind in den Eingängen enthalten, die Tabelle 13 verzeichnet.

Die abweichende Verfahrenspraxis in Brandenburg – wie auch in Sachsen – ist in Veröffentlichungen näher begründet worden. So führte der Generalstaatsanwalt von Brandenburg aus, daß von der staatsanwaltschaftlichen Entscheidung über die Einleitung eines Ermittlungsverfahrens wegen Rechtsbeugung auch übernommene Richter und Staatsanwälte sowie Rechtsanwälte und Rechtsanwaltsbewerber betroffen seien.[854] Für sie stelle die Bejahung eines Anfangsverdachts eine erhebliche Belastung dar. Die Einstufung als bloße Vorermittlungsverfahren hatte somit zum Ziel, diese Betroffenen von einer derartigen Belastung jedenfalls solange freizuhalten, bis eine nähere Überprüfung einen gesicherten Verdacht ergab.

An einen solchen Verdacht wurden erhöhte Anforderungen gestellt. Im Unterschied zu anderen Staatsanwaltschaften wurde die Auffassung vertreten, daß ein Anfangsverdacht nicht bereits dann vorliege, wenn jemand an einer Verurteilung auf der Grundlage des politischen Strafrechts der DDR beteiligt gewesen sei, die in einem Rehabilitierungsverfahren wieder aufgehoben worden sei. Vielmehr müßten weitere Umstände hinzukommen, wie etwa die Betätigung als „politischer Soldat der SED" in einem politischen Senat oder einer politischen Abteilung, die Überdehnung eines Tatbestandes oder ein exzessives Strafmaß.[855]

854 *Rautenberg/Burges* DtZ 1993, 71.
855 *Weber* GA 1993, 195, 229; *Rautenberg/Burges* aaO.

Die restriktive Rechtsprechung des Bundesgerichtshofs zur Rechtsbeugung[856] kann als Bestätigung dieser Verfahrenspraxis gesehen werden. Andererseits läßt sich darauf verweisen, daß es zum Zeitpunkt der Etablierung dieser Verfahrenspraxis noch an klaren Vorgaben durch die Rechtsprechung fehlte und daß ein Anfangsverdacht im Allgemeinen bereits dann vorliegt, wenn nur die Möglichkeit eine Straftatbegehung erkennbar wird.[857]

Letztlich spiegelt der aufgezeigte Unterschied in der Verfahrenspraxis einen Unterschied im staatsanwaltschaftlichen Selbstverständnis wider. Seit Gründung der Staatsanwaltschaft ist umstritten, wie weit ihre Bindung an Vorgaben des Gesetzgebers und der Gerichte geht. Es zeichnet sich eine starke Tendenz zu größeren Freiräumen ab. Die Ausweitung von Einstellungsmöglichkeiten aus Opportunitätsgründen zu Lasten des Legalitätsprinzips ist dafür ein besonders deutlicher Beleg.[858] Die Etablierung eines Vorermittlungsverfahrens unter Nutzung des Allgemeinen Registers setzt diese Entwicklung konsequent fort. Der Haltung eines „Richters vor dem Richter“[859] entspricht es auch, wenn ungeklärte Rechtsfragen selbständig in der Weise entschieden werden, daß Restriktionen des Strafbarkeitsbereichs durch Einstellung herbeigeführt werden.

Die Gegenposition orientiert sich weiterhin am Grundmodell justizinterner Gewaltenteilung. Sie beschränkt sich auf das Entscheidungsmuster, das mit dem Legalitätsprinzip verbunden ist, und sieht sich durch das verfassungsrechtlich abgesicherte[860] Rechtsprechungsmonopol der Gerichte gebunden.

bb) Art der Erledigung

Tabelle 15 gibt die im Bereich der Schwerpunktstaatsanwaltschaft Brandenburg erledigten förmlichen Ermittlungsverfahren nach der Art der Erledigung und nach Deliktsgruppen wieder.

Der zur *Rechtsbeugung* vertretene Standpunkt hatte zur Folge, daß in diesem Bereich nur bei einem sehr geringen Teil der erledigten Verfahren Anklage erhoben wurde.

Hervorhebung verdient ferner, daß bei den Einstellungen im Rechtsbeugungsbereich in vier Fällen von § 153a StPO Gebrauch gemacht worden ist. Nach dieser Vorschrift kann ein Strafverfahren eingestellt werden, wenn durch Auflagen oder Weisungen das öffentliche Interesse an der Strafverfolgung beseitigt werden kann und wenn die Schwere der Schuld nicht entgegensteht. Mit der Anwendung dieser Vorschrift hat die Schwerpunktstaatsanwaltschaft Brandenburg Neuland betreten. An sich kann die Vorschrift in Rechtsbeugungsverfahren nicht zur Anwendung kommen, weil nach dem Recht der Bundesrepublik Deutschland die Rechtsbeugung zur Kategorie der mit einer hohen Strafandrohung versehenen Verbrechen gehört, während § 153a StPO nur auf die weniger gewichtigen Vergehen anwendbar ist. Eine Anwendungsmöglichkeit eröffnet

856 Vgl. S. 58 ff.

857 *Kleinknecht/Meyer-Goßner*, StPO, § 152 Rn. 4.

858 Zusammenfassend *Schroeder*, Strafprozeßrecht, Rn. 63 ff.

859 *Kausch*, Der Staatsanwalt – ein Richter vor dem Richter?.

860 Art. 92 GG.

Tabelle 15: Brandenburg: Art der Erledigung nach Deliktsgruppen (7/1992-11/1997)

Deliktsgruppe	Erledigungen			
	Gesamt	Einstellungen	Verbindungen/ Abgaben	Anklagen**
Rechtsbeugung	8.662	4.523	4.134	5 (0,1%)
Wahlfälschung	25	17	1	7 (28,0%)
Körperverletzung und Freiheitsberaubung im Strafvollzug	2.650	165	2.479	6 (0,2%)
Ungeklärte Todesfälle im Strafvollzug	47	47	0	0 (0,0%)
Gewalttaten an der Grenze	25	7	0	18 (72,0%)
Sonstige Tötungsdelikte	2	2	0	0 (0,0%)
Politische Verdächtigung und Verschleppung	425	355	70	0 (0,0%)
Bereich MfS	81	80	1	0 (0,0%)
Sonstige*	261	248	12	1 (0,4%)
Gesamt	12.178	5.444	6.697	37 (0,3%)

* Der Deliktsbereich „Sonstige" enthält Verfahren wegen Erpressung, Nötigung, Freiheitsberaubung, Untreue und Diebstahl.

** Eine gesonderte Nachfrage bei der Staatsanwaltschaft Neuruppin hat ergeben, daß im Monat Dezember 1997 keine Anklage mehr erhoben wurde.

jedoch der Einigungsvertrag.[861] Da nach seinen Regeln zugleich auch das DDR-Recht anwendbar ist und vorrangig zum Zuge kommt, wenn seine Regelungen milder sind, ist zu berücksichtigen, daß die Rechtsbeugung nach der entsprechenden Vorschrift des DDR-Strafrechts lediglich ein Vergehen darstellt. Damit ist eine Anwendungsvoraussetzung für § 153a StPO erfüllt.

Diskussionswürdig erscheint, ob auch die sonstigen Merkmale gegeben sind. Denn es muß zunächst einmal das Vorliegen einer Rechtsbeugungstat festgestellt werden, was nach der Rechtsprechung des Bundesgerichtshofs voraussetzt, daß Menschenrechte offensichtlich und schwer verletzt wurden. Damit ist die Annahme einer nicht schwerwiegenden Schuld und eines öffentlichen Interesses, das durch Auflagen und Weisungen beseitigt werden kann, nicht ohne weiteres vereinbar.

Festzuhalten bleibt, daß sich mit der Verwendung der Einstellungsmöglichkeit nach § 153a StPO das Spektrum staatsanwaltschaftlicher Reaktionsformen erweitert. Es bestätigt sich eine Tendenz zur Flexibilisierung der Strafverfolgung von DDR-Unrecht, wie sie oben[862] bereits für die Verfahrenseinleitung festgestellt wurde.

Auffälligkeiten sind weiterhin im Bereich der *Wahlfälschung* zu verzeichnen. Die Ermittlungsverfahren haben sehr häufig zu einer Anklage geführt. Die Grundlage dafür

861 Vgl. *StA Neuruppin* NJ 1996, 539.
862 Vgl. S. 180 ff.

bildet eine intensive staatsanwaltschaftliche Ermittlungstätigkeit noch aus der Zeit der DDR. Von den in Brandenburg erhobenen Anklagen datieren mit einer Ausnahme alle vor dem 3. Oktober 1990. Der Schwerpunkt der Ermittlungstätigkeit lag im ehemaligen DDR-Bezirk Potsdam.[863]

Ansatzweise läßt das Zahlenmaterial zu Verfahren wegen *Mißhandlung von Gefangenen* erkennen, daß die Schwerpunktstaatsanwaltschaft Brandenburg diesem Bereich seit einiger Zeit besondere Aufmerksamkeit zuwendet. Sie hat als erste Staatsanwaltschaft in den neuen Bundesländern eine Anklage auf diesem Gebiet erhoben. Das Landgericht Potsdam verurteilte den angeklagten Strafvollzugsbediensteten zu einer Freiheitsstrafe von zwei Jahren und setzte deren Vollstreckung zur Bewährung aus.[864] Die Auffassung des Gerichts, die Straftaten seien nicht verjährt, ist durch den Bundesgerichtshof bestätigt worden.[865] Damit war eine wesentliche Vorfrage für die weitere Tätigkeit der Strafverfolgungsbehörden geklärt. Die Schwerpunktstaatsanwaltschaft Brandenburg erhob daher am 27. Februar 1996 eine weitere Anklage gegen einen ehemaligen Bediensteten der Strafvollzugseinrichtung Cottbus, der von den Gefangenen „Roter Terror" genannt wurde, wegen Körperverletzung in 39 Fällen.[866] Das Verfahren ist noch nicht abgeschlossen.

c) Mecklenburg-Vorpommern

Für eine Auswertung steht Zahlenmaterial zur Verfügung, das sich insgesamt auf den Zeitraum von der Gründung der Schwerpunktabteilung am 1. August 1992 bis zum 31. Dezember 1997 bezieht. Zuordnungsprobleme ergaben sich für etwa 40 bis 50 Verfahren aus der Gründungsphase. Sie wurden offenbar noch dezentral geführt und auch abgeschlossen. Da zudem eine Zuordnung zu Deliktsbereichen, wie sie für die übrigen Verfahren erfolgt ist, nicht mehr vorgenommen werden konnte, wurden diese Verfahren von der Darstellung ausgeschlossen.

Die von der Schwerpunktstaatsanwaltschaft in Schwerin vorgenommene Einteilung in Deliktsgruppen orientiert sich stark an den gesetzlichen Tatbeständen des Strafgesetzbuchs. Aus Gründen der Übersichtlichkeit und um einen Vergleich mit den übrigen Ländern zu ermöglichen, sind in den Tabellen die insgesamt 31 von der Staatsanwaltschaft selbst angegebenen Deliktsgruppen zusammengefaßt worden. Allerdings ließ sich nicht klären, wieviele Taten aus dem Bereich der Tötungsdelikte Grenzvorfälle betrafen.

863 Große öffentliche Resonanz fanden die Verfahren gegen den Potsdamer Oberbürgermeister *Wilfried Seidel* sowie den 2. Sekretär der Potsdamer SED-Bezirksleitung *Ulrich Schlaak*. Beide wurden zu Freiheitsstrafen von jeweils einem Jahr verurteilt, deren Vollstreckung zur Bewährung ausgesetzt wurde (vgl. Urteil des *KreisG Potsdam-Stadt* v. 13.9.1991 – Az. 32 S 26/90 221-7/90 – gegen *Seidel*; das Urteil gegen *Schlaak* (Az. 60 Js 14/92) wird im *Bericht des Leitendenden OStA der Schwerpunktabteilung Neuruppin* v. 19.6.1996, S. 31, erwähnt). Der verurteilte *Seidel* ist noch durch die Staatsanwaltschaft der DDR für den Zeitraum von einem Monat wegen Verdunkelungsgefahr in Untersuchungshaft genommen worden (*KreisG Potsdam-Stadt*, Haftbefehl v. 10.1.1990 – Az. 32 RS 4/90).

864 Urteil v. 24.6.1994 – Az. 24 KLs 39/93.

865 *BGH* Urteil v. 26.4.1995 – Az. 3 StR 93/95, NJW 1995, 2861.

866 Az. 64 Js 175/93.

aa) Eingänge und Erledigungen

Einen Gesamtüberblick über die eingeleiteten und erledigten Ermittlungsverfahren bis Ende des Jahres 1997 bietet Tabelle 16.

Insgesamt fallen die im Vergleich zu Brandenburg und Berlin deutlich niedrigeren Eingangszahlen auf. Eine Erklärung wird bei den regionalen Unterschieden in Politik und Verwaltung anzusetzen haben. In und um Berlin konzentrierten sich die Aktivitäten der DDR-Führungsorgane. Dagegen prägte ein deutlich geringeres Maß an politischer Machtrepräsentanz das Gebiet Mecklenburg-Vorpommerns. Keine politische oder militärische Einrichtung von überregionaler Bedeutung hatte hier ihren Sitz. Allerdings wurden auf diesem Gebiet zwei Internierungslager betrieben, zum einen in Neubrandenburg das Lager „Fünf Eichen“ und zum anderen in Bützow das Lager „Drei Bergen“. In welchem Umfang dort begangene Straftaten verfolgt wurden, ließ sich jedoch nicht ermitteln. Zu vermuten ist, daß entsprechende Verfahren in der Zahl von 430 Ermittlungsverfahren wegen Körperverletzung enthalten sind.

Den eindeutigen Ermittlungsschwerpunkt bildet der Bereich des *Justizunrechts*. Im Vergleich zu den Ländern Berlin und Brandenburg fällt zudem die relativ hohe Zahl der wegen des Vorwurfs der *politischen Verdächtigung* eingeleiteten Ermittlungsverfahren auf.

In diesem Zusammenhang sei angemerkt, daß wegen der Engmaschigkeit des vom *MfS* geknüpften Überwachungsnetzes hier – wie auch im übrigen Beitrittsgebiet – eine erheblich höhere Zahl an Ermittlungsverfahren aufgrund von Anzeigen zu erwarten war. Am 1. Oktober 1989 verfügten die Bezirksverwaltungen des MfS in Rostock, Neubran-

Tabelle 16: Mecklenburg-Vorpommern: Eingänge und Erledigungen nach Deliktsgruppen (8/1992-12/1997)

Deliktsgruppe	Eingänge	Erledigungen	Offen
Tötungsdelikte	83	78	5
Rechtsbeugung/Freiheitsberaubung	3.434	3.339	95
Wahlfälschung	10	10	0
Politische Verdächtigung	339	339	0
MfS-Straftaten*	216	184	32
Körperverletzung	430	400	30
Eigentums- und Vermögensdelikte	59	55	4
Sonstige**	61	54	7
Gesamt	4.632	4.459	173

* Als MfS-Straftaten wurden solche Tatvorwürfe zusammengefaßt, deren Gegenstand eine MfS-Beteiligung indiziert. Hierzu zählen: Illegale Post- und Telefonüberwachung, Nötigung und Aussageerpressung, Hausfriedensbruch, Amtsanmaßung und Verschleppung.

** Die Kategorie „Sonstige“ beinhaltet überwiegend Fälle, bei denen ein Zusammenhang mit staatlich veranlaßtem Unrecht aufgrund des Tatvorwurfs zweifelhaft ist. Hierzu zählen Delikte wie Schwangerschaftsabbruch, Verletzung der Erziehungspflicht, Beleidigung und Parteiverrat.

denburg und Schwerin über einen Personalbestand von insgesamt 6.469, die in den Bezirken gelegenen 34 Kreisdienststellen des MfS über einen Bestand von insgesamt 1.438 hauptamtlichen Mitarbeitern.[867] Je nach Struktur und Stärke variieren die Zahlen der Inoffiziellen Mitarbeiter des MfS zwischen 4.023 und 9.981 in den Bezirksverwaltungen sowie zwischen 250 und 500 in den Kreisdienststellen.[868] Die Aktivitäten dieses Heeres an Mitarbeitern des MfS hätte eine Flut von Anzeigen wegen politischer Verdächtigung auslösen können. Sie ist ausgeblieben.

Die zehn eingeleiteten Ermittlungsverfahren wegen *Wahlfälschung* sind inzwischen abgeschlossen. Die Situation entspricht damit weitgehend derjenigen in den anderen Ländern.

bb) Art der Erledigung

Bei den nicht durch Anklagen erfolgten Erledigungen handelt es sich hauptsächlich um Einstellungen nach § 170 Absatz 2 StPO (ca. 78%). Etwa 5% der Verfahren wurden nach § 154 StPO eingestellt oder in entsprechender Anwendung von § 205 StPO aus einem personenbezogenen Hinderungsgrund, zum Beispiel Verhandlungsunfähigkeit der Beschuldigten, vorläufig eingestellt. Die übrigen Erledigungen (ca. 17%) erfolgten durch Verfahrensverbindungen sowie Abgaben von Verfahren.

Tabelle 17: Mecklenburg-Vorpommern: Erledigungen nach der Art der Erledigung und nach Deliktsgruppen (8/1992-12/1997)

Deliktsgruppe	Erledigungen gesamt	davon Anklagen	
Tötungsdelikte	78	5	(6,4%)
Rechtsbeugung/Freiheitsberaubung	3.339	33	(1,0%)
Wahlfälschung	10	2	(20,0%)
Politische Verdächtigung	339	0	(0,0%)
MfS-Straftaten	184	3	(1,6%)
Körperverletzung	400	1	(0,3%)
Eigentums- und Vermögensdelikte	55	2	(3,6%)
Sonstige	54	1	(0,9%)
Gesamt	4.459	47	(1,1%)

867 *Fricke*, MfS intern, S. 34.
868 *Fricke*, aaO, S. 44.

Die meisten Anklagen wurden wegen des Vorwurfs der *Rechtsbeugung* und *Freiheitsberaubung* erhoben. Allerdings hat die Staatsanwaltschaft 20 dieser Anklagen unter Berücksichtigung der zwischenzeitlich ergangenen Entscheidungen des Bundesgerichtshofs zurückgenommen.[869]

Mit der restriktiven Rechtsprechung des Bundesgerichtshofs hängt vermutlich auch zusammen, daß im Deliktsbereich der *politischen Verdächtigung* keine Anklagen erhoben wurden.[870]

d) Sachsen

Für die Strafverfolgungsaktivitäten im Land Sachsen liegt Justizmaterial vor, das einen Gesamtüberblick verschafft. Differenzierungen sind nur in einem zeitlich eng begrenzten Umfang möglich.

aa) Eingänge und Erledigungen

Eine Übersicht über die insgesamt im Zeitraum vom 3. Oktober 1990 bis zum 31. Dezember 1997 eingeleiteten und erledigten Ermittlungsverfahren bietet Tabelle 18.

Ebenso wie in Brandenburg wurde auch in Sachsen das Allgemeine Register für Zwecke einer Vorprüfung vor der Einleitung eines förmlichen Ermittlungsverfahrens genutzt.[871] Eine statistische Erfassung der AR-Verfahren nach Eingängen und Erledigungen erfolgte jedoch nicht. Nach einer Schätzung der Schwerpunktstaatsanwaltschaft in Dresden sind insgesamt etwa 15.000 bis 20.000 AR-Vorgänge angelegt worden. Bis auf einen Restbestand von 138 sind alle Verfahren mittlerweile erledigt. Zur Hauptsache betrafen die Verfahren den Deliktsbereich des Justizunrechts.

Tabelle 18: Sachsen: Eingänge und Erledigungen (1990-12/1997)

Eingänge	Erledigungen	Offen
10.934	9.461	1.473

Im Hinblick auf Ermittlungsverfahren liegt Zahlenmaterial, das Eingänge und Erledigungen nach Deliktsgruppen erfaßt, nur für den Zeitraum von August 1995 bis April 1996 vor. Daraus ergeben sich, wie in den anderen Ländern auch, die mit Abstand höchsten Zahlen für den Bereich der Rechtsbeugung. Wegen der Schwere der Vorwürfe sind die Ermittlungsverfahren wegen der sogenannten Waldheimer Prozesse von besonderer Bedeutung. Die Ermittlungen wurden von der Staatsanwaltschaft Leipzig aufgenommen und dann von der Schwerpunktstaatsanwaltschaft in Dresden fortgeführt. Von den 48 in Waldheim tätigen Richtern und Staatsanwälten konnten elf als noch lebend ermittelt werden.

869 Vgl. hierzu S. 207 ff. Zu den Gründen der Einstellungen im Bereich des Justizunrechts vgl. bereits S. 171 f.

870 Vgl. S. 71.

871 Vgl. zur Problematik des Vorgehens S. 180.

bb) Art der Erledigung

Aussagekräftiges Material liegt lediglich für die Gesamtmenge der eingeleiteten Ermittlungsverfahren vor. Es unterscheidet grob zwischen Einstellungen, sonstigen Erledigungen, die im wesentlichen Verfahrensabgaben und -verbindungen betreffen, und Anklagen.

Tabelle 19: Sachsen: Art der Erledigung (1990-12/1997)

	Erledigungen		
gesamt	Einstellungen	sonstige	Anklagen
9.461	6.000	3.325	136 (1,4%)

Zusätzlich geben die Zahlen der Justiz Auskunft darüber, welchen Fallgruppen die erhobenen Anklagen zuzuordnen sind. Die Verteilung läßt auf bestimmte Ermittlungsschwerpunkte schließen.

Wie in allen anderen Ländern steht der Deliktsbereich der Rechtsbeugung im Vordergrund. Die hier erhobenen 56 Anklagen machen 41,2% aller Anklagen aus. Es folgt mit einem bemerkenswerten Umfang von 22,8% (31 Anklagen) der Bereich der MfS-Straftaten. Offensichtlich bildete auch der Vorwurf der Mißhandlung von Gefangenen einen Ermittlungsschwerpunkt. In diesem Bereich wurden 24 Anklagen erhoben, die an der Gesamtzahl der Anklagen einen Anteil von 17,6% haben.

Erwähnung verdient in diesem Zusammenhang das Ermittlungsverfahren wegen der Mißhandlung Jugendlicher im Jugendwerkhof Torgau. Die Ermittlungen richteten sich gegen das Personal des Jugendwerkhofs. Zugleich überprüfte die Arbeitsgruppe Regierungskriminalität in Berlin in diesem Zusammenhang eine strafrechtliche Verantwortlichkeit der Volksbildungsministerin Margot Honecker. Das Verfahren gegen Margot Honecker wurde eingestellt, nachdem Recherchen in den Beständen des DDR-Volksbildungsministeriums keine weiterführenden Erkenntnisse erbracht hatten.[872]

Im übrigen verteilen sich die Anklagen folgendermaßen: Wahlfälschung 9,6% (13), Urkundendelikte 4,4% (6), Untreue 2,2% (3), politische Verdächtigung 1,5% (2), Gewalttaten an der Grenze 0,7% (1).

e) Sachsen-Anhalt

Für eine Auswertung stand Zahlenmaterial zur Verfügung, das den Zeitraum von Dezember 1992 bis zum 31. Dezember 1997 umfaßt und Differenzierungen nach Jahren und Deliktsbereichen zuläßt.

872 Vgl. *GStA bei dem KG Berlin,* Bericht 1994, S. 95 f.

aa) Eingänge und Erledigungen

Aus Tabelle 20 ergibt sich die Entwicklung der Eingänge bezogen auf die einzelnen Deliktsgruppen.

Ferner läßt sich darstellen, wie sich die Erledigungen im Verhältnis zu den Eingängen entwickelt haben.

Die Ende des Jahres 1997 noch offenen Verfahren betrafen größtenteils (177) den Bereich der Rechtsbeugung. Auch an den hohen Eingangszahlen in diesem Bereich (Tabelle 20) zeigt sich, daß hier ein Schwerpunkt der Strafverfolgung lag. Im übrigen ist festzustellen, daß die Gesamtmenge der Ermittlungsverfahren deutlich zurückbleibt hinter den entsprechenden Zahlen für Berlin und auch für Brandenburg. Als Grund dafür ist unter anderem zu vermuten, daß, wie etwa auch in Mecklenburg-Vorpommern, eine

Tabelle 20: Sachsen-Anhalt: Eingänge nach Deliktsgruppen (1992-12/1997)

Deliktsgruppe	Eingänge						
	1992	1993	1994	1995	1996	1997	gesamt
Rechtsbeugung	475	1.825	1.921	219	66	87	4.593
Freiheitsberaubung	24	128	255	30	7	16	460
Tötungsdelikte*			22	15	9	15	61
Politische Verdächtigung	19	103	93	11	3	4	233
Wahlfälschung	1	13	0	0	0	0	14
Kindesentziehung	3	22	5	1	0	1	32
Gefangenenmißhandlung	12	184	88	83	43	36	446
Sonstige	67	203	172	58	22	29	551
Gesamt	601	2.478	2.556	417	150	188	6.390

* Tötungsdelikte wurden erst ab Dezember 1994 gesondert ausgewiesen.

*Tabelle 21: Sachsen-Anhalt: Entwicklung der Eingänge und Erledigungen (1992-12/1997)**

Stand	Eingänge	Erledigungen	Offen
1992	601	o.A.	o.A.
1993	2.478	648	o.A.
1994	2.556	2.557	o.A.
1995	417	1.395	o.A.
1996	150	1.082	637
1997	188	608	217

* Die Addition der Zahlen für Eingänge und Erledigungen offenbart einen Erhebungsfehler. Die Zahl der noch offenen Verfahren ist danach zu hoch. Die Diskrepanz ist vermutlich damit zu erklären, daß bereits 1991 Verfahren eingeleitet wurden, die zwar nicht bei den Eingängen, wohl aber bei den Erledigungen berücksichtigt wurden.

strukturbedingte geringere Präsenz des Staats- und Parteiapparats mit einer geringeren Zahl an Straftaten einherging.

Als Besonderheit ist noch hervorzuheben, daß im Unterschied zu den anderen Ländern in Sachsen-Anhalt *Kindesentziehungen* als gesonderte Deliktsgruppe ausgewiesen werden. Der Umstand deutet auf besondere Anstrengungen zur Verfolgung von Zwangsadoptionen der Kinder fluchtwilliger, flüchtiger oder abgeschobener Personen hin, die unter maßgeblichem Einfluß der ehemaligen Volksbildungsministerin Margot Honecker erfolgt sein sollen. In diesem Zusammenhang ist es bisher zu einer Anklage wegen Rechtsbeugung gekommen.[873]

Insgesamt vermittelt das Zahlenmaterial den Eindruck, daß der Aufarbeitungsprozeß in Sachsen-Anhalt in sein Endstadium eingetreten ist. Die Eingangszahlen haben deutlich abgenommen. Auch spricht die niedrige Zahl von nur noch 217 offenen Verfahren dafür, daß bald ein Abschluß erreicht sein wird.

bb) Art der Erledigung

Das vorliegende Zahlenmaterial gestattet lediglich, die Anklageerhebung als Erledigungsart gesondert auszuweisen.

Die Anklagequote ist gleichermaßen niedrig wie in den anderen Bundesländern. Soweit Angaben zu den Erledigungen vorliegen, ergibt sich eine Gesamtquote von etwa 1%.

An den 60 Anklagen haben diejenigen wegen Gewalttaten an der Grenze mit 35% (21) den größten Anteil. Es folgen 19 Anklagen wegen Rechtsbeugung (31,7%), 8 Anklagen wegen MfS-Straftaten (13,3%), 5 Anklagen wegen Mißhandlung von Gefangenen (8,3%), 4 Anklagen wegen politischer Verdächtigung (6,7%) sowie 3 Anklagen wegen sonstiger Delikte (5%).

Tabelle 22: Sachsen-Anhalt: Anteil der Anklagen an Erledigungen (1992-12/1997)

Stand	Erledigungen		
	gesamt	davon Anklagen	
1992	o.A.	7*	
1993	648	6	(0,9%)
1994	2.557	10	(0,4%)
1995	1.395	10	(0,7%)
1996	1.082	11	(1,0%)
1997	608	16	(2,6%)

* Einige dieser Anklagen wurden bereits 1991 erhoben.

873 Vgl. hierzu S. 53.

f) Thüringen

Die Grundlage für die folgenden Angaben bilden zwei von der Staatsanwaltschaft Erfurt erstellte Übersichten, deren Erfassungszeitraum mit dem 30. Dezember 1997 endet. Die verwendeten Übersichten erfassen die vor Errichtung der dortigen Schwerpunktabteilung geführten Verfahren nicht vollständig. Sehr wahrscheinlich beziehen sich die Angaben sogar ausschließlich auf Verfahren, die in Erfurt ausermittelt wurden. Es fehlen in der Statistik 34 Wahlfälschungsverfahren, die schon in der DDR und kurz nach dem 3. Oktober 1990 in Gera geführt wurden. Auch im Bereich der Untreue wurden vermutlich vier vor Einrichtung der Schwerpunktabteilung mit einer Anklage abgeschlossene Ermittlungsverfahren nicht berücksichtigt. Exakte Nachweise hierzu sind jedoch nicht möglich, weil die Erfurter Statistik eine Kategorie „ohne Angaben" enthält. Die dort aufgelisteten acht Anklagen und fünf Strafbefehle lassen sich nicht zweifelsfrei zuordnen.[874]

Schwierigkeiten für eine vergleichende Interpretation des Zahlenmaterials ergeben sich aus der Erfassung der Verfahrensgegenstände. Während in den anderen Ländern vorwiegend nach Sachverhaltskomplexen zusammengefaßt wird, orientieren sich die Übersichten – ähnlich wie in Mecklenburg-Vorpommern – an Strafvorschriften.

Tabelle 23: Thüringen: Eingänge und Erledigungen nach Tatbeständen (1/1992-12/1997)

Tatbestand	Eingänge	Erledigungen	Offen
Aussageerpressung	47	39	8
Falschbeurkundung	8	7	1
Freiheitsberaubung	217	212	5
Körperverletzung	344	330	14
Betrug	17	17	0
Politische Verdächtigung	351	345	6
Rechtsbeugung	4.776	4.758	18
Nötigung	116	98	18
Verletzung des Post- und Fernmeldegeheimnisses	21	21	0
Wahlfälschung	6	6	0
Amtsanmaßung	36	35	1
Untreue	2	2	0
Totschlag	51	40	11
Ohne Angaben	263	241	22
Gesamt	6.255	6.151	104

874 Insoweit wird auf die Statistik des Projekts „Strafjustiz und DDR-Vergangenheit" verwiesen, vgl. unten Tabelle 27 auf S. 199.

aa) Eingänge und Erledigungen

Einen Überblick über die in dem genannten Zeitraum erfolgten Eingänge und Erledigungen gibt Tabelle 23.

Die Zahl der insgesamt offenen Verfahren ist ähnlich niedrig wie in Mecklenburg-Vorpommern und Sachsen-Anhalt. Weniger als 2% der eingeleiteten Ermittlungsverfahren waren Ende 1997 noch nicht abgeschlossen. Auch in Thüringen scheint die strafrechtliche Aufarbeitung des DDR-Unrechts im Bereich der Staatsanwaltschaft weitgehend abgeschlossen zu sein.

bb) Art der Erledigung

Das Zahlenmaterial der Justiz ermöglicht einen sehr detaillierten Überblick über die Erledigungsarten (vgl. Tabelle 24).

Leider läßt sich der Aufstellung der Staatsanwaltschaft Erfurt nicht entnehmen, welcher Art die in der Kategorie „ohne Angaben“ zusammengefaßten Verfahren sind. Immerhin haben die in diesem Bereich erhobenen 13 Anklagen einen Anteil von nahezu 20% an der Gesamtmenge der Anklagen.

Wie in allen anderen Ländern sind im Bereich der *Rechtsbeugung* die meisten Ermittlungsverfahren eingeleitet worden. Von diesen Verfahren ist ein großer Teil (74%) mangels hinreichenden Tatverdachts eingestellt worden.[875] Bemerkenswert ist die Quote von 17% für Einstellungen, die nach § 153 Absatz 1 StPO wegen geringer Schuld und Fehlen eines öffentlichen Verfolgungsinteresses vorgenommen wurden

Auffällig ist noch die hohe Quote der Anklagen im Bereich des Totschlags. Da zur Hauptsache Gewalttaten an der Grenze erfaßt sein dürften, ist wiederum ein Zusammenhang mit der Arbeitsteilung zu vermuten, die zwischen den Generalstaatsanwälten der neuen Bundesländer und Berlins vereinbart wurde. Danach werden alle derartigen Verfahren durch die Staatsanwaltschaft II bei dem Landgericht Berlin bis zur Anklagereife ausermittelt und dann den örtlich zuständigen Staatsanwaltschaften zugeleitet. Die Anklagequote läge wohl noch höher, wenn nicht die Abgabepraxis 1996 in der Weise geändert worden wäre, daß nunmehr mit Rücksicht auf ein etwaiges Klageerzwingungsverfahren die örtlich zuständigen Staatsanwaltschaften auch den förmlichen Abschluß des Ermittlungsverfahrens durch Einstellung vornehmen.

875 Zu den Gründen für die Einstellungen kann auf die Ausführungen zur Berliner Zentralebene Bezug genommen werden, vgl. S. 171 ff.

Tabelle 24: Thüringen: Art der Erledigung nach Tatbeständen (1/1992-12/1997)

Deliktsgruppe	Erledigungen						
	Gesamt	Einstellungen gem. § 170 II StPO	§153 I StPO	§ 153a I StPO	Abgaben innerhalb der StA	Anklagen	
Aussageerpressung	39	34	1	0	1	3	(7,7%)
Falschbeurkundung	7	6	1	0	0	0	(0,0%)
Freiheitsberaubung	212	192	9	0	8	3	(1,4%)
Körperverletzung	330	281	16	0	25	8	(2,4%)
Betrug	17	10	4	0	2	1	(5,8%)
Politische Verdächtigung	345	324	13	0	8	0	(0,0%)
Rechtsbeugung	4.758	3.534	810	1	400	13	(0,3%)
Nötigung	98	76	15	0	6	1	(1,0%)
Verletzung des Post- und Fernmeldegeheimnisses	21	18	2	0	1	0	(0,0%)
Wahlfälschung	6	5	0	0	0	1	(16,7%)
Amtsanmaßung	35	32	2	0	1	0	(0,0%)
Untreue	2	0	0	0	0	2	(100,0%)
Totschlag	40	10	5	0	0	22	(55,0%)
Ohne Angaben	241	184	21	1	22	13	(5,4%)
Gesamt	6.151	4.876	1052	155	474	67	(1,1%)

g) Alte Bundesländer

Die Staatsanwaltschaften der alten Bundesländer sind nur in wenigen Ausnahmefällen an der Strafverfolgung von DDR-Unrecht beteiligt gewesen. Bekannt sind drei Verfahren, in denen es auch zur Anklageerhebung gekommen ist. Zwei Anklagen betrafen Gewalttaten an der deutsch-deutschen Grenze. Die dritte Anklage hatte eine Denunziation zum Gegenstand.

In den Grenztötungsfällen hatten die Opfer bei einem Fluchtversuch bereits westdeutschen Boden erreicht, als sie von den Schüssen getroffen wurden. Daraus leitet sich eine Zuständigkeit westdeutscher Staatsanwaltschaften ab. Eine der Anklagen wurde von der Staatsanwaltschaft Schweinfurt,[876] die andere von der Staatsanwaltschaft Lüneburg erhoben.[877] Auch in diesen Fällen wurden die Sachverhalte bis zur Anklagereife von der Staatsanwaltschaft II bei dem Landgericht Berlin ausermittelt und dann an die örtlich zuständige Behörde abgegeben.

876 Az. 11 Js 4457/92.
877 Az. 10 Js 17331/88.

Der Denunziationsfall betrifft dagegen einen Sachverhalt, der sich ausschließlich auf dem Gebiet der DDR zutrug. Die Staatsanwaltschaft beim Landgericht Hildesheim[878] klagte eine Frau an, die Fluchtpläne ihres Ehemannes verraten haben soll.[879] Die Zuständigkeit dürfte in diesem Fall nach dem Wohnsitz des Beschuldigten oder dem Ergreifungsort bestimmt worden sein.[880]

h) Zusammenführung der Angaben zu den einzelnen Ländern

Die Genauigkeit des folgenden Gesamtüberblicks wird durch Unterschiede in den Erfassungszeiträumen beeinträchtigt. Eine zuverlässige Aussage über die Gesamtzahl der Ermittlungsverfahren ist weiterhin durch die Registrierung von Vorgängen im Allgemeinen Register (AR) erschwert, wie sie in Brandenburg und Sachsen praktiziert wurde. Diese AR-Vorgänge bleiben in der folgenden Zusammenfassung außer Betracht. Ferner muß es bei der Verwendung grober Kategorien bleiben. Vergleichbare Zahlen sind lediglich im Hinblick auf die Gesamtmenge der eingeleiteten, erledigten und somit auch der noch offenen Ermittlungsverfahren sowie der Anklagen vorhanden. Eine Zusammenführung der Zahlen zu den Deliktsgruppen scheitert daran, daß in den Ländern unterschiedliche Kriterien verwendet wurden oder auf eine derartige Differenzierung verzichtet wurde. Gleichermaßen fehlt es an den Voraussetzungen für eine zusammenführende Betrachtung der zeitlichen Entwicklung.

Die Gesamtzahl der eingeleiteten Ermittlungsverfahren erscheint – für sich genommen – hoch. Man sollte allerdings berücksichtigen, daß sie sich auf einen Tatzeitraum von etwa 40 Jahren und einen Verfolgungszeitraum von etwa sieben Jahren bezieht. Die Dimension kann ein Vergleich mit der Gesamtzahl der in der allgemeinen polizeilichen Kriminalitätsstatistik registrierten Straftaten verdeutlichen. Diese liegt nur für das Jahr 1996 mit 6.647.598 um mehr als das Hundertfache über der Zahl für sämtliche wegen DDR-Unrechts eingeleiteten Ermittlungsverfahren.[881] Den betroffenen Personenkreis wird man auf ca. 100.000 schätzen können. Die Schätzung beruht auf der durch eigene Erhebungen gewonnenen Erkenntnis, daß im Durchschnitt aller Verfahren, in denen eine Anklage erhoben wurde, die Zahl der Beschuldigten etwa 1,6 betrug.[882] Im übrigen ist zu vermuten, daß mehr als zwei Drittel aller Ermittlungsverfahren wegen DDR-Unrechts den Tatvorwurf der Rechtsbeugung betreffen. Für die Bundesländer, in denen die eingeleiteten Ermittlungsverfahren deliktsspezifisch erfaßt worden sind, ergibt sich nämlich ein Anteil der Rechtsbeugungsverfahren, der zwischen 68% und 76% liegt.[883] Es gibt keine Anzeichen dafür, daß für die übrigen Bundesländer wesentlich anderes gilt. Legt man nur einen generellen Prozentsatz von 70% zugrunde, so sind von ca.

878 Az. 17 Js 1863/90.

879 Die Angeklagte wurde später durch den Bundesgerichtshofs in letzter Instanz freigesprochen, vgl. *BGH*, Beschluß v. 8.2.1995 – Az. 5 StR 157/94.

880 §§ 8, 9 StPO.

881 *Naucke*, Strafrecht, S. 31.

882 Dieser Wert erfaßt Personen, die mehrfach angeklagt wurden, nur einmal; vgl. S. 201 und Fn. 900.

883 Die Prozentzahlen lassen sich aus Tabelle 13, Tabelle 16 und Tabelle 23 errechnen. Danach ergibt sich für Brandenburg ein Anteil der Rechtsbeugungsverfahren von 68%, für Mecklenburg-Vorpommern von 74%, für Sachsen-Anhalt von 72% und für Thüringen von 76%.

*Tabelle 25: Bundesländer insgesamt: Ermittlungsverfahren, Erledigungen und Anteil der Anklagen an Erledigungen (bis 12/1997)**

Bundesland	Ermittlungs-verfahren	Erledigungen gesamt	Erledigungen Anklagen		Offen	
Berlin	20.752	19.365	303	(1,6%)	1.387	(6,7%)
Brandenburg	12.995	12.178	37	(0,3%)	817	(6,3%)
Mecklenburg-Vorpommern	4.632	4.459	47	(1,1%)	173	(3,7%)
Sachsen	10.934	9.461	136	(1,4%)	1.473	(13,5%)
Sachsen-Anhalt	6.507	6.290	60	(1,0%)	217	(3,3%)
Thüringen	6.255	6.151	67	(1,1%)	104	(1,7%)
Gesamt	62.075	57.904	649	(1,1%)	4.171	(6,7%)

* Die alten Bundesländer sind von der Übersicht ausgenommen, da über die Zahl der dort geführten Ermittlungsverfahren keine Erkenntnisse vorliegen. AR-Verfahren bleiben ebenfalls unberücksichtigt. Stand der Zahlen für Brandenburg: 11/1997.

62.000 Ermittlungsverfahren etwa 43.400 dem Bereich der Rechtsbeugung zuzurechnen. In diesem Zusammenhang bedarf nochmals der Erwähnung, daß im Bereich der Rechtsbeugung zumeist breit ermittelt wurde. So wurde vielfach generell die Aufhebung von Verurteilungen in Rehabilitierungsverfahren zum Anlaß für Ermittlungen genommen. Teilweise wurden auch insgesamt die Entscheidungen von Spruchkörpern der DDR-Justiz untersucht, die mit politischen Strafsachen befaßt waren.

Gut erklärlich ist, daß Berlin die größte Zahl an eingeleiteten Ermittlungsverfahren aufzuweisen hat. Im östlichen Teil der Stadt befanden sich die Machtzentren von Partei und Staat, von denen das systembedingte Unrecht ausging. Für die Unterschiede zwischen den übrigen Ländern kommen verschiedene Gründe in Betracht. Welche Bedeutung sie im einzelnen haben, läßt sich auf der Grundlage des vorliegenden Materials nicht klären. Bei Ländern wie Mecklenburg-Vorpommern und Sachsen-Anhalt dürfte sich ausgewirkt haben, daß die vorwiegend ländliche Struktur mit einer geringeren Präsenz des Staats- und Parteiapparates und daher auch mit einer geringeren Anzahl systembedingter Straftaten einherging. Im übrigen erscheint denkbar, daß Unterschiede in der Personalausstattung der Strafverfolgungsorgane und in den Ermittlungsansätzen die Unterschiede in den Eingangszahlen verursacht haben, weil die Einleitung von Ermittlungsverfahren häufiger auf staatlichen Verfolgungsinitiativen als auf Anzeigen beruhte.

Die Zahlen zu den Erledigungen weisen insgesamt und für die einzelnen Länder eine sehr niedrige Anklagequote aus. Grob gesagt: Von 100 eingeleiteten Ermittlungsverfahren hat nur eines zu einer Anklage oder zu einem Antrag auf Erlaß eines Strafbefehls geführt. Die Quote bleibt deutlich hinter derjenigen für allgemeine Strafsachen zurück. So betrug der Anteil der Anklagen an allen Erledigungen der Staatsanwaltschaften beim

Landgericht und der Amtsanwaltschaft im Jahre 1996 12,3%. Werden Anträge auf Erlaß eines Strafbefehls hinzugezählt, so erhöht sich diese Quote auf 27,9%.[884]

Im Ländervergleich fällt auf, daß die für Brandenburg ausgewiesene Anklagequote mit 0,3% besonders niedrig liegt. Ausgewirkt hat sich dabei insbesondere, daß in den Ermittlungsverfahren wegen Rechtsbeugung, die in Brandenburg einen Anteil von 71% an allen erledigten Ermittlungsverfahren hatten, nur äußerst selten, nämlich lediglich in 0,1% der Fälle Anklage erhoben wurde.[885]

Was die Entwicklung der Erledigungen betrifft, so zeichnet sich eine klare Tendenz ab. Nur noch ein geringer Teil der eingeleiteten Ermittlungsverfahren ist unerledigt. Der Anteil unerledigter Verfahren liegt, abgesehen von Sachsen, deutlich unter 10%. Anzeichen dafür, daß sich an der drastischen Abnahme der Eingänge[886] etwas ändern könnte, sind nicht vorhanden. Ganz offensichtlich ist die staatsanwaltschaftliche Strafverfolgung in eine abschließende Phase eingetreten. Der Beschluß, die Staatsanwaltschaft II bei dem Landgericht Berlin Ende November 1999 aufzulösen, zieht aus dieser Entwicklung die Konsequenzen.[887]

3. Anklage- und Urteilspraxis nach eigenen Erhebungen

a) Validität des Zahlenmaterials

Die angekündigte[888] Verwendung eigenen Zahlenmaterials bedarf der Absicherung. Die im Rahmen des Projekts „Strafjustiz und DDR-Vergangenheit" erhobenen Daten müssen im Verhältnis zu den Zahlenangaben der Justiz als zuverlässig ausgewiesen werden.

Erfaßt werden im Projekt alle Verfahren wegen DDR-Unrechts, in denen Anklage erhoben oder ein Antrag auf Erlaß eines Strafbefehls gestellt wurde. Ein Vergleich mit den Zahlenangaben der Justiz zu diesen Verfahren muß zeigen, ob eine weitgehende Übereinstimmung besteht, so daß die weitere Darstellung sich auf die eigenen Angaben stützen kann.

Zum 15. Juli 1998, dem gewählten Stichtag, verzeichnete die Datenbank des Projekts 723 Verfahren. Zwölf Verfahren bleiben hier unberücksichtigt, weil sie noch vor der Wiedervereinigung abgeschlossen wurden und somit der Strafverfolgung der DDR zuzurechnen sind, die bereits gesondert dargestellt worden ist.[889] Ferner werden 38 Verfahren hier außer acht gelassen, die dem Deliktsbereich der Spionage angehören. Für diesen Bereich ist eine gesonderte Darstellung in einem späteren Abschnitt vorgesehen.[890] Somit verbleibt für die hier beabsichtigte Darstellung eine Grundgesamtheit von 670 Verfahren.

884 Eigene Berechnungen nach *Statistisches Bundesamt*, Rechtspflege 1996, Tabelle 5.2 auf S. 118 f.
885 Vgl. Tabelle 15 auf S. 183.
886 Vgl. Tabelle 2 auf S. 163, Tabelle 4 auf S. 166, Tabelle 6 auf S. 167 sowie Tabelle 20 auf S. 189.
887 Vgl. Fn. 793 auf S. 158.
888 Vgl. S. 144 f.
889 Vgl. S. 147 ff.
890 Vgl. S. 216 ff.

Tabelle 26: Vergleich Justizangaben und eigene Erhebungen: Anklagen und Strafbefehlsanträge

Bundesland	Anzahl der Anklagen/Strafbefehlsanträge	
	Justizangaben	eigene Erhebungen
Berlin	303	279
Brandenburg	37	33
Mecklenburg-Vorpommern	47	46
Sachsen	136	155
Sachsen-Anhalt	60	51
Thüringen	67	103
alte Bundesländer insges.	o.A.	3
Gesamt	649	670

Möglich ist ein Vergleich nicht allein der Grundgesamtheiten, sondern auch der jeweiligen Aufteilung nach Ländern.

Das auffälligste Ergebnis des Vergleichs besteht darin, daß die Grundgesamtheit der eigenen Erhebungen größer ist als diejenige, die die Justizangaben ausweisen. Das hat zwei Gründe. Zum einen wirkt sich aus, daß im Zahlenmaterial der Justiz vielfach Verfahren nicht erfaßt sind, in denen Anklagen noch vor Errichtung der Schwerpunktstaatsanwaltschaften erhoben wurden. Im Rahmen des Projekts wurde nach diesen Verfahren gezielt recherchiert. So geht zum Beispiel die große Differenz zwischen den Projekt- und Justizzahlen für Thüringen im wesentlichen auf 35 Verfahren wegen Wahlfälschung zurück, die noch vor Einrichtung der Erfurter Schwerpunktstaatsanwaltschaft von der Staatsanwaltschaft Gera geführt wurden. Die Justizstatistik in Thüringen enthält diese Verfahren nicht. In den eigenen Erhebungen sind sie dagegen berücksichtigt. Ferner erklärt sich die geringere Zahl der justitiell erfaßten Verfahren aus Unterschieden im Erfassungszeitraum. Für die Justizangaben bildet der 31. Dezember 1997 die zeitliche Grenze, während in den eigenen Erhebungen auch noch der Zeitraum bis zum 15. Juli 1998 Berücksichtigung gefunden hat.

Somit haben die eigenen Erhebungen gegenüber den Justizangaben den Vorteil, daß sie die frühe Phase der Strafverfolgung von DDR-Unrecht besser erfassen und von aktuelleren Daten ausgehen.

Keine Einwände lassen sich daraus ableiten, daß die eigenen Erhebungen in der Zahl der Verfahren in einigen Ländern leicht, in Berlin deutlich hinter den Justizangaben zurückbleibt. Der Grund dafür besteht zur Hauptsache in Unterschieden bei der Abgrenzung des Untersuchungsgegenstandes. Während die Schwerpunktstaatsanwaltschaften teilweise vereinigungsbedingte Wirtschaftsstraftaten und auch Aussagedelikte, die in Verfahren wegen DDR-Unrechts begangen wurden, mitbearbeiten und zahlenmäßig erfassen, bleiben die entsprechenden Verfahren im Rahmen des Projekts unberücksichtigt, weil sie keinen spezifischen Zusammenhang zum System der DDR aufweisen.[891]

891 Für das Berliner Zahlenmaterial ergibt sich daraus ein Unterschied von 18 Verfahren.

Im übrigen hat der zeitliche Aufwand für die Übernahme und Aufbereitung der Justizmaterialien[892] gelegentlich dazu geführt, daß die eigenen Erhebungen einige Verfahren aus der Grundgesamtheit der justitiellen Zahlenangaben zum gewählten Stichtag noch nicht erfaßt haben.

Zusammenfassend ist die Datenbasis folgendermaßen zu beurteilen. Völlige Sicherheit in der Kenntnis der Grundgesamtheit aller Verfahren, in denen Anklage wegen DDR-Unrechts erhoben wurde, ist nicht erreichbar. Unsicherheiten ergeben sich insbesondere daraus, daß in der frühen Phase der Strafverfolgung noch keine systematische justitielle Erfassung vorgenommen wurde und daß die Erfassungskriterien der Länder nicht in jeder Hinsicht übereinstimmen. Einer Nachbesserung durch eine erneute systematische Sichtung aller nur irgendwie in Betracht kommenden Verfahren steht die Unvertretbarkeit des Aufwandes entgegen. Die eigenen Erhebungen mußten sich auf gezielte Recherchen beschränken, die auf Anhaltspunkten aus anderen Verfahren beruhten. Herausgebildet haben sich dadurch zwei Grundgesamtheiten, die sich aber nur in Randbereichen unterscheiden. Man wird davon ausgehen können, daß die beiden Grundgesamtheiten in etwa 90% aller Verfahren übereinstimmen. Da zudem die aus eigenen Erhebungen hervorgegangene Grundgesamtheit die frühe Phase der Strafverfolgung besser erfaßt und auch aktuellere Daten aufweist, können die Analysen, die auf dieser Grundgesamtheit beruhen, ein hohes Maß an Zuverlässigkeit beanspruchen.

b) Verteilung der Verfahren nach Deliktsgruppen und Bundesländern

Tabelle 27 weist aus, welche Anteile die Deliktsgruppen und die Länder an der Gesamtzahl der Verfahren haben, in denen Anklage erhoben oder ein Strafbefehlsantrag gestellt wurde. Erinnert sei daran, daß die Verfahren wegen Spionage hier unberücksichtigt bleiben.

Auf die Rechtsbeugungsverfahren entfällt auch hier der größte Anteil mit 33,4%. Jedoch hat sich im Vergleich zu ihrem Anteil an den Ermittlungsverfahren, der nach grober Schätzung bei etwa 70% liegt,[893] der Abstand zu den übrigen Deliktsgruppen deutlich verringert. Der Grund für diese Veränderung ist in der außerordentlich niedrigen Anklagequote in Rechtsbeugungssachen zu sehen.[894] Gleichwohl verdient Hervorhebung, daß die Gerichte im Bereich des DDR-Unrechts zu einem Drittel mit Rechtsbeugungsverfahren befaßt sind. Zu einem weiteren Viertel (25,7%) betreffen die Verfahren Gewalttaten an der deutsch-deutschen Grenze. Diese beiden Deliktsgruppen stehen also nach Abschluß des Ermittlungsverfahrens mit einem Anteil von ca. 60% eindeutig im Zentrum der justitiellen Bemühungen um eine Aufarbeitung des DDR-Unrechts. Mit deutlich niedrigeren Werten folgen den Gewalttaten an der Grenze die MfS-Straftaten mit 13%, die Wahlfälschungen mit 9,6% und die sonstigen Deliktsgruppen mit klar unter 10%.

892 Zeitverzögerungen haben insbesondere die weitgehenden datenschutzrechtlichen Auflagen verursacht. Bevor die Justizmaterialien für die wissenschaftliche Bearbeitung zur Verfügung stehen, müssen sie einen aufwendigen Anonymisierungsprozeß durchlaufen.

893 Vgl. S. 194.

894 Vgl. S. 196, ferner Tabelle 15 auf S. 183, Tabelle 17 auf S. 186 und Tabelle 24 auf S. 193.

Tabelle 27: Anzahl der Verfahren nach Deliktsgruppen und Bundesländern

Deliktsgruppen	Bundesländer							Gesamt	
	Berlin	Branden-burg	Mecklenbg.-Vorp.	Sachsen	Sachsen-Anhalt	Thüringen	Alte Bundesländer	Anzahl	Anteil in %
Gewalttaten Grenze	98	14	6	2	20	30	2	172	25,7
Rechtsbeugung	93	5	31	69	10	16		224	33,4
Wahlfälschung	5	10	2	11	3	33		64	9,6
MfS-Straftaten	30		2	39	8	8		87	13,0
Denunziationen	10			2	1		1	14	2,1
Mißhandlungen	4	3	1	27	2	8		45	6,7
Amtsmißbrauch/Korruption	23		3	1	4	7		38	5,7
Wirtschaftsstraftaten	14	1		2	2	1		20	3,0
Doping	2							2	0,3
Sonstiges			1	2	1			4	0,6
Gesamt	279	33	46	155	51	103	3	670	100,0

Erwähnung verdient noch, daß die beiden Deliktsgruppen, die bereits in der DDR zum Gegenstand von Strafverfolgungsmaßnahmen gemacht wurden, nämlich Wahlfälschung sowie Amtsmißbrauch und Korruption, an allen Verfahren, in denen Anklage erhoben oder ein Strafantrag gestellt wurde, mit zusammen 15,3% beteiligt sind.

Hinsichtlich der Länderverteilung ist es angesichts der Konzentration der Strafverfolgungsbemühungen in Berlin nicht überraschend, daß Berlin mit 41,6% auch den größten Anteil an den Anklagen und Strafbefehlsanträgen hat.[895] Die Anteile der übrigen Länder unterscheiden sich teilweise beträchtlich (Sachsen 23,1%; Thüringen 15,4%; Sachsen-Anhalt 7,6%; Mecklenburg-Vorpommern 6,9%; Brandenburg 4,9%). Diese Unterschiede entsprechen aber weitgehend den Unterschieden in den Anteilen an den eingeleiteten Ermittlungsverfahren. Wie die Analyse der justitiellen Zahlenangaben gezeigt hat,[896] stimmen die Anklagequoten der meisten Bundesländer mit ca. 1% überein. Eine Besonderheit ist lediglich für Brandenburg festzustellen. Der geringe Anteil des Landes an den Anklagen entspricht nicht dem Anteil an den Ermittlungsverfahren, sondern ist aus einer besonders niedrigen Anklagequote von 0,3% hervorgegangen.

c) Zeitliche Entwicklung der Verfahren

Tabelle 28 schlüsselt die Verfahren jahresweise nach dem Datum der Anklageerhebung oder des Strafbefehlsantrags auf.

*Tabelle 28: Entwicklung der Anklagen und Strafbefehlsanträge**

Jahr	Anzahl	Anteil in %
1990	42	6,3
1991	34	5,1
1992	54	8,1
1993	79	11,8
1994	106	15,8
1995	93	13,9
1996	133	19,9
1997	81	12,1
1998**	34	5,1
ohne Datum	14	2,1
Gesamt	670	100,0

* Die Zuordnung erfolgte nach der Datierung der Anklage bzw. des Strafbefehls(antrags), stimmt also nicht in jedem Fall mit dem Eingangsjahr bei Gericht überein.

** Stand vom 15. Juli 1998.

895 Auf eine Differenzierung bei den Berliner Verfahren nach Zentral- und Bezirksebene (vgl. S. 157 ff.) wurde bei den eigenen Erhebungen verzichtet.

896 Vgl. Tabelle 25 auf S. 195.

Von den 42 Verfahren aus dem Jahr 1990 wurden 34 bereits vor dem 3. Oktober 1990 von DDR-Staatsanwaltschaften in die Wege geleitet.[897] Einen Höhepunkt erreichten die Anklageaktivitäten der Staatsanwaltschaften im Jahr 1996, in dem ein Fünftel aller Anklagen erhoben wurden. Seither sinkt die Anzahl der Verfahren deutlich. Zwar beziehen sich die Zahlen für 1998 nur auf den Zeitraum bis zum 15. Juli. Es gibt jedoch keinerlei Anzeichen dafür, daß die Verfahren danach entgegen dem Entwicklungstrend zunehmen könnten. Abgesehen von der erst kürzlich in Angriff genommenen Deliktsgruppe des Dopings,[898] sind keine Bereiche ersichtlich, in denen die Verfahrenszahlen noch ansteigen könnten. Der Schwerpunkt der Strafverfolgungsmaßnahmen hat sich von den Staatsanwaltschaften zu den Gerichten hin verlagert.

d) Verteilung der Angeschuldigten nach Deliktsgruppen und Bundesländern

Die genannten 670 Verfahren richten sich gegen insgesamt 1.212 Angeschuldigte.[899] Daraus errechnet sich ein Durchschnittswert, der mit 1,8 nahe an einer Zahl von zwei Angeschuldigten pro Verfahren liegt.

Hinter der Gesamtzahl von 1.212 Angeschuldigten verbergen sich jedoch nicht unterschiedliche Personen in gleich großer Zahl. Die Angeschuldigtenzahl wurde verfahrensbezogen ermittelt. Nicht wenige der Angeschuldigten wurden jedoch in zwei oder mehr Verfahren angeklagt. Die Zahl derjenigen Personen, die überhaupt im Zusammenhang mit DDR-Unrechtstaten angeklagt wurden, ist also geringer. Werden Mehrfachanklagen gegen eine Person zunächst nur innerhalb derselben Deliktsgruppe in Rechnung gestellt, so reduziert sich die Zahl der Personen, die von Strafverfolgungsmaßnahmen betroffen sind, bereits um mehr als 10% auf 1.060. Darunter befinden sich wiederum mehrere Personen, denen Straftaten in mindestens zwei Deliktsgruppen, in zwei Fällen sogar Straftaten aus drei Deliktsgruppen angelastet werden. Betroffen sind vor allem Angehörige der Staats- und Parteiführung der DDR. So mußten sich zum Beispiel Mitglieder des Politbüros sowohl wegen des Grenzregimes der DDR als auch wegen Amtsmißbrauchs und Korruption und zum Teil auch wegen Wahlfälschung vor Gericht verantworten. Damit verringert sich die Zahl der wegen Straftaten im Zusammenhang mit DDR-Systemkriminalität angeschuldigten Personen auf 1.042.[900] Dies bestätigt einen Wert, der sich bereits bei der Ermittlung einer durchschnittlichen Anklagequote von 1% ergab.[901] Die Zahl der von einer Anklage betroffenen Personen steht im Verhältnis von 1:100 zu der Zahl der Beschuldigten überhaupt, die oben[902] auf etwa 100.000 geschätzt wurde. Der Verfahrensabschnitt der Anklageerhebung hat also zu einem drastischen Rückgang der Zahl der betroffenen Personen geführt.

897 Vgl. zu den Strafverfolgungsaktivitäten in der Endphase der DDR S. 148 ff.

898 Vgl. S. 102 ff.

899 Ausgenommen sind diejenigen Angeschuldigten in den genannten 670 Verfahren, für die eine Erledigung noch vor dem 3.10.1990 erfolgte (n = 7).

900 Auf dieser Basis errechnet sich eine verfahrensbezogene Beschuldigtenzahl von 1,6.

901 Vgl. Tabelle 25 auf S. 195.

902 Vgl. S. 194.

*Tabelle 29: Angeschuldigte nach Deliktsgruppen und Bundesländern**

Deliktsgruppen	Bundesländer							Gesamt	
	Berlin	Branden-burg	Mecklenbg-Vorp.	Sachsen	Sachsen-Anhalt	Thüringen	Alte Bun-desländer	Anzahl	Anteil in %
Gewalttaten Grenze	228 (227)	38 (38)	6 (6)	3 (3)	38 (37)	48 (48)	2 (2)	363 (361)	30,0 (34,1)
Rechtsbeugung	163 (110)	13 (12)	61 (34)	115 (76)	21 (20)	27 (22)		400 (274)	33,0 (25,8)
Wahlfälschung	20 (19)	23 (23)	2 (2)	28 (27)	10 (10)	44 (44)		127 (125)	10,5 (11,8)
MfS-Straftaten	56 (53)		8 (8)	46 (43)	16 (15)	17 (16)		143 (135)	11,8 (12,7)
Denunziationen	11 (11)			2 (2)	1 (1)		1 (1)	15 (15)	1,2 (1,4)
Mißhandlungen	4 (4)	4 (4)	1 (1)	32 (30)	2 (2)	10 (10)		53 (51)	4,4 (4,8)
Amtsmißbrauch/Korruption	30 (24)		5 (5)	1 (1)	5 (5)	15 (15)		56 (50)	4,6 (4,7)
Wirtschaftsstraftaten	31 (26)	4 (4)		4 (4)	2 (1)	1 (1)		42 (36)	3,5 (3,4)
Doping	6 (6)							6 (6)	0,5 (0,6)
Sonstiges			2 (2)	3 (3)	2 (2)			7 (7)	0,6 (0,7)
Gesamt	549 (480)	82 (81)	85 (59)	234 (189)	97 (93)	162 (156)	3 (3)	1.212 (1.060)	100,0 (100,0)

* Die Zahlen in Klammern ergeben sich, wenn jede innerhalb einer Deliktsgruppe mehrfach angeklagte Person nur einmal gezählt wird.

Da die genannten drei Zahlenwerte für Angeschuldigte erheblich differieren, entscheidet für die folgenden Auswertungen der jeweilige Kontext, welche Zahl Verwendung findet.

Tabelle 29 zeigt zunächst die Verteilung der Angeschuldigten insgesamt, also einschließlich der mehrfach angeklagten Personen, nach Deliktsgruppen und Bundesländern. Der Anteil der jeweiligen Deliktsgruppen an den Angeschuldigten entspricht weitgehend deren Anteil an den Verfahren insgesamt.[903] Die meisten Personen sind wegen Rechtsbeugung angeklagt (33,0%), etwas weniger (30,0%) müssen sich wegen Gewalttaten an der deutsch-deutschen Grenze verantworten. Diese Zahlen übertreffen die Verfahrenszahlen noch an Deutlichkeit: Mit 63% der Angeschuldigten beherrschen die Verfahren wegen Rechtsbeugung und Gewalttaten die Anklagepraxis eindeutig. Die übrigen Deliktsgruppen treten weit dahinter zurück.

Verschiebungen ergeben sich allerdings, wenn Personen, gegen die in einer Deliktsgruppe zwei oder mehr Anklagen erhoben wurden, nur einmal gezählt werden.

Tabelle 29 weist die jeweilige Zahl in Klammern aus. Die Differenz ist bei den Rechtsbeugungsverfahren besonders groß. Es zeigt sich, daß die verfahrensbezogen ermittelte Angeschuldigtenzahl von 400 auf eine Zahl von 274 sinkt, die die in diesem Stadium überhaupt von Rechtsbeugungsverfahren betroffenen Personen erfaßt. Zwei- oder mehrfache Anklagen gegen eine Person kommen in anderen Deliktsgruppen weitaus seltener vor. Bei einer Bestimmung der Verteilung auf dieser Basis sinkt der Anteil der wegen Rechtsbeugung Verfolgten auf 25,8% aller Angeschuldigten. Die größte Gruppe bilden dann die wegen Gewalttaten an der deutsch-deutschen Grenze angeklagten Personen mit 34,1%. An der Dominanz diese beiden Deliktsgruppen ändert sich aber nichts.

Die Länderanteile entsprechen in der Größenordnung den jeweiligen Anteilen an den Verfahren, wie sie oben[904] festgestellt wurden. Die weitaus größte Anzahl an Angeschuldigten ist für Berlin zu verzeichnen. Es folgen Sachsen, Thüringen, Sachsen-Anhalt, Mecklenburg-Vorpommern und Brandenburg. Jedoch verschieben sich die Prozentwerte in teilweise bemerkenswertem Umfang. Für Berlin und Brandenburg errechnet sich ein höherer Prozentwert von 45,3% (Verfahrensanteil: 41,6%) beziehungsweise 6,8% (Verfahrensanteil: 4,9%), während der Anteil Sachsens auf 19,3% (Verfahrensanteil: 23,1%) sinkt. Für diese Länder liegt dementsprechend der durchschnittliche Wert für Angeschuldigte pro Verfahren mit 2,0 (Berlin) und 2,5 (Brandenburg) über sowie 1,5 (Sachsen) unter dem allgemeinen Durchschnittswert von 1,8.

Nähere Betrachtung verdient die Anklagepraxis in Brandenburg. Während das Land mit 4,9% einen auffallend geringen Anteil an Verfahren hat, liegt sein Anteil an der Gesamtheit der Angeschuldigten mit 6,8% nur noch geringfügig unter dem Anteil von Mecklenburg-Vorpommern mit 7,0%. Bleiben zwei- und mehrfache Anklagen gegen dieselbe Person unberücksichtigt, dann übertrifft der Anteil Brandenburgs mit 7,6% sogar denjenigen von Mecklenburg-Vorpommern mit 5,6%. Die Staatsanwaltschaft Brandenburg ist besonders verfahrensökonomisch vorgegangen. Sie hat mit nur einer

903 Vgl. Tabelle 27 auf S. 199.
904 Vgl. Tabelle 27 auf S. 199.

Ausnahme vermieden, daß eine Person zwei- oder mehrfach angeklagt wurde.[905] Außerdem sind pro Verfahren deutlich mehr Personen angeklagt worden als in anderen Ländern.[906]

Das Verfahren mit den meisten Angeschuldigten fand im übrigen in Berlin statt. Eine Anklage vom 30. Mai 1990 richtete sich gegen den ehemaligen Ostberliner Oberbürgermeister Krack und weitere 13 Personen wegen des Vorwurfs der Wahlfälschung. Derartige Großverfahren zählen jedoch zu den Ausnahmen: In 79,0% aller Verfahren waren ein bis höchstens zwei Personen angeklagt.

e) Untersuchungshaft

Das hier verwendete Zahlenmaterial läßt nur in sehr begrenztem Umfang Aussagen darüber zu, wie in Strafverfahren wegen DDR-Unrechts von dem prozessualen Zwangsmittel der Untersuchungshaft Gebrauch gemacht wurde. Nicht die Haftpraxis insgesamt, sondern lediglich die Verhängung von Untersuchungshaft gegen die Personen, gegen die Anklage erhoben wurde, kann dargestellt werden.

Als Grundgesamtheit wird die Zahl von 1.060 Personen verwendet. Sie ergibt sich, wie oben dargelegt,[907] wenn zwei- oder mehrfach innerhalb derselben Deliktsgruppe angeklagte Personen nur einfach gezählt werden. Tabelle 30 gibt wieder, wie sich die Fälle, in denen Untersuchungshaft verhängt wurde, auf die Deliktsgruppen verteilen.

Den Schwerpunkt der Haftpraxis bildet eindeutig der Deliktsbereich von Amtsmißbrauch und Korruption. Diesem Bereich gehören 51,8% aller Haftfälle an. Auch ist hier die Haftquote mit 58,0% extrem hoch. In den übrigen Bereichen liegt diese Quote durchweg deutlich niedriger. Besonders selten, nämlich nur in 0,7% der Fälle, wurde im Rechtsbeugungsbereich verhaftet. Die Haftquote für alle Fälle halbiert sich, wenn die Deliktsgruppe des Amtsmißbrauchs und der Korruption unberücksichtigt bleibt.

Weitere Erkenntnisse verschafft eine zeitliche Differenzierung. Für die Haftpraxis hat der Zeitraum vor dem 3. Oktober 1990 ganz erhebliche Bedeutung. In 33 der 56 Fälle ordnete noch die DDR-Justiz Untersuchungshaft an. Auch endete in 29 Fällen die Untersuchungshaft noch zu DDR-Zeiten.[908] Die bundesdeutsche Justiz hat somit lediglich gegen 2,6% aller angeklagten Personen Untersuchungshaft angeordnet oder eine bereits verhängte Untersuchungshaft aufrechterhalten.

905 Das Ausmaß der personenbezogenen Verfahrenskonzentration wird sichtbar, wenn in Tabelle 29 jeweils die Zahl der Namensnennungen in Anklagen (erster Wert) durch die Zahl der von (einer, zwei oder mehreren) Anklagen betroffenen Personen (Klammerwert) dividiert wird. Es ergibt sich ein Wert für die durchschnittliche Anzahl von Verfahren pro Person. Er beträgt für Brandenburg 1,01, Sachsen-Anhalt und Thüringen 1,04, Berlin 1,14, Sachsen 1,23 und Mecklenburg-Vorpommern 1,44.

906 Bereits genannt wurde der Wert von 2,5 als durchschnittlicher Wert für angeklagte Personen pro Verfahren. Dieser Wert lautet für die anderen Bundesländer folgendermaßen: Berlin 2,0; Sachsen-Anhalt 1,9; Mecklenburg-Vorpommern 1,8; Thüringen 1,6; Sachsen 1,5.

907 Vgl. S. 201.

908 Für drei Fälle war das Datum der Beendigung der Untersuchungshaft nicht zu ermitteln.

Tabelle 30: Untersuchungshaft nach Deliktsgruppen

Deliktsgruppen	Angeschuldigte gesamt	davon in U-Haft	
Gewalttaten Grenze	361	10	(2,8%)
Rechtsbeugung	274	2	(0,7%)
Wahlfälschung	125	2	(1,6%)
MfS-Straftaten	135	7	(5,2%)
Denunziationen	15	3	(20,0%)
Mißhandlungen	51	1	(2,0%)
Amtsmißbrauch/Korruption	50	29	(58,0%)
Sonst. Wirtschaftsstraftaten	36	2	(5,6%)
Doping	6		
Sonstiges	7		
Gesamt	1.060	56	(5,3%)

Noch klarere Konturen erhält das Bild, wenn hinzugenommen wird, daß 28 der 29 Haftanordnungen im Deliktsbereich von Amtsmißbrauch und Korruption noch vor dem 3. Oktober 1990 durch die DDR-Justiz ergingen.[909] Intensiv wurde vom Zwangsmittel der Untersuchungshaft lediglich in DDR-Strafverfahren wegen Amtsmißbrauchs und Korruption Gebrauch gemacht. Insoweit besteht ganz offensichtlich ein Zusammenhang mit Entwicklungen in Politik und Medien in der Endphase der DDR. Nach der Einleitung der politischen Wende rückte recht bald der wirtschaftliche Mißbrauch von Machtpositionen neben den Wahlfälschungen in das Zentrum der öffentlichen Kritik.[910]

f) Erledigung der Anklagen

Zu einem überwiegenden Teil sind die Anklagen bereits durch verfahrensabschließende Entscheidungen erledigt. Eine Betrachtung der Verfahren, die eine Erledigung erst dann annimmt, wenn für alle angeschuldigten Personen eine abschließende Entscheidung vorliegt, gelangt zu dem folgenden Ergebnis. Von 670 erfaßten Verfahren sind 315 (47,0%) durch eine rechtskräftige Entscheidung und weitere 58 (8,7%) in sonstiger Weise, in erster Linie durch Anklagerücknahme und Verbindung, zu einem Abschluß gelangt.

Für die weitere Untersuchung soll der Personenbezug maßgebend sein: Gefragt wird danach, ob und wie für eine angeklagte Person das jeweilige Verfahren durch eine abschließende Entscheidung beendet wurde. Zwei- und mehrfache Anklagen einer Person werden also bei der Personenzählung entsprechend berücksichtigt. Den Ausgangs-

909 *Alexander Schalck-Golodkowski* wurde im Dezember 1989 von der Westberliner Justiz in Untersuchungshaft genommen.

910 Vgl. dazu S. 105 ff. sowie *Bock*, Vergangenheitspolitik, S. 178 ff.

punkt bildet demnach die Zahl von 1.212 Angeschuldigten.[911] In 52,3% dieser Fälle ist das Verfahren definitiv beendet.

Tabelle 31 läßt erkennen, daß die Verfahrenserledigung in den Deliktsgruppen unterschiedlich weit vorangeschritten ist.

Als praktisch abgeschlossen können die Verfahren wegen Wahlfälschung mit einer Erledigungsquote von 95,3% gelten. Weit vorangeschritten sind die Verfahren wegen Amtsmißbrauchs und Korruption (75,0%), Gefangenenmißhandlung (67,9%) und Denunziation (66,7%). Dagegen sind die Verfahren in den Bereichen mit den meisten Angeschuldigten erst knapp zur Hälfte zu einem Abschluß gelangt. Die Deliktsgruppe der Grenztaten weist eine Erledigungsquote von 45,2%, diejenige der Rechtsbeugung von 43,0% auf. Erkennbar wird, daß sich der Schwerpunkt der justitiellen Tätigkeit im Laufe der Zeit von den bereits in der DDR verfolgten Delikten zur Aufarbeitung des Grenzregimes und des Justizunrechts verschoben hat.

Tabelle 31: Erledigungen nach Deliktsgruppen, bezogen auf Angeschuldigte

Deliktsgruppe	Angeschuldigte gesamt	davon Verf. erledigt	Erledigungsquote
Gewalttaten Grenze	363	164	45,2
Rechtsbeugung	400	172	43,0
Wahlfälschung	127	121	95,3
MfS-Straftaten	143	70	49,0
Denunziationen	15	10	66,7
Mißhandlungen	53	36	67,9
Amtsmißbrauch/Korruption	56	42	75,0
Wirtschaftsstraftaten	42	14	33,3
Doping	6		
Sonstiges	7	5	71,4
Gesamt	1.212	634	52,3

Tabelle 32 gibt Auskunft über die Verteilung der Erledigungsarten. Hervorhebung verdient in erster Linie die große Zahl der Fälle, in denen die Gerichte eine Eröffnung des Hauptverfahrens abgelehnt haben. Die entsprechende Quote von 11,7% übertrifft bei weitem diejenige, die die Rechtspflegestatistik für sämtliche Strafverfahren ausweist. Diese beträgt für das Jahr 1996 lediglich ca. 0,6%.[912] Zur Hauptsache ist mit 52 Fällen

911 Vgl. S. 201.

912 Eigene Berechnungen nach *Statistisches Bundesamt*, Rechtspflege 1996, Tabelle 4.2 und 4.4, S. 84 ff. Da die Angaben alle Arten der Erledigung im Zwischenverfahren umfassen und sich auf Verfahren, nicht aber auf Angeschuldigte beziehen, ist ein wirklich exakter Vergleich nicht möglich. Die deutliche Differenz in der Größenordnung bleibt von dieser Unsicherheit jedoch unberührt.

*Tabelle 32: Art der Erledigung, bezogen auf Angeschuldigte**

Art der Erledigung	Anzahl	Anteil in %
Urteil**	391	61,7
Erlaß eines Strafbefehls**	38	6,0
Einstellung**	63	9,9
Ablehnung der Eröffnung des Hauptverfahrens**	74	11,7
Anklagerücknahme durch die StA	43	6,8
Verbindung mit einer anderen Sache	25	3,9
Gesamt	634	100,0

* Erfaßt werden nur Entscheidungen, die das Verfahren für den Angeschuldigten vollständig beenden. Unberücksichtigt bleiben daher Teilentscheidungen, wie z.B. die teilweise Nichteröffnung des Hauptverfahrens, die teilweise Einstellung und die Beschränkung der Strafverfolgung.

** Die mit ** versehenen Erledigungsarten erfassen rechtskräftige Entscheidungen. Zu den Einstellungen werden auch solche durch Urteil gezählt. Im Falle des Todes eines Angeschuldigten wird auch ohne formellen Einstellungsbeschluß von einer Einstellung ausgegangen.[913]

die Deliktsgruppe der Rechtsbeugung betroffen. Erwähnenswert sind noch 14 Fälle, in denen Verfahren wegen MfS-Straftaten nicht eröffnet wurden.

Als Erklärung bietet sich an, daß Staatsanwaltschaften und Gerichte im Bereich des DDR-Unrechts und insbesondere im Hinblick auf Rechtsbeugungstaten viel häufiger als sonst unterschiedliche Auffassungen über die Strafbarkeit des angeklagten Verhaltens vertreten. Die Gerichte stecken den Bereich des Strafbaren enger ab und nutzen ihre Entscheidungsmacht, um ein Hauptverfahren zu vermeiden. Die rechtliche Kontrollfunktion des Zwischenverfahrens, die in der justitiellen Alltagspraxis kaum einmal zutage tritt, entfaltet in den Verfahren wegen DDR-Unrechts deutliche Wirkung. Sie macht sich ferner noch dadurch bemerkbar, daß die Staatsanwaltschaften in 43 weiteren Fällen durch Rücknahme der Anklage einer zu erwartenden ablehnenden gerichtlichen Entscheidung zuvorkamen. Wiederum ist der Rechtsbeugungsbereich daran mit 38 Fällen zur Hauptsache beteiligt. Staatsanwaltschaften und Gerichte gelangten in diesem Bereich somit besonders häufig zu unterschiedlichen Beurteilungen. Offenbar haben es die Grundsatzentscheidungen des Bundesgerichtshofs aus den Jahren 1993 und 1994[914] nicht vermocht, Divergenzen zwischen den Staatsanwaltschaften und den Tatgerichten zu verhindern. 36 der insgesamt 52 Rechtsbeugungsfälle, in denen die Eröffnung des Hauptverfahrens abgelehnt wurde, stammen aus der Zeit danach. Die Fälle der Nichteröffnung und der Anklagerücknahme erreichen in diesem Bereich zusammen eine

913 Der Tod eines Beschuldigten schließt eine Sachentscheidung aus. Ob das Verfahren mit dem Tod des Beschuldigten beendet ist oder ob ein formeller Einstellungsbeschluß ergehen muß, ist umstritten (*Kleinknecht/Meyer-Goßner*, StPO, § 206a, Rn. 8).

914 Vgl. S. 58 ff.

Quote von 18,5%. Für nahezu ein Fünftel aller wegen Rechtsbeugung angeklagten Personen ist also das Verfahren noch vor Eröffnung des Hauptverfahrens beendet worden.

Festzuhalten ist, daß das Zwischenverfahren im Unterschied zur sonstigen Justizpraxis die Zahl der Verfahren in beachtlichem Umfang reduziert hat.

Ergänzend ist auf einen weiteren Grund für eine vorzeitige Verfahrensbeendigung hinzuweisen, der eine Besonderheit darstellt. In sechs Fällen lehnten die Gerichte die Eröffnung des Hauptverfahrens mangels Verhandlungsfähigkeit ab. Ob dieser Grund auch die Rücknahme von Anklagen veranlaßt hat, ließ sich nicht feststellen. Eine gewisse Wahrscheinlichkeit spricht dafür. Denn die Angeschuldigten in Strafverfahren wegen DDR-Unrechts weisen ein außerordentlich hohes Durchschnittsalter auf.[915]

g) Aburteilungen und Verurteilungen

In 454 der 634 erledigten Fälle ergingen abschließende Entscheidungen im Hauptverfahren. Sie sollen im folgenden näher betrachtet werden. Hinzugenommen werden die 38 Fälle, in denen Gerichte einen Strafbefehl erließen, der, sofern nicht Einspruch erhoben wird, einer rechtskräftigen Verurteilung gleichsteht.[916]

Wie Tabelle 33 zeigt, liegt der Anteil der Verurteilungen mit 58,7% deutlich unter der Verurteilungsquote, die die allgemeine Strafverfolgungsstatistik ausweist. Diese betrug für das Jahr 1996 77,8%.[917] Für mehr als ein Viertel der Betroffenen endete das gerichtliche Verfahren mit einem Freispruch (26,6%).

Einstellungen machen mehr als ein Zehntel der gerichtlichen Entscheidungen aus (12,9%). In 30 Einstellungsentscheidungen, also in fast der Hälfte der Fälle, wurde von §§ 153, 153a StPO Gebrauch gemacht, was voraussetzt, daß der Tatvorwurf als minder gewichtig angesehen wurde. Im übrigen spiegelt sich in den Einstellungsgründen das hohe Alter der Betroffenen wider.[918] In 14 Fällen erfolgte die Einstellung, weil der Angeklagte verstorben war. In weiteren fünf Fällen beruhte die Einstellung auf dauerhafter Verhandlungsunfähigkeit.

915 Die Angeschuldigten sind zum Zeitpunkt der Anklageerhebung durchschnittlich 56,3 Jahre alt. Ein Viertel ist bereits über 64 Jahre alt. Für die einzelnen Deliktsgruppen ergeben sich unterschiedliche Werte. Im Einzelnen: Amtsmißbrauch und Korruption (60,6), Sonstige Wirtschaftsstraftaten (60,2), Rechtsbeugung (59,4), MfS-Straftaten (58,8), Gewalttaten Grenze (54,7), Doping (53,3), Wahlfälschung (53,0), Gefangenenmißhandlung (50,8), Denunziation (47,8), Sonstige (44,3). Diese Daten basieren auf einer Auswertung der Daten von 1.036 Angeschuldigten. In 24 Fällen waren das Geburtsjahr oder das Anklagedatum unbekannt.

916 § 410 Abs. 3 StPO.

917 Vgl. *Statistisches Bundesamt*, Strafverfolgung 1996, Tabelle 1.3, S. 14 f. Diese Quote von 77,8% bezieht sich auf die alten Bundesländer und Berlin-Ost und läßt Straßenverkehrsdelikte sowie die Entscheidungsform der Verwarnung mit Strafvorbehalt unberücksichtigt. Die Quote für das Jahr 1996 liegt auch keineswegs ungewöhnlich hoch. So betrug sie z.B. für das Jahr 1970 83,8%, für das Jahr 1980 75,1% und für das Jahr 1989 74,5%; vgl. *Statistisches Bundesamt*, Strafverfolgung 1989, Tabelle 1, S. 9.

918 Vgl. Fn. 915.

Tabelle 33: Erledigungen im Hauptverfahren und durch Strafbefehl, bezogen auf Angeklagte

Art der Erledigung	Anzahl	Anteil in %
Verurteilung	289	58,7
Freispruch	131	26,6
Einstellung*	63	12,9
Verwarnung mit Strafvorbehalt	9	1,8
Gesamt	492	100,0

* Erfaßt sind beide Entscheidungsformen: Beschluß und Urteil. Im Falle des Todes eines Angeschuldigten wurde auch ohne formellen Einstellungsbeschluß von einer Einstellung ausgegangen. Es ließ sich in diesen Fällen nicht stets mit letzter Sicherheit feststellen, daß das Hauptverfahren tatsächlich bereits eröffnet war.

Bemerkenswert ist schließlich noch, daß häufiger als sonst[919] eine Maßnahme mit „Ausnahmecharakter“[920] ergriffen wurde. In immerhin neun Fällen blieb es bei einer bloßen Verwarnung mit Strafvorbehalt. Vier Verwarnungen betrafen Fälle der Mißhandlung von Gefangenen, drei die Deliktsgruppe des Amtsmißbrauchs und der Korruption sowie zwei den Bereich der Wahlfälschung.

Tabelle 34 befaßt sich nur noch mit den gerichtlichen Urteilen in der Sache durch Verurteilung oder Freispruch. Einstellungen und Verwarnungen mit Strafvorbehalt bleiben unberücksichtigt. Die Untersuchung hat also 420 abgeurteilte Personen zur Grundlage. Dargestellt wird, wie sich die beiden Arten gerichtlicher Sachentscheidung in den Deliktsgruppen verteilen.

Die Übersicht vermittelt insgesamt den Eindruck, daß recht häufig freigesprochen wurde. In etwa einem Drittel aller Fälle hatte das Verfahren einen Freispruch zum Ergebnis. In einigen Deliktsgruppen liegt die Freispruchquote noch deutlich höher. Sieht man von denjenigen Deliktsgruppen ab, deren Fallzahl für eine gesicherte Aussage zu niedrig ist, so sind der Bereich der Rechtsbeugung mit 54,2% und der Bereich der MfS-Straftaten mit 42,9% zu nennen. Bemerkenswert sind ferner zwei Abweichungen gegenläufiger Art. Besonders niedrige Freispuchsquoten weisen die beiden Bereiche auf, in denen die bundesdeutsche Justiz die in der DDR eingeleitete Strafverfolgung fortgeführt hat. Freigesprochen wurden Angeklagte in der Deliktsgruppe der Wahlfälschung nur in 4,2% aller Fälle und in der Deliktsgruppe des Amtsmißbrauchs und der Korruption lediglich in 18,5% aller Fälle.

Über den mit der rechtskräftigen Aburteilung erreichten Stand in der Entwicklung der Strafverfolgung von DDR-Unrecht informiert die Gegenüberstellung der Anteile der Deliktsgruppen an den angeklagten und an den verurteilten Personen in Tabelle 35.

919 In der Strafverfolgungsstatistik werden für 1996 3.864 Personen ausgewiesen, die wegen Straftaten ohne Verkehrsstraftaten gem. § 59 StGB verwarnt wurden. Faßt man diese mit den 544.921 Abgeurteilten zusammen, so ergibt sich ein Anteil der Verwarnten an der gesamten Personengruppe von lediglich 0,7% (eigene Berechnungen nach *Statistisches Bundesamt*, Strafverfolgung 1996, Tabelle 2.2 auf S. 42 f.).

920 *Lackner/Kühl*, StGB 23. Aufl., § 59 Rn. 1.

Tabelle 34: Freisprüche und Verurteilungen nach Deliktsgruppen

Deliktsgruppe	Aburteilungen	rechtskräftige Freisprüche		Verurteilungen	
Gewalttaten Grenze	151	53	(35,1%)	98	(64,9%)
Rechtsbeugung	59	32	(54,2%)	27	(45,8%)
Wahlfälschung	96	4	(4,2%)	92	(95,8%)
MfS-Straftaten	35	15	(42,9%)	20	(57,1%)
Denunziationen	9	5	(55,6%)	4	(44,4%)
Mißhandlungen	29	10	(34,5%)	19	(65,5%)
Amtsmißbrauch/Korruption	27	5	(18,5%)	22	(81,5%)
Wirtschaftsstraftaten	9	4	(44,4%)	5	(55,6%)
Sonstiges	5	3	(60,0%)	2	(40,0%)
Gesamt	420	131	(31,2%)	289	(68,8%)

Tabelle 35: Angeschuldigte in erledigten Verfahren und rechtskräftig Verurteilte nach Deliktsgruppen

Deliktsgruppe	Angeschuldigte		Verurteilte	
Gewalttaten Grenze	164	(25,9%)	98	(33,9%)
Rechtsbeugung	172	(27,1%)	27	(9,3%)
Wahlfälschung	121	(19,1%)	92	(31,8%)
MfS-Straftaten	70	(11,0%)	20	(6,9%)
Denunziationen	10	(1,6%)	4	(1,4%)
Mißhandlungen	36	(57%)	19	(6,6%)
Amtsmißbrauch/Korruption	42	(6,6%)	22	(7,6%)
Wirtschaftsstraftaten	14	(2,2%)	5	(1,7%)
Sonstiges	5	(0,8%)	2	(0,7%)
Gesamt	634	(100,0%)	289	(100,0%)

Sichtbar wird, daß sich bei den zahlenmäßig bedeutenden Deliktsgruppen im Verfahrensfortgang von der Anklage zur Verurteilung die Anteile in ganz erheblichem Umfang verändern. Herbeigeführt wird die Verschiebung durch eine außerordentlich niedrige Verurteilungsquote bei den Rechtsbeugungstaten. Für die in bereits erledigten Verfahren wegen Rechtsbeugung angeklagten Personen errechnet sich eine Verurteilungsquote von nur 15,7%. Dadurch sinkt der Anteil dieser Deliktsgruppe von mehr als einem Viertel bei den Anklagen auf unter 10% bei den Verurteilungen. Ferner wirkt sich aus, daß die Verurteilungsquote bei den Wahlfälschungen mit 76,0% besonders hoch ist. Dementsprechend wächst der Anteil dieser Gruppe von knapp einem Viertel bei den Anklagen auf fast ein Drittel bei den Verurteilungen.

Im Voranschreiten des Verfahrens von der staatsanwaltlichen Anklagepraxis zur gerichtlichen Urteilspraxis kommt es also zu einer deutlichen Schwerpunktverlagerung zwischen den Deliktsgruppen. Während Gewalttaten an der Grenze und Rechtsbeugungstaten zusammen noch mehr als die Hälfte der angeklagten Taten umfassen, beträgt ihr Anteil an den Verurteilungen nur noch etwas mehr als 40%. Nicht weit davon entfernt ist mit zusammen 39,4% der Anteil derjenigen Deliktsgruppen an den Verurteilungen, in denen die Strafverfolgung noch zu DDR-Zeiten einsetzte. An den angeklagten Taten haben Wahlfälschungen sowie Taten im Bereich von Amtsmißbrauch und Korruption dagegen einen Anteil von insgesamt nur 17,6%.

Wie drastisch der quantitative Bedeutungsverlust der Rechtsbeugungstaten ist, wird noch deutlicher, wenn auch das Ermittlungsverfahren in die Betrachtung einbezogen wird. Der Anteil der Rechtsbeugungsverfahren an allen Ermittlungsverfahren wegen DDR-Unrechts liegt – grob geschätzt – bei etwa 70%.[921] Dieser Anteil schrumpft bei den Anklagen auf nur noch ein Viertel und schließlich bei den Verurteilungen auf lediglich knapp ein Zehntel.[922] In rein mengenbezogener Betrachtung verändert sich die Deliktsgruppe der Rechtsbeugung im Verlauf des Verfahrens von einer dominierenden Erscheinung zur Nebensache.

Die weitere Untersuchung hat die Sanktionspraxis zum Gegenstand. Das Interesse gilt den 289 verurteilten Personen. Zunächst wird dargestellt, wie sich die beiden Hauptstrafarten der Geldstrafe und der Freiheitsstrafe in den Deliktsgruppen verteilen. Bei den Freiheitsstrafen werden diejenigen gesondert ausgewiesen und anteilmäßig bestimmt, deren Vollstreckung zur Bewährung ausgesetzt wurde.

Insgesamt vermittelt die Sanktionspraxis den Eindruck, daß die Gerichte die Taten als mittelschwere Kriminalität einstufen. Er resultiert aus zwei Bewertungstendenzen, die im Verhältnis zur allgemeinen Sanktionspraxis eine gegenläufige Richtung aufwiesen. Für eine Beurteilung der Taten als Kriminalität von erheblichem Gewicht spricht der geringe Anteil der Geldstrafe von etwa 30%. Demgegenüber verzeichnet die allgemeine Verurteilungsstatistik einen Geldstrafenanteil von fast 80%.[923] Andererseits läßt ein außerordentlich hoher Anteil von Strafaussetzungen zur Bewährung an den verhängten Freiheitsstrafen die Taten in der Bewertung durch die Gerichte als weniger gewich-

921 Vgl. S. 194.

922 Diese vergleichende Betrachtung ist aus mehreren Gründen problematisch. Die zum Ermittlungsverfahren genannte Quote bezieht sich auf Verfahren, während die Angaben zu den Anklagen und Verurteilungen Personen zum Bezugspunkt haben. Auch ist zu bedenken, daß ein erheblicher Teil der Rechtsbeugungsverfahren noch unerledigt ist. Veränderungen bei den Verurteilungen sind also durchaus möglich. (Bei den angeklagten Personen beträgt der Anteil der Deliktsgruppe der Rechtsbeugung 33,0%, wenn zu den erledigten Fällen die noch unerledigten hinzugezählt werden; vgl. Tabelle 29 auf S. 202.) Unschärfen und mögliche Veränderungen in den Zahlenwerten berühren den Kern der Aussage aber nicht.

923 77,7% für Straftaten ohne Verkehrsstraftaten; eigene Berechnungen nach *Statistisches Bundesamt*, Strafverfolgung 1996, Tabelle 2.3, S. 68.

Tabelle 36: Verhängte Strafen nach Deliktsgruppen und Sanktionsarten

Deliktsgruppen	Gesamt	Geldstrafe		Freiheitsstrafe* gesamt		davon mit Bew.	
Gewalttaten Grenze	98			98	(100,0%)	87	(88,8%)
Rechtsbeugung	27	2	(7,4%)	25	(92,6%)	23	(92,0%)
Wahlfälschung	92	53	(57,6%)	39	(42,4%)	39	(100,0%)
MfS-Straftaten	20	12	(60,0%)	8	(40,0%)	7	(87,5%)
Denunziationen	5			5	(100,0%)	5	(100,0%)
Mißhandlungen	19	12	(63,2%)	7	(36,8%)	7	(100,0%)
Amtsmißbrauch/Korruption	22	5	(22,7%)	17	(77,3%)	12	(70,6%)
Wirtschaftsstraftaten	4			4	(100,0%)	4	(100,0%)
Sonstiges	2	2	(100,0%)				
Gesamt	289	86	(29,8%)	203	(70,2%)	184	(90,6%)

* In dem einzigen Fall der Verbindung einer Freiheitsstrafe mit einer Geldstrafe wurde lediglich die schwerere Freiheitsstrafe gezählt. In die Kategorie „Freiheitsstrafe mit Bewährung" wurde auch die „Verurteilung auf Bewährung" nach § 33 DDR-StGB mit einbezogen, die in Einzelfällen – als das mildere Gesetz – zur Anwendung kam, vgl. hierzu bereits S. 97 f.

tig erscheinen. Die Aussetzungsquote von 90,6% liegt deutlich über derjenigen der allgemeinen Sanktionspraxis, die etwa 70%[924] beträgt.

Überwiegend mit Geldstrafe wurden Taten aus dem Bereich der Mißhandlung von Gefangenen, der MfS-Straftaten und der Wahlfälschung geahndet. Dagegen wurde diese Strafart nur zurückhaltend verwendet bei Rechtsbeugungstaten sowie in der Deliktsgruppe des Amtsmißbrauchs und der Korruption. In den Fällen der Verurteilung wegen Gewalttaten an der Grenze fehlte es bereits an den gesetzlichen Voraussetzungen für die Verhängung einer Geldstrafe.

Weitere Erkenntnisse liefert eine Untersuchung des Strafmaßes. Tabelle 37 betrifft die verhängten Geldstrafen und differenziert nach der Zahl der Tagessätze und nach Deliktsgruppen.

Der Schwerpunkt der verhängten Geldstrafen liegt im unteren und mittleren Bereich. Die Zahl vom 90 Tagessätzen wurde nur in etwa einem Viertel der Fälle (26,7%) überschritten. Immerhin liegt dieser Wert aber deutlich über dem entsprechenden der allgemeinen Sanktionspraxis, der lediglich 4%[925] beträgt. Offenbar sind in den Verfahren wegen DDR-Unrechts gelegentlich auch solche Taten noch mit Geldstrafe geahndet worden, deren Schwere in vergleichbaren Fällen der sonstigen Kriminalität zu einer Freiheitsstrafe geführt hätte. Mit 61,6% entfallen die meisten Geldstrafen auf den Bereich der Wahlfälschung. Es folgen mit jeweils 14,0% die Deliktsgruppen der MfS-

924 67,8% für Straftaten ohne Verkehrsstraftaten; eigene Berechnungen nach *Statistisches Bundesamt*, Strafverfolgung 1996, Tabelle 3.1, S. 120.

925 7,1% für Straftaten ohne Verkehrsstraftaten; eigene Berechnungen nach *Statistisches Bundesamt*, Strafverfolgung 1996, Tabelle 3.3. S. 148.

Tabelle 37: Verhängte Geldstrafen nach Deliktsgruppen und nach der Zahl der Tagessätze*

Deliktsgruppen	Zahl der Tagessätze (in Tagen)				Anzahl
	5 bis 30	31 bis 90	91 bis 180	181 bis 360	gesamt
Rechtsbeugung	1	1			2
Wahlfälschung	4	35	14		53
MfS-Straftaten	2	7	2	1	12
Mißhandlungen	1	9	2		12
Amtsmißbrauch/Korruption		3	2		5
Sonstiges			2		2
Gesamt	8	55	22	1	86

* Erfaßt werden nur selbständig verhängte Geldstrafen. Der nur einmal aufgetretene Fall einer neben einer Freiheitsstrafe verhängten Geldstrafe bleibt unberücksichtigt.

Straftaten und der Gefangenenmißhandlung. Wie oben[926] dargelegt, weisen diese drei Deliktsgruppen auch mit jeweils etwa 60% den größten Geldstrafenanteil an den Verurteilungen auf.

Näher zu betrachten ist noch die Praxis der Sanktionierung mit Freiheitsstrafe. Eine erste Übersicht Tabelle 38 zeigt die Unterschiede im Zeitmaß der verhängten Freiheitsstrafe auf.

Nur ausnahmsweise, nämlich lediglich in 14 von 201 Fällen, wurde eine Freiheitsstrafe von mehr als zwei Jahren verhängt. In mehr als 90% aller Fälle überschritt die Strafe die Grenze von zwei Jahren nicht. Bei einer Freiheitsstrafe bis zu einem Jahr blieb es in mehr als 40% aller Fälle. Diese Zumessungspraxis hängt eng mit der gesetzlichen Regelung der Strafaussetzung zur Bewährung zusammen. Nach § 56 Absatz 1 StGB ist eine Freiheitsstrafe bis zu einem Jahr bei günstiger Bewährungsprognose stets auszusetzen. Absatz 2 der Vorschrift gestattet unter zusätzlichen Bedingungen auch die Aussetzung einer höheren Freiheitsstrafe, sofern sie zwei Jahre nicht übersteigt. Die Zahl von immerhin 22 Fällen, in denen die höchste noch aussetzungsfähige Strafe von zwei Jahren verhängt wurde, belegt, daß es den Gerichten darauf ankam, die Möglichkeit einer Strafaussetzung zur Bewährung intensiv zu nutzen. Dafür spricht auch, daß in nur vier der 187 Fälle einer Verurteilung zu einer Freiheitsstrafe bis zu zwei Jahren eine Strafaussetzung versagt wurde, wie Tabelle 39 belegt. Schließlich fällt auf, daß die höheren Freiheitsstrafen mit einer Ausnahme deutlich jenseits der Grenze von zwei Jahren liegen. Eine Strafaussetzung zur Bewährung sollte hier offensichtlich ausgeschlossen werden.

926 Vgl. Tabelle 36 auf S. 212.

Tabelle 38: Zumessung der verhängten Freiheitsstrafen insgesamt*

Freiheitsstrafe (mehr als ... bis einschließlich ...)	Anzahl	Anteil in %	Kumulative %
unter 6 Monaten	4	2,0	2,0
6 Monate	20	10,0	11,9
6 bis 9 Monate	31	15,4	27,4
9 Monate bis 1 Jahr	33	16,4	43,8
1 bis 2 Jahre**	99	49,3	93,0
2 bis 3 Jahre	1	0,5	93,5
3 bis 5 Jahre	6	3,0	96,5
5 bis 10 Jahre***	7	3,5	100,0
Gesamt	201	100,0	

* In einem Fall wurde zusätzlich zur Freiheitsstrafe eine Geldstrafe verhängt, die hier unberücksichtigt geblieben ist. Auch wurden zwei Freiheitsstrafen nicht gesondert ausgewiesen, die später in eine Gesamtstrafe einbezogen wurden.

** Darunter befindet sich eine Gesamtfreiheitsstrafe von einem Jahr und sechs Monaten, die durch Einbeziehung einer bereits rechtskräftigen Verurteilung zu 8 Monaten Freiheitsstrafe gebildet wurde.

*** Darunter befindet sich eine Gesamtfreiheitsstrafe von fünf Jahren und einem Monat, die durch Einbeziehung einer bereits rechtskräftigen Verurteilung zu einem Jahr und 6 Monaten Freiheitsstrafe gebildet wurde.

Weitergehende Differenzierungen bietet die Übersicht in Tabelle 39, die deliktsgruppenbezogen über das Strafmaß bei den Freiheitsstrafen und über den Umfang der Strafaussetzung zur Bewährung informiert.

Freiheitsstrafen über zwei Jahren erweisen sich, abgesehen von der Fallgruppe der Gewalttaten an der Grenze, als vereinzelte Ausnahmefälle. Dort haben sie aber immerhin einen Anteil von 11,2% an allen verhängten Freiheitsstrafen. Noch in anderer Hinsicht ist diese Deliktsgruppe bemerkenswert. Die Freiheitsstrafen bis zu zwei Jahren wurden ausnahmslos zur Bewährung ausgesetzt. Das verdient Erwähnung, weil Gegenstand der Verurteilung stets der Vorwurf des Totschlags war. In der allgemeinen Sanktionspraxis wird aber in einer nicht unerheblichen Zahl derjenigen Fälle eine Strafaussetzung zur Bewährung versagt, in denen wegen eines Totschlagsdelikts eine Freiheitsstrafe bis zu zwei Jahren verhängt wird. 1996 betrug die entsprechende Quote 15,9%.[927] Die Sanktionspraxis im Bereich der Straftaten an der Grenze ist also durch eine deutliche Polarisierung gekennzeichnet. Die Strafzumessung ist so angelegt, daß einerseits im weitaus größten Teil der Fälle das Strafmaß eine Strafaussetzung möglich macht; diese Möglichkeit wird dann auch vollständig ausgeschöpft. In den übrigen Fällen

927 Früheres Bundesgebiet einschließlich Ostberlin, Verurteilte 1996 mit Hauptstrafe nach allgemeinem Strafrecht, Verurteilungen zu einer Freiheitsstrafe bis zu zwei Jahren; eigene Berechnung nach *Statistisches Bundesamt*, Strafverfolgung 1996, Tabelle 3.1, S. 126 f.

Tabelle 39: Zumessung der verhängten Freiheitsstrafen nach Deliktsgruppen*

Deliktsgruppen	Freiheitsstrafe (mehr als … bis einschließlich …)													gesamt
	unter 6 M.	(dar. Straf-auss.)	6 M.	(dar. Straf-auss.)	6-9 M.	(dar. Straf-auss.)	9 M.-1 J.	(dar. Straf-auss.)	1-2 J.	(dar. Straf-auss.)	2-3 J.	3-5 J.	5-10 J.	
Gewalttaten Grenze			2	(2)	3	(3)	12	(12)	70	(70)		5	6	98
Rechtsbeugung	2	(2)	2	(2)	2	(2)	1	(1)	16	(15)		1		24
Wahlfälschung	1	(1)	12	(12)	15	(15)	10	(10)	1	(1)				39
MfS-Straftaten			1	(1)	3	(3)	2	(2)	1	(1)			1	8
Denunziationen					2	(2)	2	(2)	1	(1)				5
Mißhandlungen			1	(1)	2	(2)	2	(2)	2	(2)				7
Amtsmißbrauch/Korruption	1	(1)	1	(1)	4	(2)	2	(2)	7	(6)	1			16
Wirtschaftsstraftaten			1	(1)			2	(2)	1	(1)				4
Gesamt	4	(4)	20	(20)	31	(29)	33	(33)	99	(97)	1	6	7	201

* Eine in einem Fall zusätzlich zur Freiheitsstrafe verhängte Geldstrafe bleibt unberücksichtigt. Auch werden zwei Freiheitsstrafen nicht gesondert ausgewiesen, die später in eine Gesamtstrafe einbezogen wurden. Eine davon entfällt auf die Deliktsgruppe der Rechtsbeugung, in der eine Gesamtfreiheitsstrafe von einem Jahr und sechs Monaten durch Einbeziehung einer bereits rechtskräftigen Verurteilung zu acht Monaten Freiheitsstrafe gebildet wurde. Eine weitere Gesamtfreiheitsstrafe von fünf Jahren und einem Monat in der Deliktsgruppe der Gewalttaten an der deutsch-deutschen Grenze wurde durch Einbeziehung einer bereits rechtskräftigen Verurteilung zu einem Jahr und sechs Monaten Freiheitsstrafe im Deliktsbereich Amtsmißbrauch und Korruption gebildet.

macht ein hohes Strafmaß deutlich, daß die abgeurteilten Taten als sehr schwerwiegend beurteilt werden und eine Strafaussetzung keinesfalls in Betracht kommt. Diese Differenzierung beruht im wesentlichen auf der Unterscheidung zwischen den Grenzsoldaten, deren verhältnismäßig geringe Strafen ausgesetzt wurden, und den Angehörigen der militärischen und politischen Führungsebene, die mit deutlichen, zu vollstreckenden Strafen belegt wurden.[928]

II. Strafverfahren des Generalbundesanwalts wegen Spionage

Für die Strafverfolgung von DDR-Bürgern wegen Spionage trat mit der Vereinigung vor allem in tatsächlicher Hinsicht eine neue Lage ein. Die Strafverfolgungsorgane konnten nunmehr gegen Tatverdächtige vorgehen, die zuvor vor einem Verfahren sicher waren, weil sie in der DDR wohnten. In rechtlicher Hinsicht bestätigte der Einigungsvertrag die Anwendbarkeit der Strafbestimmungen der Bundesrepublik Deutschland.[929] Der Vorschlag, Spionagetaten von DDR-Bürgern zu amnestieren, konnte sich weder in den Vertragsverhandlungen noch danach durchsetzen.[930] Somit waren die zuständigen Behörden gehalten, tätig zu werden.

Gleichwohl weist dieser Bereich im Verhältnis zu anderen Formen des DDR-Unrechts erhebliche Besonderheiten auf. Vor allem die Tatsache, daß alle Staaten Spionage betreiben, spricht gegen eine Gleichsetzung der Spionage mit anderen Formen des DDR-Unrechts. Auch um diesen Unterschied hervortreten zu lassen, werden die Spionageverfahren hier in einem besonderen Abschnitt behandelt.[931]

Die folgenden Angaben zur Verfolgungspraxis beruhen auf Informationen des Generalbundesanwalts. Die zahlenmäßige Erfassung ermöglicht zur Hauptsache Aussagen zum Gesamtvorgang. Entwicklungen lassen sich nur für die Verfahrenseinleitung nachweisen, die auch jahresweise erfaßt ist. Eine systematische Erfassung setzte allerdings erst mit dem Jahr 1991 ein. Über die Verfahren, die noch in den letzten Monaten des Jahres 1990 eingeleitet wurden, liegen daher keine gesicherten Erkenntnisse vor.[932]

1. Organisation und personelle Ausstattung

Die Zuständigkeit für diese Verfahren liegt beim Generalbundesanwalt.[933] Die von ihm geleitete Behörde betreibt die Ermittlungsverfahren um zu klären, ob ein hinreichender Tatverdacht gegeben ist, der Anlaß zur Anklageerhebung bietet. In Fällen von minderer Bedeutung gibt der Generalbundesanwalt das Verfahren vor Anklageerhebung an die Landesstaatsanwaltschaft ab.

Innerhalb der Behörde des Generalbundesanwalts ist die Abteilung III mit Spionageverfahren befaßt. Vor der Vereinigung bestand die Abteilung aus drei Referaten. Einem

928 Vgl. S. 24. Über die Vollstreckungspraxis liegen bisher leider keine Erkenntnisse vor.
929 Vgl. S. 136.
930 Vgl. Fn. 739 f. auf S. 146.
931 Vgl. im übrigen S. 145 f.
932 Noch 1990 wurden erste Verhaftungen vorgenommen; vgl. S. 128.
933 Vgl. dazu und zum Folgenden S. 134.

Referat gehören ein Bundesanwalt, ein Oberstaatsanwalt und ein wissenschaftlicher Mitarbeiter an. Nach der Vereinigung wurde sehr rasch auf den Anstieg der Verfahren reagiert: Die Abteilung wurde im Jahre 1991 auf fünf Referate erweitert. Die weitere Entwicklung läßt auf eine zügige Erledigung der Verfahren schließen. Bereits im Jahre 1996 wurde praktisch der frühere Zustand wiederhergestellt. Zwar wurde lediglich ein Referat abgegeben. Die Bearbeitung der Spionageverfahren obliegt jedoch seither – wie zuvor – nur drei Referaten. Das Arbeitsgebiet des vierten Referats resultiert aus einer Zuständigkeitserweiterung der Abteilung, die zwischenzeitlich vorgenommen wurde.

2. Ermittlungs- und Anklagepraxis

Tabelle 40 informiert über die Strafverfahren, die insgesamt wegen Spionage seitens der DDR eingeleitet wurden. Die Gesamtheit der Beschuldigten umfaßt neben DDR-Bürgern fast ausnahmslos Bundesbürger.

In Übereinstimmung mit der dargelegten Personalentwicklung zeigt sich: Die Verfolgungsaktivitäten setzten früh ein. Sehr rasch wurden hohe Eingangszahlen erreicht. Der deutliche Unterschied zum schleppenden Beginn der Strafverfolgung in den anderen Fallgruppen des DDR-Unrechts[934] hat tatsächliche und rechtliche Gründe. Während in den Ländern erst noch organisatorische Vorkehrungen zur Bewältigung der Verfahren getroffen werden mußten, war der institutionelle Rahmen für die Verfolgung der Spionagetaten bereits vorhanden. Auch stellten sich für die Behörde des Generalbundesanwalts rechtlich keine völlig neuen Aufgaben. Spionagetaten seitens der DDR wurden seit jeher verfolgt. Im wesentlichen bedurfte es nur der Reaktion auf eine geänderte Faktenlage. Offensichtlich gelang eine zügige Anpassung durch rasche Veränderungen im Personalbereich.

Gleichermaßen zügig gelangte die Einleitung neuer Verfahren zu einem Abschluß. Bereits mit dem Jahr 1993 ging die Zahl der eingeleiteten Verfahren zurück. Eine nochmalige deutliche Reduzierung erfolgte im Jahr 1995. Dazu dürfte nicht unerheblich die Entscheidung des Bundesverfassungsgerichts vom 5. Mai 1995 beigetragen haben, die die Verfolgung von DDR-Bürgern wegen Spionage stark einschränkte.[935] Doch macht der aus Tabelle 40 zu errechnende Rückgang der Verfahren gegen Bundesbürger von 513 im Jahre 1994 auf 32 im Jahre 1995 auf einen davon unabhängigen generellen Trend aufmerksam. Die Zahl dieser Verfahren geht noch stärker zurück als die Zahl der Verfahren gegen DDR-Bürger.

Tabelle 40: Spionageverfahren: Entwicklung der Ermittlungsverfahren, bezogen auf Verfahren und Beschuldigte (1.1.1991-31.7.1997)

	1991	1992	1993	1994	1995	1996	1997	Gesamt
Eingeleitete Ermittlungsverfahren	1.200	1.576	1.515	1.197	139	9	0	5.636
Beschuldigte insgesamt	1.631	2.098	1.825	1.388	148	9	0	7.099
Davon DDR-Bürger	1.143	1.147	883	875	116	7	0	4.171

934 Vgl. S. 142.
935 Vgl. S. 138 f.

Der Anteil der DDR-Bürger an der Gesamtheit der Beschuldigten beträgt 58,8%. In tendenzieller Übereinstimmung mit der Entscheidung des Bundesverfassungsgerichts stufte der Generalbundesanwalt die Verfahren gegen DDR-Bürger überwiegend (2.343 = 56,2%) als minder bedeutsam ein und gab sie an die Staatsanwaltschaften der Länder ab.

Versucht man die Zahl der Spionageverfahren, die gegen DDR-Bürger eingeleitet wurden, in ein Verhältnis zu der Zahl zu setzen, die oben[936] für Ermittlungsverfahren wegen DDR-Unrechts in den anderen Fallgruppen geschätzt wurde, so ergibt sich Folgendes. 4.171 Beschuldigten hier stehen ca. 100.000 Beschuldigte dort gegenüber. Auf der Grundlage eines umfassenden Begriffs von DDR-Systemkriminalität, der Spionagehandlungen von DDR-Bürgern einschließt, kann ein Anteil von ca. 4% für die Spionageverfahren angenommen werden.

Die Übersicht in Tabelle 41 weist eine weit vorangeschrittene und klar profilierte Erledigungspraxis aus.

Zum 31. Juli 1997, dem Zeitpunkt der Erhebung für den Bereich der Spionage, waren 97,8% der Verfahren bereits erledigt. Angesichts des seither verstrichenen Zeitraumes kann man von einem praktisch abgeschlossenen Vorgang sprechen.

Die Anklagequote fällt mit 2,0% sehr niedrig aus. Zwar übertrifft sie diejenige, die für die sonstigen Fallgruppen mit 1,1% ermittelt wurde.[937] Der Unterschied ist jedoch nicht so erheblich, daß eine grundsätzlich andere Ausrichtung der Anklagepraxis angenommen werden müßte.

13 der Anklagen erhob der Generalbundesanwalt. In 69 Fällen erfolgte die Anklage nach Abgabe durch die Staatsanwaltschaften der Länder. Verbindet man diese Zahlen mit den Zahlen derjenigen erledigten Verfahren, die vom Generalbundesanwalt selbst durchgeführt (1.797), beziehungsweise an die Staatsanwaltschaften der Länder abgegeben wurden (2.282), so ergibt sich eine Differenz in der Anklagequote. Einer Quote von 0,7% bei den erstgenannten Verfahren steht eine Quote von 3,0% bei den abgegebenen Verfahren gegenüber. Unterschiede in der Sache sind dahinter aber nicht zu vermuten. Die Behörde des Generalbundesanwalts hat die Verfahren in der Regel erst dann abgegeben, wenn ein weit fortgeschrittener Verfahrensstand erreicht war. Auch wurden Ab-

Tabelle 41: Spionageverfahren: Erledigung der Ermittlungsverfahren, bezogen auf beschuldigte DDR-Bürger (1.1.1991-31.7.1997)

		Anzahl	in %
Ermittlungsverfahren		4.171	
Erledigungen		4.079	(100,0%)
davon durch	Einstellung	3.812	(93,5%)
	Anklage	82	(2,0%)
	Sonstiges	185	(4,5%)
Offen		92	

936 Vgl. S. 194.
937 Vgl. Tabelle 25 auf S. 195.

Tabelle 42: Spionageverfahren: Einstellungsgründe, bezogen auf beschuldigte DDR-Bürger (1.1.1991-31.7.1997)

	Anzahl	in %
Eingestellte Ermittlungsverfahren insgesamt	3.812	(100,0%)
Gründe der Einstellung		
§ 170 Abs. 2 StPO	1.988	(52,2%)
§§ 153, 153a StPO	1.726	(45,3%)
§§ 153d, 153e StPO	31	(0,8%)
Tod/dauernde Verhandlungsunfähigkeit	52	(1,4%)
Sonstige	15	(0,4%)

sprachen mit den Staatsanwaltschaften der Länder über die Behandlung der Spionageverfahren getroffen.[938]

Denkbar ist allerdings, daß die niedrigere Anklagequote in den vom Generalbundesanwalt durchgeführten Verfahren mit einer rechtlichen Besonderheit bei den Einstellungsgründen zusammenhängt. Nur der Generalbundesanwalt, nicht hingegen die Landesstaatsanwaltschaft kann eine Einstellung herbeiführen in Fällen, in denen bei Durchführung des Verfahrens die Gefahr eines schweren Nachteils für die Bundesrepublik Deutschland droht oder sonstige überwiegende öffentliche Interessen einer Verfolgung entgegenstehen (§ 153 d StPO), sowie in den Fällen, in denen der Täter durch tätige Reue dazu beigetragen hat, daß eine Gefahr für den Bestand oder die Sicherheit der Bundesrepublik Deutschland oder die verfassungsmäßige Ordnung abgewendet wurde (§ 153e StPO).[939] Diese Einstellungsgründe erweitern den Handlungsspielraum des Generalbundesanwalts ganz erheblich. Insbesondere Gesichtspunkte der Prävention und der Förderung der Ermittlungen in anderen Verfahren können ihn veranlassen, davon Gebrauch zu machen. Aus der folgenden Tabelle geht hervor, daß der Generalbundesanwalt in immerhin 31 Fällen diese Möglichkeit genutzt hat. Die entsprechende Quote liegt mit 1,7% deutlich über der Anklagequote von 0,7%.

In bemerkenswertem Umfang wurden ferner die Einstellungsmöglichkeiten nach §§ 153, 153a StPO genutzt. An den Erledigungen insgesamt haben diese Einstellungen einen Anteil von 42,3%. Damit wird sogar die entsprechende Quote in der allgemeinen strafrechtlichen Praxis übertroffen.[940] Es bestätigt sich der Eindruck, daß die Staatsanwaltschaften in den Spionageverfahren sehr flexibel vorgegangen sind. Die Einstellungsentscheidungen nach §§ 153, 153a StPO verwerten im übrigen in großer Zahl diejenigen Gesichtspunkte als Milderungsgründe, die das Bundesverfassungsgericht 1995 veranlaßten, ein Verfolgungshindernis zu statuieren. Dazu gehörten die Loyalität der

938 Vgl. dazu beispielhaft *GBA*, Niederschrift, S. 4 f., 10 ff., 16 ff.

939 Vgl. S. 135 f.

940 Vgl. die Angaben bei *Schäfer*, Praxis, Rn. 311, für den Bereich der Staatsanwaltschaft Stuttgart: Danach sind 22,4% aller Verfahren gegen bekannte Täter nach §§ 153, 153a StPO eingestellt worden; an der Gesamtheit der eingestellten Verfahren hatten diese Einstellungen einen Anteil von 37,5%.

Beschuldigten zu ihrem damaligen Staat[941] und ihre Schwierigkeit, den Anforderungen zweier sich widersprechender Rechtsordnungen ausgesetzt gewesen zu sein[942] ebenso wie der Untergang der DDR, der eine Wiederholungsgefahr ausschließe.[943] Die politischen Veränderungen ließen die Tat in einem milderen Licht erscheinen[944] und hätten die Überführung der Beschuldigten erst ermöglicht.[945]

3. Urteilspraxis

Auch die Erledigung der angeklagten Fälle ist weit vorangeschritten. Am 31.7.1997 warteten nur noch 7,3% dieser Fälle auf eine abschließende Entscheidung, wie aus Tabelle 43 hervorgeht.

Mit den Anklagerücknahmen und Einstellungen wurde zumeist die Konsequenz aus der Entscheidung des Bundesverfassungsgerichts gezogen. Mehr als zwei Drittel aller Fälle gelangten auf diese Weise zum Abschluß. Im Wege des Sachurteils wurde nur über 30,2% der Anklagen befunden.

Im übrigen enthält die gerichtliche Entscheidungspraxis keine Hinweise dafür, daß der Annahme einer Strafbarkeit durchgreifende rechtliche Bedenken entgegenstanden. Während in den übrigen Fallgruppen die Eröffnung des Hauptverfahrens in 11,7% der Fälle abgelehnt wurde[946] und es in nahezu einem Drittel aller Aburteilungen zu einem Freispruch kam,[947] passierten sämtliche Spionageanklagen gegen DDR-Bürger das Zwi-

941 Einstellung gem. § 153 StPO: *GBA*, Vfg. v. 11.09.1992 – 3 BJs 984/91-1, S. 7; Vfg. v. 9.11.1992 – 3 BJs 500/91-1, S. 5; Vfg. v. 23.4.1993 – 3 BJs 217/91-1, S. 2; Vfg. v. 16.7.1993 – 3 BJs 715/91-2, S. 1; Vfg. v. 9.8.1993 – 3 BJs 712/91-2, S. 2; Vfg. v. 27.4.1994 – 3 BJs 132/91-2, S. 4; Vfg. v. 10.3.1995 – 3 BJs 1015/91-2, S. 7; *GStA OLG Celle*, Vfg. v. 3.3.1993 – OJs 16/91, S. 1; *StA bei dem KG Berlin*, Vfg. v. 26.7.1994 – 3 OJs 37/93, S. 7; Vfg. v. 20.4.1995 – 3 OJs 229/93, S. 3; *StA OLG Schleswig*, Vfg. v. 27.10.1992 – OJs 11/91, S. 2.
Einstellung gem. § 153a StPO: *GBA*, Vfg. v. 5.2.1992 – 3 BJs 725/91-2, S. 3; Vfg. v. 29.6.1992 – 3 BJs 1001/91-2, S. 2; Vfg. v. 30.6.1992 – 3 BJs 530/91-2, S. 4; Vfg. v. 22.7.1992 – 3 BJs 1204/91-1, S. 2; Vfg. v. 28.12.1992 – 3 BJs 1110/91-2, S. 6; *StA BayObLG*, Vfg. v. 7.9.1992 – ObJs I 10/92, S. 4; Vfg. v. 5.10.1992 – ObJs I 47/91; *GStA OLG Düsseldorf*, Vfg. v. 2.11.1994 – 3 OJs 61/94, S. 2.

942 *GStA OLG Düsseldorf*, Vfg. v. 19.9.1994 – 3 OJs 80/94, S. 2.

943 Einstellung gem. § 153 StPO: *GBA*, Vfg. v. 9.11.1992 – 3 BJs 500/91-1, S. 5; Vfg. v. 10.3.1995 – 3 BJs 1015/91-2, S. 7.
Einstellung gem. § 153a StPO: *StA BayObLG*, Vfg. v. 25.8.1992 – ObJs I 45/91, S. 5; *GStA OLG Düsseldorf*, Vfg. v. 2.11.1994 – 3 OJs 61/94, S. 2; *StA OLG Frankfurt*, Vfg. v. 9.12.1992 – OJs 7/92, S. 2; *GStA OLG Koblenz*, Vfg. v. 11.3.1993 – OJs 4/93, S. 2; *GStA OLG Stuttgart*, Vfg. v. 8.9.1993 – OJs (24) 3/93, S. 5.

944 Einstellung gem. § 153 StPO: *GBA*, Vfg. v. 15.7.1992 – 3 BJs 1072/91-1, S. 1; Vfg. v. 9.8.1993 – 3 BJs 712/91-2, S. 2; Vfg. v. 16.7.1993 – 3 BJs 715/91-2, S. 1; *GStA OLG Düsseldorf*, Vfg. v. 7.12.1993 – 3 OJs 45/93, S. 4; *GStA OLG Koblenz*, Vfg. v. 24.4.1992 – OJs 5/92, S. 5; *GStA OLG Stuttgart*, Vfg. v. 6.7.1992 – OJs (24) 8/92, S. 4; Vfg. v. 25.1.1993 – OJs (24) 1/92, S. 4; Vfg. v. 26.4.1993 – OJs (23) 34/91, UA S. 3.
Einstellung gem. § 153a StPO: *GStA OLG Stuttgart*, Vfg. v. 28.7.1993 – OJs (24) 28/92, S. 4; Vfg. v. 8.9.1993 – OJs (24) 3/93, S. 5; Vfg. v. 23.9.1993 – OJs (22) 38/91, S. 4.

945 *GStA OLG Stuttgart*, Vfg. v. 23.9.1993 – OJs (22) 38/91, S. 4; Vfg. v. 23.9.1993 – OJs (22) 38/91, S. 4.

946 Vgl. Tabelle 32 auf S. 207.

947 Vgl. Tabelle 34 auf S. 210.

Tabelle 43: Spionageverfahren: Erledigung der Anklagen, bezogen auf beschuldigte DDR-Bürger (1.1.1991-31.7.1997)

		Anzahl	in %
Angeklagte		82	
Erledigungen insgesamt		76	(100,0%)
Davon durch Anklagerücknahme		18	(23,7%)
Ablehnung der Eröffnung		0	(0,0%)
Einstellung (durch Beschluß oder Urteil)		33	(43,4%)
Rechtskräftiges Sachurteil:	Verurteilung	22	(28,9%)
	Freispruch	1	(1,3%)
Sonstiges, z.B. Verbindung		2	(2,6%)
Offen		6	

schenverfahren unbeanstandet. Auch wurde lediglich ein Angeklagter von insgesamt 23, gegen die ein Sachurteil erging, freigesprochen (4,3%).

Auch die Sanktionspraxis weist ein eigenständiges Profil auf, wie Tabelle 44 belegt.

Eine Geldstrafe wurde in keinem Fall verhängt. Demgegenüber ist diese Strafart an den Verurteilungen in den anderen Fallgruppen zu etwa einem Drittel beteiligt.[948] Gleichwohl kann nicht von einer harten Sanktionspraxis gesprochen werden. Sieht man von zwei Ausnahmen ab, so überschritten die verhängten Freiheitsstrafen den Rahmen von zwei Jahren nicht. Diese Strafen wurden alle zur Bewährung ausgesetzt. Im Durchschnitt höhere Freiheitsstrafen ergingen gegen Bundesbürger, die wegen Spionage zugunsten der DDR verurteilt wurden. Aus den Angaben des Generalbundesanwalts geht hervor, daß in 51 von 245 Fällen eine Freiheitsstrafe von mehr als zwei Jahren verhängt wurde (20,8%).

Tabelle 44: Spionageverfahren: Verurteilungen nach Strafart und Strafmaß, bezogen auf beschuldigte DDR-Bürger (1.1.1991-31.7.1997)

			Anzahl
Verurteilungen insgesamt			22
davon:	Verwarnung mit Strafvorbehalt		1
	Geldstrafe		0
	Freiheitsstrafe		21
	davon:	bis zwei Jahre	19
		über zwei Jahre	2

948 Vgl. Tabelle 36 auf S. 212.

Dritter Teil: Fazit

Der Dritte Teil der Studie zieht das Fazit. Der Text präsentiert die wesentlichen Erkenntnisse zu den Erscheinungsformen des DDR-Unrechts (A.) und zur Verfahrenspraxis (B.). Hieraus werden die Grundlinien der strafrechtlichen Aufarbeitung entwickelt (C.). Auf diesen Grundlagen erfolgt die abschließende Bewertung, die sich durch die Wahl ihrer Perspektive von bisherigen Bewertungsversuchen grundsätzlich unterscheidet (D.). Überlegungen zum weiteren Weg der strafrechtlichen Aufarbeitung schließen die Untersuchung ab (E.).

A. Erscheinungsformen des DDR-Unrechts

Der Einigungsvertrag hat zentrale Fragen der strafrechtlichen Aufarbeitung von DDR-Unrecht der Rechtsprechung zur Klärung überlassen. Inzwischen hat sich für die meisten Deliktsbereiche eine klare Rechtsprechungslinie herausgebildet. Die zentralen Rechtsfragen können heute für die Praxis als geklärt gelten. Eine wesentliche Leistung der Strafverfahren besteht in der Feststellung zeithistorisch wichtiger Sachverhalte.

Rechtsfragen von allgemeiner Bedeutung traten im Bereich des Strafanwendungsrechts sowie der Verjährungsregelungen auf.

Der Gesetzgeber hat die weitgehende Ersetzung des DDR-Strafrechts durch das Strafrecht der Bundesrepublik einer nationalen Gesetzesänderung zwischen Tatbeendigung und Aburteilung gleichgestellt. Dies geschah durch eine Verweisung in Artikel 315 Absatz 1 EGStGB auf die Grundsätze des intertemporalen Strafrechts (§ 2 StGB). Damit ist für sogenannte Alttaten grundsätzlich die Strafbarkeit nach beiden Rechtsordnungen zu prüfen. Die jeweils herangezogenen Tatbestände müssen im wesentlichen Gehalt des vertypten Unrechts übereinstimmen. Das verlangt das strafrechtliche Gesetzlichkeitsprinzip in Artikel 103 Absatz 2 GG. Der Strafausspruch bestimmt sich dann nach dem im Einzelfall milderen Gesetz. Nur soweit schon vor Wirksamwerden des Beitritts auch für in der DDR begangene Taten das StGB gegolten hat, bleibt es bei dessen alleiniger Anwendung (Artikel 315 Absatz 4 EGStGB). Diese Regelung trifft z.B. auf die Spionagetaten zu.

Die Verjährung des DDR-Unrechts richtet sich nach Artikel 315a EGStGB in der Fassung des dritten Verjährungsgesetzes. Sie hat für Taten, die entsprechend dem ausdrücklichen oder mutmaßlichen Willen der Staats- und Parteiführung nicht geahndet wurden, in der Zeit vom 11. Oktober 1949 bis zum 2. Oktober 1990 geruht. Offen bleibt, ob in Fällen minderer Kriminalität im Interesse des Rechtsfriedens trotz politisch motivierter Nichtahndung Verjährung anzunehmen ist. Mit dem 3. Oktober 1990 gilt die Verfolgungsverjährung der Alttaten als unterbrochen, soweit nicht schon vor Wirksamwerden des Beitritts Verjährung eingetreten war. Fälle mittelschwerer Kriminalität verjähren nicht vor dem 2. Oktober 2000. Zu diesem Zeitpunkt tritt in der Regel auch ihre absolute Verjährung ein. Totschlag und versuchter Totschlag können längstens bis zum Eintritt ihrer absoluten Verjährung am 2. Oktober 2030 verfolgt werden. Mordtaten bleiben selbst dann unverjährbar, wenn sie entsprechend § 2 Absatz 3 StGB nach dem Recht der DDR zu beurteilen sind.

I. Gewalttaten an der deutsch-deutschen Grenze

An der deutsch-deutschen Grenze kamen mindestens 248 Menschen durch den Gebrauch von Schußwaffen, Minen und Selbstschußanlagen ums Leben.

Die grundsätzliche Versagung des Ausreiserechts in der DDR wurde an der Grenze mit Waffengewalt durchgesetzt. Ein Geflecht aus Dienstverordnungen, Anweisungen und Befehlen regelte den Schußwaffengebrauch gegenüber Flüchtenden. Auch nach Erlaß des Grenzgesetzes bestanden weiterhin inoffizielle Anweisungen zur Anwendung der Schußwaffe, beispielsweise in Form von Befehlen oder Vergatterungen.

Die den ausführenden Grenzsoldaten erteilten Instruktionen zielten auf die Verhinderung der Flucht um jeden Preis, notfalls auch durch die Tötung der Flüchtenden als letztes Mittel. Als Faustregel wurde vermittelt: „Besser der Flüchtling ist tot, als daß die Flucht gelingt." Der Schußwaffeneinsatz wurde letztlich immer als rechtmäßig angesehen. Ein Soldat, der eine Flucht, wie auch immer, verhindert hatte, wurde ausgezeichnet, belohnt, erhielt Orden, eine Geldprämie oder wurde befördert. Zu einem Verfahren gegen die Täter kam es nie.

Die Rechtsprechung hat festgestellt, daß die in der Hierarchie ganz unten stehenden Grenzsoldaten in gewisser Weise auch selbst als Opfer anzusehen sind. Ihr Vorstellungsbild war überdurchschnittlich von der herrschenden Ideologie und der in der Ausbildung besonders intensiv ausgeübten Indoktrination bestimmt.

Zur Geheimhaltung von Grenzvorfällen wurden nach den gerichtlichen Feststellungen vielfältige Maßnahmen getroffen. Sie hatten selbst bei schweren Verletzungen Vorrang vor dem Schutz des Lebens. Aus diesem Grund verzögerte sich vielfach ärztliche Hilfe, und es kam auch dadurch zu Todesfällen.

Innerhalb der gerichtlichen Sachverhaltsfeststellungen zu den Gewalttaten an der deutsch-deutschen Grenze kann nach typischen Geschehensabläufen sowie nach Tätergruppen differenziert werden. Der Standardfall ist dadurch gekennzeichnet, daß der tödliche Schuß als letztes Mittel zur Verhinderung eines Grenzübertritts eingesetzt wurde. Eine zweite Fallgruppe betrifft die Tötung von Fahnenflüchtigen, eine dritte die Tötung von Bürgern der Bundesrepublik oder Ausländern bei einer West-Ost-Überquerung der Grenze. Die vierte Fallgruppe wird durch die sogenannten „Exzeßfälle" gebildet. Die fünfte Fallgruppe beinhaltet Fälle, in denen der Tod durch Minen oder Selbstschußanlagen eintrat. In der sechsten Fallgruppe trat der Taterfolg auf dem Gebiet der Bundesrepublik oder Westberlins ein. Die siebente sachverhaltsbezogene Fallgruppe wird durch Körperverletzungsdelikte gebildet. In die achte lassen sich versuchte Tötungen einordnen.

Zu einer ersten Tätergruppe gehören die Machthaber, die maßgeblichen Einfluß auf die Ausgestaltung der Grenzsicherung hatten. Bei der zweiten Tätergruppe handelt es sich um Personen, die als Vorgesetzte den unmittelbaren Schützen übergeordnet waren. In die dritte Tätergruppe lassen sich die unmittelbar handelnden Schützen einordnen.

Den Schwerpunkt der rechtlichen Problematik bildet die Frage der Rechtswidrigkeit der Tötungshandlungen nach dem Recht der DDR. Hier folgt die Rechtsprechung seit der Grundsatzentscheidung des Bundesgerichtshofs vom 3. November 1992 einer einheitlichen Linie und ordnet die Taten als rechtswidrig ein. Die Rechtsprechung übersieht nicht, daß die Tötungen an der Grenze – abgesehen von Exzeßtaten – von der DDR-Rechtspraxis als rechtmäßig angesehen wurden. Die Rechtsprechung versagt jedoch im Ergebnis solchen innerstaatlichen Erlaubnissätzen die Anerkennung, die in schwerwiegender Weise gegen völkerrechtlich anerkannte Menschenrechte verstoßen. Das Bundesverfassungsgericht hat mit seiner Entscheidung vom 24. Oktober 1996 diese Rechtsprechung als verfassungskonform bestätigt. Der Schutz des Rückwirkungsverbotes entfällt danach, wenn ein Staat unter schwerwiegender Mißachtung allgemein anerkannter Menschenrechte schwerstes kriminelles Unrecht durch die Schaffung von Rechtfertigungsgründen begünstigt. Für die Praxis ist damit die Behandlung der noch nicht erledigten Fälle klar vorgezeichnet.

Grundsätzlich lehnt die Rechtsprechung den Entschuldigungsgrund des Handelns auf Befehl und die Annahme eines unvermeidbaren Verbotsirrtums ab. Sie hat aber die gegen die unmittelbar Handelnden verhängten Freiheitsstrafen in Anerkennung erheblich strafmildernder Umstände durchweg zur Bewährung ausgesetzt. Bei der Erschießung Fahnenflüchtiger sowie bei Körperverletzungsdelikten gelangt sie zu einem Schuldausschluß. Eine Bestrafung wegen Tötungsversuchs scheitert regelmäßig am Vorsatznachweis, an den die Rechtsprechung besonders hohe Anforderungen stellt. Mit Selbstverständlichkeit bejaht die Rechtsprechung die Strafbarkeit von Exzeßtaten und wendet bei Tötungen, die gegen Bundesbürger oder auf bundesdeutschem Gebiet begangen wurden, bundesdeutsches Strafrecht an. Mitglieder der staatlichen und militärischen Führung werden als mittelbare Täter verurteilt. Gegen sie wurden in der Regel längere Freiheitsstrafen verhängt.

II. Wahlfälschung

Die strafrechtliche Verfolgung von DDR-Wahlfälschungen beschränkt sich auf die letzten Wahlen unter der Ägide des SED-Parteiapparates, nämlich auf die Kommunalwahlen vom 7. Mai 1989. Entsprechend dem sozialistischen Wahlsystem der DDR standen hier nicht, wie bei Wahlen in parlamentarischen Demokratien westlicher Prägung, konkurrierende politische Programme zur Auswahl. Die Wähler konnten lediglich einzelne Kandidaten von den Listenvorschlägen streichen oder ihre Ablehnung des gesamten Wahlvorschlags als Gegenstimme bekunden. Dabei waren sie bereits im Vorfeld der Stimmabgabe verschiedenen faktischen Beeinträchtigungen der auch nach DDR-Recht garantierten Freiheit und Geheimheit der Wahlen ausgesetzt.

Das einheitliche Unrecht der Fälschungshandlungen besteht in der systematischen Unterdrückung von Enthaltungen und ungültigen Stimmen sowie insbesondere von Gegenstimmen. Der Gegenstimmenanteil übertraf durchschnittlich um etwa zehn Prozentpunkte die veröffentlichten Werte. So lag beispielsweise für die Stadt Dresden der (für DDR-Verhältnisse hohe) offizielle Wert bei ca. 2,5%, während der tatsächliche Anteil auf 10 bis 12% geschätzt wird. Nach korrekter Auszählung in den Wahllokalen wurden die Ergebnisprotokolle auf der Ebene der jeweils zuständigen örtlichen Wahlkommissionen verfälscht. Folgende einheitliche Mechanismen der Fälschungen lassen sich feststellen. Die Geschehnisse wurden durch bewußt verschleierte Vorgaben aus Berlin zentral initiiert. Weiter wurden Staatsfunktionäre über die örtlich und hierarchisch parallel strukturierte SED-Parteiebene beeinflußt. Ebenso charakteristisch ist das gehäufte Auftreten von Widerständen bei mittleren und unteren Amtsträgern der Staats-, teilweise aber auch der Parteihierarchie. Die Umsetzung der Vorgaben erfolgte schließlich einheitlich unter Heranziehung eines möglichst klein gehaltenen Kreises von eher subalternen Mitarbeitern aus den örtlichen Verwaltungen.

Das Kernproblem der strafrechtlichen Erfassung der Wahlfälschungen liegt im Bereich der sogenannten Unrechtskontinuität. Nach den Vorgaben des Einigungsvertrags muß diese zwischen den entsprechenden Tatbeständen des DDR-Strafrechts und des bundesdeutschen Strafrechts gegeben sein. Der Bundesgerichtshof bejaht hier eine seiner Auffassung nach ausreichende teilweise Übereinstimmung der Rechtsgüter. Mit der Möglichkeit einer Ablehnung des gesamten Wahlvorschlags seien auch Rudimente parlamentarisch-demokratischer Wahlen vorhanden gewesen: Jedenfalls die Ablehnung der SED-Herrschaft habe bekundet werden können. Diese Auffassung leitet die Bestrafung der DDR-Wahlfälschungen.

III. Rechtsbeugung

Die strafrechtliche Verfolgung wegen Rechtsbeugung richtet sich in erster Linie gegen Richter und Staatsanwälte der DDR. Betroffen sind aber auch Angehörige des Justizministeriums und des MfS. Gegen Schöffen sind bislang keine Anklagen erhoben worden.

Die Strafverfolgung hat hauptsächlich Strafverfahren in der DDR zum Gegenstand. So beziehen sich 93,7% der Anklagen auf den Bereich des Strafrechts, während nur 5,7% der Anklagen arbeitsrechtliche Entscheidungen betreffen. Lediglich eine Anklage hat ein zivilrechtliches Urteil zum Gegenstand. Im Bereich der Strafverfahren der DDR sind zwei Anknüpfungspunkte für einen Rechtsbeugungsvorwurf möglich und Gegenstand der heutigen Verfahren: Den eindeutigen Schwerpunkt bilden Fälle, in denen Strafverfolgung stattgefunden hat; daneben treten Fälle systembedingter Nichtverfolgung. Soweit es um Strafverfolgungsmaßnahmen in der DDR geht, konzentrieren sich die Anklagen auf die Waldheimer Prozesse sowie auf Strafverfahren, denen politische Straftaten und Militärstraftaten zugrunde liegen. Dem Bereich der systembedingten Nichtverfolgung durch die DDR-Justiz ist die Nichtverfolgung der Anzeigen wegen Fälschung der Kommunalwahlen vom 7. Mai 1989 zuzurechnen. Die Anklagen, die arbeitsrechtliche Entscheidungen der DDR-Gerichte zum Gegenstand haben, beziehen sich in erster Linie auf die Behandlung von Kündigungsschutzklagen.

Die von den Gerichten festgestellten Sachverhalte betreffen einerseits die damaligen Prozesse, die die Grundlage für den Rechtsbeugungsvorwurf bilden, und andererseits das Justizsystem der DDR, in das die damaligen Verfahren eingebettet waren. Der Bundesgerichtshof geht von folgendem Befund aus. In der DDR gab es keine Gewaltenteilung. Die Rechtsanwendung war im Rahmen der sozialistischen Gesetzlichkeit auf das

Staatsziel der Verwirklichung eines sozialistischen Staates unter Führung der Arbeiterklasse und ihrer marxistisch-leninistischen Partei ausgerichtet. Dabei unterlagen die Entscheidungen der Justiz mannigfachen äußeren Einflüssen, die alle auf die SED zurückführten.

Der Bundesgerichtshof ist der Auffassung, daß trotz der unterschiedlichen politischen Systeme die Rechtsbeugungstatbestände der DDR und der Bundesrepublik Deutschland einen gemeinsamen Unrechtskern aufweisen und die Verfolgungsvoraussetzung der Unrechtskontinuität deshalb zu bejahen ist. Von zentraler Bedeutung für die Erledigung der Verfahren ist zum einen, daß die Rechtsprechung die Strafbarkeit von Richtern und Staatsanwälten der DDR auf Fälle krasser Menschenrechtsverletzungen und Willkürakte beschränkt hat. Zum anderen ist die Auslegung des Rechts der DDR durch die Rechtsprechung in diesem Zusammenhang relevant. Der Bundesgerichtshof sieht das geschriebene Recht der DDR grundsätzlich als wirksam an. Daher soll keine gesetzwidrige Entscheidung im Sinne des Rechtsbeugungstatbestandes des DDR-Strafrechts vorliegen, wenn die Handlung des Richters oder Staatsanwalts vom Wortlaut der vielfach unbestimmten Normen des DDR-Rechts gedeckt ist. Eine Strafbarkeit wegen Rechtsbeugung wird vor diesem Hintergrund von der Rechtsprechung fast stets nur wegen der Verhängung einer unverhältnismäßig hohen Freiheitsstrafe oder einer Todesstrafe angenommen. Derartige Strafen sind nach Auffassung des Bundesgerichtshofs immer zugleich als eine schwere Menschenrechtsverletzung anzusehen.

IV. Denunziationen

Die strafrechtliche Ahndung von Denunziationen umfaßt Verfahren gegen Beschuldigte, die offizielle Stellen in der DDR über angebliche oder tatsächliche Regimegegner zwecks Einleitung von Strafverfahren informiert haben. Das bisher angeklagte Anzeigeverhalten bezieht sich überwiegend auf Fluchtvorhaben von DDR-Bürgern. Die Informationen sind den Beschuldigten in ihrer Eigenschaft als Inoffizielle Mitarbeiter des MfS, durch ihre berufliche Tätigkeit oder aufgrund privater Kontakte bekannt geworden. Die Staatsanwaltschaften haben gegen die Anzeigenden wegen politischer Verdächtigung und Freiheitsberaubung ermittelt.

Hinsichtlich der politischen Verdächtigung hat der Bundesgerichtshof in einer Grundsatzentscheidung ausschließlich bundesdeutsches Strafrecht herangezogen gemäß Artikel 315 Absatz 4 EGStGB. Nach derselben Entscheidung setzt dagegen, insoweit in Abkehr von der früheren Rechtsprechung, die Verurteilung wegen Freiheitsberaubung auch die Strafbarkeit nach dem Recht der DDR voraus.

Für die Strafbarkeit von DDR-Bürgern wegen politischer Verdächtigung und Freiheitsberaubung hat der Bundesgerichtshof zusätzlich das einschränkende Erfordernis einer schweren und offensichtlichen Menschenrechtsverletzung aufgestellt. Danach ist der Tatbestand der politischen Verdächtigung nur dann anwendbar, wenn aufgrund der Anzeige mit einer Bestrafung gerechnet werden mußte, die einen schweren und offensichtlichen Verstoß gegen die Menschenrechte bedeutete oder wenn im Verfahren selbst mit derartigen Verstößen zu rechnen war. Auch unter dem Gesichtspunkt der Freiheitsberaubung werden rechtsstaatswidrige Inhaftierungen nur dann erfaßt, wenn sie als schwere und offensichtliche Menschenrechtsverletzungen zu qualifizieren sind. Darüber hinaus wird eine nach dem Recht der DDR strafbare Freiheitsberaubung auch dann verneint, wenn das Unterlassen der erfolgten Anzeige nach dem Recht der DDR mit Strafe bedroht war. Bei einer Anzeige von schweren Fällen sogenannter Republikflucht, die ausschließlich Gebote des DDR-Strafrechts befolgte, scheidet danach eine Strafbarkeit von ehemaligen DDR-Bürgern aus.

Bundesbürgern kommt dagegen nach einer präzisierenden Entscheidung des Bundesgerichtshofs diese Tatbestandseinschränkung nicht zugute. Für Bundesbürger bleibt es bei der Verbindlichkeit der bundesdeutschen Rechtsordnung, in der sie zur Tatzeit lebten. Für diese Rechtsordnung waren Inhaftierungen und Verurteilungen wegen Republikflucht rechtswidrig, und dies war den Bundesbürgern auch bekannt.

V. MfS-Straftaten

Das Ministerium für Staatssicherheit bildete während der rund 40 Jahre seines Bestehens einen stark untergliederten Komplex mit am Ende fast 90.000 hauptamtlichen Mitarbeitern. Die immense Zahl möglicherweise strafbarer Diensthandlungen und massive Beweisprobleme schlossen von vornherein eine umfassende Strafverfolgung aus. Die Staatsanwaltschaften konzentrierten sich daher auf gut beweisbare Einzeltaten der verschiedenen Typen von MfS-Diensthandlungen. Die Rechtsprechung ihrerseits hat in den wenigen ihr unterbreiteten Sachverhalten den Bereich strafbaren Verhaltens sehr eng begrenzt.

Das praktizierte heimliche Abhören von privaten Telefongesprächen bleibt straffrei, da das Strafgesetzbuch der DDR eine entsprechende Strafnorm nicht kannte.

Nicht bestraft wird ferner das Öffnen von Briefsendungen zur Kenntnisnahme ihres Inhalts. Zunächst wurde in diesem Bereich regelmäßig ein unvermeidbarer Verbotsirrtum angenommen, weil die Handelnden auf Grund interner Dienstanweisungen unwiderlegbar von der Rechtmäßigkeit ihres Tuns überzeugt gewesen seien. Mittlerweile steht fest, daß auch das Erlöschen des Strafantragsrechts der Geschädigten einer Strafverfolgung im Wege steht.

Die zum Zwecke der Zuführung an den Staatshaushalt der DDR erfolgte Entnahme von Geld und Wertgegenständen aus Postsendungen bleibt ebenfalls straffrei. Nach Auffassung des Bundesgerichtshofs erfaßt der bundesdeutsche Unterschlagungstatbestand in der zum Zeitpunkt der Entscheidung geltenden Fassung das Handeln zugunsten eines Dritten, hier des Staates, nämlich nicht.

Die Annahme eines unvermeidbaren Verbotsirrtums verhindert regelmäßig eine Bestrafung des heimlichen Betretens fremder Räumlichkeiten zum Zwecke der Durchsuchung oder der Installation von Abhöranlagen. Erschwert wird die Verfolgung zudem dadurch, daß eine mehrfache Tatbegehung nachgewiesen werden muß, weil die Strafgesetze der DDR nur den mehrfachen Hausfriedensbruch mit Kriminalstrafe bedrohten. Über Einzelfälle, in denen es erstinstanzlich gleichwohl zu Verurteilungen zu geringen Geldstrafen gekommen war, ist noch nicht rechtskräftig entschieden.

Einer Strafverfolgung von Fällen der Verletzung des Berufsgeheimnisses steht zumeist entgegen, daß die Strafanträge nicht rechtzeitig gestellt wurden. Die sechsmonatige Ausschlußfrist für Strafanträge aus dem DDR-StGB ist auch heute zu beachten.

Die Praxis, Ausreiseantragsteller zu bedrängen, ihren Antrag zurückzunehmen, ist unter dem Gesichtspunkt der Nötigung verfolgbar. Soweit Antragsteller zum Verkauf ihres Grundeigentums an vorgegebene Käufer oder zu einem Preis unter Wert gedrängt wurden, ist eine Bestrafung wegen Erpressung möglich.

Fälle von Freiheitsberaubungen, die vornehmlich Entführungen aus dem Westen Berlins in den Osten der Stadt betreffen, werden verfolgt, soweit die Täter heute noch ermittelbar sind. Gleiches gilt für die wenigen Fälle, die Tötungsvorwürfe zum Gegenstand haben.

VI. Mißhandlungen in Haftanstalten

Die Anzahl der bekannt gewordenen Übergriffe gegen inhaftierte Personen in der DDR ist erheblich. Die Taten waren seinerzeit eindeutig gesetzwidrig und wurden auch von der politischen Führung der DDR nicht gebilligt. Um das Ansehen der bewaffneten Organe, zu denen der Strafvollzug zählte, zu schützen, unterblieb indes regelmäßig eine strafrechtliche Verfolgung. Es wurden nur disziplinarische Maßnahmen ergriffen. Allein in Fällen, die in der Öffentlichkeit bekannt wurden, leitete man Strafverfahren ein.

Es hat den Anschein, daß vorwiegend politische Strafgefangene Opfer von Körperverletzungen, Aussageerpressungen und Nötigungen wurden. Ein systematisches und zielgerichtetes Vorgehen ist insoweit allerdings nicht sicher feststellbar. Straftäter, denen ausschließlich Vergehen gegen politische Gefangene zur Last gelegt wurden, waren zumeist in Vollzugseinrichtungen tätig, deren Anteil an politischen Häftlingen besonders hoch war. Die übrigen Täter mißhandelten ihre Opfer offensichtlich wahllos.

Bei der Verfolgung hat sich die Verjährungsfrage als bedeutsam herausgestellt. Zahlreiche Verfahren wurden wegen Verjährung eingestellt.

VII. Doping

Nach den bisherigen Erkenntnissen der Strafverfolgungsorgane wurden im DDR-Leistungssport systematisch und flächendeckend sogenannte Dopingmittel eingesetzt. Diese Praxis wurde staatlicherseits gefördert und gesteuert. In erster Linie wurden zur Förderung des Muskelwachstums anabole Substanzen eingesetzt, die in den Hormonhaushalt des Körpers eingreifen. Ihre größte Wirkung entfalten sie bei Heranwachsenden und Frauen. Die Vergabe erfolgte vielfach über einen längeren Zeitraum und in hohen Dosen. Eine Aufklärung über die Gesundheitsrisiken unterblieb. Teilweise wurden die Mittel Minderjährigen ohne Wissen ihrer Eltern verabreicht. Es traten schwere, teilweise irreversible Gesundheitsschäden an inneren Organen sowie an Sehnen und Knochen auf. Bei Sportlerinnen stellte sich eine Vermännlichung des Körperbaus und der Stimme ein.

Rechtlich stellt die Vergabe von Dopingmitteln, deren Gefährlichkeit verschwiegen wird, eine vorsätzliche Körperverletzung dar.

Die Anfangsermittlungen wegen systematischen Dopings wurden ausschließlich von der Staatsanwaltschaft II bei dem Landgericht Berlin geführt. Danach übernahmen die örtlich zuständigen Staatsanwaltschaften die weiteren Ermittlungen.

Bislang kam es in drei Berliner Verfahren zu Anklagen und gerichtlichen Entscheidungen. Dies ist nur der Auftakt des Bemühens, die systematische Vergabe von leistungssteigernden Präparaten im DDR-Sport mit den Mitteln des Strafrechts zu ahnden. Mit weiteren Anklagen auch aus den anderen Bundesländern ist in nächster Zeit zu rechnen.

In den Berliner Verfahren wurden bisher sechs Angeklagte zu Geldstrafen verurteilt. Gegen fünf Angeklagte wurde das Verfahren nach Zahlung einer Geldbuße gem. §§ 153a StPO eingestellt.

VIII. Amtsmißbrauch und Korruption

Die Basis der strafrechtlichen Verfolgung von Amtsmißbrauch und Korruption wurde bereits durch die DDR-Justiz geschaffen. In nahezu allen Verfahren dieses Deliktsbereichs sind zumindest erste Ermittlungen von DDR-Staatsanwaltschaften eingeleitet worden. In etwa der Hälfte aller Fälle wurden auch die Anklagen bereits vor dem Beitritt erhoben.

Den ehemaligen Machthabern wurde vorgeworfen, sich durch den Mißbrauch ihrer exponierten Stellung im Staats- oder Parteigefüge rechtswidrig bereichert zu haben. Die festgestellten Begünstigungen zeigen dabei eine große Vielfalt, ohne daß die Lebens- und Arbeitsbedingungen der führenden Repräsentanten der DDR aus heutiger Sicht als luxuriös bezeichnet werden könnten. Das wohl bekannteste Beispiel ist die bevorzugte Versorgung und Behandlung der Politbüromitglieder in der Regierungssiedlung Wandlitz mit der Möglichkeit, dort Westwaren zu subventionierten Preisen einzukaufen. Viele hohe Funktionäre wurden auch bei der Vergabe von Wohnungen bevorzugt. Sie konnten aufgrund ihres politischen Einflusses überdurchschnittlich gut ausgestattete Privat- oder Ferienwohnungen zu gestützten Preisen erwerben oder anmieten. Ebenso waren die nach den Wünschen der Staats- und Parteiführung eingerichteten Jagdgebiete Gegenstand zahlreicher Ermittlungsverfahren. Die Anklagen enthalten noch eine Vielzahl weiterer Vergünstigungen wie kostenlose Urlaubsreisen und Ehrendotationen.

Die Rechtsprechung geht in den meisten Fällen davon aus, daß die wirtschaftliche (Selbst-)Begünstigung sowohl nach DDR-Recht als auch nach bundesdeutschem Recht als Untreue zu bestrafen ist. Dabei wird ganz überwiegend § 266 Absatz 1 StGB als die mildeste Norm angesehen. Mit rechtlich schwierigen Fragen mußte sich die Justiz kaum auseinandersetzen. Das einzige intensiv diskutierte Problem betrifft die Frage der Anwendbarkeit einer alten DDR-Norm. Der Einigungsvertrag sieht durch einen Verweis auf das 6. Strafrechtsänderungsgesetz der DDR die Fortgeltung von § 165 DDR-StGB (Vertrauensmißbrauch) vor. Einige Gerichte bezweifelten die Verfassungsmäßigkeit dieser Regelung. Der Bundesgerichtshof hat diese Frage offen gelassen. Das Bundesverfassungsgericht hat entschieden, daß die Instanzgerichte selbst über die Verfassungsmäßigkeit der Vorschrift befinden können.

Die Verfahren sind weitgehend abgeschlossen. Lediglich ein Verfahren ist nach Zurückverweisung durch den Bundesgerichtshof zur Zeit noch am Landgericht Berlin anhängig. Angeklagt sind dort der letzte Innenminister der DDR Peter-Michael Diestel und drei seiner Mitarbeiter.

IX. Wirtschaftsstraftaten

Einige sonstige Wirtschaftsstraftaten sind Gegenstand von Anklagen der Berliner Staatsanwaltschaft II. Bislang sechs Verfahren haben Verstöße gegen das Kriegswaffenkontrollgesetz, das Militärregierungsgesetz Nr. 53 und Verordnungen der Alliierten Streitkräfte zum Gegenstand. Die Angeklagten sollen unter Verstoß gegen die genannten Vorschriften Handel zwischen der Bundesrepublik und der DDR, unter anderem mit Waffen und hochwertigen Technologiegütern, betrieben haben.

Zudem werden bei der Staatsanwaltschaft II bei dem Landgericht Berlin Wirtschaftsstrafverfahren geführt, die aber keine systemtypische Kriminalität betreffen. Dazu gehören etwa die Vermögensstraftaten im Zusammenhang mit der Währungsunion oder rechtswidrige Bereicherungen bei der Umstrukturierung und Privatisierung volkseigener Betriebe. Schließlich ist hier ein Steuerstrafverfahren gegen Rechtsanwalt Vogel zu nennen, dem vorgeworfen wird, zu Lasten des DDR-Staatshaushalts seine Einkünfte nicht umfassend angegeben und dadurch seine Steuerschuld gekürzt zu haben. Diesem Angeklagten wird auch vorgeworfen, Mandantengelder veruntreut zu haben.

X. Spionage

Im Bereich nachrichtendienstlicher Aktivitäten der ehemaligen DDR gegen die Bundesrepublik hatten die Hauptverwaltung A des MfS und der Bereich Aufklärung der Nationalen Volksarmee zentrale Bedeutung. Dementsprechend richteten sich auch die Ermittlungen der bundesdeutschen Justiz nach dem Beitritt der DDR zu einem großen Teil gegen Angehörige dieser Einheiten.

Die gegen ehemalige DDR-Bürger erhobenen Anklagen betrafen hauptsächlich die Leitungsebene und bezogen spionagetypische Begleitkriminalität ein. Zum angeklagten Personenkreis gehörten zunächst die Leiter der vorrangig mit Auslandsaufklärung beauftragten Hauptabteilungen des MfS und der Nationalen Volksarmee. Weitere Anklagen wurden gegen die Leiter von Diensteinheiten mit herausgehobener operativer Bedeutung erhoben. Zusätzlich hielten die Staatsanwaltschaften Anklagen gegen einige Offiziere des MfS und der Nationalen Volksarmee sowie gegen einige Inoffizielle Mitarbeiter wegen des Ausmaßes des angerichteten Schadens oder wegen besonders verwerflicher Tatmodalitäten für angezeigt.

Die Anklagen und die dazu ergangenen gerichtlichen Entscheidungen enthalten umfangreiche Feststellungen zum Aufbau, zu den Aufgaben und zum Vorgehen der mit nachrichtendienstlichen Tätigkeiten betrauten Einheiten des MfS und der Nationalen Volksarmee. So konstatiert die Justiz, daß von einer Trennung des MfS in „reine Auslandsaufklärung“ und sonstige MfS-Tätigkeit nicht ausgegangen werden könne. Vielmehr seien beide Bereiche miteinander verzahnt und untrennbar verknüpft gewesen.

Deshalb sei die Auslandsaufklärung der DDR vielfach vom „typischen" DDR-Unrecht geprägt gewesen. Neben der äußeren Sicherheit der Bundesrepublik seien Individualrechtsgüter von DDR-Bürgern wie von Bundesbürgern in einer für totalitäre Regimes kennzeichnenden Weise verletzt worden.

Den rechtlichen Ausgangspunkt bildet das schon vor dem Beitritt anwendbare bundesdeutsche Strafrecht. Zu einem Abweichen von den insoweit eindeutigen Vorgaben des Einigungsvertrags sah die Rechtsprechung nach dem Scheitern von Amnestievorhaben keinen Anlaß und wies völkerrechtliche wie verfassungsrechtliche Einwände zurück.

Das Bundesverfassungsgericht hat eine Kurskorrektur vorgenommen. Nach seiner Auffassung spricht ein Übergewicht von Gründen gegen eine weitere strafrechtliche Verfolgung derjenigen ehemaligen DDR-Bürger, die ausschließlich auf dem Gebiet der DDR oder ihrer Verbündeten Spionagestraftaten gegen die Bundesrepublik oder deren Verbündete verübt hatten. Insoweit soll sich ohne weiteres aus dem Verhältnismäßigkeitsgrundsatz ein Verfolgungshindernis ergeben. Je nach den Umständen des Einzelfalls soll auch bei Spionagehandlungen von DDR-Bürgern auf dem Gebiet der Bundesrepublik oder in Drittstaaten ein Verfolgungshindernis eingreifen; in jedem Fall ist die Strafe deutlich zu mildern.

Die Entscheidung des Bundesverfassungsgerichts hat praktisch die strafrechtliche Verfolgung ehemaliger DDR-Bürger wegen ihrer Spionage gegen die Bundesrepublik beendet. Mit wenigen Ausnahmen wurden alle noch anhängigen Verfahren auch in Bezug auf die mitangeklagte Begleitkriminalität eingestellt.

B. Verfahrenspraxis

Die Strafverfolgung von DDR-Unrecht hat eine abschließende Phase erreicht. Das belegt der deutliche Rückgang der noch offenen Ermittlungsverfahren. Unerledigt sind nur noch etwa 7% aller eingeleiteten Ermittlungsverfahren. Mit der Einleitung neuer Ermittlungsverfahren in bedeutendem Umfang ist nicht zu rechnen. Ein klares Signal geht auch von der Auflösung der Staatsanwaltschaft II bei dem Landgericht Berlin aus, die für den 30. September 1999 vorgesehen ist. Diese Behörde stand im Zentrum staatsanwaltschaftlicher Verfolgungsaktivitäten und hatte die Hauptlast zu tragen. Was an Verfahren noch zu erledigen ist, befindet sich nunmehr größtenteils im Zuständigkeitsbereich der Gerichte. Damit ist ein Zeitpunkt erreicht, der auch in verfahrenspraktischer Hinsicht eine Bilanzierung erlaubt. Im Rückblick auf die eingehende Analyse der Verfahrenspraxis erweist sich folgendes als prägend für die Strafverfolgung von DDR-Unrecht.

I. Verfolgungskontinuität

In Vergessenheit zu geraten droht, daß die Justiz der Bundesrepublik Deutschland die Verfolgung des DDR-Unrechts nicht begonnen, sondern nur fortgeführt hat. Nach der politischen Wende im Herbst 1989 leitete bereits die DDR-Justiz Strafverfolgungsmaßnahmen von beachtlichem Umfang ein, gedrängt von den neuen politischen Kräften, von der Medienöffentlichkeit und von massenhaften Eingaben der Bevölkerung.

Auf zwei Deliktsgruppen konzentrierte sich die Strafverfolgung in der Endphase der DDR. Schwerpunktmäßig wurden zum einen Fälle von Amtsmißbrauch und Korruption verfolgt. Gegen zahlreiche Angehörige der Staats- und Parteiführung und Funktionäre auf Bezirksebene wurde der Vorwurf erhoben, sich und andere an staatlichem Vermögen zu Unrecht bereichert zu haben. Zum anderen bildete die Fälschung der Kommunalwahlen vom Mai 1989 einen Schwerpunkt der Ermittlungen. Auch diese Verfahren richteten sich gegen die politische Prominenz aller Ebenen.

Intensität und Umfang der Strafverfolgung bringt die Zahl von mindestens 44 Beschuldigten zum Ausdruck, die vor dem 3. Oktober 1990 in Haft genommen wurden. Unter den Verhafteten befanden sich mehr als die Hälfte, nämlich 11 der 21 Mitglieder des Politbüros. In mindestens 52 Verfahren, die mit einer Ausnahme die beiden genannten Schwerpunkte betrafen, erhob die Staatsanwaltschaft der DDR Anklage gegen 103 Personen. Auch noch vor der Wiedervereinigung ergingen in 18 dieser Verfahren gegen 27 Personen rechtskräftige Urteile. Die übrigen Verfahren wurden von der Strafjustiz der Bundesrepublik Deutschland fortgeführt, die zudem in zahlreichen anderen Verfahren Ermittlungsergebnisse der Strafverfolgungsorgane der DDR verwertete.

Die Bedeutung der Verfolgungskontinuität läßt sich zahlenmäßig belegen. An den rechtskräftigen Verurteilungen, die bundesdeutsche Gerichte wegen DDR-Unrechts ausgesprochen haben, sind die beiden genannten Deliktsgruppen mit etwa 40% beteiligt. Werden dem Kreis der rechtskräftig Verurteilten diejenigen hinzugezählt, gegen die noch in der DDR ein rechtskräftiges Urteil ergangen ist, so erhöht sich der Anteil, der insgesamt auf die Deliktsgruppen der Wahlfälschung sowie des Amtsmißbrauchs und der Korruption entfällt, auf ca. 45%. Was den Beginn der Strafverfolgung in der DDR inhaltlich prägte, schlägt sich somit auch in einer Bilanz der rechtskräftigen Verurteilungen als quantitativ höchst bedeutsame Position nieder.

II. Zentralistisches Unrecht – dezentrale Strafverfolgung

Staat und Systemunrecht der DDR waren gleichermaßen zentralistisch geprägt. Dagegen fiel die Aufgabe der Verfolgung des Unrechts einer Strafjustiz zu, die im wesentlichen von den Ländern ausgeübt wird. Auf die Einrichtung einer gemeinsamen Ermittlungsbehörde nach dem Vorbild der Zentralstelle zur Aufklärung nationalsozialistischer Verbrechen in Ludwigsburg wurde verzichtet. Es konnte nicht ausbleiben, daß die mangelnde Übereinstimmung von Verfahrensgegenstand und Verfolgungsorganisation zu Brüchen in der Verfahrenspraxis führte.

Immerhin wurde den Besonderheiten der zu verfolgenden Kriminalität dadurch Rechnung getragen, daß die mit den zentralen Machtorganen der DDR befaßte Berliner Staatsanwaltschaft Unterstützung vom Bund und von den Ländern erhielt. Jedoch blieb die Abordnung von Personal hinter den Zusagen zurück. Auch wirkte sich nachteilig aus, daß die abgeordneten Personen häufig ausgetauscht wurden und vielfach nur geringe Berufserfahrung besaßen.

Umfang und Bedeutung der Aufgabe machten die Einrichtung gesonderter staatsanwaltschaftlicher Arbeitseinheiten in Berlin und den neuen Bundesländern erforderlich.

Dabei kam es teilweise zu erheblichen Verzögerungen, weil die dortige Justiz insgesamt neu aufgebaut werden mußte.

Daß die Strafverfolgung im Prinzip dezentral betrieben wurde, begründete die Gefahr unnötiger Mehrfacharbeit und unkoordinierten Vorgehens, der durch länderübergreifende Zusammenarbeit nur in begrenztem Umfang begegnet werden konnte. So wurden zum Teil die Ermittlungsschwerpunkte unterschiedlich gesetzt. Auch ergaben sich Divergenzen in der praktischen Durchführung der Verfahren. Sie sind besonders auffällig im Bereich der Rechtsbeugungsverfahren. Dort beließen es die Länder Brandenburg und Sachsen vielfach bei einer Erfassung von Vorgängen im Allgemeinen Register, die in den anderen Ländern ein förmliches Ermittlungsverfahren ausgelöst hätten. Auch liegt die Anklagequote für eingeleitete Ermittlungsverfahren in Brandenburg deutlich unter der entsprechenden Quote in anderen Ländern.

Nachteilige Folgen hat die dezentrale Strafverfolgung auch für die statistische Erfassung. Die Zahlenangaben der Länder unterscheiden sich in vielfacher Hinsicht, so z.B. in den Zeiträumen und in den Kriterien für Deliktsgruppen. Präzise Aussagen sind auf der Grundlage des justitiellen Zahlenmaterials daher nicht möglich. Eine Zusammenführung im Rahmen des Forschungsprojekts „*Strafjustiz* und DDR-Vergangenheit“ ermöglicht immerhin ungefähre quantitative Angaben. Für die mit der Anklageerhebung beginnenden Verfahrensabschnitte können genauere Aussagen getroffen werden, weil alle Verfahren, die zu einer Anklage geführt haben, im Projekt gesondert erfaßt wurden.

III. Ausfilterung im Ermittlungs- und im Zwischenverfahren

Das Ausmaß des verfolgten DDR-Unrechts läßt sich nur grob schätzen: Etwa 62.000 Ermittlungsverfahren gegen ungefähr 100.000 Beschuldigte wurden eingeleitet. Das tatsächliche DDR-Unrecht ist mit diesen Zahlen nicht erfaßt. Es kann mit unterschiedlichen Maßstäben unterschiedlich bestimmt werden. Daß es weitaus größer gewesen sei, wird sagen, wer darauf abstellt, daß viele Fälle unentdeckt geblieben sind, nicht angezeigt wurden oder für eine Strafverfolgung nicht in Betracht kommen, weil sie so weit zurückliegen, daß die Täter nicht mehr leben oder aus Mangel an Beweisen nicht mehr überführt werden können. Dagegen gelangt zu weitaus geringeren Zahlen, wer allein das als Unrecht gelten läßt, was zur Grundlage einer rechtskräftigen Verurteilung geworden ist. Derzeit sind etwa 300 Personen wegen DDR-Unrechts rechtskräftig verurteilt worden. Die bei den Gerichten noch anhängigen Verfahren lassen nicht erwarten, daß die Zahl von 500 rechtskräftig Verurteilten überschritten werden wird. Das bedeutet, daß eine Verurteilung lediglich etwa 0,5% aller Beschuldigten trifft.

Die Zahl der Beschuldigten verringert sich somit drastisch im Laufe des Verfahrens. Die Einschnitte gehen noch erheblich weiter als in Strafverfahren wegen sonstiger Kriminalität, für die dieser Vorgang mit einem Trichtermodell beschrieben wird. In einer graphischen Umsetzung hätte der Trichter hier einen extrem engen Auslauf. Besonders intensiv ist die Filterwirkung des Ermittlungs- und des Zwischenverfahrens gewesen.

Die Ausdünnung im Ermittlungsverfahren ist an der außerordentlich niedrigen Anklagequote von ca. 1% ablesbar. Sie ist zur Hauptsache ein Ergebnis der Entwicklung im Bereich der Rechtsbeugungsverfahren. Diese machen etwa 70% aller eingeleiteten

Ermittlungsverfahren aus; von den angeklagten Personen mußte sich aber nur noch ein Viertel wegen Rechtsbeugung verantworten. Erklären läßt sich die Entwicklung folgendermaßen. Wegen Justizunrechts wurde sehr breit ermittelt. Zu Ermittlungsverfahren in großer Zahl gaben die Aufhebung von DDR-Urteilen in Rehabilitierungsverfahren und eine systematische Sichtung der Tätigkeit solcher Spruchkörper der DDR-Justiz Anlaß, die mit politischen Strafsachen befaßt gewesen waren. Zur drastischen Reduzierung der Verfahren hat wesentlich beigetragen, daß der Bundesgerichtshof die Grenzen der Strafbarkeit sehr eng absteckte.

Die Anklage hatte auch keineswegs stets ein gerichtliches Hauptverfahren zur Folge. Zahlreiche Verfahren im Bereich der Rechtsbeugung, aber auch in anderen Fallgruppen endeten im Zwischenverfahren. Die Filterwirkung dieses Verfahrensabschnitts ist normalerweise gering; in Verfahren wegen DDR-Unrechts nutzten die Gerichte dagegen ungewöhnlich intensiv die Möglichkeit, die Anklagepraxis der Staatsanwaltschaften zu kontrollieren. In fast 12% aller Verfahren lehnten sie eine Eröffnung des Hauptverfahrens ab. Bemerkenswert ist ferner, daß die Staatsanwaltschaft in etwa 7% aller Fälle von sich aus durch Anklagerücknahme auf eine Fortführung des Verfahrens verzichtete.

IV. Niedrige Verurteilungsquote

Die Tendenz zur Ausfilterung setzte sich im gerichtlichen Hauptverfahren fort. Nur etwa 60% aller Angeklagten wurden verurteilt. In sonstigen Strafverfahren liegt diese Quote um etwa 20% höher.

Mehr als ein Viertel aller Verfahren endete für die Angeklagten mit einem Freispruch. In den übrigen Fällen kam es auf Grund einer Verfahrenseinstellung gar nicht erst zu einer Entscheidung in der Sache. Soweit in der Sache entschieden wurde, erging sogar für jeden dritten der davon Betroffenen ein Freispruch.

V. Schwerpunktverlagerungen

Eine Betrachtung der Strafverfolgungspraxis in zeitlicher Perspektive liefert unterschiedliche Bilder des davon erfaßten DDR-Unrechts. Das Gewicht der Fallgruppen verändert sich deutlich in zweifacher Hinsicht: durch eine Verschiebung des generellen Verfolgungsschwerpunktes und durch eine Veränderung des Schwerpunktes im Ablauf der Strafverfahren.

Die Strafverfolgung in der Endphase der DDR befaßte sich, wie erwähnt, zur Hauptsache nur mit zwei Fallgruppen, mit Amtsmißbrauch und Korruption sowie mit Wahlfälschungen. Diese Schwerpunktbildung ist gut erklärlich. Zum einen wirkte sich aus, daß die Aufdeckung der Selbstbereicherung der politischen Kaste große allgemeine Empörung auslöste. Denn alle Bürger waren den Lebensbedingungen ausgesetzt, denen sich politisch Mächtige heimlich durch Plünderung des Staatshaushaltes entzogen hatten. Zum anderen hatten sich Staat und Partei mit der Fälschung der Kommunalwahlen vom Mai 1989 beweiskräftig kompromittiert. Die Bürgerrechtsbewegung konnte Beweise liefern, die die Einleitung von Verfahren unumgänglich machten. Die Verfolgung von Straftaten anderer Fallgruppen beschränkte sich dagegen in dieser Phase noch auf Ansätze. Das änderte sich nach der Wiedervereinigung rasch. Fallgruppen, denen in menschenrechtlicher Perspektive größeres Gewicht zukommt, rückten nun in den Mittelpunkt der Strafverfolgung. So wurden mit Nachdruck Straftaten an der deutsch-deutschen Grenze verfolgt. Noch weitaus zahlreicher waren die nunmehr eingeleiteten Verfahren wegen Justizunrechts. Auf diese beiden Fallgruppen konzentrierte sich die Verfolgungstätigkeit in der Zeit nach der Wiedervereinigung. Sie standen seither auch im Zentrum des öffentlichen Interesses.

Eine Analyse der nach dem 3. Oktober 1990 eingeleiteten Verfahren offenbart eine verfahrensinterne Schwerpunktverlagerung nach Verfahrensstadien. Im Stadium der Verfahrenseinleitung dominiert, wie dargelegt, die Fallgruppe der Rechtsbeugungstaten, der ca. 70% aller eingeleiteten Ermittlungsverfahren angehören. In den nachfolgenden Verfahrensabschnitten erleiden die Rechtsbeugungsverfahren einen drastischen Bedeutungsverlust in quantitativer Hinsicht. Von den angeklagten Personen mußte sich nur noch ein Viertel wegen Rechtsbeugung verantworten. Der Rückgang des Anteils setzt sich in dieser Schärfe in der Urteilspraxis fort. Nur etwa jeder Zehnte der rechtskräftig Verurteilten wurde wegen einer Straftat belangt, die dem Bereich des Justizunrechts zuzurechnen ist.

Mit dem Rückgang der Rechtsbeugungsverfahren wächst im Verfahrenslablauf quantitativ die Bedeutung anderer Verfahrensgruppen. Besonders auffällig ist der quantitative Bedeutungszuwachs der Wahlfälschungsverfahren. Eine hohe Verurteilungsquote in diesen Verfahren hat zur Folge, daß fast ein Drittel der rechtskräftig verurteilten Personen dieser Deliktsgruppe zuzuordnen sind; im Stadium der Anklage beträgt der Anteil dieser Personengruppe dagegen lediglich ca. 10%.

Ähnliche gegenläufige Entwicklungen, wenngleich in deutlich geringerem Umfang, sind für die Fallgruppen der MfS-Straftaten sowie des Amtsmißbrauchs und der Korruption feststellbar. Eine hohe Verurteilungsquote hier und eine geringe Verurteilungsquote dort sorgen für deutliche Verschiebungen nach Erhebung der Anklage. Der Anteil vom Vorwurf einer MfS-Straftat betroffenen Personen reduziert sich von der Anklage bis zum rechtskräftigen Urteil nahezu um die Hälfte von ca. 12% auf etwa 7%, während der entsprechende Anteil der Personen, denen Amtsmißbrauch oder Korruption vorgeworfen wird, von ca. 4,5% auf ca. 7,5% ansteigt.

An den rechtskräftigen Verurteilungen sind die unterschiedlichen Verfolgungsschwerpunkte vor und nach der Wiedervereinigung in etwa gleichem Umfang beteiligt. Jeweils ca. 40% entfallen auf Verurteilungen wegen Amtsmißbrauchs und Korruption sowie wegen Wahlfälschung einerseits sowie auf Verurteilungen wegen Gewalttaten an der Grenze und Rechtsbeugung andererseits.

VI. Staatsanwaltschaftliche Verfahrensgestaltung

In besonderer Weise wurden die Strafverfahren wegen DDR-Unrechts durch das Verhalten der Staatsanwaltschaft beeinflußt. Die Staatsanwaltschaft nutzte ihre Handlungsspielräume zu einer aktiven Verfahrensgestaltung. Deutlicher noch als in sonstigen Strafverfahren trat eine Veränderung im Rollenverständnis zutage. Die Staatsanwaltschaft beschränkte sich nicht auf bloße Zuträgerdienste gegenüber den Gerichten, sondern beanspruchte eine verfahrensgestaltende Rolle mit eigener Entscheidungsmacht.

Die besonderen Umstände dieser Strafverfahren haben dazu geführt, daß sich der Wandel im Selbstverständnis der Staatsanwaltschaft hier so nachdrücklich bemerkbar gemacht hat. Ein kaum überschaubarer, riesiger Verfahrenskomplex mußte organisatorisch und rechtlich bewältigt werden. Die Gesetzeslage war in vielfacher Hinsicht unklar. Auf historische Vorbilder konnte nicht zurückgegriffen werden. Diese Schwierigkeiten machten ein unkonventionelles staatsanwaltschaftliches Verhalten fast unvermeidlich.

In organisatorischer Hinsicht reagierte die Staatsanwaltschaft durch Begründung spezieller Zuständigkeiten und durch den Ausbau des Personals. Einfluß auf Verfahrensabläufe wurde auf sehr unterschiedliche Weise genommen. Hervorzuheben ist einmal, daß vielfach unter Inkaufnahme von Verzögerungen in anderen Verfahren das Mittel des Pilotverfahrens genutzt wurde, um möglichst rasch eine Klärung von Rechtsfragen durch höchstrichterliche Entscheidungen zu erreichen. Auch fällt auf, daß intensiv von den Möglichkeiten einer Einstellung aus Opportunitätsgründen (§§ 153 ff. StPO) Gebrauch gemacht wurde. So reduzierte etwa die Bundesanwaltschaft die Zahl der Spionageverfahren gegen DDR-Bürger drastisch durch derartige Einstellungsentscheidungen. Dabei ließ sie sich von genau den Gründen leiten, die später das Bundesverfassungsgericht veranlaßten, ein Verfolgungshindernis zu statuieren. Als weiteres Beispiel läßt sich anführen, daß Rechtsbeugungsverfahren trotz der Schwere des Tatvorwurfs unter Erteilung einer Auflage nach § 153a StPO eingestellt wurden. Erwähnung verdient in diesem Zusammenhang ferner, daß teilweise in Rechtsbeugungsverfahren aus verfahrensökonomischen Gründen und zur Vermeidung einer Belastung der Betroffenen auf die formelle Einleitung eines Ermittlungsverfahren verzichtet und der Vorgang lediglich im Allgemeinen Register eingetragen wurde.

VII. Altersstrafrecht

In den Verfahrensabläufen und in den Ergebnissen spiegelt sich wider, daß die Justizorgane mit Beschuldigten zu tun hatten, deren durchschnittliches Alter von etwa 56 Jahren deutlich über demjenigen sonstiger Beschuldigter lag und die zu einem Viertel über 64 Jahre alt waren. Zwar ist gesetzlich kein gesondertes Altersstrafrecht vorgesehen. Gleichwohl reagiert die Justizpraxis in spezifischer Weise auf den Umstand, daß ein Beschuldigter besonders alt ist.

Dementsprechend hat in Verfahren wegen DDR-Unrechts häufig die Verhandlungsunfähigkeit eine Verfahrenseinstellung veranlaßt, wenn nicht gar der Tod des Beschuldigten das Verfahren beendet hat. Auch hat nicht selten eine altersbedingte Beschränkung der Verhandlungsfähigkeit zu erheblichen Verzögerungen im Ablauf der Hauptverhandlung geführt, wie etwa die Verfahren gegen Mielke und Honecker belegen. Auswirkungen des hohen Alters der Beschuldigten zeichnen sich ferner in der Sanktionspraxis ab. Für alte Menschen bedeutet die Vollziehung einer Freiheitsstrafe eine besondere Härte. Auch kann bei ihnen vielfach schon aus Altersgründen erwartet werden, daß sie künftig keine Straftaten mehr begehen werden. Daher wird bei ihnen häufiger als sonst eine Freiheitsstrafe zur Bewährung ausgesetzt. Dementsprechend hoch ist in den Verfahren wegen DDR-Unrechts die Quote der zur Bewährung ausgesetzten Freiheitsstrafen.

VIII. Differenzierte Sanktionspraxis

Die verhängten Sanktionen lassen das Bemühen der Gerichte erkennen, den Besonderheiten des Verfahrensgegenstandes gerecht zu werden. In zweifacher Hinsicht sind Abweichungen von der üblichen Sanktionspraxis festzustellen. Der Anteil der Geldstrafen liegt mit ca. 30% deutlich unter der generellen Geldstrafenquote, die über 80% beträgt. Dagegen überschreitet bei den Freiheitsstrafen die Quote der Aussetzung zur Bewährung mit 90% die entsprechende Quote in sonstige Fällen um etwa 20%. Daran zeigt sich, daß das DDR-Unrecht einer eigenständigen Bewertung unterzogen wurde. Vermieden wurden sowohl eine Überbewertung – etwa durch Gleichsetzung mit dem nationalsozialistischen Unrecht – als auch eine Verharmlosung. Insgesamt vermittelt die Sanktionspraxis den Eindruck, daß das DDR-Unrecht als mittelschwere Kriminalität eingestuft wurde.

Weitere Differenzierungen werden sichtbar bei einer näheren Betrachtung der Fallgruppen. Mit Geldstrafe wurden vorwiegend Delikte aus den Bereichen der Wahlfälschung, der MfS-Straftaten und der Gefangenenmißhandlung geahndet. Die Freiheitsstrafe kam zur Hauptsache in der Deliktsgruppe der Gewalttaten an der Grenze zum Zuge. Dabei differenzierten die Gerichte deutlich zwischen zwei Tätergruppen. Auf der einen Seite erhielten Angehörige der militärischen und politischen Führung sowie Exzeßtäter hohe, zu verbüßende Freiheitsstrafen. Auf der anderen Seite wurden einfache Grenzsoldaten, sofern sie nicht Exzeßtaten begangen hatten, mit Freiheitsstrafen bis zu zwei Jahren belegt, die zur Bewährung ausgesetzt wurden.

IX. Der Sonderfall der Spionage

Eine Sonderstellung nimmt die Fallgruppe der Spionageverfahren in vielfacher Hinsicht ein. Erwähnt sei hier lediglich, daß die Vereinigung zur Hauptsache die tatsächlichen, weniger die rechtlichen Verfolgungsbedingungen veränderte und daß schon frühzeitig und mit besonderem Nachdruck eine Amnestie gerade für diese Taten gefordert wurde. Die Analyse der Verfahrenspraxis fügt einige Besonderheiten hinzu. Im Vergleich zu den übrigen Fallgruppen setzte die Verfolgung deutlich früher ein und gelangte auch rascher zu einem Abschluß. Die seit jeher betriebene Strafverfolgung gegen DDR-Spione wurde nach der Vereinigung zügig auf die nunmehr verfolgbaren Fälle ausgedehnt. Das Reaktionsmuster belegt ein hohes Maß an Flexibilität. So wurde von den strafprozeßrechtlichen Möglichkeiten einer Verfahrenseinstellung aus Opportunitätsgründen in breitem Umfang Gebrauch gemacht. Das läßt vermuten, daß diese Praxis weniger auf strafrechtliche Ahndung als auf Prävention abzielte. Durch Aufklärung der DDR-Spionage konnte eine Abwerbung noch aktiver Spione verhindert werden. Auch waren auf diesem Wege Erkenntnisse über Schwachstellen der Nachrichtendienste der Bundesrepublik Deutschland zu gewinnen. Nur begrenzte Bedeutung kommt daher der Einschränkung der Strafbarkeit durch das Bundesverfassungsgericht im Jahre 1995 zu, zumal diese Entscheidung erst in einem weit vorangeschrittenen Stadium der Strafverfolgung erging. Die geringe Zahl rechtskräftig verurteilter DDR-Bürger, die zudem in aller Regel Freiheitsstrafen nicht verbüßen mußten, rundet das Bild einer zurückhaltenden, eher an präventiven Zielen ausgerichteten Verfolgungspraxis ab.

C. Die Grundlinien der strafrechtlichen Verfolgung des DDR-Unrechts

Rechtlich und verfahrenspraktisch läßt sich die gesamte Aufarbeitung des DDR-Unrechts auf zwei Grundlinien zurückführen: Ahndung schwerer Menschenrechtsverletzungen und Verfolgungskontinuität.

I. Die Bestrafung schwerer Menschenrechtsverletzungen

Das zentrale Ergebnis der justitiellen Bemühungen lautet: Tatbestandsmäßiges Verhalten, das in offensichtlicher und schwerwiegender Weise gegen völkerrechtlich anerkannte Menschenrechte verstößt, wird durchgängig als strafbar erfaßt. Das Erfordernis einer schweren Menschenrechtsverletzung wirkt dabei zugleich legitimierend und begrenzend. Es wird in drei Deliktsgruppen von der Rechtsprechung ausdrücklich herangezogen. Die Behandlung weiterer Fallgruppen fügt sich in diese Linie.

Für die Gewalttaten an der deutsch-deutschen Grenze hat die Rechtsprechung die Rechtswidrigkeit vorsätzlicher Tötungen mit dem Grund- und Menschenrecht auf Leben begründet und eine entgegenstehende ständige Rechtspraxis der DDR für unbeachtlich erklärt. Das Bundesverfassungsgericht hat diese Rechtsprechung als verfassungskonform bestätigt und einen Verstoß gegen das Rückwirkungsverbot des Artikels 103 Absatz 2 GG verneint: Die innerstaatliche Legalisierung willkürlicher staatlicher Tötungen ist für die Anwendung des Rückwirkungsverbotes unbeachtlich.

Das Erfordernis einer schwerwiegenden Menschenrechtsverletzung wird auch bei der Rechtsbeugung verwendet. Es dient hier der Einschränkung von Strafbarkeit, obwohl es in den Rechtsbeugungstatbeständen nicht enthalten ist. Das Fehlen einer schwerwiegenden Menschenrechtsverletzung hat in diesem Bereich zu zahlreichen Freisprüchen und Verfahrenseinstellungen geführt. Das Ergebnis ist eine Konzentration der Strafverfolgung auf Verurteilungen durch DDR-Gerichte, mit denen unter schwerem Verstoß gegen die Menschenrechte die Todesstrafe oder eine längere Freiheitsstrafe verhängt wurde.

Ähnliches gilt für die Strafbarkeit von Denunziationen. Auch hier werden im Ergebnis als politische Verdächtigung nur solche Anzeigen strafrechtlich verfolgt, welche die Gefahr einer offensichtlichen und schweren Menschenrechtsverletzung durch das drohende Strafverfahren begründeten. Dieses Erfordernis hat der Bundesgerichtshof zudem auf die Strafbarkeit von Freiheitsberaubungen ausgedehnt, die im Zusammenhang mit politischen Verdächtigungen begangen wurden.

Dem Leitprinzip der Verfolgung schwerer Menschenrechtsverletzung entspricht ferner die Ahndung der körperlichen Mißhandlung von Gefangenen und des Doping ohne Einwilligung der Betroffenen. Hier wurde regelmäßig die Gesundheit der Opfer in schwer menschenrechtswidriger Weise angegriffen.

Die Behandlung weiterer Fallgruppen fügt sich in das Bild einer Konzentration der Strafverfolgung auf schwerwiegende Menschenrechtsverletzungen. So hat die Rechtsprechung mit unterschiedlichen dogmatischen Begründungen die Strafbarkeit von MfS-Mitarbeitern eng umgrenzt. Die für straflos erklärten Verhaltensweisen, wie das Abhören von Telefonen, die Entnahme von Geld und Wertgegenständen aus Briefen oder das heimliche Betreten fremder Räumlichkeiten, bleiben durchweg unterhalb der Schwelle einer schweren Menschenrechtsverletzung.

Eingeschränkt hat die Rechtsprechung ferner die Strafbarkeit ehemaliger DDR-Bürger für solche Handlungen, zu deren Beurteilung nach Artikel 315 Absatz 4 EGStGB bundesdeutsches Recht heranzuziehen ist. Neben den bereits erwähnten Denunziationen sind davon zur Hauptsache Spionagehandlungen betroffen. Hier gelangt nach der Rechtsprechung des Bundesverfassungsgerichts ein aus dem Verhältnismäßigkeitsgrundsatz abgeleitetes Verfolgungshindernis zur Anwendung. Es greift zum Schutz von DDR-Bürgern ein, die vom Gebiet der DDR oder „sicherer" Drittstaaten aus gegen die Bundesrepublik spioniert haben. Diese Restriktionsbemühungen der Rechtsprechung kommen in ihren praktischen Wirkungen einer Teilamnestie gleich. Auch diese faktische Teilamnestie trägt zur Konzentration der Strafverfolgung auf schwere Menschenrechtsverletzungen bei.

Das Leitprinzip der Verfolgung schwerer Menschenrechtsverletzungen beherrscht die Verfahrenspraxis auch in quantitativer Hinsicht. So haben die beiden Fallgruppen der Gewalttaten an der Grenze und der Rechtsbeugung, die am deutlichsten vom Gedanken des Menschenrechtsschutzes geprägt sind, den weitaus größten Anteil an den Ermittlungsverfahren. Allein auf den Bereich der Rechtsbeugung entfallen etwa 70% aller Ermittlungsverfahren. Auch bei den Verfahrensergebnissen ist hier ein deutlicher Schwerpunkt zu verzeichnen. Mehr als 40% aller rechtskräftigen Verurteilungen betreffen die Fallgruppen der Gewalttaten an der Grenze und der Rechtsbeugung.

II. Verfolgungskontinuität

Als ein zweiter Schwerpunkt treten bei den rechtskräftigen Verurteilungen mit etwa 40% die Fallgruppen des Amtsmißbrauchs und der Korruption sowie der Wahlfälschung hervor. Diese Taten sind nicht durch schwere Menschenrechtsverletzungen gekennzeichnet. Vielmehr orientiert sich die strafrechtliche Aufarbeitung in diesem Bereich am Leitprinzip der Verfolgungskontinuität. Fast alle Verfahren wegen Amtsmißbrauchs und Korruption sowie zahlreiche Verfahren wegen Wahlfälschung wurden noch in der DDR eingeleitet. Eine gewandelte DDR-Rechtsprechung gelangte bereits zu einer nicht geringen Zahl von Verurteilungen. Die Strafjustiz der Bundesrepublik Deutschland führte diese Strafverfolgungsaktivitäten konsequent fort. Dafür erteilte ihr der Einigungsvertrag einen klaren Auftrag. Die Fortführung der Strafverfolgung entsprach auch dem Willen der DDR-Bevölkerung, den sie in der Endphase der DDR unmißverständlich zum Ausdruck gebracht hatte, sei es unmittelbar, sei es über demokratisch legitimierte Volksvertreter.

In der Fortführung der Verfolgung von Amtsbereich und Korruption sowie von Wahlfälschung kommt diejenige DDR zur Geltung, die der Bundesrepublik beigetreten ist.

D. Bewertung

Die abschließende Bewertung des Gesamtvorgangs konzentriert sich auf die Grundlinien des strafrechtlichen Aufarbeitungsprozesses.[949] Dies geschieht in Kenntnis der Verfahrenspraxis sowie aller dort aufgetretenen rechtlichen und tatsächlichen Probleme. Die Bewertung erfolgt in betonter Distanz zu den Turbulenzen in der Anfangsphase der Strafverfolgung. Diese Leitperspektive soll in einem überschaubaren Text klar hervortreten. Deshalb wird auf eine Einarbeitung des äußerst umfangreichen Schrifttums zu den vielfältigen Aspekten des Aufarbeitungsprozesses verzichtet.[950]

Schon zu Beginn des strafrechtlichen Aufarbeitungsprozesses war abzusehen, daß viele Verfahren, wie immer sie enden mochten, juristisch und politisch umstritten bleiben würden. Es ist angesichts der schwierigen Materie auch nicht überraschend, daß es in der Rechtsprechungsentwicklung zu Widersprüchen gekommen ist und daß juristische Begründungen in manchen Bereichen angreifbar geblieben sind. Im Ergebnis aber läßt sich zehn Jahre nach der Wende in der DDR feststellen: Der Rechtsprechung ist es gelungen, in einem für sie neuen und schwierigen Rechtsbereich weitgehende Klarheit zu schaffen und einheitliche Linien zu finden. Die Justiz hat für die Behandlung der wichtigsten Fallgruppen ein im ganzen gerechtes und schlüssiges Konzept entwickelt, ohne daß ihr die Gesetzgebung wesentliche Hilfe geleistet hätte. Und die Strafverfahren haben zur Aufklärung und Anerkennung des DDR-Unrechts einen zentralen Beitrag geleistet.

949 Dabei konnte auf wichtige Bewertungsaspekte zurückgegriffen werden, die in den bereits abgeschlossenen Dissertationen von *Fahnenschmidt*, Amtsmißbrauch, und *Rummler*, Gewalttaten, ausgeführt sind.

950 Die Autoren verkennen nicht, daß literarische Stellungnahmen vor allem in der frühen Phase der strafrechtlichen Aufarbeitung wertvolle Beiträge geleistet haben, sei es durch Unterstützung der Praxis, sei es durch Kritik an ihr. Verwiesen sei insbesondere auf die im Literaturverzeichnis aufgeführten Beiträge von *Alexy, Amelung, Arnold, Bemmann, Bottke, Buchner, R. Dreier, H. Dreier, Dannecker, Dannecker/Stoffers, Dencker, Erb, Eser, Frommel, Gropp, Grünwald, Günther, Herrmann, Herzog, Hillenkamp, Hirsch, Hohmann, Hruschka, Isensee, Jakobs, Joerden, Kaufmann, Kuhlen, Küpper/Wilms, Limbach, F.L. Lorenz, Lüderssen, Luther, Maiwald, Miehe, Naucke, Otto, Paeffgen, Pawlik, Pieroth, Rautenberg, Renzikowski, Riedel, Rittstieg, Roggemann, Rottleuthner, Samson, Schaefgen, Schlink, F.-C. Schroeder, Simma/Volk, Spendel, Starck, Vormbaum, Wassermann, Wesel, Widmaier, Willnow.* – Im Literaturverzeichnis sind auch Beiträge von Beteiligten des Projekts „Strafjustiz und DDR-Vergangenheit“ nachgewiesen (*Bock, Fahnenschmidt, Hohoff, J. Müller, Rummler* sowie *Marxen* und *Werle*).

I. Stärken

1. Die Ahndung schwerer Menschenrechtsverletzungen – ein richtiges Signal

Den Ausschlag für ein positives Gesamturteil gibt vor allem das zentrale Ergebnis des strafrechtlichen Aufarbeitungsprozesses: Die Konzentration der Strafverfolgung auf die Ahndung schwerer Menschenrechtsverletzungen. Tatbestandsmäßige Verhaltensweisen, die in offensichtlicher und schwerwiegender Weise gegen völkerrechtlich anerkannte Menschenrechte verstoßen, werden durchgängig strafrechtlich erfaßt. Es findet eine umfassende Aufarbeitung schwerer Menschenrechtsverletzungen statt. Zugleich wird das Erfordernis einer schweren Menschenrechtsverletzung dazu herangezogen, Bestrafungen zu begrenzen. Mit der Bewertung dieses zentralen Ergebnisses steht und fällt die Bewertung des Aufarbeitungsprozesses insgesamt.

Gegen eine „Kultur der Straflosigkeit"

Mehrere entscheidend positive Wirkungen der Ahndung schwerer Menschenrechtsverletzungen sind zu verbuchen. Den Ausgangspunkt bildet eine durch schmerzhafte Erfahrungen gewonnene Einsicht. Die Straflosigkeit von schweren Menschenrechtsverletzungen ist eine der wichtigsten Ursachen ihrer Neubegehung. Diese Aussage gilt nicht nur für denkbar schwerste Menschenrechtsverbrechen, wie etwa den Völkermord. Sie gilt für alle schweren Menschenrechtsverletzungen wie willkürliche schwere Körperverletzungen, Freiheitsberaubungen oder Tötungen. Vorgänge in zahlreichen Staaten liefern die traurige Bestätigung. So hat sich in der internationalen Debatte um den Umgang mit schweren Menschenrechtsverletzungen die Einsicht durchgesetzt, daß eine „Kultur der Straflosigkeit" die Wiederholung schwerer Menschenrechtsverletzungen begünstigt. Dagegen ist die strafrechtliche Ahndung schwerer Menschenrechtsverletzungen die im Normalfall angemessene und vom Völkerrecht gewollte staatliche Reaktion. Die Einsetzung der Internationalen Gerichtshöfe für das ehemalige Jugoslawien und Ruanda sowie die Bemühungen um die Schaffung eines ständigen internationalen Strafgerichtshofs sind Ausdruck dieser Grundposition. Dieser Zusammenhang macht klar: Die strafrechtliche Verfolgung der in der DDR begangenen schweren Menschenrechtsverletzungen ist kein deutscher „Sonderweg"[951]. Vielmehr geben die deutschen Verfahren das richtige Signal. Die strafrechtliche Verfolgung schwerer Menschenrechtsverletzungen ist im internationalen Zusammenhang ein wichtiges praktisches Beispiel dafür, daß mit staatlicher Unterstützung handelnde Täter nicht auf Straffreiheit rechnen können.

Respekt vor den Grund- und Menschenrechten

Die Bestrafungen legitimieren sich freilich nicht allein und nicht einmal in erster Linie aus ihrer abschreckenden Wirkung. Vielmehr tragen die Strafverfahren auch dazu bei, den Respekt vor den Grundrechten und den Menschenrechten zu festigen. Die Bestrafungen schwerer Menschenrechtsverletzungen bringen rechtliche Mißbilligung am schärfsten zum Ausdruck. Bestrafungen werden zum Teil eines Prozesses der Normbe-

951 *Schlink* NJ 1994, 433 ff.

kräftigung, der auch und gerade nach dem Untergang eines repressiven Systems notwendig ist: Die Grund- und Menschenrechte sind stets zu achten; staatliche Duldung oder Förderung von Menschenrechtsverletzungen verschafft den Handelnden keinen Freibrief.

Schuldausgleich

Die Bestrafung schwerer Menschenrechtsverletzungen beruht aber keineswegs ausschließlich auf präventiven Erwägungen. Die strafende staatliche Reaktion ist im Bereich des menschenrechtsschützenden Kernstrafrechts ein Gebot elementarer Gerechtigkeit. Unverkennbar beansprucht neben den präventiven Gesichtspunkten deshalb der Gedanke des Schuldausgleichs seinen Platz.

Individualisierung von Verantwortung

Positiv zu bewerten sind ferner die Wirkungen individueller Zurechnung. Individuelle Zurechnung macht deutlich, wie staatsgesteuertes Unrecht aus dem Zusammenwirken bestimmter Individuen entstanden ist. Den Tätern gibt die Individualisierung Anlaß, ihren Anteil am Systemverbrechen zu verarbeiten. Die Individualisierung macht der Gesellschaft deutlich, daß nicht ein anonymes Kollektiv, sondern ein bestimmbarer Kreis von Personen die schweren Menschenrechtsverletzungen geplant, organisiert und vollzogen hat. Dieses Vorgehen läuft keineswegs auf eine Verdunkelung oder gar ein Leugnen gesellschaftlicher Verantwortung hinaus. Denn spätestens bei der Bemessung von Strafen ist die Einbindung der Täter in den Zusammenhang staatlichen Handelns zu berücksichtigen.

Die vielfach vergleichsweise milden Strafen beeinträchtigen diese Wirkungen nicht. Dies gilt insbesondere für die zahlreichen Bewährungsstrafen, die gegen Grenzsoldaten wegen vorsätzlicher Tötungen verhängt wurden. Der ungewöhnliche Umstand, daß ein vorsätzliches Tötungsdelikt mit einer Bewährungsstrafe geahndet wird, zeigt vielmehr in aller Deutlichkeit, daß die Justiz Schuld sorgfältig individualisiert hat. Dies kommt deutlich darin zum Ausdruck, daß die Rechtsprechung die in der Hierarchie ganz unten stehenden Grenzsoldaten in gewisser Weise auch selbst als Opfer ansieht. So kann auf keinen Fall davon die Rede sein, einzelne würden als „Sündenböcke“ geopfert. Auch der plakative Vorwurf: „Die Kleinen hängt man, die Großen läßt man laufen“ ist unberechtigt. Dies belegen nicht zuletzt die Verfahren gegen Angehörige der politischen und militärischen Führung der ehemaligen DDR und die dort, etwa im Politbüro-Prozeß, verhängten deutlich höheren Haftstrafen.

Menschenrechtskonforme Begrenzung des Rückwirkungsverbotes

Mit der strafrechtlichen Verfolgung schwerer Menschenrechtsverletzungen erfüllt die Strafjustiz den grundgesetzlichen Auftrag, die Grundrechte zu schützen. Ein Widerspruch zum Rückwirkungsverbot des Artikels 103 Absatz 2 des Grundgesetzes entsteht hierdurch nicht. Das Grundgesetz und sein Rechtsbegriff sind durch Grundrechte und Menschenrechte geprägt. Dieser Zusammenhang erklärt die strikte Formalisierung des

Rückwirkungsverbotes und den absoluten Vertrauensschutz des Artikels 103 Absatz 2 Grundgesetz. Die Basis für diesen strikten Vertrauensschutz entfällt, wenn ein Staat selbst schwere Menschenrechtsverletzungen organisiert oder begünstigt. Diese Grenzen des Rückwirkungsverbotes hat das Bundesverfassungsgericht mit klaren Formulierungen aufgezeigt. Willkürliche staatliche Tötungen lassen sich auch durch ihre innerstaatliche Legalisierung nicht rechtfertigen. Menschenrechtswidrigen Gesetzen ist die Anerkennung als Rechtfertigungsgrund zu versagen.

Begrenzung von Strafbarkeit auf schwere Menschenrechtsverletzungen

Abschließend ist nochmals die strafbarkeitsbegrenzende Funktion des Vorliegens einer offensichtlichen und schweren Menschenrechtsverletzung hervorzuheben. Diese Funktion kommt insbesondere im Bereich der Rechtsbeugung zur Geltung und hat dort zu einer erheblichen Einschränkung des Bereichs strafbaren Verhaltens geführt. In Übereinstimmung mit der Begrenzung von Strafbarkeit auf schwere Menschenrechtsverletzungen befindet sich die aus dem Verhältnismäßigkeitsgrundsatz abgeleitete Annahme eines verfassungsrechtlichen Verfolgungshindernisses im Bereich der Spionage.

Strafrechtlicher Schutz elementarer Menschenrechte

Diese Überlegungen führen zu einer eindeutigen Bewertung. Der von der bundesdeutschen Justiz bewirkte strafrechtliche Schutz elementarer Menschenrechte ist zu begrüßen. Er macht die Umrisse eines an den Menschenrechten orientierten Kernstrafrechts sichtbar. Die Ergebnisse der Justiz stehen im Einklang mit internationalen Bestrebungen, die Beachtung der Menschenrechte auch durch den Einsatz des Strafrechts zu sichern. Das Erfordernis einer offensichtlichen und schweren Menschenrechtsverletzung sorgt zugleich für eine sachgerechte Begrenzung der Strafbarkeit von DDR-Unrecht. Diese Begrenzung entzieht dem Vorwurf einseitiger „Siegerjustiz" jede Grundlage. Die Nichtverfolgung selbst schwerer Menschenrechtsverletzungen liefe nämlich auf eine strafrechtliche Privilegierung von Staatskriminalität hinaus und müßte damit das Vertrauen in den Rechtsstaat erschüttern.

2. Verfolgungskontinuität: Respekt vor dem Willen der DDR-Bevölkerung

Die Verfolgung von Wahlfälschungen sowie von Amtsmißbrauch und Korruption fügt sich nicht in das Bild einer Konzentration der Strafverfolgung auf schwere Menschenrechtsverletzungen im Sinne von Angriffen auf Leben, Gesundheit und Bewegungsfreiheit. Auch kann in diesem Bereich teilweise bezweifelt werden, ob die zwei Schlüssel des Artikels 315 Absatz 1 EGStGB das Tor zur Strafbarkeit wirklich öffnen können. Für und gegen die Strafbarkeit von Wahlfälschungen sowie von Amtsmißbrauch und Korruption lassen sich jeweils beachtliche Gründe geltend machen. Sicher hätte die bundesdeutsche Justiz in diesem Bereich mit nachvollziehbaren Gründen Strafbarkeit verneinen können, schon weil das Gewicht der Taten deutlich hinter dem Unwert der in anderen Bereichen erfaßten Delikte zurückbleibt. Gleichwohl verdienen die Weichenstellungen der Strafjustiz im Ergebnis Zustimmung.

Die gewendete DDR-Justiz machte Ernst mit der Anwendung der DDR-Strafgesetze und beendete damit die strafrechtliche Privilegierung von staatlichen Machthabern. Die bundesdeutsche Justiz handelte juristisch konsequent, als sie die schon in der DDR gewandelte Rechtspraxis übernahm und eingeleitete Verfahren fortführte. Damit sorgte die Justiz zugleich dafür, daß ein klarer politischer Wille der DDR-Bevölkerung, der sich in der Endphase der DDR auch in staatsanwaltschaftlichen Aktivitäten manifestiert hatte, den Umbruch der Vereinigung überdauerte. Die Gemeinschaftsgüter der Bundesrepublik Deutschland wurden mit dem Beitritt um entsprechende Gemeinschaftsgüter der DDR erweitert. So verdient im Ergebnis auch die Verfolgungskontinuität im Bereich der Wahlfälschung und bestimmter Wirtschaftsdelikte Zustimmung. Nicht zu übersehen ist dabei freilich, daß diese Entwicklung ihren Ursprung in Besonderheiten des deutschen Vereinigungsprozesses hat. Anders als die Forderung nach Ahndung schwerer Menschenrechtsverletzungen läßt sich die Verfolgungskontinuität im Bereich von Amtsmißbrauch und Wahlfälschung nicht auf andere Länder übertragen.

3. Aufklärung und Anerkennung von Unrechtsvergangenheit

Bedeutung für das öffentliche Bewußtsein

Die Aufklärung und Anerkennung von DDR-Unrechtsvergangenheit ist ein weiteres zentrales Verdienst der Verfahren. Es ist absehbar, daß manche juristische Wertungen der Gerichte umstritten bleiben werden. Aber die gerichtlichen Feststellungen werden die gesellschaftliche Erinnerung der Deutschen an die DDR mitprägen. Was in den gerichtlichen Verfahren mit den Mitteln des Strafprozesses als zweifelsfrei festgestellt wurde, kann einen hohen Grad von Verläßlichkeit beanspruchen. Neben die Ahndungsfunktion strafrechtlicher Verurteilungen tritt damit ihre Aufklärungs- und Anerkennungsfunktion. Dabei kann in manchen Verfahren die Betonung stärker auf der Aufklärungsfunktion liegen, wenn nämlich Gerichte wirklich Neues zu Tage gefördert haben. In anderen Bereichen war das begangene Unrecht in seinen Umrissen bekannt; hier steht die Anerkennungsfunktion gerichtlicher Entscheidungen im Vordergrund.

Aufklärungsfunktion

Bei den Verfahren, die auf dem Leitprinzip der Verfolgungskontinuität beruhen, steht die Aufklärungsfunktion im Vordergrund. Gerade der Verdacht von Amtsmißbrauch und Korruption sowie von Wahlfälschungen wurde am Ende der DDR zu einem wichtigen Motor für die Bürgerrechtsbewegung. Entsprechende Bedeutung hatten Aufklärung und Verfolgung von Straftaten in diesem Bereich in den Jahren 1989/90. Betrachtet man die Resultate, so wurden in den Wahlfälschungsprozessen Strukturen und Abläufe der Wahlfälschungen exemplarisch offengelegt. In den Verfahren wurde klar bewiesen, was man vorher nur vermuten konnte. So ist beispielsweise das durch vielfache Zeugenaussagen belegte „Verhandeln" um Prozentpunkte bei Wahlergebnissen ein eindrucksvoller Beleg für die zynische und systematische Mißachtung des Wählerwillens. Diese Bedeutung der Wahlfälschungsprozesse wird bleiben. Sie wird weder durch die verhältnismäßig geringen Strafen noch durch gewisse juristische Zweifel an der Anwendbarkeit des bundesdeutschen Wahlfälschungstatbestandes geschmälert. Ähnlich wie bei der Wahlfälschung wurden auch im Bereich von Amtsmißbrauch und Korruption Handlungen nachgewiesen, über die zuvor nur spekuliert werden konnte. Die bewußtseinsprägende Bedeutung dieser Verfahren in der Wendezeit und unmittelbar danach sollte trotz des inzwischen gewachsenen zeitlichen Abstands nicht vergessen werden.

Anerkennungsfunktion

Die Anerkennungsfunktion steht bei den für das öffentliche Bewußtsein besonders wichtigen Tötungen an der deutsch-deutschen Grenze im Vordergrund. Daß an dieser Grenze im staatlichen Auftrag getötet wurde, war weltweit bekannt. Gleichwohl hat die strafgerichtliche Aufarbeitung der Vorgänge ihren Eigenwert. Um die Taten der einzelnen Angeklagten, etwa der Grenzsoldaten, einordnen zu können, zeigen die Verfahren das Gesamtsystem der Grenzsicherung minutiös auf. Sie rekonstruieren bis ins Detail die Befehlskette, die von der Spitze der politischen Führung bis hinunter zum einfachen Grenzsoldaten reichte. Die gerichtlichen Entscheidungen machen ferner deutlich, wie der einzelne Grenzsoldat durch Instruktionen und Indoktrination in dieses System eingebunden wurde und wie dies dann zum individuellen Tatbeitrag führte. Die Verfahren insgesamt haben zweifelsfrei ergeben, daß und wie von staatlicher Seite Tötungen bewußt als letztes Mittel zur Verhinderung von Grenzübertritten eingesetzt wurden. Diese Feststellungen werden jeder Verharmlosung der Gewaltverbrechen an der Grenze entgegenwirken. Die Verfahren in einer zweiten wichtigen Fallgruppe, der Rechtsbeugung, belegen, wie die Justiz selbst zum Instrument schwerer Menschenrechtsverletzungen wurde. Die staatsanwaltschaftlichen Ermittlungen und die Entscheidungen der Gerichte liefern hier wichtige Einblicke in Organisation und Ablauf politisch gesteuerter Strafjustiz.

Bedeutung für die Opfer

Die Aufklärung und Anerkennung begangenen Unrechts ist für die Opfer schwerer Menschenrechtsverletzungen von entscheidender Bedeutung. Unerläßlicher erster Schritt jeder Form von Wiedergutmachung ist die offizielle Bestätigung des erlittenen Unrechts. Dies wird auch in Übergangsgesellschaften anerkannt, die – oft aus einer Notlage heraus – auf strafrechtliche Ahndung schwerer Menschenrechtsverletzungen verzichten. In diesen Gesellschaften werden andere Wege gesucht, um das Recht der Opfer auf Wahrheit durchzusetzen. Zweifellos sind aber auch strafgerichtliche Verfahren geeignet, diesem Recht auf Wahrheit zur Geltung zu verhelfen. Die strafgerichtliche Verurteilung von Tätern hat sogar einen besonders hohen Symbolwert. Denn die Urteile halten nicht nur fest, was geschehen ist, sondern bringen rechtliche Mißbilligung des geschehenen Unrechts in der schärfsten Form zum Ausdruck.

Das soll nicht heißen, daß Strafurteile eine Wiedergutmachung ersetzen könnten. Vielmehr weist gerade in diesem Bereich der deutsche Aufarbeitungsprozeß erhebliche Schwächen auf. Ein Verzicht auf die strafrechtliche Ahndung von DDR-Unrecht hätte aber diesen Befund nicht verbessert, sondern den ohnehin vorhandenen Schwächen ein weiteres Defizit hinzugefügt.

Zeugnis des Systemunrechts

Die Aufklärung und Anerkennung von Unrechtsvergangenheit ist somit eine wichtige und langfristig sogar die zentrale Wirkung des strafrechtlichen Aufarbeitungsprozesses. Gewiß: Gegenstand der einzelnen Strafprozesse sind Tat und Schuld der einzelnen Angeklagten. Aber weil die Einzeltäter typischerweise in einem organisierten Zusammenhang handelten, wird auch der Kontext systematischer Gewalt in den Strafverfahren erfaßt und ausgeleuchtet. So bezeugen Gerichtsurteile das vergangene Unrecht und wirken der Geschichtsfälschung entgegen. Zugleich setzen die strafrechtlichen Verurteilungen ein Zeichen: Schweres Unrecht bleibt auch dann verfolgbar, wenn es vom Staat legalisiert, geduldet oder gefördert worden ist.

II. Schwächen

Die strafrechtliche Aufarbeitung des DDR-Unrechts hat durchaus auch Mängel aufzuweisen. Sie sind jedoch nur zum Teil der Justiz anzulasten.

1. Defizite des Gesamtvorgangs

Die Strafverfolgung hat übermäßig viel Zeit in Anspruch genommen. Weit mehr als ein Jahrzehnt wird verstrichen sein, wenn das letzte Verfahren zum Abschluß gelangt ist. Zudem wurde, bis die maßgeblichen rechtlichen Leitgesichtspunkte zutage traten, ein Rechtsfindungsgang mit vielen Umwegen und Sackgassen durchlaufen. Auch haben die Strafverfolgungsorgane der Länder unterschiedliche Schwerpunkte gesetzt und unterschiedliche Verfahrenswege beschritten.

Eine raschere Erledigung, kürzere Verfahren und ein einheitliches Vorgehen wären möglich gewesen. Doch hätte es dazu anderer gesetzlicher Vorgaben und größerer politischer Unterstützung bedurft. Man stelle sich vor:

Ein Wunschbild

Der Einigungsvertrag und ausführende Gesetze benennen als klares Ziel der strafrechtlichen Aufarbeitung, schwere Menschenrechtsverletzungen zu verfolgen und die bereits in der DDR eingeleiteten Verfolgungsmaßnahmen wegen Amtsmißbrauchs und Korruption sowie wegen Wahlfälschung konsequent zu Ende zu führen. Im übrigen ergeht eine Amnestie. Es wird eine staatsanwaltschaftliche Zentralstelle eingerichtet, welche die Ermittlungen koordiniert und für eine einheitliche Verfahrenspraxis sorgt. Diese Stelle sowie die Polizeibehörden und die Staatsanwaltschaften in den Ländern werden großzügig mit Personal- und Sachmitteln ausgestattet. Eingebettet ist der Vorgang in einen politischen Diskussionszusammenhang, der differenziert und ohne jede Polemik die historische Dimension durch den Vergleich mit der Aufarbeitung des NS-Unrechts zur Geltung bringt und die internationale Dimension durch den Vergleich mit den Formen der Bewältigung einer diktatorischen Vergangenheit in anderen Ländern.

Zweifellos hätte die Justiz unter diesen Bedingungen erfolgreicher agieren können. Straffe, auf einheitlicher Verfolgungspraxis beruhende Verfahren und klare Resultate mit Begründungen, die sich auf das Wesentliche konzentrieren, sowie ein erheblich früheres Ende des Gesamtvorgangs wären zu erwarten gewesen.

Freilich wäre es ungerecht, Gesetzgebung und Politik an diesem Wunschbild zu messen. Seinerzeit überstürzten sich die Ereignisse. Zu viele Aufgaben mußten in zu kurzer Zeit bewältigt werden, als daß geduldig dicke Bretter gebohrt werden konnten, wie es der Beruf des Politikers nach Max Weber verlangt. Doch läßt sich damit nicht jegliche Kritik abweisen. Zu weit war die politische Praxis vom Wunschbild entfernt.

Die Realität: Versäumnisse in Gesetzgebung und Politik

Die gesetzlichen Vorgaben lieferten lediglich einen Rahmen für die strafrechtliche Aufarbeitung. Geregelt wurden nur Fragen des Strafanwendungsrechts. Zu inhaltlichen Fragen des anzuwendenden Strafrechts schwieg der Gesetzgeber. Auch die für eine Teilamnestie nötige Entscheidungskraft brachte er nicht auf. Zudem ließ er die Organisationsstrukturen der Strafverfolgung im wesentlichen unverändert. Zusagen, das Personal der Verfolgungsorgane angemessen zu verstärken, wurden nicht in vollem Umfang eingelöst. In der politischen Diskussion überschatteten die schwerwiegenden allgemeinen Probleme des Zusammenwachsens von Ost und West die Auseinandersetzung über die strafrechtliche Aufarbeitung. Es entwickelte sich ein scharfer Meinungsgegensatz, in dem Forderungen nach härterer Verfolgung und nach Amnestie aufeinanderprallten.

Ein justitielles Großexperiment

Damit geriet die strafrechtliche Aufarbeitung zu einem justitiellen Großexperiment unter schwierigen Bedingungen. Dessen Verlauf war notgedrungen geprägt von den Merkmalen einer Justiz, die zur Hauptsache von den Ländern ausgeübt wird und ein kompliziertes, mehrstufiges Rechtsmittelsystem unter verfassungsgerichtlicher Kontrolle zur Verfügung stellt. Unvermeidlich traten Divergenzen in der Verfolgungspraxis auf und bildeten sich die Leitlinien der richterlichen Entscheidungspraxis erst in einem langwierigen Klärungsprozeß heraus.

2. Mängel der Verjährungsgesetzgebung

Aktivitäten entfaltete die Gesetzgebung im wesentlichen nur zur Regelung von Fragen der Verjährung – und stiftete dabei mehr Schaden als Nutzen. Die insgesamt drei Verjährungsgesetze, die der Verjährungsregelung im Einigungsvertrag nachfolgten, lassen einen sachgerechten Umgang mit dem rechtsstaatlich bedeutsamen Institut der Verjährung vermissen.

Ein überflüssiges und fehlerhaftes Gesetz

So ist für das erste Verjährungsgesetz, das ein Ruhen der Verjährung bis zum 2. Oktober 1990 mangels Strafverfolgungswillens in der DDR feststellte, ein wirklicher Bedarf nicht erkennbar. Ohne die Regelung wäre die Frage des Ruhens der Verjährung von der Rechtsprechung auf der Grundlage allgemeiner strafrechtlicher Vorschriften zu klären gewesen. Entscheidungen gleichen Inhalts wären zu erwarten gewesen. Denn die Rechtsprechung hatte bereits mit gleicher Begründung ein Ruhen der Verjährung bei nationalsozialistischen Straftaten angenommen.

Dem Gesetz kann nicht einmal bescheinigt werden, daß es als bloß deklaratorische Regelung jedenfalls unschädlich sei. Die Datierung des Endzeitpunktes des Ruhens auf den 2. Oktober 1990 verdeckt nämlich einen historisch bedeutsamen Sachverhalt und erweist sich damit auch als rechtlich fehlerhaft. Bereits der Machtwechsel in der DDR im Herbst 1989 beseitigte das faktische Verfolgungshindernis. Vielfältige Verfolgungsmaßnahmen seit Dezember 1989 belegen den Willen, staatlich gedeckte Straftaten zu verfolgen. Für den Zeitraum bis zum 2. Oktober 1990 ist also ein Ruhen der Verjährung nicht begründbar. Die anderslautende Regelung im ersten Verjährungsgesetz könnte im übrigen dazu beigetragen haben, daß die Erinnerung an die Strafverfolgung in der Endphase der DDR so rasch verblaßte.

Unnötige Verlängerung der Verjährungsfristen

Die Verlängerung von Verjährungsfristen sollte sich ein Gesetzgeber gut überlegen. Greift er damit doch in ein Institut ein, das dem Rechtsfrieden dient. Im Zuge der strafrechtlichen Aufarbeitung des DDR-Unrechts wurde die Verjährungsfrist für Delikte mittlerer Schwere zweimal verlängert. Für die erste Verlängerung ließ sich noch ins Feld führen, daß Probleme des Neuaufbaus der Justiz die Strafverfolgung erschwert hatten. Dagegen fehlte es an einer tragfähigen Begründung für die erneute Fristverlängerung in diesem Bereich, die nur wenige Tage vor Fristablauf Ende 1997 vorgenommen wurde.

Die geäußerte Sorge, daß der Verjährungseintritt der Verfolgung zahlreicher bisher nicht entdeckter oder mangels Kapazität nicht verfolgter Taten ein Ende setzen werde, entbehrte jeder Grundlage. Längst war zu diesem Zeitpunkt der Zenit der Verfahrenseinleitungen überschritten. Für die eingeleiteten Verfahren konnten unaufwendig verjährungsunterbrechende Maßnahmen ergriffen werden. Im übrigen gab es keinerlei Anzeichen für die Existenz noch unerschlossener Kriminalitätsfelder. Größere Verzögerungen hatte es lediglich bei den Dopingverfahren gegeben. Doch war hier der Kreis des tatverdächtigen Führungspersonals, dem die Verfolgungsbemühungen zur Hauptsache galten, von vornherein bekannt; eine Unterbrechung der Verjährung war daher durch entsprechende prozessuale Maßnahmen ohne weiteres möglich.

Im Nachhinein hat sich der Eindruck bestätigt, daß kein Anlaß für eine Verlängerung der Verjährungsfrist bestand. Unter den Verfahren, in denen es bislang zur Anklage gekommen ist, befindet sich keines, das durch die Fristverlängerung vor einem vorzeitigen Ende bewahrt wurde.

Feldzeichen im politischen Kampf

Im wesentlichen zielte die Verjährungsgesetzgebung auf symbolische Wirkungen. In der politischen Auseinandersetzung um die Strafverfolgung des DDR-Unrechts diente die Verjährungsverlängerung zur Hauptsache als Feldzeichen, hinter dem sich die Befürworter scharten, während die Gegenseite das Banner der Amnestie vor sich hertrug.

3. Defizite der gerichtlichen Entscheidungen

Die beiden Hauptlinien der Strafverfolgung des DDR-Unrechts – Menschenrechtsschutz und Verfolgungskontinuität – kommen in den gerichtlichen Entscheidungen nicht stets mit der nötigen Klarheit zur Geltung. Auch begegnet die Erfassung des Justizunrechts Bedenken.

Begründungsschwächen beim Menschenrechtsschutz

Trotz vielfacher Erwähnung der Menschenrechte fehlt es an einer wirklich kraftvollen Entfaltung des Grundgedankens, daß der Schutz der universell geltenden Menschenrechte zur strafrechtlichen Aufarbeitung einer diktatorischen Vergangenheit berechtigt und verpflichtet. Die zentralen Entscheidungen des Bundesgerichtshofs büßen an Überzeugungskraft durch Unentschiedenheit und Lückenhaftigkeit ein.

So bietet die Leitentscheidung zu den Todesschüssen an der Grenze[952] zwei Begründungsalternativen an, die den Gedanken des Menschenrechtsschutzes unterschiedlich verwerten. Teils wird dem DDR-Recht, das die Schüsse legalisierte, wegen Menschenrechtswidrigkeit die Gültigkeit abgesprochen; teils wird eine damalige Auslegung dieses Rechts für möglich erachtet, welche die Menschenrechte wahrte. Welche Begründung letztlich maßgeblich sein soll, bleibt offen. Zudem erweckt der fiktive Charakter der „menschenrechtsfreundlichen Auslegung" des DDR-Rechts Bedenken. Dieser Umgang mit dem DDR-Recht befindet sich in einem geradezu diametralen Gegensatz zu den tatsächlichen Rechtsverhältnissen in der DDR und begründet dadurch die Gefahr rechtlicher und historischer Mißverständnisse. Das Konstrukt eines menschenrechtsfreundlichen DDR-Rechts kann über den repressiven Charakter der faktischen DDR-Rechtsordnung hinwegtäuschen.

In der Leitentscheidung zur Rechtsbeugung[953] bleibt unklar, wieso das Merkmal der schweren Menschenrechtsverletzung dem Tatbestand hinzugefügt wird. Zunächst wird unter Hinweis auf Besonderheiten des Rechtssystems der DDR zur Wahrung des Rückwirkungsverbotes eine Beschränkung des Tatbestandes auf Willkürentscheidungen für notwendig befunden. Unversehens verwandelt sich dieses Merkmal dann in das Merkmal der schweren Menschenrechtsverletzung.

Insgesamt wird viel zu zaghaft die Möglichkeit genutzt, an die Grundlagen des völkerstrafrechtlichen Menschenrechtsschutzes anzuknüpfen, wozu die neuere deutsche Geschichte allen Anlaß gegeben hätte. Nur knapp finden die Prinzipien Erwähnung, die die strafrechtliche Aufarbeitung der nationalsozialistischen Vergangenheit in den Nürnberger Prozessen anleiteten.[954] Zu einer ergiebigen inhaltlichen Verwertung kommt es nicht.

Freilich fehlte es dafür auch an Vorarbeiten in der Literatur. Die deutsche Rechtswissenschaft der Nachkriegszeit hatte diesem Gegenstand nur geringe Aufmerksamkeit zugewendet. Sie behandelte ihn mit gleicher Reserve wie die Gesetzgebung, die dem in Artikel 7 Absatz 2 der Europäischen Menschenrechtskonvention normierten Vorrang

952 *BGH*, Urteil v. 3.11.1992 – Az. 5 StR 370/92, BGHSt 39, 1.
953 *BGH*, Urteil v. 13.12.1993 – Az. 5 StR 76/93, BGHSt 40, 30.
954 *BGH*, Urteil v. 20.3.1995 – Az. 5 StR 111/94, BGHSt 41, 101, 109.

des Völkerstrafrechts gegenüber der nationalen Gesetzgebung ihre Zustimmung verweigerte.

Kontinuität der Verfolgung – Diskontinuität der Ergebnisse

Konsequent setzten die Strafverfolgungsorgane nach der Vereinigung die Verfolgung von Amtsmißbrauch und Korruption fort. Nicht gleichermaßen konsequent entwickelte sich dagegen die Entscheidungspraxis. Die gerichtlichen Strafzumessungsentscheidungen fielen im Laufe der Zeit immer milder aus, und es mehrten sich die Fälle, in denen die Gerichte – anders als noch zu Beginn der Strafverfolgung – die Strafbarkeit der angeklagten Tat verneinten.

Die Tendenz zu milderen Strafen hatte zum Teil berechtigte Gründe. Unter dem Eindruck öffentlicher Empörung über das Luxusleben der „Bonzen" war die Strafverfolgung anfänglich zu hart gewesen, wie die große Zahl der Haftbefehle und einige Verurteilungen zu Freiheitsstrafen ohne Bewährung belegen. Auch entsprach es üblicher Strafzumessungspraxis, den wachsenden zeitlichen Abstand zwischen Tat und Urteil strafmildernd zu berücksichtigen.

Darauf allein beruht der deutliche Wandel der Entscheidungspraxis aber nicht. Als weiterer Grund kommt hinzu, daß sich die Bewertungsmaßstäbe im Laufe der Zeit veränderten. Gleiche Sachverhalte wurden zunehmend milder bewertet. Schließlich wurde die Strafbarkeit mit der Erwägung verneint, daß die Privilegierung der Führungsschicht auch in anderen politischen Systemen üblich sei. Der verheimlichte DDR-Luxus der Wandlitz-Bewohner nahm die Gestalt einer „Subventionierung" politischer Leitungskräfte an.[955] Insbesondere die Verwendung dieses Begriffs macht deutlich, daß sich westliche Bewertungsmaßstäbe durchsetzten. Diese ließen auch Unrecht und Schuld in den Fällen als minder gewichtig erscheinen, in denen die Strafbarkeit nicht zu bezweifeln war. Tatsächlich nehmen sich im Vergleich zu westlichen Lebensbedingungen die Vorteile bescheiden aus, die sich seinerzeit DDR-Politiker rechtswidrig verschafften. Mit dem Leitgedanken der Verfolgungskontinuität ist dieser Perspektivenwechsel allerdings nicht vereinbar.

Die Veränderung der Maßstäbe führte letztlich dazu, daß das genaue Gegenteil einer „Siegerjustiz" praktiziert wurde: Die „Besiegten" profitierten von den Bewertungsmaßstäben des „siegreichen" Systems.

Unklarheiten bei der rechtlichen Erfassung des Justizunrechts

Die Erfassung des Justizunrechts der DDR als Rechtsbeugung war keineswegs selbstverständlich. Denn zur Anwendung dieses Tatbestandes kann es nur kommen, wenn bestimmte Mindestanforderungen an Rechtsprechung erfüllt sind. In den Erwägungen des Bundesgerichtshofs dazu tut sich ein Widerspruch auf. Nach seiner Auffassung genügte die Justiz der DDR trotz aller Mängel noch den Bedingungen für die Anwendung des Rechtsbeugungstatbestandes. „Namentlich für Fälle ohne politischen

955 *KG Berlin*, Beschluß v. 12.11.1998 – Az. (512) 24 Js 1243/92 (56/94), BA S. 23.

Bezug“[956] gelte, daß eine streitentscheidende, befriedende und ahnende Tätigkeit mit einer gewissen Neutralität gegenüber den Beteiligten und im Bemühen, ihnen gerecht zu werden, ausgeübt worden sei. Gerade durch einen „politischen Bezug“ waren aber diejenigen Justizakte gekennzeichnet, die überhaupt nur für eine Strafverfolgung in Betracht kamen. Insbesondere für den Bereich der DDR-Justiz, der sich mit dem politischen Strafrecht befaßte, muß bezweifelt werden, daß die Mindestanforderungen an Rechtsprechung erfüllt waren. Bekanntlich kennzeichneten Abhängigkeit und Außensteuerung der Akteure diesen Bereich ganz besonders. Soweit aber DDR-Richter als politische Funktionäre agierten, lag es nahe, hieraus die juristischen Konsequenzen zu ziehen und den Rechtsbeugungstatbestand nicht anzuwenden.

Im Falle der Unanwendbarkeit des Rechtsbeugungstatbestandes kommen allein die Allgemeindelikte des Totschlags und der Freiheitsberaubung zum Zuge. Wesentlich andere Ergebnisse wären auf diesem Wege vermutlich nicht erzielt worden. Auch hier hätte das Kriterium der schweren Menschenrechtsverletzung eine Beschränkung auf gravierende Fälle herbeigeführt. Allerdings hätten Form und Inhalt des Tatvorwurfs besser übereingestimmt. Es wäre kein justitielles Unrecht, sondern der Mißbrauch staatlicher Gewalt durch Funktionäre in Richterrobe geahndet worden.

Demgegenüber beschönigte die Anwendung des Rechtsbeugungstatbestandes die Verhältnisse. Die Akte der politischen Strafjustiz der DDR wurden zu Rechtsprechungsakten erhöht.

III. Verfehlte Kritik

Die strafrechtliche Verfolgung von DDR-Unrecht war und ist in der öffentlichen Debatte umstritten. Die Kritik beschränkt sich nicht auf die hier angeführten Schwächen und sonstige Teilaspekte. Vielmehr wird am strafrechtlichen Aufarbeitungsprozeß insgesamt Grundsatzkritik geübt. Einigen der in der Debatte erhobenen Vorwürfen wird durch die hier unterbreiteten Erkenntnisse der Boden entzogen.

„Siegerjustiz“

Der Vorwurf der „Siegerjustiz“ lautet in robuster Zuspitzung: (Westdeutsche) Sieger haben (ostdeutsche) Besiegte gerichtet. Sie haben nicht Gerechtigkeit, sondern Rache gewollt. Die Urteile waren keine Rechtssprüche, sondern Machtsprüche. Den Richtern der (westdeutschen) Sieger fehlte die Legitimation, über die (ostdeutschen) Besiegten zu Gericht zu sitzen.

Der Vorwurf der „Siegerjustiz“ wird durch die hier erhobenen Befunde in vollem Umfang widerlegt.

Betrachten wir zunächst die Fälle mittlerer Kriminalität, in denen keine schweren Menschenrechtsverletzungen begangen wurden. Hier handelt es sich im wesentlichen um die Vergehen des Amtsmißbrauchs und der Korruption sowie der Wahlfälschung. Angesichts der vergleichsweise geringeren Schwere der Taten liegt der Vorwurf der „Siegerjustiz“ nicht ganz fern. Es war aber die Bevölkerung der DDR, die in und nach

956 *BGH*, Urteil v. 13.12.1993 – Az. 5 StR 76/93, BGHSt 40, 30, 39.

der Wendezeit ihren Verfolgungswillen eindeutig manifestierte. Es waren die demokratischen Kräfte der DDR, die Schluß machen wollten mit der strafrechtlichen Privilegierung von DDR-Führungskräften. Die Staatsanwaltschaften der DDR haben tatkräftig Verfolgungsmaßnahmen in diesem Bereich eingeleitet. Diese Tatsachen sprechen eine klare Sprache. In der gewendeten DDR selbst wären vermutlich viele Abgeurteilte weniger glimpflich davon gekommen als vor bundesdeutschen Gerichten.

Was die in der DDR begangenen schweren Menschenrechtsverletzungen angeht, so gab es auch hier schon in der gewendeten DDR Ansätze zu strafrechtlicher Verfolgung. Freilich bildete sich in diesem Bereich erst nach dem Beitritt ein Verfolgungsschwerpunkt heraus. Legitimiert wird die Strafverfolgung allein schon durch die Schwere des Unrechts. Die strafrechtliche Ahndung schwerer Menschenrechtsverletzungen ist die normale, die gerechte und die vom Völkerrecht gewollte staatliche Reaktion auf schwere Menschenrechtsverletzungen. Die entgegenstehende DDR-Rechtspraxis bewahrte die Verantwortlichen nicht vor strafrechtlicher Verfolgung. Die Rechtsprechung erklärte vielmehr einschlägige Taten, die elementare Menschenrechte in schwerwiegender Weise verletzten, für rechtswidrig und strafbar. Dies geschah unabhängig von der innerstaatlichen Legalität und der Rechtspraxis der DDR.

Zugleich hat die Rechtsprechung regelmäßig vergleichsweise milde Strafen verhängt. Die einfachen Grenzsoldaten etwa erhielten für vorsätzliche Tötungen fast ausschließlich Bewährungsstrafen. Lediglich gegen Angehörige der staatlichen oder militärischen Führung und gegen Exzeßtäter wurden höhere Strafen verhängt. Aber selbst hier blieb die verhängte höchste Freiheitsstrafe von zehn Jahren deutlich unter dem gesetzlichen Höchstmaß für Totschlag. Eine derartige Strafzumessungspraxis als Ausdruck von „Siegerjustiz“ zu charakterisieren, ist schlicht verfehlt. Widerlegt wird der Vorwurf der „Siegerjustiz“ schließlich durch zahlreiche Entscheidungen, in denen die Anwendung rechtsstaatlicher Grundsätze das Verfahren vorzeitig beendete. Der wohl spektakulärste Fall war die Verfahrenseinstellung im Falle Erich Honeckers.

Das Reden von „Siegerjustiz“ leugnet die Tatsachen und verharmlost das geschehene Unrecht.

„Die Kleinen hängt man, die Großen läßt man laufen“

Ein anderer Vorwurf behauptet, die „kleinen“ Befehlsempfänger habe man hart angefaßt, die Hauptverantwortlichen dagegen nicht belangt. Auch dieser Vorwurf entbehrt der Tatsachengrundlage. Schon die gerade angesprochene Differenzierung im Strafmaß spricht gegen diese Kritik.

Was die zeitliche Abfolge der Verurteilungen angeht, so ist es richtig, daß gerade im Bereich der Gewalttaten an der Grenze zunächst die unmittelbar Handelnden angeklagt und abgeurteilt wurden. Dies hatte seinen Grund besonderen Komplexität der Ermittlungen gegen Angehörige höherer Hierarchieebenen. Nach Bewältigung von Anlaufschwierigkeiten kam es in erheblichem Umfang zu Verfahren gegen die „Großen“. „Laufen lassen“ hat die Justiz allerdings solche Beschuldigte, die sich als verhandlungsunfähig erwiesen. Dieses rechtsstaatliche Vorgehen aber bietet keinen Anlaß zur Kritik: Die Justiz hat hier nur das im Rechtsstaat Selbstverständliche getan.

„Verdeckte Amnestie“?

Die Generalamnestie wird als grundsätzliche Alternative zur strafgerichtlichen Aufarbeitung noch zur Sprache kommen. Hier geht es um eine Kritik an der Rechtsprechung. Sie habe ohne gesetzgeberische Legitimation eine faktische Teilamnestie, eine „verdeckte Amnestie“[957] für DDR-Unrecht herbeigeführt. Anlaß zu solchen Einwänden geben die in vielen Bereichen vergleichsweise niedrigen Strafen, etwa die Bewährungsstrafen in Fällen vorsätzlicher Tötung. Ferner sind die in dieser Untersuchung aufgezeigten Tendenzen angesprochen, Strafbarkeit zu begrenzen, insbesondere auch durch Konzentration auf schwere Menschenrechtsverletzungen. Aus diesen Umständen läßt sich jedoch kein Vorwurf gegen die Justiz ableiten. Die milden Strafen sind Ausdruck einer sorgfältig austarierten Strafzumessung, die Verstrickungen von Tätern zu deren Gunsten berücksichtigt. Dies ist eine hervorzuhebende Stärke und keine zu kritisierende Schwäche des justitiellen Vorgehens. Allerdings ist einzuräumen, daß das Erfordernis einer schweren Menschenrechtsverletzung teilweise keine Grundlage in den gesetzlichen Tatbeständen hat, so etwa bei der Rechtsbeugung. Die rechtsschöpferische Leistung der Rechtsprechung ist deshalb bei der Konzentration auf schwere Menschenrechtsverletzungen unverkennbar. Ähnliches gilt für das aus dem Verhältnismäßigkeitsgrundsatz abgeleitete Verfolgungshindernis bei der Verfolgung von DDR-Spionage. In diesem Bereich wäre eine klare gesetzgeberische Grenzziehung vorzugswürdig gewesen. Kritik verdient hier freilich der Gesetzgeber, nicht die Justiz. Sie hat durch die Konzentration auf schwere Menschenrechtsverletzungen zur Glaubwürdigkeit des strafrechtlichen Aufarbeitungsprozesses beigetragen und einen unverhältnismäßigen Verfolgungsaufwand verhindert.

IV. Alternativen zur strafrechtlichen Aufarbeitung

Die Aufarbeitung von DDR-Unrecht ist zu einem erheblichen Teil mit den Mitteln des Strafrechts erfolgt. Auch im öffentlichen Bewußtsein spielt das Strafrecht eine zentrale Rolle. Forderungen nach einer Generalamnestie oder wenigstens einer Teilamnestie für weniger schwere Straftaten konnten sich bislang im parlamentarischen Raum nicht durchsetzen, sind aber weiterhin aktuell. Überlegungen zu alternativen Aufarbeitungsmodellen, die Anfang der 90er Jahre angestellt wurden, blieben ohne praktische Folgen. Dies gilt etwa für die Idee von öffentlichen Tribunalen, die aufklären, aber keine Zwangsbefugnisse und insbesondere keine Strafbefugnisse haben sollten.

Auch wenn sich in Deutschland die diskutierten Alternativen zum Strafrecht bislang nicht durchsetzen konnten, bleibt fraglich, ob der eingeschlagene Weg der richtige war und ob sich für die Zukunft Kurskorrekturen empfehlen. In diese Überlegungen sind nicht nur die in der deutschen Diskussion erörterten Möglichkeiten einzubeziehen. Vielmehr sind auch die staatlichen Reaktionen auf eine Unrechtsvergangenheit ins Auge zu fassen, die aus Systemwechseln in anderen Ländern bekannt sind. Diese Reaktionen reichen vom schlichten Nichtstun über die Generalamnestie oder die Teilamnestie bis hin zur umfassenden strafrechtlichen Verfolgung. Als eine Art Mittelweg zwischen

957 *Hillenkamp* JZ 1996, 179 ff.

Amnestie und Strafverfolgung ist in den letzten Jahren die von strafrechtlicher Verfolgung gelöste Aufklärung vergangenen Unrechts in den Vordergrund getreten. Mit dieser Aufgabe hat man Institutionen eigener Art betraut, sog. Wahrheitskommissionen.

Der weitere Text befaßt sich zunächst mit der Generalamnestie als einer grundsätzlichen Alternative zur strafrechtlichen Verfolgung (dazu 1.) und erörtert dann die Aufarbeitung von Systemunrecht durch die Einrichtung einer Wahrheitskommission (dazu 2.).

1. Generalamnestie

Zur Generalamnestie kann es vor oder nach dem Übergang von der Diktatur zur Demokratie kommen. Gelegentlich haben die noch im Sattel befindlichen Machthaber selbstbegünstigende Amnestiegesetze erlassen. In anderen Fällen war die Generalamnestie der für den friedlichen Machtwechsel geforderte Preis der alten Eliten. Keine der beiden Situationen ist im Deutschland der Wendezeit eingetreten. Zu einer Selbstamnestie der Führungskräfte der untergehenden DDR kam es nicht. Die demokratischen Kräfte der DDR dachten ihrerseits nicht an eine solche Wohltat für kriminelle Unterstützer oder Repräsentanten des alten Systems. Auch bei den Verhandlungen zum Einigungsvertrag sah die erste demokratisch gewählte Regierung der DDR davon ab, eine Amnestie zu fordern. Im Gegenteil: Im Einigungsvertrag wird der Wille zur strafrechtlicher Verfolgung deutlich sichtbar.

Es war gut, daß der Weg der Generalamnestie in Deutschland nicht beschritten wurde. Generalamnestien wirken nämlich, entgegen dem teilweise erhobenen Anspruch, nur scheinbar befriedend. Sie breiten einen Mantel des Schweigens über das vergangene Unrecht und tragen zum Vergessen bei. Aber abgedrängtes Unrecht kommt nicht zur Ruhe. Das Schweigen ebnet nicht den Weg zum inneren Frieden und zur Aussöhnung. Verdrängte Unrechtsvergangenheit hat die Gesellschaften bislang immer noch eingeholt; dies belegt gerade auch die deutsche Erfahrung. Generalamnestien leisten der Verdrängung Vorschub, weil Taten, Opfer und Täter namenlos bleiben.

Gegen eine Generalamnestie sprechen auch durchgreifende rechtliche Bedenken. Der Staat ist zum Schutze der elementaren Grundrechte und Menschenrechte verpflichtet. Diese Verpflichtung wird u.a. durch die Bestrafung von Tötungsverbrechen und schweren Verletzungen elementarer individueller Rechtsgüter eingelöst. Die Nichtahndung derartiger Taten im Gefolge der Vereinigung hätte die Glaubwürdigkeit des Rechtsstaats entscheidend beeinträchtigt. Gerade nach der Vereinigung war es wichtig, die Achtung vor den Grund- und Menschenrechten zu betonen und zu festigen. Die Ahndung von schweren Menschenrechtsverletzungen, insbesondere von Tötungen, war unverzichtbar. Schwere Menschenrechtsverletzungen sind grundsätzlich mit den Mitteln des Strafrechts zu ahnden – dies ist auch die Grundposition, die sich in der internationalen Debatte um den Schutz der Menschenrechte durchsetzt. Ausnahmen kommen überhaupt nur in Betracht, wenn ohne eine Amnestieregelung die Fortsetzung der Gewalt oder der Ausbruch neuer Gewalt droht. Eine solche Notlage bestand im deutschen Vereinigungsprozeß zu keinem Zeitpunkt. Eine Generalamnestie auch für schwere Menschenrechtsverletzungen, wie Tötungen, schwere Körperverletzungen oder lang andauernde Freiheitsentziehungen, mußte deshalb ausscheiden. Dabei sollte es auch in der Zukunft bleiben.

Wenn die Generalamnestie keine vorzugswürdige Alternative war, so gilt dies erst recht für das staatliche Nichtstun in Form einer faktischen Nichtverfolgung. Hier tritt zu den Nachteilen der Generalamnestie noch ein weiterer hinzu. Eine Generalamnestie bestätigt wenigstens verbal den Unrechtscharakter derjenigen Taten, die nicht bestraft werden sollen. Bei der faktischen Nichtverfolgung bleibt sogar diese verbale Mißbilligung vergangenen Unrechts auf der Strecke.

2. Wahrheitskommission

Zur Aufklärung staatsgesteuerten Unrechts wurden in verschiedenen Ländern Wahrheitskommissionen eingesetzt.[958] In der Ausgestaltung der Wahrheitskommissionen gibt es wesentliche Unterschiede. Was alle Wahrheitskommissionen verbindet, ist das Ziel, Unrechtsvergangenheit in offizieller Form anzuerkennen und für das Gedächtnis der Nachwelt festzuhalten. Wahrheitskommissionen schließen im Prinzip eine strafrechtliche Verfolgung nicht aus. Sie können grundsätzlich im Vorfeld, im Nachgang oder parallel zur strafrechtlichen Verfolgung tätig werden. Vielfach aber wurden Wahrheitskommissionen gerade als Alternative zur strafrechtlichen Aufarbeitung ins Leben gerufen. Die weiteren Überlegungen greifen diese Möglichkeit auf, erörtern also, ob die Aufarbeitung durch Wahrheitskommissionen gerichtlichen Verfahren vorzuziehen ist. Es liegt nahe, sich dabei auf das südafrikanische Modell der Wahrheitskommission zu konzentrieren. Denn Südafrika hat das derzeit wohl fortgeschrittenste Modell der Wahrheitskommission entwickelt.[959] Dieses Modell hat weltweite Aufmerksamkeit gefunden und wird auch im deutschen Kontext diskutiert.

Aufklärung statt Strafe? Das südafrikanische Modell

Die südafrikanische Kommission für Wahrheit und Versöhnung kombiniert Aufklärung und Opferhilfe. Sie hat darüber hinaus auch die Vollmacht, Amnestie für Straftaten zu gewähren. Insoweit ist die Wahrheitskommission als echte Alternative zu strafgerichtlichen Verfahren konzipiert. Eine wichtige Neuerung gegenüber bisherigen Wahrheitskommissionen liegt dabei in der Verknüpfung von Amnestie und Aufklärung: Die in Südafrika geschaffene Form der Amnestie steht unmittelbar im Dienste der Wahrheitsfindung. Die Gewährung von Amnestie setzt einen Antrag des Täters und die volle Offenlegung der Tat voraus, d.h. ein umfassendes Geständnis. Die Tat selbst muß einen politischen Charakter haben. Bei der Erfüllung gewisser zusätzlicher Kriterien kann unter diesen Voraussetzungen Straffreiheit im einzelnen Fall gewährt werden. Dabei können auch bereits verurteilte Täter Amnestieanträge stellen. Die südafrikanische Form der Amnestie steht also in scharfem Gegensatz zu einer „blinden“ Generalamnestie. Es handelt sich um eine „sehende“ Individualamnestie, bei der Tat und Täter benannt werden. Die Täter müssen einen eigenen Beitrag zur Wahrheitsfindung leisten, indem sie

958 Einen guten Überblick vermitteln *Hayner*, Commissions, und *Kritz*, Justice.

959 Zur südafrikanischen Wahrheitskommission vgl. *Truth and Reconciliation Commission of South Africa*, Report, sowie die im Literaturverzeichnis genannten Beiträge von *Hahn-Godeffroy, Kutz, Rwelamira/Werle, Werle* und *Wüstenberg*.

das von ihnen begangene Unrecht offenlegen. Die Gewährung von Straffreiheit bringt die rechtliche Mißbilligung der Taten zum Ausdruck. Zugleich ist die Amnestie mit sanktionsähnlichen Wirkungen ausgestattet. Diese Wirkungen bestehen in der öffentlichen Nennung von Tat und Täter sowie in der Öffentlichkeit der Amnestieanhörungen bei Taten, die als schwere Menschenrechtsverletzungen einzuordnen sind. Ein wesentliches Element des Gesamtkonzepts besteht schließlich darin, daß strafrechtlich verfolgt wird, wer keinen Amnestieantrag stellt. So werden unter stark zurückgenommenem Einsatz des Strafrechts die Aufklärung und Anerkennung von Unrecht gefördert.

Das südafrikanische Modell weist eine Vielzahl von Vorzügen auf. In erster Linie ist die kreative Verknüpfung von Straffreiheit und Aufklärung zu erwähnen. Hervorzuheben sind ferner das weitreichende Mandat der Kommission zur Aufklärung aller schweren Menschenrechtsverletzungen, die Öffentlichkeit der Anhörungen, die Befugnis zur Namensnennung, die justizähnlichen Zwangsbefugnisse sowie die vergleichsweise gute personelle und finanzielle Ausstattung. Diese Stärken verdienen Anerkennung. Entscheidend ist für unseren Zusammenhang allerdings, ob das südafrikanische Vorgehen auch einer strafrechtlichen Aufarbeitung vorzuziehen ist.

Strafjustiz und Wahrheitskommission – Gemeinsamkeiten und Konvergenzen

Beim Vergleich zwischen dem südafrikanischen und dem deutschen Vorgehen sind zunächst einige Gemeinsamkeiten festzuhalten. Hier wie dort wird eine Unrechtsvergangenheit aufgeklärt, anerkannt und rechtlich mißbilligt. Darüber hinaus zeichnen sich trotz der unterschiedlichen Gesamtkonzeptionen in der Praxis Annäherungen der beiden Modelle ab. So haben insbesondere die Anhörungsverfahren vor dem Amnestieausschuß der südafrikanischen Wahrheitskommission sehr bald justizförmige Züge angenommen. Im prozessualen Ablauf besteht eine starke Übereinstimmung mit Strafverfahren. Konvergenzen zeichnen sich auch im Hinblick auf rechtliche und tatsächliche Folgen ab. Auf sanktionsähnliche Elemente der südafrikanischen Amnestieverfahren wurde bereits hingewiesen. Umgekehrt weist die Sanktionspraxis in Deutschland vielfach eine Tendenz zur Milde auf, die ihr den Ruf einer „verdeckten Amnestie" eingetragen hat. So wurden die einfachen Grenzsoldaten trotz des schwerwiegenden Totschlagsvorwurfs regelmäßig zu Bewährungsstrafen verurteilt. Milde ließ die Strafjustiz nach der Vereinigung auch gegenüber Beschuldigten walten, denen Amtsmißbrauch und Korruption vorgeworfen wurde, nachdem diese Taten in der Endphase der DDR noch mit Härte verfolgt worden waren. Solche Milde läßt die Aufklärung und die rechtliche Mißbilligung der Taten als die wichtigere Wirkung der Verfahren in den Vordergrund treten. Die aufgezeigten Gemeinsamkeiten und tendenziellen Annäherungen nehmen der Gegenüberstellung von Individualamnestie und Strafe einen Teil ihrer Schärfe. Die südafrikanische Amnestie ist nicht „billig" zu haben, wie der Kommissionsvorsitzende Erzbischof Tutu immer wieder betont hat, und die deutsche Justiz hat, insgesamt gesehen, vom Mittel der Strafe nur zurückhaltend Gebrauch gemacht. Als Differenz bleibt der Unterschied zwischen dem bedingten Verzicht auf Kriminalstrafe und deren maßvollem Einsatz.

Verfolgung schwerer Menschenrechtsverletzungen als Normalfall

Soweit es um schwere Menschenrechtsverletzungen geht, ist der Ausgangspunkt klar. Die Staaten sind verpflichtet, die Grund- und Menschenrechte ihrer Bürger zu achten und zu schützen. Die grundsätzliche Strafbarkeit von schweren Individualrechtsverletzungen wie Tötungen, schweren Mißhandlungen oder langandauernden Freiheitsentziehungen ist in allen Staaten selbstverständlich. Dies gilt auch, ja sogar erst recht, wenn solche Rechtsverletzungen staatlich initiiert oder verstärkt wurden. Die strafrechtliche Ahndung schwerer Menschenrechtsverletzungen ist hier die gebotene und auch vom Völkerrecht gewollte Reaktion. Hinzu kommt, daß die Straflosigkeit schwerer Menschenrechtsverletzungen eine der wichtigsten Ursachen ihrer vielfachen Neubegehung ist. Vor diesem Hintergrund kommt ein Strafverzicht bei schweren Menschenrechtsverletzungen nur in Ausnahmesituationen in Betracht. Deshalb lassen sich auch Wahrheitskommissionen als *Ersatz* für die strafrechtliche Verfolgung nur aus einer aktuellen Notsituation rechtfertigen. Eine solche Notsituation ist dadurch gekennzeichnet, daß das Strafverfolgungsinteresse mit dem Ziel der Beendigung aktueller Gewalt kollidiert. Im südafrikanischen Übergangsprozeß hätte das kompromißlose Festhalten am staatlichen Strafanspruch den friedlichen Machtwechsel vermutlich verhindert. Der bedingte Verzicht auf Kriminalstrafe war der Preis für den Übergang zur Demokratie. Aus dieser Notlage wurden die südafrikanische Wahrheitskommission und ihr Amnestiemodell geboren. Ein weiteres Teilelement dieser Notsituation waren Zweifel, ob die Strafjustiz zu einer strafrechtlichen Aufarbeitung von Apartheid-Unrecht überhaupt in der Lage sein würde. Zur Bewältigung dieser und vergleichbarer Notsituationen mag das südafrikanische Modell einen akzeptablen Weg bieten. Aber außerhalb solcher Notsituationen muß es dabei bleiben: Schwere Menschenrechtsverletzungen sind strafrechtlich zu ahnden. Der Einsatz des Strafrechts zur Ahndung schwerer Menschenrechtsverletzungen war deshalb im Falle Deutschlands die richtige Antwort.

Alternativen zum Strafrecht bei Taten unterhalb der Schwelle schwerer Menschenrechtsverletzungen

Die Ahndung von Systemunrecht unterhalb der Schwelle schwerer Menschenrechtsverletzungen war demgegenüber nicht zwingend geboten. In diesem Bereich waren Alternativen zum Strafrecht nicht prinzipiell ausgeschlossen. Es ist zu begrüßen, daß die Rechtsprechung selbst entscheidend dazu beigetragen hat, Strafbarkeit einzugrenzen. Die Justiz selbst hat auf verschiedenen Wegen im Ergebnis eine Konzentration der Strafverfolgung auf die Ahndung schwerer Menschenrechtsverletzungen bewirkt. Dadurch ist die Frage einer (Teil-)Amnestie weitgehend bedeutungslos. Als kritische Bereiche verbleiben die strafrechtliche Verfolgung von Wahlfälschungen und Wirtschaftsstraftaten. Hier war die Entscheidung gegen eine Amnestie zwar nicht zwingend, sie ist aber mit dem Gedanken der Verfolgungskontinuität gut begründet.

E. Der weitere Weg

Schlußpunkt 2000?

Der strafrechtliche Aufarbeitungsprozeß geht seinem Ende entgegen. Das gilt vor allem für den Bereich der mittleren Kriminalität wie z.B. für Rechtsbeugung, Freiheitsberaubung, Körperverletzung, Wahlfälschung und Wirtschaftsstraftaten. In diesem Bereich wird am 3. Oktober 2000 die sog. absolute Verjährung eintreten, die den doppelten Zeitraum der Verfolgungsverjährung umfaßt. Von den dann noch offenen Verfahren dürfen nur diejenigen weitergeführt werden, in denen bereits ein gerichtliches Urteil vorliegt. Bei dem Schlußpunkt 3. Oktober 2000 muß es auch bleiben. Das gelegentlich erörterte Hinausschieben des Eintritts der absoluten Verjährung ist mit Entschiedenheit abzulehnen. Mit einer von Unterbrechungshandlungen unabhängigen absoluten Verjährung wird erkennbar ein unangreifbarer Schlußpunkt für Strafverfolgung gesetzt. Die drei tragenden Gründe für eine Verjährung sollen in jedem Fall zur Geltung kommen: Nach Ablauf des doppelten Zeitmaßes der gesetzlichen Verjährungsfrist haben Unrecht und Schuld ihr Gewicht eingebüßt, ist das Strafbedürfnis entfallen und gebieten Beweisprobleme den Verzicht auf eine weitere Verfolgung. Eine Verlängerung der absoluten Verjährungsfrist würde die Grundprinzipien der Verjährung aus den Angeln heben. Deshalb muß der 3. Oktober 2000 in dem genannten Deliktsbereich den Schlußpunkt setzen.

Für eine Amnestie besteht in dem genannten Bereich mittlerer Kriminalität kein Bedarf. Schon die Rechtsprechung hat die Grenzen für die Verfolgung von Taten mittelschwerer Kriminalität sehr eng gezogen. Mit dem Eintritt der absoluten Verjährung entfällt das praktische Bedürfnis für eine verfahrensbeendende Amnestie. Lediglich auf die Strafvollstreckung könnte noch durch Amnestie eingewirkt werden. Die dafür erforderliche gesetzliche Regelung wäre jedoch schon wegen der geringen Fallzahl rechtlich problematisch und auch unangemessen. Sofern eine Beendigung der Vollstreckung angebracht erscheint, ist die individuelle Begnadigung das sachgerechte Mittel.

Keine Amnestie bei schweren Menschenrechtsverletzungen

Im Bereich schwerer Menschenrechtsverletzungen, insbesondere bei vorsätzlichen Tötungen, wird Strafverfolgung dagegen weiterhin möglich bleiben. Hier könnte nur eine Amnestie den Schlußpunkt setzen. Aus den bereits genannten Gründen ist aber bei schweren Menschenrechtsverletzungen, insbesondere bei vorsätzlichen Tötungen, eine Generalamnestie unbedingt abzulehnen. Aber auch für eine Vollstreckungsamnestie besteht jedenfalls derzeit kein Anlaß. Zu verbüßende Freiheitsstrafen bilden nach dem Ergebnis dieser Studie die Ausnahme und werden im wesentlichen nur bei herausgehobener Verantwortung für schwerstes Unrecht verhängt. Eine Vollstreckungsamnestie wäre daher das falsche Signal. Dagegen kann in geeigneten Einzelfällen eine Begnadigung angemessen sein, insbesondere bei alten oder kranken Verurteilten.

Aufgabe des Vorbehalts zur Europäischen Menschenrechtskonvention

Legislative und Exekutive sollten die zentrale Aussage der Rechtsprechung in den Verfahren wegen DDR-Unrechts nachvollziehen. Bundesgerichtshof und Verfassungsgericht haben mit klaren Formulierungen die Grenze des verfassungsrechtlichen Rückwirkungsverbotes in Artikel 103 Absatz 2 GG aufgezeigt. Bei willkürlichen staatlichen Tötungen ist menschenrechtswidrigen Gesetzen die Anerkennung als Rechtfertigungsgrund zu versagen. Insoweit muß die Rechtssicherheit der Gerechtigkeit weichen. Auf dieser Grundlage ist es ausgeschlossen, daß das Rückwirkungsverbot des Grundgesetzes eine Bestrafung verbietet, welche Artikel 7 Absatz 2 der Europäischen Menschenrechtskonvention zuläßt. Nach dieser Bestimmung darf die Forderung nach gesetzlicher Begründung staatlicher Strafe nicht dazu führen, daß Personen von Strafe verschont bleiben, deren Tat zum Zeitpunkt ihrer Begehung nach den allgemeinen von den zivilisierten Völkern anerkannten Rechtsgrundsätzen strafbar war.

Mit einem Vorbehalt hatte die Bundesregierung auf Wunsch des Bundestages anläßlich der Ratifizierung der Konvention im Jahre 1952 erklärt, daß die Bundesrepublik Deutschland die Vorschrift nur in den Grenzen des Artikel 103 Absatz 2 GG anwenden werde. Dieser Vorbehalt gegen Artikel 7 Absatz 2 der Europäischen Menschenrechtskonvention ist nunmehr für die deutsche Justizpraxis gegenstandslos. Durch förmliche Aufgabe des Vorbehalts sollten Bundestag und Bundesregierung die uneingeschränkte Geltung von Artikel 7 Absatz 2 der Europäischen Menschenrechtskonvention in Deutschland dokumentieren. Damit würde zugleich ein deutliches Bekenntnis zum Völkerstrafrecht abgelegt, das große Fortschritte auf dem Weg zu seiner weltweiten und dauerhaften Verwirklichung gemacht hat.

Gerichtliche Aufklärung und gesellschaftliches Erinnern

Mit dem Ende der Strafverfolgung ist die Auseinandersetzung mit der DDR-Vergangenheit keineswegs abgeschlossen. Die strafrechtliche Aufarbeitung ist ein Teilelement im gesellschaftlichen Verarbeitungsprozeß. Neben anderen rechtlichen Reaktionen, wie zum Beispiel Entschädigung und Wiedergutmachung, sind die vielfältigen politischen, gesellschaftlichen und wissenschaftlichen Formen der Geschichtsverarbeitung zu nennen. Sie reichen von der materiellen und psychischen Opferhilfe über die Errichtung und Pflege von Gedenkstätten bis hin zu zeithistorischen Projekten und Publikationen.

Dieser Bereich findet häufig nicht die gebührende Beachtung, weil die Strafverfahren und das von ihnen ausgelöste Echo in der Öffentlichkeit die Szene beherrschen. Anderen Aufarbeitungsformen sollte aber größere Aufmerksamkeit zugewendet werden, wenn die Strafverfolgung an ein Ende gelangt ist. Dabei wäre vor allem darauf zu achten, daß die Bemühungen der Strafjustiz um eine Aufklärung des DDR-Unrechts nicht – im wahrsten Sinn der Worte – zu den Akten gelegt werden. Für das gesellschaftliche Erinnern und die zeithistorische Forschung sind die von der Strafjustiz getroffenen Feststellungen von allergrößtem Nutzen. Denn die hohen Anforderungen des strafgerichtlichen Beweisverfahrens verleihen den Urteilssachverhalten ein ganz besonderes Gewicht. Deshalb sind die Strafurteile wichtige Mittel gegen das Verdrängen, Verleugnen und Verklären der historischen Tatsachen.

Literaturverzeichnis

Abendroth, Wolfgang, Anmerkung zum Urteil des BGH vom 26.11.1980 – Az. 3 StR 393/80, in: StV 1981, 176 f.

Adomeit, Klaus, Die Mauerschützenprozesse – rechtsphilosophisch, in: NJW 1993, 2914 ff.

Alexy, Robert, Mauerschützen. Zum Verhältnis von Recht, Moral und Strafbarkeit, Hamburg 1993.

Amelung, Knut, Anmerkung zu BGH NStZ 1994, 533, in: NStZ 1995, 29 f.

ders., Strafbarkeit von „Mauerschützen" – BGH, NJW 1993, 141, in: JuS 1993, 637 ff.

Arnold, Jörg, Regierungskriminalität in der ehemaligen DDR, in: NJ 1992, 254 ff.

ders., Die Berücksichtigung der systemimmanenten Auslegung des DDR-Rechts. Insbes. erläutert am Beispiel der Rechtsprechung des LG Rostock und des BGH zum Vertrauensmißbrauch (§ 165 Abs. 1 StGB der DDR), in: wistra 1994, 323.

ders., „Normales" Strafrecht der DDR?, in: KritV 1994, 187 ff.

ders., Die „Bewältigung" der DDR-Vergangenheit vor den Schranken des rechtsstaatlichen Strafrechts, in: Institut für Kriminalwissenschaften der Universität Frankfurt am Main (Hrsg.), Vom unmöglichen Zustand des Strafrechts, Frankfurt am Main u.a. 1995, S. 283 ff.

ders., Bundesverfassungsgericht contra Einigungsvertrag. Der „Mauerschützen"-Beschluß des BVerfG auf dem strafrechtlichen Prüfstand, in: NJ 1997, 115 ff.

ders., Einschränkung des Rückwirkungsverbotes sowie sorgfältige Schuldprüfung bei den Tötungsfällen an der DDR-Grenze. Anmerkung, in: JuS 1997, 400 ff.

ders./Kühl, Martin, Forum: Probleme der Strafbarkeit von „Mauerschützen", in: JuS 1992, 991 ff.

dies., Zur strafrechtlichen Beurteilung von Wahlfälschungen in der DDR – Zugleich Anmerkung zum Urteil des BG Dresden vom 7.2.1992, in: NJ 1992, 476 ff.

Autorenkollektiv, Strafrecht der DDR, Kommentar zum StGB, herausgegeben vom Ministerium der Justiz der Akademie für Staats- und Rechtswissenschaften der DDR, 5. Auflage, Berlin (Ost) 1987.

Bartlsperger, Richard, Einstellung des Strafverfahrens von Verfassungs wegen. Zum Strafverfahren Erich Honecker, in: DVBl 1993, 333 ff.

Baumann, Thomas, Anmerkung zu BGH, Urteil vom 13.01.1994 – Az. 4 StR 481/93, in: NStZ 1994, 546.

Bemmann, Günter, Zu aktuellen Problemen der Rechtsbeugung, in: JZ 1995, 123 ff.

Biermann, Frank, Gesetzliches Unrecht in der DDR und Rückwirkungsverbot – am Beispiel von § 27 des DDR-Grenzgesetzes, Göttingen 1998.

Bock, Petra, Vergangenheitspolitik im Systemwechsel. Die Politik der Aufklärung, Strafverfolgung, Disqualifizierung und Wiedergutmachung im letzten Jahr der DDR, Freie Universität Berlin, Dissertation 1999.

Bockelmann, Paul/Volk, Klaus, Strafrecht Allgemeiner Teil, 4. Auflage, München 1987.

Bottke, Wilfried, Die Verfolgung von Regierungskriminalität der DDR nach dem Beitritt der neuen Länder, in: Lampe, Ernst-Joachim (Hrsg.), Deutsche Wiedervereinigung, Band II: Die Verfolgung von Regierungskriminalität der DDR nach der Wiedervereinigung, Köln u.a. 1993, 203 ff.

Brandt, Hans-Jürgen, Die Kandidatenaufstellung zu den Volkskammerwahlen der DDR. Entscheidungsprozesse und Auswahlkriterien, Baden-Baden 1980.

Buchholz, Erich, Rechtsbeugung durch DDR-Richter und -Staatsanwälte, in: ZAP-Ost, Nr. 7 vom 17.4.1996, Fach 21, S. 219 ff.

Buchner, Silke, Die Rechtswidrigkeit der Taten von „Mauerschützen" im Lichte von Art. 103 II GG unter besonderer Berücksichtigung des Völkerrechts, Frankfurt am Main 1996.

Bundesministerium der Justiz (Hrsg.), Im Namen des Volkes? Über die Justiz im Staat der SED. Katalog zur Ausstellung des Bundesministeriums der Justiz, Leipzig 1994.

Classen, Claus Dieter, Anmerkungen zu BGH, Beschluß vom 30.1.1991 – Az. 2 Bgs 38/91, in: JZ 1991, 717 ff.

Dannecker, Gerhard, Das intertemporale Strafrecht, Tübingen 1993.

ders./Stoffers, Kristian, Rechtsstaatliche Grenzen für die strafrechtliche Aufarbeitung der Todesschüsse an der innerdeutschen Grenze, in: JZ 1996, 490 ff.

Dencker, Friedrich, Vergangenheitsbewältigung durch Strafrecht? Lehren aus der Justizgeschichte der Bundesrepublik, in: KritV 1990, 299 ff.

Dreher, Eduard/Tröndle, Herbert, Strafgesetzbuch und Nebengesetze, Kommentar, 42. Auflage, München 1987.

Dreier, Horst, Gustav Radbruch und die Mauerschützen, in: JZ 1997, 421 ff.

Dreier, Ralf, Juristische Vergangenheitsbewältigung. Baden-Baden 1995.

Duttge, Gunnar/Fahnenschmidt, Willi, § 256 StGB nach der Reform des Strafrechts: Unterschlagungstatbestand oder unterschlagener Tatbestand?, in: ZStW 110 (1998), 884 ff.

Eisenberg, Ulrich/Sander, Günther M., „Politische Delikte" in Wandelbarkeit und Wandel, in: JZ 1987, 111 ff.

Eisert, Wolfgang, Die Waldheimer Prozesse, München 1993.

Erb, Volker, Die Schutzfunktion von Art. 103 Abs. 2 GG bei Rechtfertigungsgründen, in: ZStW 1996, S. 266 ff.

Eser, Albin, Deutsche Einheit, Übergangsprobleme im Strafrecht, in: GA 1991, 241 ff.

Fahnenschmidt, Willi, Amtsmißbrauch und Korruption in der DDR, Humboldt-Universität zu Berlin: Dissertation 1999.

Fricke, Karl-Wilhelm, MfS intern – Macht, Strukturen, Auflösung der DDR-Staatssicherheit, Köln 1991.

ders., Politik und Justiz in der DDR, 2. Auflage, Köln 1990.

Frommel, Monika, Die Mauerschützenprozesse – eine unerwartete Aktualität der Radbruch'schen Formel, in: Haft, Fritjof (Hg.), Strafgerechtigkeit: Festschrift für Arthur Kaufmann zum 70. Geburtstag, Heidelberg 1993, S. 81 ff.

Geppert, Klaus, Probleme der Strafrechtsanwendung im Zeichen der deutschen Einheit, in: Jura 1991, 610 ff.

Gill, David/Schröter, Ulrich, Das Ministerium für Staatssicherheit – Anatomie des Mielke-Imperiums, Reinbek bei Hamburg 1993.

Gropp, Walter, Die Mitglieder des Nationalen Verteidigungsrates als „Mittelbare Mit-Täter hinter den Tätern"? – BGHSt 40, 218, in: JuS 1996, 13 ff.

ders., Naturrecht oder Rückwirkungsverbot? – Zur Strafbarkeit der Berliner „Mauerschützen", in: NJ 1996, 393 ff.

Grünwald, Gerald, Die strafrechtliche Bewertung in der DDR begangener Handlungen, in: StV 1991, 31 ff.

Günther, Hans-Ludwig, Strafrechtsdogmatik und Kriminalpolitik im vereinten Deutschland – Bilanz, Gegenwartsprobleme, Perspektiven, in: ZStW 103 (1991), 851 ff.

Hahn-Godeffroy, Emily, Die südafrikanische Truth and Reconciliation Commission, Baden-Baden 1998.

Hannover, Heinrich, Plädoyer im Modrow-Prozeß vor dem LG Dresden, in: NJ 1993, 496 ff.

Hayner, Priscilla, Fifteen Truth Commissions – 1974 to 1994: A Comparative Study, in: Human Rights Quarterly 1994, Vol. 16, No. 4, 600 ff.

Herrmann, Joachim, Menschenrechtsfeindliche und menschenrechtsfreundliche Auslegung von § 27 des Grenzgesetzes der DDR, in: NStZ 1993, 118 ff.

Herzog, Felix, Die strafrechtliche Verantwortlichkeit von Todesschützen an der innerdeutschen Grenze, Heidelberg 1993.

ders., Zur strafrechtlichen Verantwortlichkeit von Todesschützen an der innerdeutschen Grenze, in: NJ 1993, S. 1 ff.

Heuer, Volker/Lilie, Hans, Laßt verjähren, was verjährt?, DtZ 1993, 354 ff.

Hillenkamp, Thomas, Offene oder verdeckte Amnestie – über Wege strafrechtlicher Vergangenheitsbewältigung, in: JZ 1996, 179 ff.

Hirsch, Hans Joachim, Rechtsstaatliches Strafrecht und staatlich gesteuertes Unrecht, Opladen 1996.

Höchst, Sigrid, Unrechtskontinuität zwischen ost- und bundesdeutschen Strafnormen?, in: JR 1992, 360 ff.

Hohmann, Olaf, Zur Rechtsbeugung durch DDR-Staatsanwälte, in: NJ 1995, 128 ff.

ders., Die strafrechtliche Bewältigung der Rechtsanwendung durch Richter und Staatsanwälte der DDR – Aktuelle Probleme der Rechtsbeugung, in: DtZ 1996, 230 ff.

Hohoff, Ute, Vorsatz und „Unrechtsbewußtsein" im Strafrecht der DDR als Problem aktueller Rechtsanwendung, in: DtZ 1997, 308 ff.

Hruschka, Joachim, Die Todesschüsse an der Berliner Mauer vor Gericht, in: JZ 1992, 665 ff.

Hübner, Jan-Kristof, Die strafrechtliche Beurteilung von DDR-Wahlfälschungen nach der Wiedervereinigung, Regensburg 1997.

Isensee, Josef (Hrsg.): Vergangenheitsbewältigung durch Recht. Drei Abhandlungen zu einem deutschen Problem, Berlin 1992.

ders., Der deutsche Rechtsstaat und sein unrechtsstaatliches Erbe, in: ders. (Hrsg.): Vergangenheitsbewältigung, S. 91 ff.

Jakobs, Günther, Strafrecht Allgemeiner Teil, 2. Auflage, Berlin, New York 1991; 1. Auflage, Berlin, New York 1983.

ders., Vergangenheitsbewältigung durch Strafrecht? Zur Leistungsfähigkeit des Strafrechts nach einem politischen Umbruch, in: Isensee, Vergangenheitsbewältigung, S. 37 ff.

ders., Untaten des Staates – Unrecht im Staat. Strafe für die Tötungen an der Grenze der ehemaligen DDR?, in: GA 1994, 1 ff.

Jarausch, Konrad H., Die unverhoffte Einheit 1989-1990, Frankfurt am Main 1995.

Jescheck, Hans-Heinrich/Weigend, Thomas, Lehrbuch des Strafrechts, Allgemeiner Teil, 5. Auflage, Berlin 1996.

Joerden, Jan C., Wird politische Machtausübung durch das heutige Strafrecht strukturell bevorzugt?, in: GA 1997, 201 ff.

Jordan, Adolf-Dietrich, Die Regelung des 2. Verjährungsgesetzes zur „Vereinigungskriminalität", in: NJ 1996, 294 ff.

Jung, Heike, Anmerkung zu BGH NJW 1993, 141, in: JuS 1993, 601 ff.

Kaiser, Günther/Kerner, Jürgen/Schöch, Heinz, Strafvollzug, 4. Auflage, Heidelberg 1993.

Karlsruher Kommentar zur Strafprozeßordnung und zum Gerichtsverfassungsgesetz, Pfeiffer, Gerd (Hrsg.), 3. Auflage, München 1993 (zit.: KK/*Bearbeiter*).

Karpenstein, Ulrich, Bestrafung nach sozialistischem Strafrecht im Rechtsstaat?, in: JuS 1991, 1005 ff.

Kaufmann, Arthur, Die Radbruchsche Formel vom gesetzlichen Unrecht und vom übergesetzlichen Recht in der Diskussion um das im Namen der DDR begangene Unrecht, in: NJW 1995, S. 81 ff.

Kausch, Erhard, Der Staatsanwalt - ein Richter vor dem Richter? Untersuchungen zu § 153a StPO, Berlin 1980.

Kinkel, Klaus, Das Strafrecht allein reicht nicht aus. SED-Unrecht, Eigentumsproblematik, Rechtspflege-Entlastungsgesetz, Interview mit dem Bundesjustizminister, in: DRiZ 1992, 195 ff.

ders., Wiedervereinigung und Strafrecht, in: JZ 1992, 485 ff.

Kirchheimer, Otto, Politische Justiz, Nachdruck der Erstausgabe von 1965, Hamburg 1993.

Kleinknecht, Theodor/Meyer-Goßner, Lutz, Strafprozeßordnung, 43. Auflage, München 1997.

Klemm, Volker, Amtsmißbrauch und Korruption in der DDR, Stuttgart 1991.

Kraut, Gerald Michael, Rechtsbeugung? Die Justiz der DDR auf dem Prüfstand des Rechtsstaates, München 1997.

Kritz, Neil J. (Hrsg.); Transitional Justice. How emerging democracies reckon with former regimes, Volume I-III, Washington, D.C., 1995.

Körting, Ehrhart, Ist (Straf-)Recht ein geeignetes Mittel zur Aufarbeitung der Geschichte?, in: NJ 1999, S. 1 ff.

Kuhlen, Lothar, Normverletzungen im Recht und in der Moral, in: Baurmann, Michael/Klient, Hartmut (Hrsg.): Die moderne Gesellschaft im Rechtsstaat, Freiburg, München 1990, S. 63 ff.

ders./Gramminger, Thomas, Der Mauerschütze und der Denunziant – Ein Bericht über eine strafrechtliche Hausarbeit, in: JuS 1993, 32 ff.

Küpper, Georg/Wilms, Heiner, Die Verfolgung von Straftaten des SED-Regimes, in: ZRP 1992, 91 ff.

Kutz, Florian, Amnestie für politische Straftäter in Südafrika, Von der Sharpeville Amnestie bis zu den Verfahren der Wahrheits- und Versöhnungskommission, Humboldt-Universität: Dissertation 1999.

Lackner, Karl, Strafgesetzbuch mit Erläuterungen, 15. Auflage, München 1983.

ders., Strafgesetzbuch mit Erläuterungen, 22. Auflage, München 1997.

ders./Kühl, Kristian, Strafgesetzbuch mit Erläuterungen, 23. Auflage, München 1999.

Lampe, Ernst-Joachim (Hrsg.), Deutsche Wiedervereinigung, Band II: Die Verfolgung von Regierungskriminalität der DDR nach der Wiedervereinigung, Köln u.a. 1993.

Laskowski, Silke, Die Probleme des Rechtsstaats mit dem DDR-Unrecht, in: JA 1994, 151 ff.

Leipziger Kommentar zum Strafgesetzbuch, Jähnke, Burkhard/Laufhütte, Heinrich/Odersky, Walter (Hrsg.), 11. Auflage, Berlin, New York 1992 ff.; Jescheck, Hans-Heinrich/Ruß, Wolfgang/Willms, Gunther (Hrsg.), 10. Auflage, Berlin, New York 1978 ff. (zit. LK/*Bearbeiter*).

Lemke, Michael, 2. Verjährungsgesetz, Versuch einer Analyse eines schwierigen Gesetzes, in: NJ 1993, 529 ff.

Letzgus, Klaus, Unterbrechung, Ruhen und Verlängerung strafrechtlicher Verjährungsfristen für im Beitrittsgebiet begangene Straftaten, in: NStZ 1994, 57 ff.

Liebig, Justus B., Anwendbarkeit bundesdeutschen Straf- und Ordnungswidrigkeitenrechts auf Alttaten in der DDR, in: NStZ 1991, 372 ff.

Limbach, Jutta, Vergangenheitsbewältigung durch die Justiz, in: DtZ 1993, 66 ff.

Links, Christoph/Bahrmann, Hannes, Wir sind das Volk. Die DDR im Aufbruch, Berlin 1990.

Loos, Fritz/Radtke, Henning, MfS-Offiziere als (Mit-)Täter des Landesverrats (§ 94 StGB)? in: StV 1994, 565 ff.

Lorenz, Frank Lucien, Zum „Beitrittsprinzip" und zur Strafbarkeit von DDR-Wahlfälschungen, in: NStZ 1992, 422 ff.

ders., „Rechtsgeltung", DDR-„Geschichte" und Angemessenheit von Strafe, in: JZ 1994, 388 ff.

Lüderssen, Klaus, Zu den Folgen des „Beitritts" für die Strafjustiz der Bundesrepublik Deutschland, in: StV 1991, 482 ff.

ders., Der Staat geht unter – das Unrecht bleibt? Regierungskriminalität in der ehemaligen DDR, Frankfurt am Main 1992.

ders., Kontinuität und Grenzen des Gesetzlichkeitsprinzips bei grundsätzlichem Wandel der politischen Verhältnisse, in: ZStW 104 (1992), 735 ff.

ders., Entkriminalisierung durch Politisierung?, in: JZ 1997, 525 ff.

Luther, Horst, Der Einigungsvertrag über die strafrechtliche Behandlung von DDR-Alttaten nach der Einigung Deutschlands, in: DtZ 1991, 433 ff.

ders., Zur Anwendung des Strafrechts nach dem Einigungsvertrag, in: NJ 1991, 395 ff.

Maiwald, Manfred, Rechtsbeugung im SED-Staat, in: NJW 1993, 1881 ff.

Marxen, Klaus, Rechtliche Grenzen der Amnestie, Heidelberg 1984.

ders., The Legal Limitations of Amnesty, in: Rwelamira/Werle, Confronting Past Injustices, S. 33 ff.

ders./Werle, Gerhard, Erfolge, Defizite und Möglichkeiten der strafrechtlichen Aufarbeitung des SED-Unrechts in vorwiegend empirischer Hinsicht. Gutachten für die Enquete-Kommission „Überwindung der Folgen der SED-Diktatur im Prozeß der deutschen Einheit" des Deutschen Bundestages, unveröff. Manuskript, Berlin 1997.

ders., Beteiligung an schwerem systematischem Unrecht – Bemerkungen zu einer völkerrechtlichen Straftatlehre, in: Lüderssen, Klaus (Hrsg.), Aufgeklärte Kriminalpolitik oder Kampf gegen das Böse? Bd. III: Makrodelinquenz, Baden-Baden 1998, S. 220 ff.

Meurer, Dieter, Der Verfassungsgerichtshof und das Strafverfahren. Zehn Bemerkungen zu der Kassationsentscheidung des Berliner Verfassungsgerichtshofes vom 12.1.1993 und dem Beschluß des Kammergerichts vom 13.1.1993, in: JR 1993, 89 ff.

Miehe, Olaf, Rechtfertigung und Verbotsirrtum. Zum Stand der Diskussion über die Strafbarkeit der Todesschützen an Berliner Mauer und innerdeutscher Grenze, in: Heinze, Meinhard/Schmitt, Jochen (Hrsg.): Festschrift für Wolfgang Gitter zum 65. Geburtstag am 30. Mai 1995, Wiesbaden 1995, S. 647 ff.

Mitsch, Wolfgang, Der Geltungsbereich des StGB und „DDR-Alttaten", in: NJ 1992, 294 ff.

Müller, Jan, Anmerkung zu BGH, Urteil vom 21.8.1997 – Az. 5 StR 652/96, in: NStZ 1998, 195 f.

ders., Symbol '89. Die DDR-Wahlfälschungen und ihre strafrechtliche Aufarbeitung, Humboldt-Universität zu Berlin: Dissertation 1999.

Müller, Klaus, Die Lenkung der Strafjustiz durch die SED-Staats- und Parteiführung der DDR am Beispiel der Aktion Rose, Frankfurt am Main, Berlin 1995.

Naucke, Wolfgang, Die strafjuristische Privilegierung staatsverstärkter Kriminalität, Frankfurt am Main 1996.

ders., Strafrecht. Eine Einführung, 8. Aufl., Neuwied u.a. 1998.

Nomos-Kommentar zum Strafgesetzbuch, Gesamtredaktion: Neumann, Ulfried/Schild, Wolfgang, Band 1 – Allgemeiner Teil, 1. Auflage, Baden-Baden, Stand: Juni 1997 (zit.: NK/*Bearbeiter*)

Ott, Hermann, Die Staatspraxis an der DDR-Grenze und das Völkerrecht, in: NJ 1993, 337 ff.

Otto, Harro, Grundsätze der Strafverfolgungsverjährung von Straftaten auf dem Gebiet der ehemaligen DDR, in: Jura 1994, 611 ff.

Paeffgen, Hans-Ullrich, Wozu dient der Strafprozeß und inwieweit darf das Landgericht in ihn intervenieren? Überlegungen aus Anlaß des Verfahrens gegen Honecker u.a. und der Entscheidung des VerfGH Berlin vom 12.1.1993, in: NJ 1993, 152 ff.

Pawlik, Michael, Das Recht im Unrechtsstaat, in: Rechtstheorie 25 (1994), 101 ff.

ders., Strafrecht und Staatsunrecht. Zur Strafbarkeit der „Mauerschützen", in: GA 1994, 472 ff.

Peschel-Gutzeit, Lore Maria/Jenckel, Anne, Aktuelle Bezüge des Nürnberger Juristenurteils. Auf welchen Grundlagen kann die deutsche Justiz das Systemunrecht der DDR aufarbeiten?, in: Dies. (Hrsg.): Das Nürnberger Juristenurteil von 1947. Historische Zusammenhänge und aktuelle Bezüge, Baden-Baden 1996.

Peter, Anne-Marie/Volk, Klaus, Zur partiellen Weitergeltung alten DDR-Strafrechts, in: JR 1991, 89 ff.

Pieroth, Bodo, Der Rechtsstaat und die Aufarbeitung der vor-rechtsstaatlichen Vergangenheit. 3. Bericht, in: VVDStRL (51) 1992, 91 ff.

Przybylski, Peter, Tatort Politbüro. Die Akte Honecker, Berlin 1991.

Radbruch, Gustav, Gesetzliches Unrecht und übergesetzliches Recht, in: SJZ 1946, 105 ff.

Rautenberg, Erardo Cristofero, Anmerkung zum Urteil des Amtsgerichts Chemnitz vom 29. August 1996 – Az. 3 Ds 823 Js 32114/95, in: NJ 1997, 94 ff.

ders./Burges, Gerd, Anfangsverdacht wegen Rechtsbeugung gegen Staatsanwälte und Richter der früheren DDR – ein Beitrag zum Meinungsstand in der Praxis, in: DtZ 1993, 71 ff.

Reimer, Ekkehart, Anmerkung zum Urteil des BGH vom 29.4.1994 – Az. 3 StR 528/93, in: NStZ 1995, 83 f.

Renzikowski, Joachim, Rechtfertigung und Entschuldigung im Strafrecht der ehemaligen DDR, in: ZStW 106 (1994), S. 93 ff.

Reuter, Lothar, Die Wahlfälschungen in der DDR, in: NJ 1991, 198 ff.

Riedel, Joachim, Die strafrechtliche Aufarbeitung der DDR-Vergangenheit unter besonderer Berücksichtigung der Todesschüsse an der innerdeutschen Grenze, Fürstenfeldbruck 1998.

Rittstieg, Helmut, Strafrechtliche Verantwortlichkeit von Grenzsoldaten der DDR, in: DuR 1991, 404 ff.

Roenne, Hans Hubertus von, „Politisch untragbar ...?" Die Überprüfung von Richtern und Staatsanwälten der DDR im Zuge der Vereinigung Deutschlands, Berlin 1997.

Roggemann, Herwig, Zur Entwicklung des politischen Strafrechts in Deutschland, in: ROW 1968, 50 ff.

ders., Zur Strafbarkeit der Mauerschützen, in: DtZ 1993, 10 ff.

ders., Richterstrafbarkeit und Wechsel der Rechtsordnung, in: JZ 1994, 769 ff.

ders., Die strafrechtliche Aufarbeitung der DDR-Vergangenheit am Beispiel der „Mauerschützen"- und der Rechtsbeugungsverfahren, in: NJ 1997, 226 ff.

Rosenau, Henning, Tödliche Schüsse im staatlichen Auftrag. Die strafrechtliche Verantwortung von Grenzsoldaten für den Schußwaffengebrauch an der deutsch-deutschen Grenze, Baden-Baden 1996.

Rottleuthner, Hubert, Steuerung der Justiz in der DDR, Köln 1994.

Roxin, Claus, Anmerkung zu BGH JZ 1995, 45, in: JZ 1995, 49 ff.

ders., Strafverfahrensrecht, 24. Auflage, München 1995.

Rummler, Toralf, Die Gewalttaten an der deutsch-deutschen Grenze vor Gericht, Humboldt-Universität: Dissertation 1999.

Rüping, Hinrich, Strafjustiz im Führerstaat, in: GA 1984, 297 ff.

Rwelamira, Medard/Werle, Gerhard (Hrsg.), Confronting Past Injustices: Approaches to Amnesty, Punishment, Reparation and Restitution in South Africa and Germany, Durban 1996.

Samson, Erich, Die strafrechtliche Behandlung von DDR-Alttaten nach der Einigung Deutschlands, in: NJW 1991, 335 ff.

ders., Zur Straflosigkeit von DDR-Wahlfälschungen, in: StV 1992, 141 ff.

Sauer, Heiner/Plumeyer, Hans-Otto, Der Salzgitter-Report, Frankfurt am Main 1993.

Schaefgen, Christoph, „DDR-Regierungskriminalität" – Erscheinungsformen und Probleme, in: RuP 1992, 191 ff.

ders., Vergangenheitsbewältigung durch die Justiz: Die Strafverfolgung von DDR-Regierungskriminalität, Regensburg 1996.

Schäfer, Gerhard, Die Praxis des Strafverfahrens, 5. Aufl., Stuttgart 1992.

Schäuble, Wolfgang, Der Vertrag, München 1993.

Schlink, Bernhard, Rechtsstaat und revolutionäre Gerechtigkeit, in: NJ 1994, 433 ff.

Schmidhäuser, Eberhard, Strafrecht Allgemeiner Teil, 2. Auflage, Tübingen 1975.

Schmidt, Wilhelm, Verjährungsprobleme bei Straftaten der Mitarbeiter des Ministeriums für Staatssicherheit der ehemaligen DDR, in: NStZ 1995, 262 ff.

Schmutzler, Georg-Siegfried, Gegen den Strom. Erlebnis aus Leipzig unter der Stasi, Göttingen 1992.

Schneiders, Uwe, Die Regelung über das materielle Strafrecht im Einigungsvertrag, in: MDR 1990, 1049 ff.

Schönke, Adolf/Schröder, Horst, Kommentar zum Strafgesetzbuch, 25. Auflage, München 1997 (zit.: Sch/Sch/*Bearbeiter*).

Schoreit, Armin, Absolutes Strafverfahrenshindernis und absolutes U-Haftverbot bei begrenzter Lebenserwartung des Angeklagten? Bedeutung, Auswirkungen und Wirksamkeit des Beschlusses des Verfassungsgerichtshofs des Landes Berlin auf die im Verfahren gegen Erich Honecker eingelegte Verfassungsbeschwerde, in: NJW 1993, 881 ff.

Schroeder, Friedrich-Christian, Rückwirkung milderen Rechts und Wiedervereinigung – Zugleich zum Wahlfälschungsurteil des BGH, in: NStZ 1993, 216 ff.

ders., §§ 246, 133 StGB auf dem Prüfstand der MfS-Postplünderungen – Zum Vorlagebeschluß des 5. Strafsenats des BGH, in: JR 1995, 95 ff.

ders., Der Sprung des Täters hinter dem Täter aus der Theorie in die Praxis, in: JR 1995, 177 ff.

ders., Strafprozeßrecht, 3. Auflage, Heidelberg 1998.

Schroth, Hans-Jürgen, Differenzierung zwischen Inland und räumlichem Geltungsbereich des Strafrechts?, in: NJW 1981, 500 f.

Schuller, Wolfgang, Geschichte und Struktur des politischen Strafrechts der DDR bis 1968, Ebelsbach 1980.

Schulz, Lorenz, Rechtsbeugung und Mißbrauch staatlicher Macht, in: StV 1995, 206 ff.

Seebode, Manfred, Rechtsbeugung und Rechtsbruch, in: JR 1994, 1 ff.

Simma, Bruno/Volk, Klaus, Der Spion, der aus der Kälte kam. Zur BGH-Entscheidung über die Strafbarkeit der DDR-Spionage, in: NJW 1991, 871 ff.

Spendel, Günter, Rechtsbeugung und Justiz, in: JZ 1995, 375 ff.

Starck, Christian, Der Honecker-Beschluß des Berliner VerfGH, in: JZ 1993, 231 ff.

ders., Anmerkung [zu BVerfG v. 24.10.1996 – 2 BvR 1851-1853, 1875/94], in: JZ 1997, 143 ff.

Statistisches Bundesamt (Hrsg.), Rechtspflege 1996. Fachserie 10, Reihe 2: Gerichte und Staatsanwaltschaften, Wiesbaden 1997.

dass. (Hrsg.), Strafverfolgung 1989. Vollständiger Nachweis der einzelnen Straftaten, Wiesbaden 1991.

dass. (Hrsg.), Strafverfolgung 1996. Vollständiger Nachweis der einzelnen Straftaten, Wiesbaden 1997.

Systematischer Kommentar zum Strafgesetzbuch, bearbeitet von: Rudolphi, Hans-Joachim/Horn, Eckhard/Samson, Erich, Band I – Allgemeiner Teil, 6. Auflage, Neuwied ua., Stand: November 1997 (zit.: SK-StGB/*Bearbeiter*).

Tröndle, Herbert, Strafgesetzbuch und Nebengesetze, Kommentar, 48. Auflage, München 1997.

ders./Fischer, Thomas, Strafgesetzbuch und Nebengesetze, Kommentar, 49. Auflage, München 1999.

Truth and Reconciliation Commission of South Africa (ed.), Report, 5 Bde, Cape Town (South Africa) 1998.

Vormbaum, Thomas, Zur strafrechtlichen Verantwortlichkeit von DDR-Richtern wegen Rechtsbeugung, in: NJ 1993, 212 ff.

Wagner, Walter, Aus der Rechtsprechung in Staatsschutzverfahren, in: GA 1966, 65 ff.

ders., Zur Auslegung der Staatsschutzvorschriften über den Schutz der persönlichen Freiheit, Teil I, in: MDR 1967, 629 ff.

Wassermann, Rudolf, Zur Anwendung der sogenannten Radbruchschen Formel auf Unrechtsurteile der DDR-Justiz, in: NJW 1992, 878 f.

ders., Die DDR-Denunzianten und der Bundesgerichtshof, in: NJW 1995, 931 ff.

Weber, Klaus, Die Verfolgung des SED-Unrechts in den neuen Ländern, in: GA 1993, 195 ff.

ders., Die Wahlfälschungen in Dresden. Zugleich ein Besprechungsaufsatz zum Urteil des BGH vom 3.11.1994 – Az. 3 StR 62/94 – in dem Strafverfahren gegen Dr. Hans Modrow ua. wegen Anstiftung zur Wahlfälschung, in: JR 1995, 403 ff.

Wengler, W., Anmerkung zum Urteil des BGH vom 26.11.1980 – Az. 3 StR 393/80 (S), in: JR 1981, 206 ff.

Werkentin, Falco, Politische Strafjustiz in der Ära Ulbricht, Berlin 1995.

ders., Strafjustiz im politischen System der DDR: Fundstücke zur Steuerungs- und Eingriffspraxis des zentralen Parteiapparates der SED, in: Rottleuthner, Steuerung, S. 93 ff.

Werle, Gerhard, Der Holocaust als Gegenstand der bundesdeutschen Strafjustiz, in: NJW 1992, 2529 ff.

ders., We Asked for Justice and Got the Rule of Law – German Courts and the Totalitarian Past, in: South African Journal on Human Rights 1995, 70 ff.

ders., Criminal Justice and State Criminality. The Current German Position, in: Rwelamira, Medard/Werle, Gerhard (Hrsg.), Confronting Past Injustices. Approaches to Amnesty, Punishment, Reparation and Restitution in South Africa and Germany, Durban 1996, S. 21 ff.

ders., Without Truth, No Reconciliation. The South African Rechtsstaat and the Apartheid Past, in: Verfassung und Recht in Übersee. Law and politics in Africa, Asia and Latin America 1996, 58 ff.

ders., Ohne Wahrheit keine Versöhnung. Der südafrikanische Rechtsstaat und die Apartheid-Vergangenheit, Antrittsvorlesung vom 18. Mai 1995, Öffentliche Vorlesungen Humboldt-Universität zu Berlin, Heft 60, Berlin 1996 (Internet-Ausgabe: http://www.rewi.hu-berlin.de/HFR/6-1996/)

ders., Menschenrechtsschutz durch Völkerstrafrecht, in: ZStW 109 (1997), 808 ff.

ders., Neue Wege: Die südafrikanische Wahrheitskommission – Modell für den Umgang mit schweren Menschenrechtsverletzungen?, in: Osnabrücker Jahrbuch Frieden und Wissenschaft V/1998, S. 221 ff.

ders./Wandres, Thomas, Auschwitz vor Gericht. Völkermord und bundesdeutsche Strafjustiz, Berlin 1995.

Wesel, Uwe, Der Honecker-Prozeß: ein Staat vor Gericht, Frankfurt am Main 1994.

Wessels, Johannes, Strafrecht Allgemeiner Teil, 27. Auflage, Heidelberg 1997, 14. Auflage, Karlsruhe 1984.

Widmaier, Gunter, Strafbarkeit der DDR-Spionage gegen die Bundesrepublik – auch noch nach der Wiedervereinigung?, in: NJW 1990, 3169 ff.

Widmaier, Gunter, Verfassungswidrige Strafverfolgung der DDR-Spionage: Verstoß gegen das Rückwirkungsverbot des Art. 103 Abs. 2 GG, in: NJW 1991, 2460 ff.

ders., Vom Grundsatz des rechtsstaatlichen Vertrauensschutzes, Zur Strafverfolgung von Bürgern der ehemaligen DDR wegen Spionage gegen die Bundesrepublik, in: KritV 1994, 377 ff.

Wilke, Dieter, Landesverfassungsgerichtsbarkeit und Einheit des Bundesrechts. Bemerkungen aus Anlaß des Honecker-Beschlusses des Berliner Verfassungsgerichtshofs, in: NJW 1993, 887 ff.

Willnow, Günter, Die Rechtsprechung des 5. (Berliner) Strafsenats des Bundesgerichtshofs zur strafrechtlichen Bewältigung der mit der deutschen Vereinigung verbundenen Probleme, in: JR 1997, 221 ff. und 265 ff.

Wilms, Heiner/Ziemske, Burkhardt, Gesetzliches Unrecht und übergesetzliches Recht?, in: ZRP 1994, 170 ff.

Wolfslast, Gabriele, Anmerkung zu BGH, Beschluß vom 31.03.1993 – 3 Bjs 512/90-2 (141)-AK 5/93, in: NStZ 1994, 542 ff.

Wüstenberg, Ralf K. (Hg.), Wahrheit, Recht und Versöhnung. Auseinandersetzung mit der Vergangenheit nach den politischen Umbrüchen in Südafrika und Deutschland, Frankfurt am Main ua. 1998.

Zimmermann, Stefan, Die strafrechtliche „Bewältigung" der deutschen Diktaturen, in: JuS 1996, S. 865 ff.

ders., Strafrechtliche Vergangenheitsaufarbeitung und Verjährung. Rechtsdogmatische und -politische Analyse mit vergleichenden Ausblicken nach Tschechien, Ungarn und Frankreich, Freiburg i.Br. 1997.

Quellenverzeichnis

Generalbundesanwalt, „Niederschrift über die wesentlichen Ergebnisse der Arbeitstagung der Bundesanwaltschaft und der Generalstaatsanwälte bei den nach § 120 GVG zuständigen Oberlandesgerichten über Auswirkungen der Entscheidung des Bundesverfassungsgerichts vom 15. Mai 1995 auf Ermittlungs- und Strafverfahren wegen Landesverrats u.a. am 3./4. Juli 1995 in Würzburg". (zitiert: GBA, Niederschrift)

Generalstaatsanwalt bei dem Kammergericht Berlin, „Bericht über die Tätigkeit der Arbeitsgruppe Regierungskriminalität bei der Staatsanwaltschaft bei dem Kammergericht für die Zeit vom 3. Oktober 1990 bis zum 15. April 1992", v. 24.4.1992, Az. 1083/2 GStA. (zitiert: GStA bei dem KG Berlin, Bericht 1992)

ders., „Bericht über die Tätigkeit der Arbeitsgruppe Regierungskriminalität bei der Staatsanwaltschaft bei dem Kammergericht für die Zeit vom 16. April 1992 bis zum 1. April 1993", v. 16.4.1993, Az. 1083/2 GStA. (zitiert: GStA bei dem KG Berlin, Bericht 1993).

ders., „Bericht über die Tätigkeit der Arbeitsgruppe Regierungskriminalität bei der Staatsanwaltschaft bei dem Kammergericht für die Zeit vom 1. April 1993 bis zum 15. März 1994", v. 29.3.1994, Az. 1083/2 GStA. (zitiert: GStA bei dem KG Berlin, Bericht 1994).

Leiter der Schwerpunktabteilung der StA Neuruppin, Bericht an den Generalstaatsanwalt des Landes Brandenburg, v. 19.6.1996, Az. 326-32.

Leiter der Schwerpunktabteilung „SED-Unrecht" bei der StA Magdeburg, Mitteilung v. 5.2.1997, Az. 4110/1 E.

ders., Bericht an die Generalstaatsanwaltschaft in Naumburg v. 14.8.1992, Az. 4110 E-1.

ders., Bericht an das Ministerium der Justiz des Landes Sachsen-Anhalt v. 11.2.1994, Az. 4110/1 E.

ders., Mitteilung an das Ministerium für Justiz des Landes Sachsen-Anhalt v. 17.8.1995, Az. 4110/1 E.

Leiter der Schwerpunktabteilung der StA Potsdam, Bericht über die Tätigkeit der Schwerpunktabteilung für Bezirkskriminalität der Staatsanwaltschaft Potsdam für die Zeit vom 1. Juli 1992 bis 31. Juli 1993, v. 6.8.1993.

Sächsisches Staatsministerium der Justiz, Abteilung III: Vermerk v. 20.4.1994 zur 65. Konferenz der Justizministerinnen und -minister vom 03.-05. Mai 1994 in Hamburg.

Schwerpunktabteilung „SED-Unrecht" bei der Staatsanwaltschaft Dresden: Mitteilung v. 20.4.1994.

Senatorin für Justiz in Berlin, „Bewältigung der Regierungs- und Vereinigungskriminalität und des Justizunrechts" v. 15.11.1994 zur Herbstkonferenz der Justizministerinnen und -minister am 22. und 23. November 1994 in Hamburg (Verfahrensstand: 3.10.1990 bis Stichtag 30.9.1994). (zitiert: SenJust, Bericht 1994).

dies., „Aktueller Stand und Bewältigung der Regierungs- und Vereinigungskriminalität sowie des Justizunrechts" v. 7.6.1995 zur 66. Konferenz der Justizministerinnen und -minister vom 12. bis 14. Juni 1995 in Dessau (Verfahrensstand: 31.3.1995). (zitiert: SenJust, Bericht 1995).

dies., „Aktueller Stand und Bewältigung der Regierungs- und Vereinigungskriminalität sowie des Justizunrechts – Jahresbericht" v. 23.5.1996 zur 67. Konferenz der Justizministerinnen und -minister vom 3. bis 5. Juni 1995 in Wiesbaden (Verfahrensstand: 31.3.1996). (zitiert: SenJust, Bericht 1996).

dies., „Bewältigung der Regierungs- und Vereinigungskriminalität sowie des Justizunrechts – Bericht zum aktuellen Stand" v. 29.5.1997 zur 68. Konferenz der Justizministerinnen und -minister vom 11. und 12. Juni 1997 in Saarbrücken (Verfahrensstand: 31.3.1997). (zitiert: SenJust, Bericht 1997).

Senator für Justiz in Berlin, „Bewältigung der Regierungs- und Vereinigungskriminalität sowie des Justizunrechts – Bericht zum aktuellen Stand" v. 4.6.1998 zur 69. Konferenz der Justizministerinnen und -minister vom 17. und 18. Juni 1998 in Warnemünde (Verfahrensstand: 31.3.1998). (zitiert: SenJust, Bericht 1998).

Zeitweiliger Ausschuß der Volkskammer zur Überprüfung von Fällen des Amtsmißbrauchs, der persönlichen Bereicherung und anderen Verdachts der Gesetzesverletzung, Protokolle: BArch Berlin, DA 1, 16355 (Stenographische Protokolle: BArch Berlin, DA 1, 16356).

ders., Eingaben und Anzeigen aus der Bevölkerung an den Untersuchungsausschuß: BArch Berlin, DA 1, 16358-16373.

Tabellenverzeichnis

Personenregister

Sachregister

Printed and bound by CPI Group (UK) Ltd, Croydon, CR0 4YY
30/09/2026
14973057-0001